U0733093

金融科技应用基础

JINRONG KEJI YINGYONG JICHU

主　编　武　飞　刘全宝

副主编　李长生　陈　月

新形态
教材

中国教育出版传媒集团

高等教育出版社·北京

本书另配：教学资源

内容提要

本书是高等职业教育智慧财经系列教材之一。

全书内容紧密结合大数据、区块链、人工智能、云计算技术等当前在金融领域最新的创新技术，以创新技术在金融领域的应用为主线，全面介绍了每一种最新技术的理论架构与技术原理，以及各类技术在金融领域的应用场景、价值创新和商业模式，并对每一种技术在金融领域的未来趋势进行了前瞻性展望。全书包括金融科技应用概述和大数据、区块链、人工智能、云计算技术在金融领域中的应用以及数字人民币、金融科技监管政策与监管技术等内容。为利教便学，部分学习资源以二维码的形式提供在相关内容旁，可扫描获取。此外，本书另配有教学课件等资源，可供教师教学使用。

本书既可作为职业本科院校、应用型本科院校、高等职业院校财经商贸大类专业金融科技相关课程的教学用书，还可以作为经济金融商贸类行业社会相关从业人员的参考用书。

图书在版编目（CIP）数据

金融科技应用基础 / 武飞, 刘全宝主编. — 北京：
高等教育出版社, 2024.6

ISBN 978-7-04-061673-6

Ⅰ. ①金… Ⅱ. ①武… ②刘… Ⅲ. ①金融—科学技
术—高等职业教育—教材 Ⅳ. ①F830

中国国家版本馆CIP数据核字（2024）第031218号

策划编辑　毕颖娟　宋　浩　**责任编辑**　宋　浩　**封面设计**　张文豪　**责任印制**　高忠富

出版发行	高等教育出版社	网　　址	http://www.hep.edu.cn
社　址	北京市西城区德外大街4号		http://www.hep.com.cn
邮政编码	100120	网上订购	http://www.hepmall.com.cn
印　刷	上海叶大印务发展有限公司		http://www.hepmall.com
开　本	787 mm×1092 mm　1/16		http://www.hepmall.cn
印　张	21.25		
字　数	496千字	版　次	2024年6月第1版
购书热线	010-58581118	印　次	2024年6月第1次印刷
咨询电话	400-810-0598	定　价	48.00元

本书如有缺页、倒页、脱页等质量问题，请到所购图书销售部门联系调换

前　言

当前，数字经济蓬勃发展，成为推动经济增长的新动能。金融科技作为数字时代科技驱动的金融创新，已经成为现代金融体系建设的关键力量，大数据、区块链、人工智能和云计算等创新技术在金融领域的应用不断拓展和深化。中国的金融管理部门、行业协会、从业机构等各方都在高度关注金融科技的发展。习近平总书记指出："深化金融供给侧结构性改革必须贯彻落实新发展理念，强化金融服务功能，找准金融服务重点，以服务实体经济、服务人民生活为本。"2022年，中国人民银行印发《金融科技发展规划（2022—2025年）》，提出了"十四五"时期金融科技的发展规划和指导意见，明确了金融数字化转型的总体思路、发展目标、重点任务和实施保障。

国家的政策支持以及行业发展为职业院校的人才培养提供了有力依据和支撑。随着金融产业数字化水平的不断升级，金融科技人才需求愈加旺盛。《产业数字人才研究与发展报告（2023）》显示，预计2021年至未来5年，金融科技人才需求总量超过115万人，金融机构对复合型人才需求连年激增，技术研发类岗位亦受限于成熟经验型人才不足而最为紧缺。在此背景下，按照专业设置与产业需求对接、课程内容与职业标准对接、教学过程与生产过程对接的要求，本书的编写正是适应行业发展需求和满足职业教育要求而做的努力和探索。

本书主要适用于职业本科院校和高职院校财经商贸大类课程用书，既有理论介绍，又有项目实训。本书的编写体现了以下三个统一。

1. 科学性与思想性相统一

本书介绍的内容是金融科技领域基本的、经过实践验证的科学理论知识，能够反映金融科技的新成果，保证了内容的先进性、科学性。本书将党的二十大以来关于经济金融工作的重要会议精神及社会主义核心价值观融入教材体系，在编写上始终坚持正确的立场、观点和方法，致力于引导学生树立正确的世界观、人生观和价值观，贯彻"五育并举"教育理念，努力做到科学性与思想性相统一。

2. 理论性和实践性相统一

本书内容设计适应理实一体的教学需要。本书主要章节都有理论架构与技术原理、应用场景与价值创新、商业模式与未来展望，并根据章节内容安排了项目实训。理论教学与实践教学兼顾，促进学生自主学习，帮助学生养成手脑并用的好习惯，提高学生学习效果，提升教师教学质量。

3. 社会性与实用性相统一

职业教育围绕着产业人才需求展开，实现"产业链""创新链""人才链""教育链"的有效衔接，以较强的实用性服务于所在区域经济社会的转型发展，既解决当地企业的用人需求，又促进学生的高质量就业。随着金融业数字化转型进入更深的阶段，金融领域大量数字化、智能化的岗位相继涌现，对金融科技人才的需求与日俱增，对金融类专业的相关教材提出了更高的要求。本书主要从大数据、区块链、人工智能、云计算和数字人民币以及金融科技监管政策和监管技术等维度描述了金融科技在金融领域的应用场景和商业模式，有助于职业院校财经大类专业学生准确把握当今经济社会的发展趋势，深入了解金融产业数字化的现实前景，为学生今后的升学和就业奠定坚实基础。

本书由北京财贸职业学院武飞和北京知链科技有限公司刘全宝担任主编；深圳职业技术大学李长生和山东经贸职业学院陈月担任副主编；山东商业职业技术学院李元，北京财贸职业学院范嵩，重庆财经职业学院黄大明，长春金融高等专科学校王帅，成都职业技术学院蒲娜，河南经贸职业学院陶然，长江职业学院刘熠，陕西财经职业技术学院杜逸冬，深圳信息职业技术学院高玉婷，湖北财税职业学院范春，广东财贸职业学院聂滟苏，江苏经贸职业技术学院项阳，北京知链科技有限公司郭亚婕、周博和刘富潮参与编写。第一章由李元、范嵩编写；第二章由黄大明、郭亚婕编写；第三章由李长生、王帅、蒲娜、郭亚婕编写；第四章由陶然、刘熠、周博编写；第五章由陈月、周博编写；第六章由杜逸冬、高玉婷、范春、刘富潮编写；第七章由聂滟苏、项阳编写。最后，全书由武飞、刘全宝总纂定稿。

在编写过程中，我们参阅了大量文献资料，在此，对这些资料的作者表示诚挚的谢意！由于编者水平有限，书中疏漏之处在所难免，欢迎读者提出宝贵意见，以便我们不断修改完善。

编 者

2024年5月

目 录

283 第七章
金融科技监管政策与监管技术

第一章
金融科技应用概述

知识目标：掌握金融科技的概念和特点；熟悉金融科技的发展历程；了解金融科技的四个应用场景；了解金融科技的大数据、区块链、人工智能、云计算四大技术；了解金融科技1.0、2.0、3.0时代；了解金融科技的现状和未来发展趋势。

能力目标：能够对金融科技的发展进程进行一定分析；能够对金融科技的技术应用进行综合分析。

素养目标：通过学习金融科技的四大应用场景，强化社会主义核心价值观和爱国主义精神；通过学习金融科技的发展历程，培养国际视野和民族自信。

导入案例

未来的银行是什么样的？会成为"毕加索的鱼"吗？

技术变革会产生新的经济形态，新的经济形态需要新的金融形式加以适应，大数据、人工智能时代对应的便是金融科技。新兴信息技术进入金融领域可以改变传统金融业态，为金融体系带来新的竞争态势与资源配置的效率改进。

所谓"毕加索的鱼"是指吃剩下的鱼骨架，失去了食用价值。

世界上最早的商业银行诞生于公元16世纪前后地中海沿岸的威尼斯。经过数百年的发展，现代商业银行形成了两项最基本的功能：支付中介功能和融资中介功能。其中，支付中介功能是银行最古老、最基础的功能，融资中介功能是银行最重要、最本质的功能。因此，银行长期以来集支付中介和融资中介于一身，以资金为中心，是名副其实的"资金中介"。这也是银行得以长期生存发展，并区别于其他金融机构的重要标志。

然而，随着信息技术的快速发展、金融市场的不断完善以及客户需求的深刻变迁，近些年来商业银行的这两大功能都受到了挑战：过去几年金融科技突飞猛进，金融科技的浪潮不断冲刷着传统金融机构的传统领地，对金融业的存、贷、支付和融资等功能产生了一系列颠覆性的影响，可以说，金融科技正在重塑金融生态。

在金融科技的冲击下，银行的内生产品链演变为全社会的产业链，银行的基础业务正被金融科技企业分割蚕食。以前，传统金融机构产品的设计、生产、风险控制、资源配置等都在封闭体系下进行，用户想要享受金融服务，就必须跟银行打交道。金融科技的出现打破了银行自诞生以来的"内生供给机制",把金融业的生产链拉长、拉细,金融科技企业能够通过专业化和细分市场进入这个生产链。第三方支付机构、消费金融机构、现金贷平台等开始从不同的角度和环节切入这个生产过程,依托互联网技术优先获取用户,商业银行各业务环节逐渐被"分流"了。例如,余额宝是在存款环节的切入,市面上的各类微型信贷是在贷款环节的切入,互联网众筹是在融资环节的切入,传统金融被金融科技打了个措手不及。

　　未来金融科技与传统金融将进一步发生竞争和碰撞,市场也将不断变化并产生各种变数。未来是以"科技"为主导的,在金融科技的冲击下,银行唯有蜕变、创新,重新拥抱科技升级,才能免于变成一条"毕加索的鱼"。

　　（资料来源：虎嗅网）

想一想

　　金融科技到底是什么？它有哪些主要业态？有哪些技术与其相关？

第一节　金融科技的概念及特点

一 金融科技的概念

　　金融科技（finTech）是金融（finance）和科技（technology）的结合体,历史上科技在金融市场和金融机构中一直发挥着重要的作用,许多金融业务的实现都离不开科技的支撑和辅助,例如,订单管理、客户信息载入、投资分析、头寸报告、风险管理、监管报告等。现在,随着科技与金融的不断融合,金融科技被赋予了更加专业化的含义。

（一）金融科技的内涵

　　起初,金融科技用于"形容"那些利用现代科技、从事创新金融服务的初创企业的业务特征,该类企业是传统金融体系的有效补充。近年来,不同机构对金融科技的概念作出了不同理解。例如,国际权威机构根据金融稳定理事会的定义,金融科技是基于大数据、人工智能、区块链、云计算等一系列技术创新,全面应用于支付清算、借贷融资、财富管理、零售银行、保险、交易结算等六大金融领域,是金融业未来的主流趋势。

中国人民银行金融研究所互联网金融研究中心将金融科技分为狭义和广义两种。狭义的金融科技,是指金融机构运用包括云计算、大数据以及区块链等新型数据分析和存储技术,加强经营管理、提升服务效率和市场竞争效率。广义的金融科技,除了包含狭义的金融科技外,还包括金融机构利用新的管理技术和方法,对金融业态和金融运营模式等产生的新的影响。本书重点关注金融科技对传统金融行业的深远影响,金融科技的内涵是指基于大数据、人工智能、区块链、云计算等数据采集、存储、分析、计算的新兴技术,使金融市场和金融机构在金融服务供给上的效率大幅提升,并具有颠覆性作用的业务创新。

(二) 金融科技的外延

在外延上,金融科技既包括前端产业也包含后台技术。具体包括以下三个方面的含义:

(1)当金融科技指的是前端产业时,其实质含义是指大数据、云计算、人工智能分布式账本(区块链)等新兴信息技术在金融活动中的应用。

(2)当金融科技指的是后台技术时,其实质含义则是指大数据、人工智能等新兴信息技术本身,是金融业务中所使用的新技术。

(3)当金融科技指的是技术带来的金融创新载体时,其一,它所指的是金融科技企业,金融科技企业本身不提供金融服务,却能为金融机构提供技术服务;其二,它所指的是采用新技术进行金融业务创新的持牌金融机构;其三,它所指的是金融科技企业与持牌金融机构的合作联盟,也包括发端于科技企业的利用科技力量进军传统金融市场的新入行竞争者。

显然,不同内容上的金融科技,分别对应着不同的研究对象。鉴于此,对金融科技的讨论将包括以下几个方面内容:❶ 金融科技的前端产业,它所包含的金融模式、金融产品与金融服务;❷ 金融科技的后台技术,它所包括的大数据、人工智能等新兴信息技术;❸ 金融科技的行为主体——从事金融科技与金融创新活动的科技公司与金融机构;❹ 基于不同金融科技主体功能的金融科技风险监管。

二 金融科技的特点

金融科技具有信息化程度高、突破时间和空间限制、高度自动化、个性化程度高以及创新速度快等显著的特点。这些特点正是基于大数据、云计算、人工智能等前沿技术应用的结果,使得金融服务实现从"产品中心"到"客户中心"的转变,能够更加精准、高效、智能化和个性化地满足用户需求。金融科技正在成为传统金融业的新引擎,推动着金融服务模式的不断优化升级。

(一) 信息化程度高

金融科技充分运用大数据、区块链、人工智能、云计算等前沿信息技术,实现金融服务过程的数字化、智能化。从数据采集、数据存储、数据处理到数据分析应用全流程实现信息化,大规模结构化和非结构化数据的应用可显著提升金融服务效率。金融科技可以实现精准化营销、智能投顾、智能风控等。

（二）突破时间和空间限制

金融科技支持移动互联网和应用程序接口，实现"随时随地"的金融服务。用户通过移动设备 App，可以完成投资交易、贷款申请、保险购买等多种金融业务，无须亲自到金融机构办理。金融科技可实现"7×24"小时不间断金融服务，突破传统金融只能在营业时间和网点所在地提供服务的时间和空间限制。

（三）高度智能化

金融科技通过人工智能、机器学习、自然语言处理等技术手段，实现各类金融场景的智能自动化。如智能语音客服机器人、知识问答机器人，可以自动响应客户问题。智能投顾可以自动生成投资组合建议。大数据实时监控资金行为，进行自动风险预警。所有这些可大幅降低人工操作成本。随着数据规模越来越大、数据维度越来越广、机器学习与人工智能算法模型不断迭代优化，金融科技不仅可以创新个性化业务，还可以有效解决信息不对称问题，提高金融服务效率。

（四）个性化程度高

金融科技通过用户大数据分析，可以深度了解每位客户的资产状况、风险偏好、生活习惯等，从而提供个性化的产品推荐和服务方案。相比过去的"一刀切"标准化服务，金融科技使金融服务个性化程度大大提高，充分满足用户个性化需求。

（五）创新速度快

历次革命性技术的诞生都推动了生产力的跃升，带动金融业一次又一次革新。金融科技通过新技术应用，实现金融业务和服务业务的创新，打造新的生产方式和服务模式，提高金融行业运行效率。金融科技在支付、投资、保险、信贷等多个领域持续涌现新的技术手段与商业模式。例如，移动支付、第三方支付、P2P 网络借贷、智能投顾、区块链应用等。伴随着人工智能、大数据、区块链等技术进步，金融科技以极快的迭代速度推陈出新，使得金融服务模式不断优化升级。

（六）产业深度融合

从产业融合理论来看，金融科技产业是金融产业与科技产业高度融合并逐步形成新产业的动态发展过程。近几年来，智能投顾、智能客服、大数据风控等"金融+科技"融合业务迅速发展，金融服务效率得到质的提升。

（七）开放且精准

从生态系统理论来看，金融科技的发展具有生态化的趋势，推动产业合作共赢、利益共享。金融科技生态系统的本质是开放和共享，通过整合多方资源实现价值共创，从而达到多方的合作共赢。金融科技通过数字平台提供金融服务，打通金融机构、科技公司与金融客户的连接,实现精准高效的匹配,有利于吸纳丰富的金融业态,撮合更多潜在交易,不仅扩大了金融服务半径,还延长了金融服务时间。

(八)服务普惠化

无论是对于个人还是对于机构,大量边缘"长尾"金融需求都日益凸显,一方面是因为高昂的经营成本和微薄的利润导致传统机构没有动力为小微公司和低净值客户提供服务;另一方面由于信息不对称以及风控手段较为单一,传统机构也没有能力提供与其风险相匹配的金融服务。而以新一代信息技术驱动的金融科技为金融行业带来内生性的改变,通过技术降低金融服务门槛和成本,使更广泛的人群享受优质的金融产品服务。

第二节　金融科技的发展历程

一　金融科技1.0阶段(1866—1986年)

金融科技1.0阶段(1866—1986年)是金融信息化的起步阶段。

19世纪中后期,随着工业革命的发展,社会进步需要大量资金支持,而传统手工记账已经难以满足不断扩大的账务处理需求,记账技术的发展历程如图1-1所示。为实现账务处理的自动化,一些先进的金融机构开始尝试引入机械化设备。1866年,美国出现了第一台用于打印账单的机械装置,被认为是金融科技发展的标志。1890年,美国出现了第一台打孔卡账务机,可以自动进行存取款记账。这些早期机械设备使用繁琐,但展现了信息技术应用于金融领域的可能。

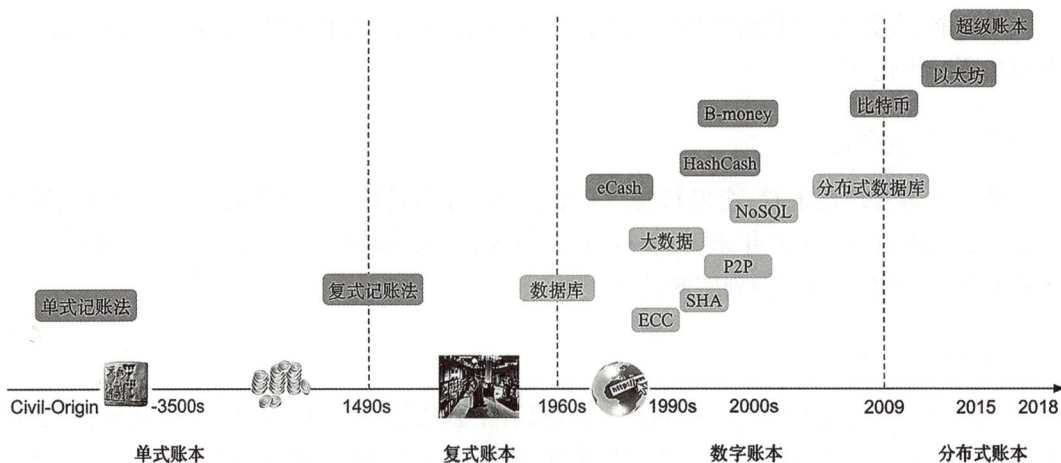

图1-1　记账技术的发展历程

20世纪40年代,第一代电子计算机问世,金融机构也开始采用计算机处理业务数据。1951年,美国麻省理工学院与瑞士信贷银行合作,在辅助记账、统计和行政管理等方面使用电子计算机,这是计算机首次服务于银行业务。60年代起,计算机被广泛用于银行票据处理、现金管理、账户管理等业务环节,大幅提高了银行的工作效率。这一时期,计算机主要应用于银行的内部管理,还未直接面向客户服务。

20世纪70年代中后期,随着个人电脑的普及,银行开始在分支机构安装小型计算机,用于柜台业务处理。客户可以在银行打印账单、录入转账指令等,这开启了计算机与客户的直接交互。到80年代中期,世界主要国家的银行业务基本实现电子化。电子系统覆盖了核心业务流程,包括支付清算系统、存款系统、贷款审批系统、会计系统等,大幅降低了银行的手工操作量,实现了业务流程的自动化,这标志着金融行业进入信息化时代。

金融科技1.0阶段的特点表现为传统的金融机构以使用IT技术、自上而下推动、数据封闭为主,科技领先并不能带来大幅的领先优势,并且有很大一部分中小城商行都还处于基础设施建设阶段。金融科技1.0阶段的代表产业包括软件服务商、硬件服务商、短信、外呼、传统数据(工资单、银行流水、征信)等。传统金融机构的IT部门通常较少完全独立开展软件产品应用开发业务,大多会与专业的银行软件厂商进行合作开发,以提高管理及开发效率。在二者合作过程中,银行IT部门通常负责项目监督、进程跟踪及业务开展情况的检查,软件供应商的业务团队通常按照银行的各项要求或合同约定的开发目标负责实施项目各环节的具体开发工作及技术服务工作。

总体来看,金融科技1.0阶段是信息技术向金融渗透的初始阶段。机械设备和电子计算机的应用减轻了金融机构的操作成本,提高了工作效率,但主要服务于内部管理,未触及业务模式和客户交互方式的改变。这启动了金融科技演进的第一步。

二 金融科技2.0阶段(1987—2009年)

金融科技2.0阶段(1987—2009年)是互联网金融萌芽的时期。

20世纪80年代中后期,互联网技术的发展为金融创新提供了新的可能。90年代互联网商业化后,金融机构纷纷建立网站,提供产品信息查询、在线客服等简单功能。用户可以通过网络获取金融信息,但核心业务仍需线下操作。1995年,美国网上银行开办,首次实现网上账户开立、转账支付等服务,用户无须亲临银行也可进行网上交易。这标志着互联网金融进入实质运营阶段。

之后虚拟银行、网络支票、网贷等业务陆续出现。Paypal等第三方支付平台基于互联网实现跨国转账支付清算。在互联网金融浪潮下,传统银行业也加快了电子化转型步伐。到21世纪初,绝大多数商业银行都建立了网上银行和手机银行业务。用户可以通过不同终端发起支付和转账,进行基本的理财交易。这使银行业务流程发生了重大变革,交易场所从实体网点向虚拟空间转移,金融渠道实现多元化。

随着移动互联网金融的爆发,手机成为人体另一个"器官",并且使得获取大数据中的全量数据成为可能,从而让不用面签放款成为可能。云计算大大降低了企业创立的成本,其运算的弹性也让流量峰值算力与常备算力所需的花费大大降低,有效扩展了互联网金融企业及上下游服务企业的服务能力,让业务量呈指数级增长成为可能。

金融科技2.0阶段的特点表现为互联网金融机构引领科技潮流,传统金融机构选择性跟进,自下而上推动(许多互联网金融机构管理十分扁平)。由于为多家企业服务,出现了一批打通数据的优秀第三方服务公司,当然业务井喷之后也出现了一定的乱象,该阶段整体监管环境较为宽松。

总体而言,金融科技2.0阶段是互联网与金融碰撞的关键时期。以互联网为代表的信息技术从辅助工具转变为金融核心手段。以用户为中心的网上金融产品不断涌现,交易渠道实现互联互通,金融业务向网络空间延伸,用户体验发生翻天覆地的变化。这预示着科技与金融深度融合的新阶段即将到来。

三　金融科技3.0阶段(2009年至今)

金融科技3.0阶段(2009年至今)是金融与科技深度融合的时代。

以比特币为标志,区块链技术的出现提供了实现点对点价值传输的去中心化解决方案,使得分布式金融网络成为可能。大数据和云计算的发展也为金融创新提供了技术基础。在这一背景下,金融科技进入了高速发展阶段。

在支付领域,第三方支付平台利用大数据和人工智能实施精准营销,实现移动支付方式多元化,如面部识别支付、声纹支付。在投资领域,智能投顾平台基于机器学习算法进行自动化投资管理和风险评估。

在银行核心业务方面,区块链技术被运用于存款证明、贸易融资、黄金交易等领域,提高业务效率和透明度。与此同时,以阿里巴巴、百度、腾讯为代表的科技巨头积极布局金融领域,推出花呗、理财通、微众银行等在线消费金融产品,与传统金融机构形成激烈竞争。存在盲点的群体也得以通过科技手段获得金融服务,实现了普惠金融。在监管方面,监管机构利用大数据和云计算实现全面、动态的金融监测,建立实时预警模型,加强风险防控。各国也十分重视制定金融科技政策,营造良好的发展生态。

金融科技3.0阶段的特点表现为:经营智能化(金融作为一个完全数字化的产业,有许多环节都可以使用科技手段替代)、监管智能化(中国的监管现状为混业经营和分业监管,分业监管既有历史原因也有IT手段不足、混业监管成本高的原因,随着万物互联人工智能的介入,监管也会迎来一个新的阶段)、大量无法使用新技术的传统金融企业生存艰难。

智能是金融科技3.0阶段的主题,该阶段的代表产业包括5G、人工智能、区块链、物联网、云计算、VR/AR等。

综上所述,金融科技3.0阶段实现了科技与金融的深度融合。技术开始触及金融的核心利润环节,推动业务模式和监管方式的革命性变革。金融科技正在成为引领金融产业变革的关键动力。

第三节 金融科技的应用场景

一 人工智能的应用场景

随着深度学习、计算机视觉、自然语言处理等人工智能技术的进步,金融企业开始大范围运用AI改造业务流程、创新业务模式。人工智能应用于智能客服(图1-2)、精准信用评级、智能投顾、反洗钱等多种场景,极大地提升了金融服务的效率、便捷性和定制化水平,也为防控金融风险提供了新工具。

图1-2 智能客服机器人

(一)人工智能在智能客服领域的应用

在智能客服领域,聊天机器人可以基于自然语言处理技术理解用户问题,利用知识库提供即时服务,真正实现"7×24"小时不打烊的客服。这不仅极大地方便了用户,也降低了企业的客服成本。针对简单重复问题,机器人可以直接回复,而复杂问题则转入人工服务,实现人机协同互补。另外,针对大数据中的用户画像、服务问答库等不断优化机器人性能,从而提供更加智能化的对话服务。

(二)人工智能在信用评级领域的应用

在信用评级领域,传统方式主要依赖专业评级机构人工评估。人工智能技术可以通过机器学习算法持续分析海量非结构化数据,比如用户消费水平、职业背景、社交关系等,实现个人及中小企业的自动化精准信用评级,并动态更新,大大提高了评估效率及公正性。广义的信用评级包括反欺诈、异常交易监测等,可以辅助银行和监管机构防范风险。

(三)人工智能在智能投顾领域的应用

在智能投顾领域,可以构建包含金融知识图谱的AI理财顾问,基于深度学习算法分析各类产品特征及客户需求,为用户提供个性化的投资组合建议。相比人工分析提供建议的效率显著提升,也可实现24小时服务,用户体验极佳。智能投顾机器人还可以进行大规模应用,覆盖更多散户和小投资者。

(四)人工智能在反洗钱领域的应用

在反洗钱领域,针对海量交易数据,利用自然语言处理技术可自动识别可疑交易特征,结合深度学习挖掘异常模式,辅助监管部门锁定可疑目标。这比传统规则引擎识别更加准确高效,也可发现隐藏的洗钱网络,为防控金融风险提供了重要技术手段。

二 区块链的应用场景

区块链作为一项划时代的技术创新,正在颠覆传统的中心化模式,其在金融和非金融领域都有广泛的应用前景。区块链技术的六层架构为各类应用提供了坚实的技术基础。

区块链技术改变了金融业务的运作模式,在金融场景中的主要应用包括:

(1)在跨境支付领域,不同银行可基于区块链建立分布式支付网络,利用密码学和共识机制完成清算和验证,实现快速、低成本的跨境支付,降低支付通道的监管与政策壁垒。

(2)在交易结算领域,区块链的分布式账本和智能合约可用于股票、债券等金融资产的交割结算,利用时间戳和区块链接可追溯整个操作过程,提高结算效率与透明度,降低人为操作风险。

(3)区块链可用于构建去中心化的数字身份识别体系,用户可拥有对自己身份信息的所有权和控制权。这降低了身份被盗用或篡改的风险,也减少了重复验证的成本。

(4)区块链智能合约可以实现资产交易及业务流程的自动化执行和交换,无须第三方中介,降低运作成本。

区块链的基础技术为上述应用提供了可信赖的底层支撑。六层架构中的数据层、网络层、共识层保证了交易的安全性;激励层促使参与节点诚实运算;合约层实现业务自动化;应用层构建用户端场景。区块链技术正重塑包括金融在内的多领域,展现出广阔的应用前景。

三 云计算的应用场景

小提示: 资源池化是一种资源配置和管理的方式,它通过将资源集中管理,实现动态分配和优化使用。

云计算通过虚拟化和资源池化改变了传统的IT使用模式,为银行及保险公司提供了充足的计算与存储能力,助力业务创新。云计算在金融行业的主要应用场景包括:

(1)云计算基础设施可用于大数据的存储、处理与分析,通过对海量数据进行建模,实现客户画像、风险控制、产品优化等,进而提升金融服务的精细化程度。银行可在云平台上存储来自各业务系统产生的海量结构化和非结构化数据,然后使用云计算的分析工具对数据进行整合、建模和深度学习。这些大数据分析可以描绘出精细化的客户画像,实现个性化的营销策略。另外,可以根据历史数据建立风险评估模型,辅助银行进行准确授信。云计算还可以发现产品使用情况,优化产品设计。

(2)金融企业可利用云计算搭建灾备系统,实现核心业务系统的冗余备份,在发生灾难时快速切换,保证业务连续性。企业可将核心业务系统部署在云平台,实现同城双活或异地多活,提高容错。一旦发生灾难,可以快速切换到备用系统,业务可以零中断继续运行。

（3）基于云架构的客户关系管理（customer relationship management, CRM）系统，可实时记录客户信息，进行数据挖掘与分析，以提供个性化的金融服务，提升客户满意度。云CRM系统可以收集多渠道客户数据，进行集中存储与管理。然后应用云计算能力进行客户数据挖掘，实现精准营销。另外，云CRM系统还可以提供优化的客户服务，提升客户体验。

（4）保险公司可利用云计算平台进行保费计算，降低IT系统运维的复杂度，实现规模化运营，降低成本。保险核保系统可部署在云平台，利用云计算的分析能力快速计算保费。同时，云平台实现资源池化，降低运维工作量，降低IT成本。云计算为金融业提供弹性、高效、智能的IT基础设施，助力业务模式创新。

四　大数据的应用场景

（1）通过分析用户数据，实现精准的客户营销和个性化的资产管理，提升营销转化率。金融机构可以收集和分析用户的交易、浏览、社交媒体等行为数据，洞察用户喜好，实现精准推送。例如，分析用户通常在工作日周三下午购买咖啡的消费习惯，可以在这时刻推送储蓄账户或信用卡的营销信息。大数据还可以分析不同客户群的特征，进行用户分群，以便匹配精准的营销方案。另外，根据客户交易数据，可以进行个性化的资产管理建议，帮助提升客户资产配置效果，建立稳固的客户关系。

（2）利用大数据评估信用风险，实现精准的授信和欺诈识别，有效控制风险。银行可以通过客户申贷信息、信用卡消费、房贷偿还等辅助数据，建立信用评级模型，对客户进行授信风险评估。大数据技术还可以分析海量交易行为数据，发现异常模式，实施反欺诈。这些措施降低了金融机构的信用风险。

（3）监管部门可以运用大数据监测异常交易，发现市场套利行为，保障市场稳定。监管部门可以收集全市场的高频交易数据，使用机器学习技术发现异常交易模式。例如，可以分析不同股票之间的价格联动，发现可能的内幕交易行为，维护市场公平稳定。

（4）保险公司根据大数据建立精算模型，设计出差异化的保费和产品方案，实现精准定价。保险公司可以利用客户数据建立精确的客户画像，评估其保险风险，以提供差异化的保险定价方案。另外，可以根据客户偏好数据设计出定制化的保险产品。这些举措帮助保险公司实现精准营销。

大数据分析正在成为金融机构进行客户营销、风险控制以及产品设计的重要技术手段。

本章要点

金融科技应用概述
- 金融科技的概念及特点
  - 金融科技的概念
  - 金融科技的特点
- 金融科技的发展历程
  - 金融科技 1.0 阶段（1866—1986 年）
  - 金融科技 2.0 阶段（1987—2009 年）
  - 金融科技 3.0 阶段（2009 年至今）
- 金融科技的应用场景
  - 人工智能的应用场景
  - 区块链的应用场景
  - 云计算的应用场景
  - 大数据的应用场景

问题讨论

1. 区块链技术能否成为传统金融业务的革新者？

2. 区块链技术在金融领域的应用有哪些？它们能够解决哪些传统金融业务中的问题？

3. 目前区块链技术在金融领域的应用存在哪些问题和挑战？这些问题和挑战能否得到解决？

4. 区块链技术能否真正成为传统金融业务的革新者？它的应用前景如何？需要克服哪些障碍才能广泛实现应用？

5. 区块链技术对金融行业的发展和变革有何影响？将来它能否改变金融行业的格局和竞争态势？

思考与练习

1. 金融科技发展迅速,但也面临数据安全、系统稳定性等风险,如何在发展中保障风险管理?

2. 金融科技正在重构金融生态,传统金融机构如何进行业务转型和科技能力提升?

3. 金融科技创新融资方式多样,如何完善监管,防范系统性风险?

4. 分析比较大数据、区块链、人工智能等技术在金融领域的具体应用场景。

5. 陈述传统金融机构数字化转型的进展情况。

第二章
大数据技术在金融中的应用

BIG DATA

知识目标：掌握大数据等相关概念、大数据的特征及应用场景、大数据核心技术、大数据金融应用场景；掌握大数据技术原理与关键技术知识；熟悉大数据金融模式；了解大数据金融未来发展模式。

能力目标：能够构建并绘制简单的大数据金融构架及大数据分析流程图；能够识别大数据在银行、保险、证券等金融业务中的应用场景及实际做法；能够运用大数据思维对金融实务中的问题提出解决方案；能够模拟操作相关大数据金融系统。

素养目标：树立大数据思维，树立创新思维，培养大数据与绿色金融、小微金融有机结合的创新意识；培育金融科技伦理与风险意识，合理合法共赢使用大数据；养成自主学习的习惯，积极学习大数据法律法规与行业发展的新态势。

导入案例

大数据赋能乡村振兴　数字普惠迈向高质量发展

数字化程度低、科技水平落后问题是乡村振兴的"拦路虎"。没有足够的数据基础，贷款申请难以通过银行风控系统。为降低乡村用户的授信难度，提升农村金融的服务效率，中国邮政储蓄银行股份有限公司（以下简称"邮储银行"）广州市分行建立"信用村"、评定"信用户"，发展面向郊区、乡村用户的数字普惠金融，有效解决乡村金融服务过程中借贷双方的信息不对称问题，扩大基础金融服务覆盖面。

邮储银行广州市分行正积极推进整村授信工作。重点围绕普通农户、农民专业合作社、家庭农场和新型农业经营主体，运用科技手段，全面开展"信用村""信用户"信息采集和主动评级授信，实现线上信息采集、系统自动评分、分级和预授信等功能，扩大农村信用体系建设覆盖面，构建农户信息大数据构架，建立健全农村信用体系，把"信用村"建设融入乡村治理和产业发展。同时，邮储银行广州市分行对"信用户"的授信额度采取"一次核定、随用随贷、余额控制、循环支用、动态调整"的方式，稳扎稳打落实纾解农户"贷款难"的问题。

通过邮储银行广州市分行工作人员前期走村入户，批量开展收集信息与调查、农户信用等级评定等工作，截至目前，广州地区已经覆盖超1 000个"信用村"，评定"信用户"超20 000户。邮储银行广州市分行坚持服务三农的定位，聚焦乡村振兴重点领域和重点服务主体，不断创新产品和服务，深入推动惠农工作。聚焦农业龙头企业、家庭农场、农民专业合作社等新型农业经营主体，以农担贷、保证保险贷、惠农经营贷等特色涉农贷款，为客户提供专业涉农贷款服务。根据各区产业资金需求特点，邮储银行广州市分行"定制化"设计特色"信用村""信用户"的服务方案，"抵押物"不再是银行贷款的唯一标准，不同资产背景的农户都能得到邮储银行定制化的信贷支持。

（资料来源：时代周报）

想一想

大数据金融是什么？大数据金融相对于传统金融的优势是什么？

第一节 大数据概述

一 大数据的概念与内涵

（一）数据的概念

理解大数据概念的前提是，认识什么是数据。数据（data）是事实或观察的结果，是对客观事物的逻辑归纳，是用于表示客观事物的未经加工的原始素材。数据可以是连续的值，如声音、图像，称为模拟数据；也可以是离散的，如符号、文字，称为数字数据。

个人学习和生活会产生很多数据。例如，个人身份信息数据、个人财务数据、个人购物数据、个人出行数据、个人社交数据、个人健康数据、个人教育学习数据，等等。因此可以认为数据是对个人状态和行为的描述。

数据的分类有很多。数据按照主体可分为：个人数据、企业内部数据、供应链数据、行业数据、政府部门数据、国际经济社会数据。数据按计量层次可分为：定类数据、定序数据、定距数据与定比数据。

数据与信息、知识的关系：数据本身是没有意义的，如果它不能转化为信息和知识的话。但如果没有数据，或者数据匮乏，信息和知识的产生也就成了无水之源。因此，数据是产生信息与知识的基础与源泉，而信息和知识是对数据的加工与凝练。信息是被组织起来的数据，是为了特定目的对数据进行处理和建立内在关联，从而让数据具有意义，它可以回答谁（who）、什么（what）、哪里（where）、什么时候（when）的问题。

知识，作为信息的升华与结晶，源自信息间千丝万缕的联系，凝炼成具有普遍指导意义的规律与方法论。它不仅是探寻事物背后"为什么"（why）的钥匙，更是指导人们"怎么做"（how）的明灯。在实践中，知识发挥着不可或缺的作用，助力问题诊断、趋势预测及最佳实践的确立。以重庆夏季气候为例，多年的气象资料显示，重庆夏季高温多雨，特别是在8月份，温度常维持在35～44度，平均降水天数达到12天。这一基于数据的规律性总结，不仅是对重庆夏季气候特点的科学描述，更蕴含着丰富的实际应用价值。首先，知识有助于问题诊断。当某年8月份重庆降雨量异常偏多时，人们可以利用这一知识来解释背后的原因，即重庆夏季本就多雨，今年的情况可能只是气候规律的正常体现。其次，知识还具备预测功能。基于历史数据的分析，人们可以合理推测，下一年8月份重庆的气温很可能仍在35～44度波动，平均降水天数也可能维持在12天左右。这种预测为企业和个人提供了重要的决策依据。最后，知识指导人们制定最佳实践。例如，针对重庆夏季高温多雨的气候特点，游客在8月份来重庆旅游时，穿着短袖衣服将是既舒适又实用的选择。

> **想一想**
>
> 　举例说明我们生活中哪些属于数据的范畴，哪些属于数据信息的范畴，哪些属于知识的范畴。

（二）大数据的概念

大数据从字面上理解就是数据量大，那么数据量多大为"大"呢？国家网信办发布了《数字中国发展报告（2021年）》指出，2017—2021年，我国数据产量从2.3 ZB增长至6.6 ZB，而1 ZB数据就相当于500万亿张自拍照、2.5万亿首MP3歌曲。这一数据产量在2021年全球占比9.9%，位居世界第二。"大数据"首先是指数据体量（volumes）大，大型数据集一般在10 TB规模左右。但大数据的"大"只是大数据的一个基本属性。对于大数据当前也不存在一个标准的概念。以下是百度百科、互联网周刊、研究机构对大数据的定义。

1. 百度百科对大数据的定义

大数据（big data, mega data）或称巨量资料，指的是需要新处理模式才能具有更强的决策力、洞察力和流程优化能力的海量、高增长率和多样化的信息资产。

2. 互联网周刊对大数据的定义

大数据的概念远不止大量的数据和处理大量数据的技术，或者所谓的"4个V"[①]之类的简单概念，而是涵盖了人们在大规模数据的基础上可以做的事情，而这些事情在小规模数据的基础上是无法实现的。换句话说，大数据让我们以一种前所未有的方式，通过对海量数据进行分析，从而获得有巨大价值的产品和服务，或深刻的洞见，最终形成变革之力。

---

① "4个V"在大数据领域中通常指大数据的四个基本特征，即大量（volume）、高速（velocity）、多样（variety）和价值（value）。

3. 专业研究机构对大数据的定义

美国信息技术研究机构高德纳（Gartner）认为，大数据是需要新处理模式才能具有更强的决策力、洞察发现力和流程优化能力的海量、高增长和多样化的信息资产。从数据的类别上看，大数据指的是无法使用传统流程或工具处理或分析的信息。大数据定义了那些超出正常处理范围和大小、迫使用户采用非传统处理方法的数据集。

对于大数据的概念，上述内容都提到：数据量大与信息资产价值等。说明大数据是能创造价值的，因此大数据才显得重要，大数据产业才应该积极发展。因此，大数据的定义本身并不是特别重要的，重要的是如何利用大数据创造价值。

（三）大数据的内涵

大数据是相对于小数据而言，那么数据量大的数据是不是就是大数据呢？大数据与大规模数据、海量数据又有什么差异？

1. 对象角度

大数据是大小超出典型数据库软件采集、储存、管理和分析等能力的数据集合。需要注意的是，大数据并非大量数据的简单无意义的堆积，数据量大并不意味着一定具有可观的利用前景。由于最终目标是从大数据中获取更多有价值的"新"信息，所以必然要求这些大量的数据之间存在着或远或近、或直接或间接的关联性，才具有相当的分析挖掘价值。数据间是否具有结构性和关联性，是"大数据"与"大规模数据"的重要差别。

2. 技术角度

大数据技术是从各种各样类型的大数据中，快速获得有价值信息的技术及其集成。"大数据"与"大规模数据""海量数据"等类似概念间的最大区别，就在于"大数据"这一概念中包含着对数据对象的处理行为。为了能够完成这一行为，从大数据对象中快速挖掘更多有价值的信息，使大数据"活起来"，就需要综合运用灵活的、多学科的方法，包括数据聚类、数据挖掘、分布式处理等，而这就需要拥有对各类技术、各类软硬件的集成应用能力。可见，大数据技术是使大数据中所蕴含的价值得以发掘和展现的重要工具。

3. 应用角度

大数据是对特定的大数据集合、集成应用大数据技术、获得有价值信息的行为。正由于与具体应用紧密联系，甚至是一对一的联系，才使得"应用"成为大数据不可或缺的内涵之一。

需要明确的是，大数据分析处理的最终目标，是从复杂的数据集合中发现新的关联规则，继而进行深度挖掘，得到有效用的新信息。如果数据量不小，但数据结构简单，重复性高，分析处理需求也仅仅是根据已有规则进行数据分组归类，未与具体业务紧密结合，依靠已有基本数据分析处理技术已足够，则不能算作是完全的"大数据"，只是"大数据"的初级发展阶段。

二　大数据的特征

在维克托·迈尔·舍恩伯格和肯尼斯·库克耶编写的《大数据时代》中大数据指不用随机分析法（抽样调查）这样的捷径，而采用所有数据进行分析处理。大数据具有的"5V"特点（国际商业机器公司提出）是：volume（大量）、velocity（高速）、variety（多样）、value（低价值密度）、veracity（真实性）（图 2-1）。

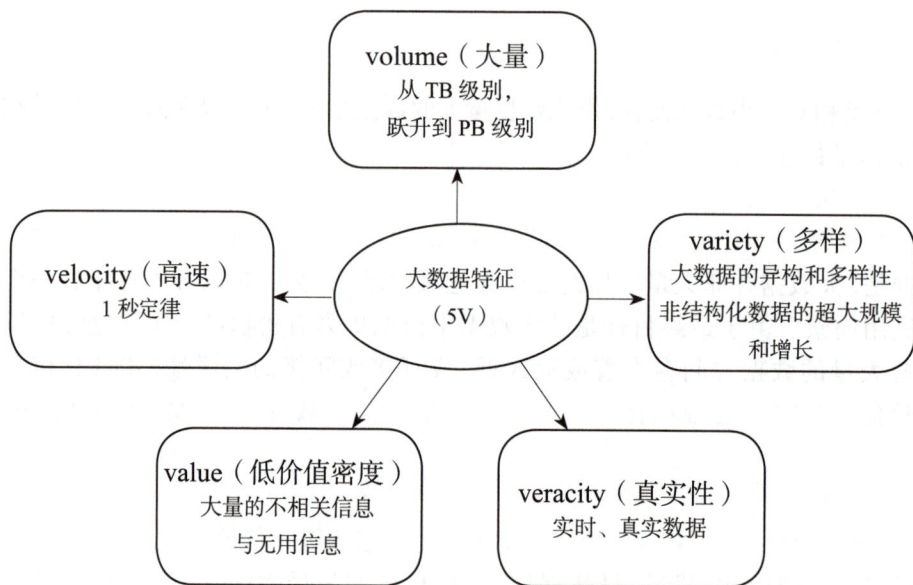

图 2-1　大数据特征图

1. volume（大量）

数据体量巨大。从 TB 级别，跃升到 PB 级别。随着互联网和通信技术的发展，数据呈几何基数的增长，引发了信息大爆炸。关于"信息爆炸"一词最早出现于 20 世纪 80 年代。统计表明，在 1980 年到 1990 年的十年间，全球信息量每 20 个月就增加近一倍。进入 20 世纪 90 年代，信息量继续以几何级别增长，到 90 年代末，伴随着第五媒体——互联网的出现，信息开始爆炸。然而，面对极度膨胀的信息量，面对"混沌信息空间"和"数据过剩"的巨大压力，人们对于信息的苦苦追求和期待忽然间变得踟蹰了。因为，即使每天 24 个小时看这些信息，也阅读不完。更何况，其中存在着大量的无用，甚至不真实的信息。人们一方面享受着网络上丰富的信息带来的便利，另一方面也在忍受着"信息爆炸"的困扰。"信息爆炸"已经对社会经济的发展产生了负面的影响。对世界 10 家跨国公司的调查表明，由于每天要处理的信息超过它们的分析能力，妨碍了它们的决策效率，甚至导致决策失误或是难以做出最佳决策。有分析说，目前收集不少信息所花费的成本已超过了信息本身的价值。

相关知识

数据最小的基本单位是bit,按顺序给出所有单位：bit、Byte、KB、MB、GB、TB、PB、EB、ZB、YB、BB、NB、DB。

它们按照进率1 024(2的十次方)来计算：

1 Byte=8 bit

1 KB=1 024 Bytes=8 192 bit

1 MB=1 024 KB=1 048 576 Bytes

1 GB=1 024 MB=1 048 576 KB

1 TB=1 024 GB=1 048 576 MB

1 PB=1 024 TB=1 048 576 GB

1 EB=1 024 PB=1 048 576 TB

1 ZB=1 024 EB=1 048 576 PB

1 YB=1 024 ZB=1 048 576 EB

1 BB=1 024 YB=1 048 576 ZB

1 NB=1 024 BB=1 048 576 YB

1 DB=1 024 NB=1 048 576 BB

2. velocity(高速)

处理速度快,1秒定律。这一点和传统的数据挖掘技术有着本质的不同。物联网、云计算、移动互联网、车联网、手机、平板电脑、个人计算机(PC)以及遍布地球各个角落的各种各样的传感器,无一不是数据来源或者承载的方式。例如,据第三方数据平台星图数据统计显示,2022年10月31日晚8点至11月11日零点,"双11"活动全网电商平台交易额超过1.15万亿元,与2021年"双11"全网电商平台交易额9 650亿元相比,仍然有超过13%的增长,其中综合电商销售额为9 340亿元,同比增长2.9%,天猫商城占据份额仍为第一。直播电商同比增长146%,达1 814亿元,占比也接近了20%。如此大的成交量在如此短的时间内完成,依赖于大数据处理速度快。

3. variety(多样)

数据多样性的增加主要是由于新型多结构数据,以及包括网络日志、社交媒体、互联网搜索、手机通话记录及传感器网络等数据类型造成。大数据包括结构化、半结构化和非结构化数据,非结构化数据越来越成为数据的主要部分。互联网数据中心(Internet Data Center,IDC)的调查报告显示：企业中80%的数据都是非结构化数据,这些数据每年都按指数增长60%。结构化数据也称作行数据,是由二维表结构来逻辑表达和实现的数据,严格地遵循数据格式与长度规范,主要通过关系型数据库进行存储和管理。与结构化数据相对的是不适于由数据库二维表来表现的非结构化数据,包括所有格式的办公文档、XML、HTML、各类报表、图片和音频、视频信息等。支持非结构化数据的数据库采用多值字段、变长字段机制进行数据项的创建和管理,广泛应用于全文检索和各种多媒体信息处理领域。非结构化数据对数据库技术有了更高的要求,随着非结构化数据应用的增加,此类数据的处理分析需求也在随之增加,而现有的数据库产品绝大多数都是面向结构化数据的处理,非结构化数据处理工具寥寥无几。基于此现状,Zilliz在2019年开源了向量数据库Miivus,专注非结构化数据的处理。

4. value(低价值密度)

大数据的价值密度低是大数据的一个显著特征,它意味着在庞大的数据量中,有价值的信息所占的比例相对较低。这种现象主要由两个原因造成:首先,大数据通常涵盖了各种来源和类型的信息,包括结构化数据(如数据库中的记录)和非结构化数据(如社交媒体上的文本、图片和视频)。在这些数据中,只有一小部分可能包含对特定应用或分析有价值的信息。因此,为了提取有用的信息,需要对大数据进行深入的挖掘和分析。其次,大数据的价值往往隐藏在数据之间的关联性和趋势中,而这些关联性和趋势可能并不明显或容易发现。因此,需要运用复杂的算法和模型对数据进行处理和分析,以揭示其内在的价值。

尽管大数据的价值密度低,但这并不意味着大数据没有价值。相反,通过有效的数据分析和挖掘技术,可以从大数据中提取出有价值的信息,为决策提供支持,推动业务创新和发展。例如,在零售领域,通过对消费者购物行为的大数据分析,可以预测市场趋势,优化产品组合和营销策略,从而提高销售业绩。

5. veracity(真实性)

大数据中的内容是与真实世界中的发生息息相关的,研究大数据就是从庞大的网络数据中提取出能够解释和预测现实事件的过程。提高数据的准确、可依赖程度,保证数据质量。也可以作为未来某种趋势的预判及以数据来提取到真正的需求点。大数据的真实性能够保证数据价值的实现,在大数据分析过程中要对收集的数据的真实性进行检查,避免错误数据、垃圾数据影响数据价值,因此要进行数据预处理与数据清洗,剔除一些无意义、无价值、错误数据。

三　大数据发展历程

(一)大数据1.0时代

2006年的Apache基金会仿照谷歌在2003年发表的Google File System论文建立了Hadoop开源项目,用来解决大规模的数据存储和离线计算的难题。首先诞生的是分布式文件系统HDFS和分布式计算框架MapReduce。

从2006到2009年这个阶段,以MapReduce计算框架为代表,大数据技术广泛应用于大规模结构化数据的批处理。具体的应用场景是互联网公司用这些技术做用户行为分析和精准营销。这个阶段称之为大数据1.0时代,1.0时代的大数据技术只在大型互联网巨头中有所应用,技术难度非常高。

（二）大数据2.0时代

大数据进入2.0时代的标志，是Spark核心计算引擎的出现。Spark的出现主要是由于MapReduce在需要短时间响应的交互式分析场景下表现得并不够好，人们需要一个更加高效的计算框架。从2009年Spark诞生到2015年Spark在这场战争中逐步胜出，以Spark为主流的计算引擎已经广泛地替代了MapReduce。这个阶段有两个重要变化。

一方面，大数据开始从过去做日志用户行为分析转为记录化数据处理，所有的大数据公司开始在Hadoop之上打造SQL引擎，或者在Hadoop之上打造分布数据库。2012年开始竞争进入白热化阶段，随后两年中出现20多个基于Hadoop的SQL引擎，解决结构化数据问题。到2015年竞争后只留下了4个，其中星环的批处理数据库Inceptor基本上可以说赢得这场竞争，成为支持SQL最完整、性能最好的分析型数据库。

另一方面，实时数据处理方面。这个时期物联网技术开始蓬勃发展，大量的传感器数据需要及时处理，此时出现了多种流计算引擎。到2015年，Flink、Storm、Spark Streaming等几个产品成为主流。星环的流处理引擎Slipstream在2014年开始上线，可以在低延时计算框架上面支持复杂的SQL引擎以及机器学习，如今也成为流处理技术上功能最完善、性能最强的实时流处理产品。

大数据2.0时代是一个百家争鸣的时代，更多的玩家参与了技术角逐中，诞生了很多全新的技术，能解决更多业务场景下的实际问题。

（三）大数据3.0时代

至2015年，结构化数据的处理问题已经基本解决，此后人们开始把关注焦点转到了非结构化数据处理上面，特别是图像、视频、语音、文本的处理。人们将此前在非结构化数据表现出众的深度学习技术与大数据技术相结合。除此之外，人们又试图用深度学习这样新的思路去解决过去MapReduce和Spark已经解决的问题，如结构化数据处理等问题。大家希望有一个统一计算框架来处理，从结构化数据到非结构化数据的所有问题。

随着时间和业务不断的发展，人们提出了新的需求，是否能将大数据这种分布式的架构部署在云平台上，更好地实现数据共享，解决"数据孤岛"和"烟囱开发"等难题。

至此，大数据技术、人工智能技术、云计算技术开始融合。大数据3.0时代要求在同一个平台当中，满足各种不同层次的大数据需求。大数据技术，解决了深度学习计算力和训练数据量的问题，开始产生巨大的生产价值；同时，大数据技术通过将传统机器学习算法分布式实现，向人工智能领域延伸；此外，随着数据不断汇聚在一个平台，通过容器技术，在容器云平台上构建大数据与人工智能基础公共能力，将人工智能、大数据与云计算进行融合。

四　大数据给金融行业带来的变革

（一）营销上的变革

由于数据化的需要，金融机构可以利用大数据对其客户在不同渠道（网点、App、微信、小程序等）下进行客户精准画像，分析出不同场景下的用户特征和行为偏好，从而更好地服务客户、营销客户。❶ 它将会对营销渠道带来的变化是：原来只重视线下网点营销，后续会重视App营销，打通网点与App的链接，实现互联互通，分析客户的潜在需求并给客户经理赋能；❷ 在营销策略上改变了传统依靠个人专家经验、实践心得制定营销策略，未来将更多地基于数据分析进行营销策略制定，营销策略将会更加高效、科学；❸ 营销方式上将会有更多有创新性的营销方式，典型的比如直播营销、粉丝营销、拼团营销、秒杀营销，等等。

（二）风险管理方面的变革

风险管理方面的变革首先体现在金融机构可以利用大数据技术来建立风控模型以及风控规则，实现分析客户的偿还能力、信用等级，从而实现对客户的快速高效授信、减少人工投入以及提升产品风控能力的标准化和科技化。过去通过人工多级审批、人为主观判断、标准的不统一性以及传统方法中银行对企业客户的违约风险评估多是基于过往的信贷数据和交易数据等静态数据，缺少前瞻性。因为影响借款人违约的重要因素并不仅仅只是历史的信用情况，还包括个人或者企业未来的发展空间、成长能力，而大数据手段的介入使信贷风险评价更趋近于事实；其次是金融机构可以利用大数据进行贷后监管和贷后风险预警，从而在风险发生之前提前做好相应的风险应对措施，改变了过去出现贷后风险、坏账后才采取相应措施，真正做到对贷后管理的实时监控。

（三）在产品创新方面的变革

原来的产品创新主要是从产品的金融属性来设计产品，随着大数据的运用，产品经理除了考虑产品的金融属性外，将会更多地基于科技手段和用户体验来进行产品创新设计，实现客户基于线上化的"秒批秒贷"产品、减少用户不必要的面签行为和繁杂多样的资料填写，典型的互联网消费信贷产品有花呗、借呗、微粒贷等。

（四）管理上的变革

大数据的显著特征就是全数据分析。在大数据体系下，相较于传统的方式，银行数据获取、分析和运用的渠道机制都已经发生了巨大改变。商业银行使用大数据分析技术和工具，对海量结构化数据和非结构化数据进行分析、判断和挖掘，能够及时、准确地发现业务和管理领域的风险与机会，为业务发展和风险防范提供全面及时的决策支持信息。大数据金融的本质特征之一就是决策模式的不同：大数据决策建立在牢固的数据证据基础上。传统商业银行的决策模式依赖于样本数据分析和高层管理经验，片面性和主观性较强。而在大数据时代，使用全量数据进行分析，将使得分析结果更具有客观性和决策支持性。银行的决策过程将以数据为核心，这对银行的管理者来说是一场改变思维习惯的管理革命，大数据的客观性将对现有银行决策机制产生历史性革新。

蚂蚁花呗产品

一、产品背景

花呗全称是蚂蚁花呗，是蚂蚁金服推出的一款消费信贷产品，申请开通后，将获得500～50 000元的消费额度。用户在消费时，可以预支蚂蚁花呗的额度，享受"先消费，后付款"的购物体验。

二、蚂蚁花呗与大数据应用

（一）信用评估

花呗作为支付宝平台推出的信贷产品，利用大数据技术进行用户的信用评估。这主要基于用户的支付宝账户数据、消费行为、交易记录等信息，通过整合和分析这些数据，系统能够为用户生成一个信用等级或信用分数（如"芝麻信用分"）。用户的芝麻信用分越高，所获得的借款额度通常也越高。

（二）个性化服务

基于大数据分析，花呗能够为用户提供个性化的信用额度和分期付款服务。系统通过分析用户的消费习惯、还款记录等信息，评估用户的信用风险，并据此定制合适的信用额度。

（三）营销精准性

大数据还使得花呗在用户营销方面更加精准。系统通过分析用户的消费行为、偏好等信息，可以为用户推荐合适的商品和服务，提高营销效果。

（四）风险控制

大数据在花呗的风险控制方面也发挥着重要作用。通过实时监控和分析用户的交易数据、行为模式等信息，系统能够及时发现异常交易和潜在风险，并采取相应的风险控制措施，如限制交易额度、冻结账户等，以保障资金安全。

三、大数据带来的变革

（1）信用评估的革新：花呗利用大数据技术，整合用户在支付宝平台上的消费数据、交易记录、行为模式等多维度信息，对用户进行更为全面、精准的信用评估。

（2）个性化服务的提升：通过大数据分析，花呗能够深入了解用户的消费习惯、偏好和需求，从而为用户提供更加个性化的服务。

（3）风险管理的加强：大数据技术的应用使得花呗能够实时监控用户的交易数据、行为模式等信息，及时发现异常交易和潜在风险。

（4）业务运营效率的提升：大数据技术的应用使得花呗能够自动化处理大量的用户数据和信息，提高了业务处理的效率和准确性。

第二节　大数据的理论架构与技术原理

一　大数据基础

伴随着大数据的采集、传输、处理和应用的相关技术就是大数据处理技术,是一系列使用非传统的工具来对大量的结构化、半结构化和非结构化数据进行处理,从而获得分析和预测结果的一系列数据处理技术,简称大数据技术。大数据技术是一系列技术的融合,包含:数据收集技术、数据存储技术、数据分析技术与预测技术。其中,数据分析技术与预测技术是大数据技术的核心,而数据分析技术应用到数学与统计知识、机器学习与数据可视化等。

(一)数据与统计学

统计学是通过搜索、整理、分析、描述数据等手段,以达到推测所测对象的一个本质,甚至预测对象未来的这样的一个学科,即获取数据之后,从数据中获得信息,得到结论。在当今的信息时代,数据是信息的载体,是统计学分析的对象。统计工作本身就是对数据进行搜集、整理、分析、解释这样一个系统的过程。离开了数据,统计学就失去了研究的意义和价值。同理,离开了统计学,数据就只是单纯的数据而已,几乎没有价值。通过统计的方法和原理整理及分析出来的数据,在精确度和适用度方面才会有较高的提升,才会实现数据的真正价值。

大数据的分析与挖掘等工作,从数据预处理开始,至建模得出结论,无不存在着统计学的身影。比如,统计分析所提供的诸如方差分析、假设检验、相关性分析等方法,都有助于数据分析前期的数据探索、数据预处理、特征工程等操作;朴素贝叶斯、Apriori关联规则等算法本身的理论基础就来源于统计学。拥有扎实的统计基础,能够更加深入地理解算法,并解释结果。此外,在得出分析结果以后,研究者还需要通过统计分析来描述结果,以方便其他人理解。

1. 统计基础

从行为目的与思维方式看,统计方法可以分为两大类:描述统计和推断统计。

(1)描述统计。描述统计研究的是数据收集、处理、汇总、图表描述、概括与分析等统计方法。描述统计学是研究如何取得反映客观现象的数据,并通过图表形式对所搜集的数据进行加工处理和显示,进而通过综合概括与分析得出反映客观现象的规律性数量特征的一门学科。例如,2020—2022年春运期间火车车票预售期购票类App活跃度图(图2-2)就是描述统计,对春运期间火车票购票需求进行描述性分析,了解春运期间火车出行需求。

■ 2020春运节前车票预售期　　■ 2021春运节前车票预售期　　■ 2022春运节前车票预售期
（2019.12.12—2019.12.26）　　（2020.12.30—2021.1.13）　　（2022.1.3—2022.1.17）

- 2022春运节前车票预售期(2022.1.3—2022.1.17)

火车购票类App平均活跃度相比去年同期下降了 **5.8%**

峰值

峰值

峰值

可抢票日期

春运首日票　春运次日票　春运第三日票　春运第四日票　春运第五日票　春运第六日票　春运第七日票　春运第八日票　春运第九日票　春运第十日票　春运第十一日票　春运第十二日票　春运第十三日票　春运第十四日票　除夕票

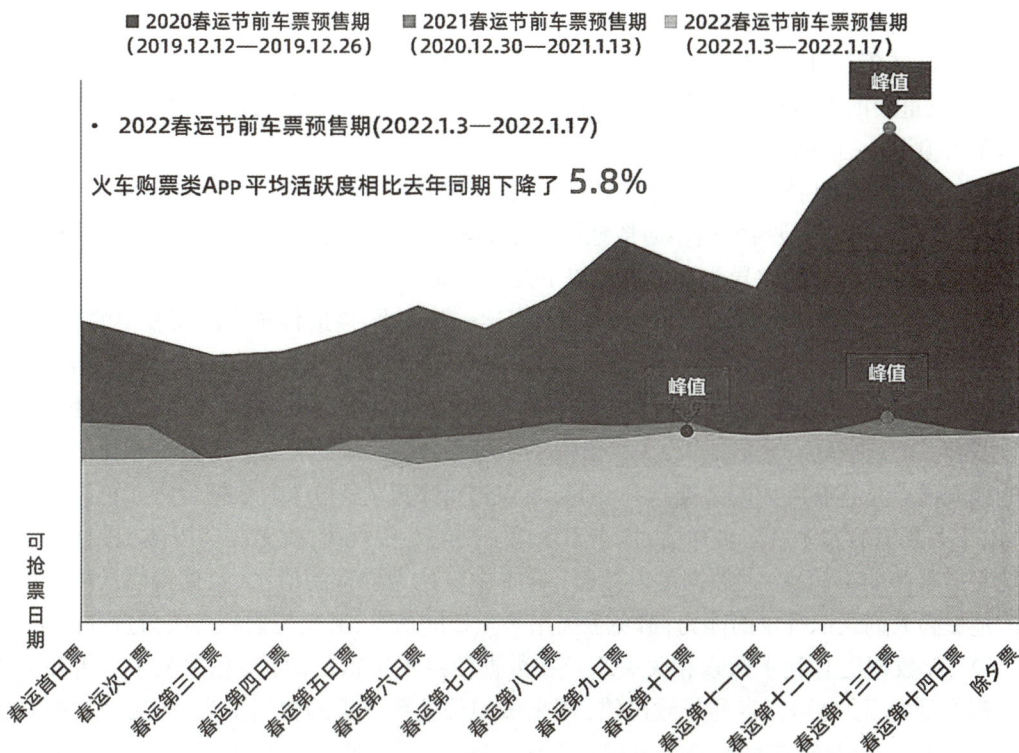

图2-2　2020—2022年春运期间火车车票预售期购票类App活跃度图

（2）推断统计。推断统计是研究如何利用样本数据来推断总体特征的统计方法。例如，要了解一个地区的人口特征，不可能对每个人的特征一一进行测量。对产品的质量进行检验，往往是破坏性的，也不可能对每个产品进行测量。这就需要抽取部分个体即样本进行测量，然后根据获得的样本数据对所研究的总体特征进行推断，这就是推断统计要解决的问题。推断统计包括两方面的内容：总体参数估计和假设检验。

❶ 总体参数估计。从样本获得一组数据后，如何通过这组信息，对总体特征进行估计，也就是如何从局部结果推论总体的情况，称为总体参数估计。例如，运用某个地区的就业情况预测全国就业情况。总体参数估计可分为点估计和区间估计。点估计是用样本统计量来估计总体参数，因为样本统计量为数轴上某一点值，估计的结果也以一个点的数值表示。区间估计是根据样本统计量，利用抽样分布的原理，用概率表示总体参数可能落在某数值区间之内的推算方法。区间估计的种类有很多，主要有总体平均值的区间估计，总体百分数的区间估计，标准差和方差的区间估计，相关系数的区间估计。

❷ 假设检验。在统计学中，通过样本统计量得出的差异作出一般性结论，判断总体参数之间是否存在差异，这种推论过程称作假设检验。假设检验分为参数检验和非参数检验。若进行假设检验时总体的分布形式已知，需要对总体的位置参数进行假设检验，则称其为参数假设检验。若对总体分布形式所知甚少，需要对未知分布函数的形式及其他特征进行假设检验，通常称之为非参数假设检验。

2. 大数据时代下的统计学

与传统意义上的数据相比,大数据的"大"与"数据"都有了新的含义,绝不仅仅是体量的问题,更重要的是数据的内涵问题。那么从统计学角度如何理解大数据呢? 大数据不仅是基于人工设计、借助传统方法而获得的有限、固定、不连续、不可扩充的结构型数据,更重要的是基于现代信息技术与工具可以自动记录、储存和连续扩充的、大大超出传统统计记录与储存能力的一切类型的数据。通俗地说,大数据就是一切可记录信号的集合。大数据时代的统计与传统统计的差异主要体现在以下几个方面。

(1) 样本数据与大数据。大数据不仅是基于人工设计、借助传统方法而获得的有限、固定、不连续、不可扩充的结构型数据,更重要的是基于现代信息技术与工具可以自动记录、储存和连续扩充的、大大超出传统统计记录与储存能力的一切类型的数据。最根本之处就是数字化基础上的数据化。通俗地说,大数据就是一切可记录信号的集合。大数据相比于样本数据的最大优点是具有巨大的数据选择空间,可以进行多维、多角度的数据分析。更为重要的是,由于大数据的大体量与多样性,样本不足以呈现的某些规律,大数据可以体现;样本不足以捕捉的某些弱小信息,大数据可以覆盖;样本中被认为异常的值,大数据得以认可。这将极大地提高人们认识现象的能力,避免丢失很多重要的信息,避免失去很多决策选择的机会。

(2) 大数据更有利于探索相关关系。在数据信息不丰富的时代,相关关系分析和因果分析都易受偏见的影响,容易导致出错,用来做相关关系分析的数据很难得到,数据的收集也耗资巨大。在大数据时代,数据丰富且多样,新的分析工具和分析思路能够提供新的视野和新的预测方向。

案例分析

尿不湿和啤酒

超级商业零售连锁巨无霸沃尔玛公司拥有世上最大的数据仓库系统之一。为了能够准确了解顾客在其门店的购买习惯,沃尔玛对其顾客的购物行为进行了购物篮关联规则分析,从而知道顾客经常一起购买的商品有哪些。在沃尔玛庞大的数据仓库里集合了其所有门店的详细原始交易数据,在这些原始交易数据的基础上,沃尔玛利用数据挖掘工具对这些数据进行分析和挖掘。

在美国,到超市去买婴儿尿不湿是一些年轻的父亲下班后的日常工作,而他们中有30%～40%的人同时也会为自己买一些啤酒。产生这一现象的原因是:美国的太太们常叮嘱她们的丈夫不要忘了下班后为小孩买尿不湿,而丈夫们在买尿不湿后又顺手带回了他们喜欢的啤酒。另一种情况是丈夫们在买啤酒时突然记起他们的责任,又去买了尿不湿。既然尿不湿与啤酒一起被购买的机会很多,那么沃尔玛就在他们所有的门店里将尿不湿与啤酒并排摆放在一起,结果是得到了尿不湿与啤酒的销售量双双增长。按常规思维,尿不湿与啤酒风马牛不相及,若不是借助数据挖掘技术对大量交易数据进行挖掘分析,沃尔玛是不可能发现数据内这一有价值的规律。

想一想

尿不湿购买行为和啤酒购买行为之间存在的是因果关系还是相关关系呢？

（3）**大数据是一种开放性的思维模式**。在传统的统计实证分析中，我们习惯于先提出假设，然后通过数据的收集与分析来验证这一假设。然而，这种方法往往受限于假设的科学性、指标选择的合理性以及数据的完整性。一旦假设本身存在问题，整个分析过程就可能变得毫无意义，甚至误导我们的决策。相比之下，大数据的开放性体现在它不再受任何预设假设的束缚。它允许我们从海量的数据中自由探索，寻找潜在的关系和规律。这种"发现—总结"的分析思路，使我们能够摆脱传统方法的局限，发现更多意想不到的新知识。大数据的开放性还体现在它对数据多样性的包容。无论是结构化数据还是非结构化数据，无论是数字、文本还是图像，大数据都能一视同仁地进行处理和分析。这种包容性使得我们能够更全面地了解事物的本质和规律，从而做出更准确的判断和决策。

（4）**大数据不再追求精确性**。在传统的数据处理中，精确性被视为至关重要的标准。统计学家们会精心策划样本采集数据，努力减少误差，确保每个数据点的准确性。然而，在大数据的浪潮下，这种对精确性的过度追求开始显得力不从心。大数据的核心在于其庞大的规模和丰富的多样性。当我们拥有海量的数据时，个别数据的精确性变得相对次要。因为即便某些数据存在误差，也不会对整体趋势和规律产生决定性影响。相反，过分追求精确性可能会导致我们错过更多有价值的信息。更重要的是，大数据的价值在于其能够提供更为全面和深入的洞察。当我们不再过分关注单个数据点的精确性时，就能更好地把握整体趋势和模式。这种宏观的视角能够帮助我们更好地理解复杂系统，发现潜在的机会和风险。

（二）数据可视化

2015年的"双11"，阿里巴巴通过一块大屏幕，展示淘宝平台及天猫商城的交易情况，屏幕中各种各样的图表展示了"双11"的相关数据，而你能通过这块大屏幕中的图表数据迅速地了解到当年"双11"的交易情况。这个直播现场的大屏幕，被称为数据可视化大屏（图2-3），结合拼接屏幕的技术，组成一个较大的屏幕，以便平台进行更加丰富的数据可视化展现。而数据可视化大屏，仅仅是数据可视化的一种表现形式，除此之外，数据可视化还有其他的表现形式。例如，移动端的keep在跑步结束后生成的记录，便分别采用柱形图、散点图及折线图来表达用户跑步的相关信息，无论是以哪种形式，归根结底，数据可视化，是将相关的数据通过图形化手段完成展示，来进行清晰有效的信息传达或信息洞察。

图2-3　淘宝及天猫的交易情况

1. 数据可视化的概念

数据可视化的概念是一个处于不断演变中的概念,其边界在不断地扩大。这主要指的是技术上较为高级的方法,而这些技术方法允许利用图形、图像处理、计算机视觉对数据加以可视化解释。与立体建模之类的特殊技术方法相比,数据可视化所涵盖的技术方法要广泛得多。

数据可视化涉及的概念有数据空间、数据开发、数据分析、数据可视化。❶ 数据空间是由 n 维属性和 m 个元素组成的数据集所构成的多维信息空间;❷ 数据开发是指利用一定的算法和工具对数据进行定量的推演和计算;❸ 数据分析是指对多维数据进行切片、块、旋转等动作剖析数据,从而能多角度多侧面观察数据;❹ 数据可视化是指将大型数据集中的数据以图形图像形式表示,并利用数据分析和开发工具发现其中未知信息的处理过程。

2. 数据可视化的发展历程

(1) 科学可视化。1987年,由布鲁斯·麦考梅克、托马斯·德房蒂和玛克辛·布朗所编写的美国国家科学基金会报告《科学计算之中的可视化》(*Visualization in Scientific Computing*),对于这一领域产生了大幅度的促进和刺激。这份报告里强调了新的基于计算机的可视化技术方法的必要性。随着计算机运算能力的迅速提升,人们建立了规模越来越大,复杂程度越来越高的数值模型,从而造就了形形色色体积庞大的数值型数据集。同时,人们不但利用医学扫描仪和显微镜之类的数据采集设备产生大型的数据集,而且还利用可以保存文本、数值和多媒体信息的大型数据库来收集数据。因而,需要高级的计算机图形学技术与方法来处理和可视化这些规模庞大的数据集。

(2) 信息可视化。更近一些的时候,可视化也日益尤为关注数据,包括那些来自商业、财务、行政管理、数字媒体等方面的大型异质性数据集合。20世纪90年代初期,人们发起了一个新的,称为"信息可视化"的研究领域,旨在为许多应用领域之中对于抽象的异质性数据集的分析工作提供支持。到21世纪人们开始逐渐接受这个同时涵盖科学可视化与信息可视化领域的新生术语"数据可视化"。

3. 数据可视化与大数据

大数据时代数据体现为体量大、结构复杂、噪声多等特征,这些特征导致大数据分析的难度加大,数据大爆炸时代人们往往在大数据面前显得无所适从,大数据无法转化为大数据资产,而数据可视化可以解决这些问题。主要体现在以下四点。

(1)可视化能将数据以更加直观的方式展现出来,使数据更加客观、更具说服力。在各类报表和说明性文件中,用直观的图表展现数据,显得简洁、可靠。在可视化图表工具的表现形式方面,图表类型表现得更加多样化,丰富化。除了传统的饼图、柱状图、折线图等常见图形,还有气泡图、面积图、省份地图、词云、瀑布图、漏斗图等酷炫图表,甚至还有地理信息系统(GIS)制作的地图。这些种类繁多的图形能满足不同的展示和分析需求。可视化的终极目标是洞悉蕴含在数据中的现象和规律,这里面有多重含义:发现、决策、解释、分析、探索和学习。可视化的意义在于,可视化作为人脑的辅助工具,可以保留一部分信息,图形化的符号可以将用户的注意力引导到重要的目标。

(2)数据可视化可以保留大数据的数据信息,大数据相对于小数据的内涵更丰富,信息更全面,在数据分析中应该充分保留大数据的信息含量。而大量的数据可视化工具可以通过多维度多角度对大数据进行展示与分析,充分保留数据的信息含量。尤其对于非结构化数据,传统统计方法无法进行处理,可视化工具可以进行有效处理。

(3)提高信息的时效性。数据可视化能够实时反映各种场景实时状态,有利于管理者掌握状态数据,可以实现实时监控、及时决策与预测,为相关决策提供有效的数据支持。

(4)让用户能够在一定程度上了解和参与具体的分析过程。这个既可以采用人机交互技术,利用交互式的数据分析过程来引导用户逐步地进行分析,使用户在得到结果的同时更好的理解分析结果的由来。也可以采用数据起源技术,帮助追溯整个数据分析的过程,有助于用户理解分析结果。

"词云"这个概念是由美国西北大学新闻学副教授、新媒体专业主任里奇·戈登提出。他一直很关注网络内容发布的最新形式——即那些只有互联网可以采用而报纸、广播、电视等其他媒体都望尘莫及的传播方式。通常,这些最新的、最适合网络的传播方式,也是最好的传播方式。因此,"词云"就是通过形成"关键词云层"或"关键词渲染",对网络文本中出现频率较高的"关键词"的视觉上的突出。如图2-4所示的二十大报告主题词云感受二十大报告的"民生温度"。

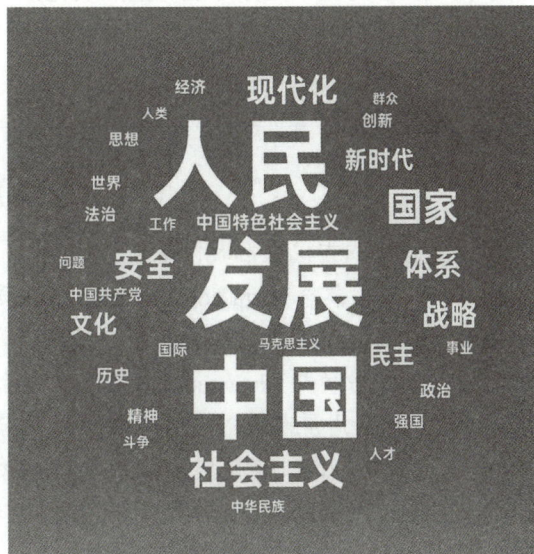

图2-4 二十大报告词云

二　大数据关键技术

数据处理是对纷繁复杂的海量数据价值的提炼,而其中最有价值的地方在于预测性分析,即可以通过数据可视化、统计模式识别、数据描述等数据挖掘形式帮助数据科学家更好地理解数据,根据数据挖掘的结果得出预测性决策。其中主要工作环节包括:大数据采集、大数据预处理、大数据存储及管理、大数据分析及挖掘、大数据呈现与应用(大数据检索、大数据可视化、大数据应用、大数据安全等)。

(一) 大数据采集

数据是指通过无线射频识别(RFID)射频数据、传感器数据、社交网络交互数据及移动互联网数据等方式获得的各种类型的结构化、半结构化(或称之为弱结构化)及非结构化的海量数据,是大数据知识服务模型的根本。重点要突破分布式高速高可靠数据爬取或采集、高速数据全映像等大数据收集技术;突破高速数据解析、转换与装载等大数据整合技术;设计质量评估模型,开发数据质量技术。大数据采集一般分为以下两点。

1. 大数据智能感知层

大数据智能感知层主要包括数据传感体系、网络通信体系、传感适配体系、智能识别体系及软硬件资源接入系统,实现对结构化、半结构化、非结构化的海量数据的智能化识别、定位、跟踪、接入、传输、信号转换、监控、初步处理和管理等。必须着重攻克针对大数据源的智能识别、感知、适配、传输、接入等技术。

2. 基础支撑层

提供大数据服务平台所需的虚拟服务器,结构化、半结构化及非结构化数据的数据库及物联网络资源等基础支撑环境。重点攻克分布式虚拟存储技术,大数据获取、存储、组织、分析和决策操作的可视化接口技术,大数据的网络传输与压缩技术,大数据隐私保护技术等。

相关知识

数据集成方式

数据集成方式包括数据整合、数据联邦、数据传播和混合方式四种。

(1) 数据整合(data consolidation):不同数据源的数据被物理地集成到数据目标。利用ETL工具把数据源中的数据批量地加载到数据仓库,就属于数据整合的方式。

(2) 数据联邦(data federation):在多个数据源的基础上建立一个统一的逻辑视图,对外界应用屏蔽数据在各个数据源的分布细节。对于这些应用而言,只有一个统一的数据访问入口,但是实际上,被请求的数据只是逻辑意义上的集中,在物理上仍然分布在各个数据源中,只有被请求时,才临时从不同数据源获取相关数据,进行集成后提交给数据请求者。当数据整合方式代价太大或者为了满足一些突发的实时数据需求时,可以考虑采用数据联邦的方式建立企业范围内的全局统一数据视图。

(3)数据传播(data propagation):数据在多个应用之间的传播。比如,在企业应用集成(EAI)解决方案中,不同应用之间可以通过传播消息进行交互。

(4)混合方式(a hybrid approach):在这种方式中,对于那些不同应用都使用的数据采用数据整合的方式进行集成,而对那些只有特定应用才使用的数据则采用数据联邦的方式进行集成。

(二)大数据预处理

完成对已接收数据的辨析、抽取、清洗等操作。

1.抽取

因获取的数据可能具有多种结构和类型,数据抽取过程可以帮助我们将这些复杂的数据转化为单一的或者便于处理的构型,以达到快速分析处理的目的。

2.清洗

对于大数据,并不全是有价值的,有些数据并不是我们所关心的内容,而另一些数据可能是错误的干扰项,因此要对数据通过过滤"去噪"从而提取出有效数据。

(三)大数据存储及管理

大数据存储与管理要用存储器把采集到的数据存储起来,建立相应的数据库,并进行管理和调用。重点解决复杂结构化、半结构化和非结构化大数据管理与处理技术。主要解决大数据的可存储、可表示、可处理、可靠性及有效传输等几个关键问题。开发可靠的分布式文件系统、能效优化的存储、计算融入存储、大数据的去冗余及高效低成本的大数据存储技术;突破分布式非关系型大数据管理与处理技术,异构数据的数据融合技术,数据组织技术,研究大数据建模技术;突破大数据索引技术;突破大数据移动、备份、复制等技术;开发大数据可视化技术。

开发新型数据库技术。数据库分为非关系型数据库、关系型数据库以及数据库缓存系统。其中,非关系型数据库主要指的是NoSQL数据库,分为:键值数据库、列存数据库、图存数据库以及文档数据库等类型。关系型数据库包含了传统关系数据库系统以及NewSQL数据库。数据库缓存系统包含缓存存储层、缓存管理模块、缓存访问接口、监控与告警系统、安全与管理工具、分布式缓存支持。

开发大数据安全技术。改进数据销毁、透明加解密、分布式访问控制、数据审计等技术;突破隐私保护和推理控制、数据真伪识别和取证、数据持有完整性验证等技术。

(四)大数据分析及挖掘

1.大数据分析技术

改进已有数据挖掘和机器学习技术;开发数据网络挖掘、特异群组挖掘、图挖掘等新型数据挖掘技术；突破基于对象的数据连接、相似性连接等大数据融合技术；突破用户兴趣分析、网络行为分析、情感语义分析等面向领域的大数据挖掘技术。数据挖掘就是从大量的、不完全的、有噪声的、模糊的、随机的实际应用数据中，提取隐含在其中的、人们事先不知道的，但又是潜在有用的信息和知识的过程。

2. 数据挖掘

数据挖掘涉及的技术方法很多，有多种分类法。根据挖掘任务可分为分类或预测模型发现、数据总结、聚类、关联规则发现、序列模式发现、依赖关系或依赖模型发现、异常和趋势发现，等等；根据挖掘对象可分为关系数据库、面向对象数据库、空间数据库、时态数据库、文本数据源、多媒体数据库、异质数据库、遗产数据库以及环球网Web；根据挖掘方法可分为机器学习方法、统计方法、神经网络方法和数据库方法。

数据挖掘主要过程是：根据分析挖掘目标，从数据库中把数据提取出来，然后经过ETL组织成适合分析挖掘算法使用宽表，然后利用数据挖掘软件进行挖掘。传统的数据挖掘软件，一般只能支持在单机上进行小规模数据处理，受此限制，传统数据分析挖掘一般会采用抽样方式来减少数据分析规模。

数据挖掘的计算复杂度和灵活度远远超过前两类需求。一是由于数据挖掘问题开放性，导致数据挖掘会涉及大量衍生变量计算，衍生变量多变导致数据预处理计算复杂性；二是很多数据挖掘算法本身就比较复杂，计算量就很大，特别是大量机器学习算法，都是迭代计算，需要通过多次迭代来求最优解，例如，K-means聚类算法、PageRank算法等。从挖掘任务和挖掘方法的角度，着重突破。

3. 可视化分析

数据可视化无论对于普通用户或是数据分析专家，都是最基本的功能。数据图像化可以让数据自己说话，让用户直观地感受到结果。

4. 数据挖掘算法

图像化是将机器语言翻译给人看，而数据挖掘就是机器的母语。分割、集群、孤立点分析还有各种各样五花八门的算法让我们精炼数据，挖掘价值。这些算法一定要能够应对大数据的量，同时还具有很高的处理速度。

5. 预测性分析

预测性分析可以让分析师根据图像化分析和数据挖掘的结果做出一些前瞻性判断。

6. 语义引擎

语义引擎需要设计到有足够的人工智能以足以从数据中主动地提取信息。语言处理技术包括机器翻译、情感分析、舆情分析、智能输入、问答系统等。

7. 数据质量和数据管理

数据质量和数据管理是管理的最佳实践，通过标准化流程和机器对数据进行处理可以确保获得一个预设质量的分析结果。

8. 机器学习

机器学习可细分为归纳学习方法（决策树、规则归纳等）、基于范例学习、遗传算法等。统计方法中，可细分为：回归分析（多元回归、自回归等）、判别分析（贝叶斯判别、费歇尔判别、非参数判别等）、聚类分析（系统聚类、动态聚类等）、探索性分析（主元分析法、相关分析法等）等。神经网络方法中，可细分为：前向神经网络（BP算法等）、自组织神经网络（自组织特征映射、竞争学习等）等。数据库方法主要是多维数据分析或OLAP方法，另外还有面向属性的归纳方法。

（五）大数据呈现与应用

大数据技术能够将隐藏于海量数据中的信息和知识挖掘出来，为人类的社会经济活动提供依据，从而提高各个领域的运行效率，大大提高整个社会经济的集约化程度。大数据结果呈现为标签云、关系图等，大数据技术框架如图2-5所示。

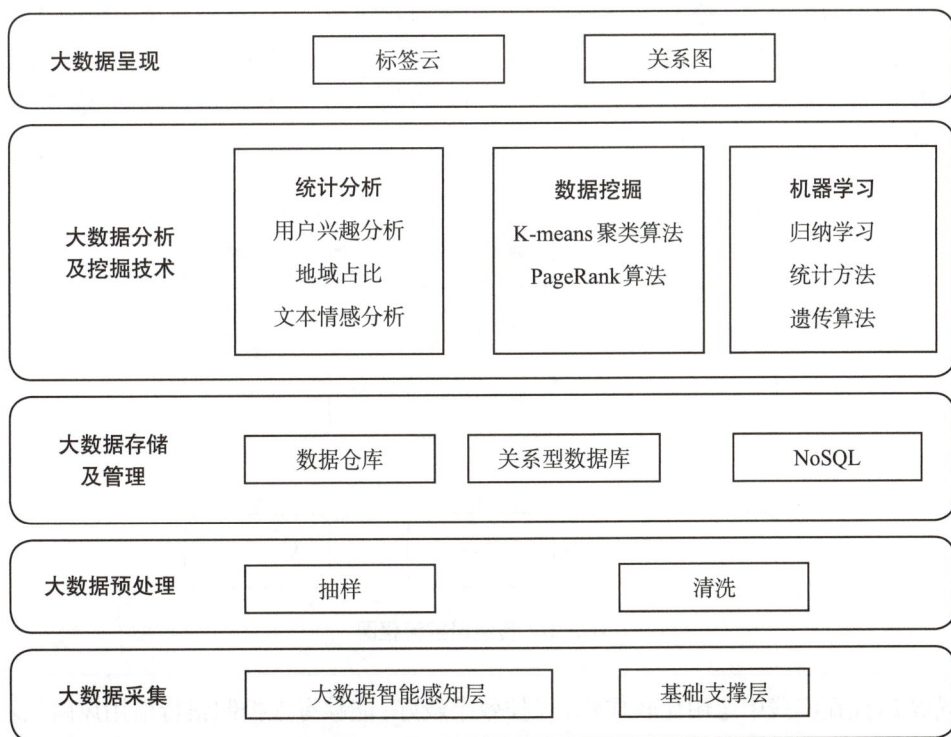

图2-5　大数据技术框架图

第三节　大数据技术在金融中的应用场景与价值创新

一　"大数据＋风控业务"

风险管理是指企业在其日常经营活动中努力将风险降到最低的管理过程。在这一管理过程中,企业需要对其所面临的风险进行认识、度量和分析,通过科学决策选择出最为有效的风险管理途径和方法,力图通过具有主动性、目的性和计划性的风险防控行为,以最小的成本获取最大的安全保障。有效的风险管理活动能够帮助商业银行降低损失出现的概率、缩小损失的影响范围,进而提高其经营能力和市场价值。

(一)"大数据 + 银行风控"

1. 传统银行风控

传统银行主要是基于"5C"(信誉、能力、资本、担保、环境)来进行风控,欧洲银行也会将"连续性"作为风控的一个指标,传统风控流程如图2-6所示,主要流程:❶ 银行接受客户申请,查询客户征信情况;❷ 录单员将客户信息申请录入系统;❸ 录单员将客户信息与征信资料派单给信贷员;❹ 信贷员对客户信息进行预审核,对信息中存在的疑问联系客户进行质询;❺ 信贷员对客户进行现场考察,了解客户实际经营情况,对之前提交的信息进行核实;❻ 信贷员根据提交资料和考察结果撰写调查报告,进而给出信贷意见;❼ 贷款发放及贷后跟踪。从整个流程可以看出,传统风控流程非常繁琐,风控成本高,风控效率低下。

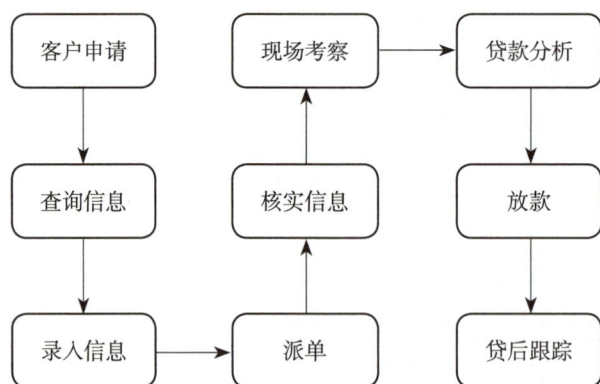

图2-6　传统风控流程图

传统风控在实践中运用比较成熟,风控效果较好,能够有效控制银行信用风险,保证银行能够获得一些优质客户。同时传统信贷也存在流程复杂、风控成本过高等不足,主要体现在以下四点。

(1)风控成本过高。传统银行风控主要依靠客户提交的申请资料与信贷员的审核,信贷员为了控制信贷风险,必须花费大量的时间和精力对客户资料进行审核,现场考核客户实际经营情况,走访客户管理层、员工、供应商、用户等获得第一手资料,依靠信贷员的专业风险判断能力对客户信用风险进行判断,进而给出信贷决策。

(2)客户体验差。传统风控中,客户必须提交银行所需要的关于企业经营的各方面的资料、接受银行各方面的谈话与质询、接受银行大量的现场考察,要忍受银行较长的信贷发放周期,往往造成客户不能及时用款等风险。

(3)银行服务客户面窄。银行的客户往往集中在一些优质的大客户,主要原因是:

❶信贷的规模效应,大客户信贷规模大,对应信贷边际成本低;❷大客户信息不对称程度相对较低,银行能够比较容易收集客户的信用信息;❸大客户经营规范,经营风险小,信用风险相对较低;❹大客户资产规模大,有大量用于抵押的资产保障银行的权益。

（4）银行贷款相对集中。银行会关注相应的行业经营效益,会把钱借给那些效益好的行业与企业,在贷款时一定程度上会向一些行业聚集,但行业经营也存在周期性风险,当这些行业出现问题时也会带来银行系统性风险。

2. 大数据银行风控

大数据风控流程如图2-7所示。

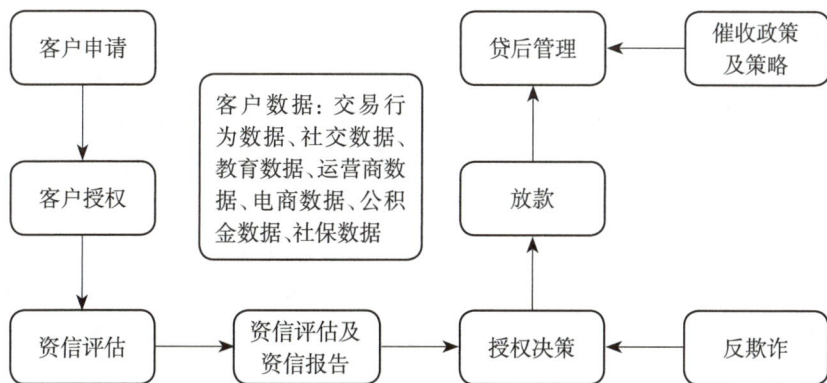

图2-7　大数据风控流程图

（1）客户申请。客户通过网页端或手机端进入银行信贷系统进行贷款申请。

（2）客户授权。商业银行在获得客户授权指令后,利用其系统内和第三方的相关客户信息数据对客户进行征信,首先是对客户身份进行验证,并对其进行黑名单检查,然后利用客户的交易行为数据、社交数据、教育数据、运营商数据、电商数据、公积金数据、社保数据等相关数据对客户的信用风险进行分析和评估。

（3）资信评估及资信报告。银行基于客户授权信息运用信用评估模型对客户信用情况进行评估,自动生成客户资信报告。

（4）授权决策及放款。信贷人员基于生成的资信报告,形成信贷决策及放款行为。

（5）客户借款期间,在与客户保持联系的基础上,依据事先设定好的催收模型和催收策略对客户的信用风险进行实时监控。

从大数据风控流程图中可以看到,大数据风控的基本流程与传统风控大致相同,但在接受客户申请、对客户进行资信评估、做出授信决策、进行贷后管理环节比传统风控更加快捷高效。具体来说,包含以下4个优势。

（1）集约化管理。在大数据技术的应用下,商业银行触及客户的方式发生了极大的变化,其在对客户信用风险进行管理时无须以现场直接接触的方式接触、服务和管理客户,而是以电话联系、网络在线沟通、移动智能设备客户端等方式与客户进行互动,进而有效地降低了运营成本。此外,由于业务流程更加标准化,在保证提高业务质量的同时,商业银行的服务效率也得到了提升,从而能够更好地在控制风险的基础上向不同的客户群提供其所需的金融服务。

（2）全过程风控。商业银行基于对大数据技术的应用,能够在其风险管理系统中接入海量集中式数据,这些多维度数据的交叉验证,能够解决商业银行在客户信用风险评估中客户信息难以收集的问题,从而有效地缓解了商业银行在信贷业务中所面临的信息不对称的问题,提高了商业银行对客户信用风险的识别和预防能力。

此外,基于对大数据技术的利用,商业银行的贷后管理能力也得到了提升,尤其是非现场的贷后管理能力得到了大幅提高。在大数据技术的应用下,商业银行的风控以非现场的预警监测为依托,对不同客户群的风险特征和行为模式进行识别,强调对授信客户进行持续跟踪、动态监测和实时预警。

（3）标准化与差异化相结合。虽然商业银行所提供的信贷产品具有一定的标准化特征,但在其风险管理过程中也同样会考虑如何对差异进行处理。根据数据分析和市场调研的结果,商业银行可以针对不同行业、不同地区、不同特征的客户群制定不同的标准化产品,并分别采用不同的运作流程、审核标准、评分卡和授信策略。在集约化的风险管理下,商业银行可以在不断的学习和测试过程中,对其经营策略进行细分和调整。

（4）输入信息多样化。在大数据技术的应用下,越来越多的外部信息也被纳入商业银行的风险评估系统。在对外部信息进行标准化处理后,信息数据之间所进行的交叉验证能够在结合各个客户群特征的基础上进行优化。随着外部输入信息的范围越来越广、数据量越来越大、数据变化频率越来越快以及数据类型愈加多样化,商业银行的风险管理系统在数据处理、数据分析、模型建立、策略应用等方面的能力也在不断增强。

（二）大数据风控的价值创新

大数据风控相对于传统风控在技术、理念、做法上都是一次重要的变革,提高了风控的效率与精准度。主要体现在以下几个方面。

1. 优化客户信贷体验

随着社会的不断发展和商业银行同业间的竞争加剧,商业银行在进行信贷审批时越来越注重客户的体验。例如,提供更加简便的贷款申请流程、更快速的审批结果反馈、更公开透明的贷款受理过程等都是提升客户审批体验的主要表现。在保证风控水平和能力的基础上,提升客户的审批体验离不开大数据技术的应用。通过实时审批、前置审批、隐形审批与移动审批提高了审批的速度与效率,大数据是这些审批的根本。在大数据技术的作用下,客户所提交的申请资料得以简化,使客户的审批体验得到了有效的提升。此外,商业银行基于大数据技术也不再单纯依靠客户所提交的信息对客户的信用风险进行评估,而通过分析其他渠道获取的真实数据所得出的评估结果无疑更为有效。

2. 信用评价更加精准

在数据来源上,传统征信的数据以银行信用数据为主,来源单一,采集的频率相对较低。而大数据征信的数据来源广泛,包括:用户提交的数据,如其职业背景、受教育程度等;第三方数据,如理财数据、电商平台数据、社交平台数据、社保数据、公积金数据等其他相关数据；此外，大数据征信的信息采集频率高，能够实现对数据的实时采集。在评估思路上，传统征信是通过客户历史信用记录来评价客户信用水平的；而大数据征信则不仅对客户的历史信用数据进行考量，还会从海量数据中推断客户的身份特质、性格偏好、经济能力等相对稳定的指标，从而对客户的信用水平做出判断。在评估模型上，传统征信所采用的分析方法主要是线性回归、聚类分析和分类树等方法；而大数据征信所采用的是机器学习、神经网络、Page Rank算法、RF等大数据处理方法。

3. 风控贯穿信贷全程

传统风控注重贷前贷中的风控，但在贷后风控上存在能力不足与效益不高的问题。而大数据风控通过智能化、数据化技术能够很好地观测客户信用风险变化，进而进行有效风控。在风险预警上，商业银行的预警信号获取范围已经扩展到了外部，而且从传统的公共记录扩展到了无限的网络世界当中。互联网大数据具有非常广的数据范围和非常高的数据更新频率，因而基于互联网中快速更新的海量信息的输入，商业银行的预警能力得到了极大的提高。在这一高效运行的风险预警体系下，客户任一异常的行为都会被及时地识别出来，并将作为风险预警信号实时传递给客户经理，客户经理将会根据该预警信号的严重程度采取相应的处置措施，及时对客户的异常情况进行排查。在催收管理上，在催收策略的制定过程中，需要数据挖掘技术和催收系统的支持。大数据的应用不仅使商业银行对其客户特征的刻画更为精准，而且能够帮助商业银行有效把握不同客户对不同催收手段的反应，从而做出最优的催收决策，提升催收工作的效果。例如，商业银行通过电信运营商的数据发现某逾期客户的电信账户只有在工作日的晚间和周末才有通话或上网记录，那么商业银行在对其进行电话催收时要选在上述时间段内进行。

4. 有效防范信贷欺诈

商业银行面临的欺诈行为通常是本身带有恶意的目的、到期无还款意愿或虚构偿还能力的借款行为。由信息的不对称所造成的欺诈行为的存在无疑会给商业银行的经营造成损失。随着信息技术的不断发展，商业银行贷款业务中所面临的欺诈风险越来越高，主要表现为以下两个方面的原因：一是在当前普遍采用的非现场远程授信模式下，制造虚假申请进而骗取贷款的成本极低。二是我国的信用体系目前还不够完善，客户的违约行为并不会对其日后生活造成重大影响，而以法律手段惩治违约行为的成本又过高，进而导致客户违约的低成本。

大数据下的反欺诈的做法有以下几点。

（1）用互联网信息描述客户特征。伴随着移动互联网的普及和发展，个人的行为信息越来越多地被记录于互联网之中。商业银行通过利用从多种合法渠道获取的客户在互联网中的相关数据信息（如浏览行为、交易行为、购买记录、搜索记录、社交活动等），可以对该客户的行为偏好、社交范围、工作状况、文化程度、偿付能力形成一定准确的认知，不再完全依赖于该客户的历史信贷记录和有限的传统审批资料。

（2）线上信息与线下信息相结合。虽然互联网信息可以对客户特征进行描述，但单纯依赖客户的线上信息并不能对该客户形成全面的认知。因此，商业银行只有将内部与外部、线上与线下的多维度信息进行综合使用才能对欺诈行为进行有效的管控。

　　（3）基于网络技术的非现场审查。贷款申请方式的创新使商业银行的贷款业务越来越多地以非现场的方式开展，但移动互联网技术的发展为商业银行进行远程审查提供了更多的手段。在非现场的贷款业务申请过程中，商业银行通常会要求申请人通过手机等移动智能设备拍摄包含指定动作的视频或照片，用来对该申请人的身份、工作地点等相关信息进行真实性审查。

5. 有效缓解小微金融供给不足

　　小微经营主体是中国经济的重要构成部分，小微经营机构融资难的问题一直是亟待解决的问题。主要原因有：一是小微经营主体缺乏抵押品；二是小微经营机构本身经营风险高；三是信息不对称严重，小微经营主体缺乏必要的信息披露和健全的财务制度以及银行信贷记录；四是规模不经济，银行经营小微贷款成本高。大数据风控模式下，银行通过客户授权可以收集小微经营主体线上线下各维度的数据，可以有效进行风险评估与定价，降低银行经营小微贷款的成本与门槛。通过实时数据收集实现全过程风控。

二 "大数据+量化投资业务"

　　在金融行业中，证券业属于数据密集型行业，积累了上市公司财务报表、客户关系、市场信息、交易数据等大量信息，伴随着时间的增长和上市公司数量的不断增加，其数据已呈指数型增长趋势。而这些数据的分析和处理对投资者、券商乃至整个证券市场来说是至关重要的。

（一）大数据在证券行业中的应用

1. 股票分析

　　股票分析主要分为技术分析和基本面分析两大类，其中技术分析主要由交易策略和买卖时机构成；基本面分析主要由股票选择和投资组合构成。大数据技术的应用主要体现在数据挖掘上，在基本面分析方面，主要运用的是决策树、聚类分析两类研究方法；在技术分析方面，主要运用的是人工神经网络（BP）、基因遗传、决策树、关联分析等。

2. 客户关系管理

　　证券公司通过实施客户关系管理，提供快速、周到的优质服务，可吸引和保持更多客户，从而提高核心竞争力。要做好客户关系管理，证券公司应当利用大数据技术对客户的信息作深入的分析，做好客户细分，为不同的客户提供个性化服务。同时也要对流失客户进行科学的分析和预测，使证券公司能够尽早提出相应措施，避免客户流失或者使客户流失最小化。

3. 投资情绪分析

　　在实践中，投资者的非理性行为在一定程度上会影响金融市场（例如，炒作热门股）。在理论上投资者是否理性是传统金融学和行为金融学的分水岭。传统金融理论认为投资者是理性的，并没有考虑到投资者的情绪因素，而行为金融理论认为投资者易受到情绪、情感等因素的影响，并将投资者情绪作为其两大基本假设之一。

投资者情绪是一个模糊和非数量化的概念。从广义上看,投资者情绪包含诸多能够影响投资者的证券估值和市场预期的因素;从狭义上看,投资者情绪仅研究对投资者的证券估值和市场预期能够产生影响的经济变量和其他因素。对于证券经营机构与相关研究机构来说,投资者情绪的测量是一个难题。如何对投资者情绪进行量化分析,这对股票市场研究来说至关重要。

(二) 大数据与量化投资

量化投资(quantitative investment),是指通过对金融市场和金融产品信息进行量化分析,根据历史交易和相关数据建立模型,由模型做出投资决定,再根据算法自动下单完成交易。与其相对应的一个概念是定性投资(traditional investment),它是指通过研究金融市场和金融产品信息,参考历史和当前该产品的交易价格,根据主观经验做出投资决定,进行下单交易。

量化投资和定性投资一样,也需要做交易前分析、下单交易和交易后分析等三个方面的工作。其中的人工工作包括建立数学模型、挖掘数据模式、开发计算机软件系统、设置各种参数,在量化投资软件系统运行后,还要对系统进行分析评估,然后根据评估结果调整模型或者重新挖掘数据模式,使得系统更加有效。

1. 量化投资流程

量化投资策略的构建不是简单的量化策略构建与模型的实施。策略从诞生到投入实战往往要经过一系列严谨的实验。量化投资流程如图2-8所示。

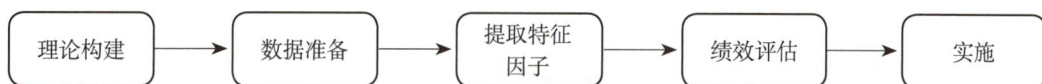

理论构建 → 数据准备 → 提取特征因子 → 绩效评估 → 实施

图2-8　量化投资流程图

第一步:理论构建。量化投资策略必须基于可论证的经济理论、投资逻辑或市场经验,理论逻辑基础可以来自学术论文、研究报告或自身对市场的观察。量化选股策略,包括马克维茨MV模型、均值-LPM模型、VaR约束模型、Black-Litterman模型、战术资产配置(动态资产配置)、行业轮动策略、风格轮动策略、Alpha策略、投资组合保险策略。

第二步:数据准备。量化投资策略开发需要基于较长时间段的稳定的市场数据,不仅在于历史模式的统计归纳,也包括样本外检测的数据长度要求。选择合适频率和长度的市场数据不仅为建立量化投资策略的有效性提供了统计意义上更强大的支持,同时也为摒弃外部因素对证券市场的影响,更好地观测市场微观结构提供了途径。

第三步:提取特征因子。特征因子同样也是量化投资策略构建时的一个基础问题,提取特征因子的目的在于通过调整模型参数来提高投资策略收益,并减少收益率曲线的波动性,从而构建获得高风险调整后收益的策略。在构建投资模型时,特征因子是其中一个必不可少的环节,合理的特征因子可以使得投资模型在整个交易过程中(样本内和样本外)均有良好的表现。然而,无效的特征因子会使投资模型在样本内测试阶段获得非常好的收益率,但是这个高收益率不能在样本外延续,进而影响在实战阶段的投资业绩。

第四步：绩效评估。在对量化投资策略的结果进行评估的时候,首先,要列出交易流水报告以便于验证策略回测结果的正确性,得出策略的净值曲线及相应的收益率、胜率和夏普比率等风险收益指标;要对参数进行分析,对于自上而下的策略开发逻辑,要在统一的市场上对不同的参数进行检验,通过检验参数的敏感性来反映策略-逻辑的有效性,对自下而上的策略开发逻辑,要使用同一参数在不同的市场上进行检验,以确认策略-逻辑的有效性;要对收益的结果进行统计检验,以便反映策略表现水平,更好地理解策略和认识策略的收益来源(如t检验、自相关序列检验)。

第五步：实施。当量化投资策略开发完成后,进场时机的选择是一个非常重要的问题,好的进场时点可以在短时间内迅速获得利润;而离场条件的确定是一个策略能够获得正收益且保住收益的非常关键的一步,如何确定离场标准是一个非常值得研究的问题,通常的离场判定标准主要考虑止损、止盈和止平三个方面。

2. 量化投资应用

大数据技术在证券量化投资中的应用可以根据数据结构的不同分为结构化数据的应用与非结构化数据的应用两种应用方式。其中结构化数据的应用最为普遍。

（1）结构化数据。在量化投资中,结构化数据应用主要集中于高频交易应用。高频交易（high-frequency trading, HFT）是一种交易策略和技术,它是指从那些人们无法利用的极为短暂的市场变化中寻求获利的计算机化交易。例如,某种证券买入价和卖出价差价的微小变化,或者某只股票在不同交易所之间的微小价差。高频交易具有交易量大、交易次数多、持仓日短等特点,因此计算机每秒需要处理大量的结构化数据。此外,高频交易具有每笔收益率很低,但是总体收益稳定的特点,因此深受国际大型投资机构的青睐。

（2）非结构化数据的应用。非结构化数据在量化投资领域的应用并不普遍,但业界正在进行大量的尝试。非结构化数据能够提供有价值的信息并进而获得超额利润,这推动了更多的公司在这方面加大投入,并取得了一定的成果。

利用互联网大数据挖掘股市的超额收益机会正成为近期基金业的一股新潮流。而动作较快的当属广发基金和南方基金这两家基金公司。其中,广发基金联合百度公司、中证指数公司开发百发100指数,南方基金则携手新浪财经、深证信息公司推出了i100指数和i300指数。2014年6月20日开始,百发100指数进入实盘运行阶段。2023年百发100指数涨幅为-5.31%,同期沪深300指数涨幅为-11.38%。

（三）量化投资的价值创新

1. 全面分析

这是投资决策的基础,定性交易靠的是人工调研,所以没有办法分析市场的所有产品。但量化投资可以分析市场的所有数据,从而可以获得更准确的市场信息,使得交易决策更科学、更系统、更有效。量化投资的主要分析工具有数据挖掘、人工智能、小波分析、随机过程、分形理论、支持向量机等定量分析方法。传统投资更为依赖投资者的投资经验与能力,多采用主观分析方法,分析结果更为模糊,缺乏数据支撑。

2. 快速交易

量化技术中引人注目的是快速交易,包括算法交易、高频交易。例如,在秒级时间内完成多个金融产品组合的下单交易、一分钟完成几个交易周期等,这些是手工方式根本无法想象的。更多的交易机会意味着更好的概率显著性,从而获得更好的投资收益。

3. 理性交易

由于交易决策是由计算机程序做出的,不为人的主观情绪所左右,所以下单交易表现出良好的理性,好处是可以克服人性的弱点,如贪婪、恐惧、侥幸心理,使得投资更加理性。

三 "大数据+保险业务"

与银行业和证券业相比,保险行业应用大数据的能力还相对落后。这主要是因为保险行业的数据基础尚未完善,其内部数据大多仍处于数据孤岛的状态,致使其内部数据难以被充分挖掘和使用。目前,大数据技术在保险行业中的应用主要体现于合理的承保定价、精准的保险营销和有效的欺诈识别。

(一)大数据在保险行业中的应用场景

1. 承保定价

在传统的保险定价方式中,精算师利用到的数据仅限于保险行业中的数据,甚至仅为保险公司的内部风险数据。在当前感知更加透彻、互联互通更加全面、智能化更加深入的大数据时代,大数据技术将帮助保险公司获取到丰富的风险特征描述,进而助其在承保定价方面实现革命性的创新。

2. 精准营销

大数据能够帮助保险公司收集海量且多样的客户数据,使保险公司能够基于大数据的分析结果找出不同客户的潜在保险需求,进而将不同的保险产品恰当地推荐给有该产品潜在需求的特定客户。因而在大数据技术应用的背景下,保险公司的营销不再是以同一个广告内容和营销手段对所有的潜在客户群体进行营销,而是针对具有不同保险需求特征的细分客户群体进行有针对性的营销。随着移动互联网技术的快速发展和智能移动设备的日益普及,各类手机应用客户端所收集的客户各类操作行为、人们在其社交媒体上分享的文字、图片、视频等都可以成为了解和刻画客户的重要数据,借助大数据技术对这些数据进行采集和分析,保险公司可以准确地了解客户的特点和需要,为数据价值的商业运用提供基础。

3. 反欺诈

在利用大数据分析对欺诈风险进行监测的基础上,保险公司的理赔运营效率和客户体验能够得到有效提升。在大数据应用的背景下,保险公司能够对实时获取的保险标的出险信息进行快速分析,进而及时且主动地向其客户提供保险理赔服务。例如,客户在驾驶车辆的过程中发生保险事故,保险公司通过其在投保车辆上所安装的车载信息系统能够及时地获取出险报案信息,进而在客户提出理赔申请之前主动向客户提供理赔服务以及更多适宜的增值服务。

大数据反欺诈流程如图2-9所示。

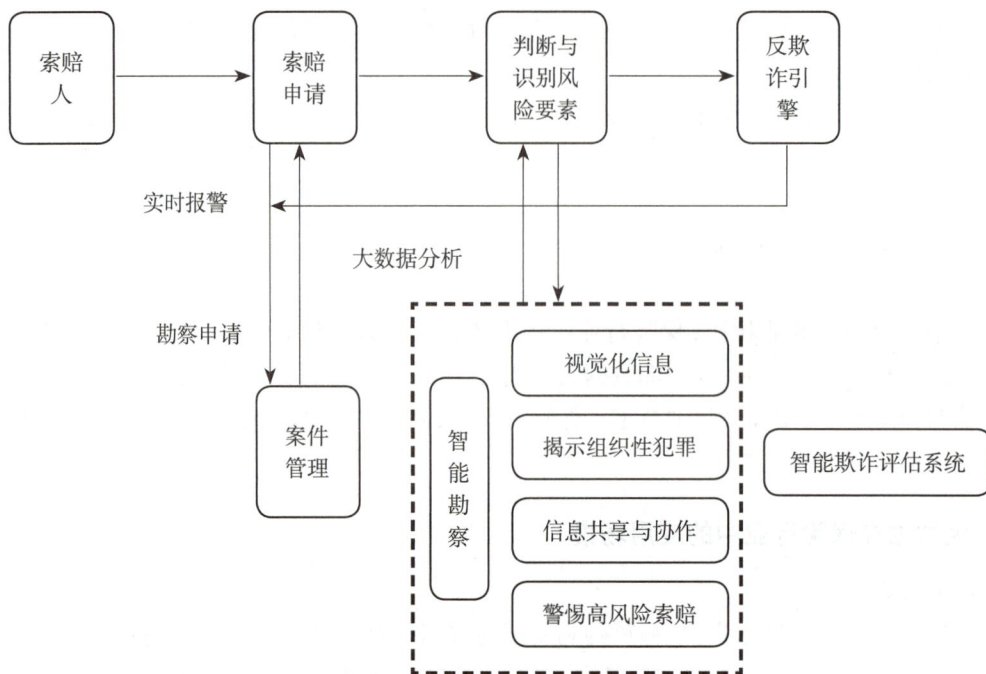

图2-9　大数据反欺诈流程图

第一步：风险事故发生后，索赔人提出索赔申请。

第二步：保险公司在收到相关申请后将自动进入审核环节，即利用大数据技术对其所掌握的与投保人和保险标的相关的基础数据、由智能勘察系统及时反馈的与出险状况相关的实时数据进行处理和分析，对引起风险事件发生的主要因素进行识别和判断。

第三步：智能勘察系统能够向保险公司提供视觉化的信息并为其揭示潜在的犯罪网络，进而帮助保险公司对高风险索赔给予必要的关注。

第四步：接入智能欺诈评估系统，进而对该项理赔案件的欺诈风险进行评估。若该案件评分较高，则做出直接理赔的决策；若该案件评分较低，则做出进一步审核（如进行人工实地勘察）的决策。

（二）"大数据+保险反欺诈"的价值创新

1. 建立信息共享机制

数据是保险公司进行反欺诈审查的基础。因而保险公司为解决信息不对称问题，要利用大数据技术建立信息共享平台，为其进行反欺诈工作奠定良好的基础。

2. 量化分析关联信息

保险公司利用大数据技术对海量信息数据进行专业化处理，能够以直观的方式将承保、理赔、客户等相关层面的数据中所隐含的信息表现出来，进而使保险公司反欺诈工作的脉络更加清晰和明确。在获取数据并对数据进行整合的基础上，保险公司通过对相关数据进行量化分析，能够借助预测技术建立用于欺诈识别的统计分析模型。在将各例理赔案件的相关数据接入该欺诈识别模型中后，保险公司就可以根据模型给出的评分来判断各例理赔案件中的欺诈风险。

3. 建立科学的承保和理赔规程

为有效地控制欺诈风险，保险公司要对其承保和理赔环节的工作机制和流程进行优化，将反欺诈工作的重心从被动的事后控制转移到主动的事前控制之上，在承保环节保证质量。为从源头上遏制保险欺诈的发生，保险公司要保证其承保环节工作的高质量。保险公司可以利用大数据技术量化分析投保人的投保动机，进而在订立保险合同前实现对投保人的欺诈风险评估。保险公司还要建立有效的承保审核制度、信息沟通制度和岗位考评制度，为高质量承保的实现提供制度保证。

四 "大数据+征信业务"

金融征信体系建设主要由金融业主管部门主导，目前我国已经形成了以中国人民银行征信中心为核心的初具规模的征信体系。中国人民银行征信中心全面收集企业和个人的信息，其中银行信贷信息是其核心内容，此外还包括社保、公积金、环保、欠税、民事裁决与执行等公共信息。全国各地的金融机构网点都能够使用征信系统的信息查询端口，形成了一个以企业和个人信用报告为核心的征信产品体系。

传统征信因为是基于小数据开发出来的，因此存在一些问题，包括：

第一，存在大量征信白户。 征信白户从来都没有办理过贷款业务，也从未申请过信用卡，他们没有与任何一家银行或金融机构发生过信贷业务，所以在他们的征信报告中，信贷记录是空白的，这类人我们就称之为征信"白户"。截至2022年11月15日，以中国人民银行征信为例，由于数据来源单一，我国尚有4亿信用白户。征信白户是指从来没有办过信用卡和也从来没有使用过银行贷款的人群。

第二，数据来源单一，信用评价不准确。 以中国人民银行主导的征信体系数据来源单一、多以结构化数据以及数据时效性滞后等问题，这些问题都影响了信用评价的真实准确性。尤其是当前银行数据在信用评价里占有绝对的权重，部分银行和金融机构"滥传"征信信息，直接影响了征信的准确性。

（一）"大数据+征信" 业务

大数据征信是指运用大数据技术重新设计征信评价模型和算法，通过多维度的信用信息考察，形成对个人、企业、社会团体的信用评价。大数据征信的优势有以下五点。

1. 依托互联网，覆盖范围大

对于收入情况、社保缴纳、信用卡消费等，与银行直接发生过借贷关系的人群，可以通过全国个人征信数据库查询到信用记录，从而进行相应的风险评估。但这一主要数据库覆盖面仍十分有限。在互联网上,只要个体有登记注册,开立银行账户,进行纳税,甚至社交等活动,便能用网络的痕迹,采取数据的深层挖掘与有效分析,同样也可能获得有价值的信用信息,这使征信人群辐射范围扩大,得到延展。

2. 获取广谱数据源,多方渗透

传统征信主要使用传统结构化数据,其主要来源为借贷,而大数据征信除了现金流等财务数据外,根据互联网的活动痕迹,还可获知客户的交易行为、社会关系等半结构化数据。通过对这些半结构化数据甚至非结构化数据,进行不同维度、不同层次的挖掘与分析,可以得到关于客户心理、行为、性格等根本的有价值的数据源,使之成为新数据的来源之一,继而纳入征信体系。由此可见,大数据提供的广泛而复杂的信息源对征信业务的信用评估渗透力与影响力十分大。

3. 横向时间展开,实现数据实时性

离线的事后分析数据,让传统征信评价模式陷入了数据少、时效差的泥潭。在“互联网+金融”时代,只关注、分析考察对象的历史信息早已无法满足需求。大数据把关注重点转移至数据相关性方面,依靠大数据所具备的存量和热数据的典型特征,数据成为一种在线实时更新的状态。在大数据征信的分析对象中,不仅包括考察目标的历史记录,还在时间的横向维度上加入当前信息。当数据的纵向挖掘与横向扩宽相结合时,信用评价的处理速度与决策效率将更加高效。

4. 多元变量,量化全面而精确

传统征信一般只针对以财务数据为核心的小数据构建单一变量。而科技的持续前进,让使用海量数据有了新的可能。大数据征信中信用评价模型可以容纳更多的变量,这为量化信用评价结果提供了全面而精确的保障,从而适应快速更迭的信息时代。

5. 人性化思维,适用多场景

传统征信体系的征信报告一般只有在信贷业务或其他金融业务中用到,而大数据征信由于数据来源、内容模型思维主要来自借贷场景外的生活,如预订机票、酒店、租车等需要预授权支付或缴纳押金的场合,使其得出的信用评价也更接近于人的本性判断,沿着基本人性化思路发展,有着可持续发展前景。

(二)“大数据+征信”的价值创新

1. 个人信用贷款

与大数据征信公司合作,商业银行可以识别个人用户的信用风险,扩大个人消费信贷业务。至于对个人消费贷款的潜在不良风险进行预警的问题,可以基于决策树方法建立多因子数据挖掘模型,通过深入分析影响个人消费贷款的风险因素,预测和定位个人消费贷款的高风险客户群,并根据预警结果建立针对性的、分层次的信用风险防控措施。利用决策树对数据建模之前,首先需要指定目标变量(因变量),在风险预警中目标变量通常是客户会否发生不良。其次应当划定输入变量范围,根据业务情况挑选一些特定指标纳入范围,并基于模型从中筛选出可以预测客户未来不良的某些因子。然后进行数据清洗,按照事先设定的比率将样本数据以随机抽样的方式分配给训练集和验证集,再运用统计分析软件对模型进行

估计。决策树根据筛选出的预测因子细分出叶结点,基于各个叶结点得出不同客群的规则。基于模型估计结果,风险客户较为集中地聚集在部分叶结点,再通过对预警模型效果滚动验证并不断优化,待模型稳定后即可根据预测结果进行事前风控。

2. 小微企业信用贷款

商业银行或小额贷款公司可以主动寻求与第三方征信公司合作,由拥有数据优势的第三方征信公司通过建模识别小微企业的违约风险,为商业银行小微企业信贷提供信用验证。大数据征信与传统征信业务不同,其面对企业数以亿计的数据进行实时、自动地挖掘和计算加密传递至管理系统;通过对数据的归类、剔除、清洗、分析、检验、纠偏等自动化处理,将经营交易数据转化为可量化分析的信用数据。通过客观信用评价体系,把已处理完毕的数据形成指标,再通过相应的数学模型计算出评价结果和信用额度,作为贷款额度审批的依据。采用大数据征信的小微企业贷款模式具有明显的创新性。❶ 摆脱仅仅依赖财务数据的局限性;❷ 尽量降低人为分析的主观性,最大限度地保证评价过程中的客观性;❸ 突破评估者的能力限制,运用计算机开展"7×24"小时的贷后风险监控。

拓展阅读

芝 麻 信 用

一、芝麻信用分

芝麻信用基于阿里巴巴的电商交易数据和蚂蚁金服的互联网金融数据,并与公安网等公共机构以及合作伙伴建立数据合作。与传统征信数据不同,芝麻信用数据涵盖了信用卡还款、网购、转账、理财、水电煤缴费、租房信息、住址搬迁历史、社交关系,等等。本质上来说,"芝麻信用"是一套征信系统,该系统收集来自政府、金融系统的数据,还会充分分析用户在淘宝、支付宝等平台上的行为记录。

二、五个维度

(1)信用历史。你是个按时履约的人吗?比如信用卡,车贷房贷都按时还款吗?预订酒店,打车都会守信履约吗?

(2)行为偏好。很多互联网行为也是加分项哦!比如按时交纳水电煤,爱心捐赠,给家人添置物品。

(3)履约能力。是否具有足够的财富和综合能力来偿还贷款或履行约定。

(4)身份特质。你在网上的身份信息是否真实全面可靠?比如你的学历学籍,职业资质,消费记录等。

(5)人脉关系。你的小伙伴们是否也有良好的信用记录?

影响因素包含了用户信用历史、行为偏好、履约能力、身份特质、人脉关系五个维度,涵盖了信用卡还款、网购、转账、理财、水电煤缴费、租房信息、住址搬迁历史、社交关系等各个方面。

三、五个等级

芝麻信用分分数区间为350～950,分为五个等级:350～550分(不含550),较差;550～600分(不含600),中等;600～650分(不含650),良好;650～700分(不含700),优秀;700～950分,极好。

四、用处

(1)申请贷款:芝麻信用分在600分以上,不仅可以使用花呗消费,还可以在借呗、网商贷、招联好期贷以及来分期等平台申请贷款。

(2)信用消费:芝麻信用分在650分以上,可在天猫信用购获得先消费后付款机会,或者获得一定的消费折扣。

(3)办理签证:芝麻信用分在700分以上,通过芝麻信用可以申请加拿大、拉脱维亚以及阿根廷等多个国家信用签证报告。

(4)免押金:芝麻信用分在600分以上,可以享受免押金住酒店、租房子以及免押金骑行等权益。

除了以上用途,只要芝麻信用分超过500分,还可以享受与芝麻合作的商户提供的专属服务和权益。

第四节　大数据技术在金融中应用的商业模式与未来展望

一　大数据金融的商业模式

(一)金融集团模式

金融集团指的是主要从事金融业务,并至少明显地从事银行、证券、保险中的两个或两个以上的经营活动的企业集团。

随着全球金融一体化和自由化浪潮的不断高涨,混业经营已成为国际金融业发展的主导趋向。在世界上大多数国家,包括美国、日本和德国、瑞士等欧洲大陆国家,都实行混业经营的国际大环境下,中国金融业从分业经营走向混业经营,应该成为中国金融体制改革的最终选择和历史的必然选择。当前我国大型金融控股集团普遍涉及金融领域的各个方面,如平安集团是中国第一家股份制保险企业,已经发展成为金融保险、银行、投资等金融业务为一体的整合、紧密、多元的综合金融服务集团。

1.金融集团与大数据金融

金融集团从事金融领域各方面的工作,因此在运营过程中积累客户各方面的金融数据,通过集团数据的整合,可以了解客户更为全面的金融财务数据,为金融大数据的形成提供数据来源,并且由于数据的真实可靠全面等特征也为金融集团提供个性化金融服务、实时营销、交叉营销、大数据风控等提供了便利。2013年是平安集团清晰确立并大举实施战略架构升级与创新的第一年,互联网金融发展战略已经确定,互联网金融业务将按照"一扇门、两个聚焦、四个市场"(即421战略)战略体系建设。即通过"任意门"衔接起丰富的应用场景,聚焦于资产管理和健康管理推动大数据的挖掘、分析及应用,搭建起资产交易市场、积分交易市场、汽车交易市场以及房产金融市场。健康管理属于偏向个人的定位,后续的医疗科技属于偏向政务方向的定位,须知医疗数据是比金融数据更难获取的,从资产管理与健康管理(对内的服务)转变为金融科技和医疗科技(可内外兼顾)这个方向的转变才相对准确。资产和健康,知道资产基本可以知道客户的生活质量;知道健康状态就知道客户的生命稳定性。战略体系确定后,平安集团的布局明显加快,整体布局贯彻"科技引领金融,金融服务生活"理念,大力推动各大创新工程,将金融服务融入客户"医、食、住、行、玩"的生活场景,建立领先的互联网金融产品及服务平台,实现"一个客户,一个账户,多个产品,一站式服务"的目标,促进非金融服务用户和金融客户间的相互转化和迁徙,达到"三留"(留住客户、留住资金和留住信息)和"五增"(增加客户数量、增加业务规模、增加服务种类、增加收入来源和增加市场份额)。

2. 金融机构跨界零售业务

随着经济结构转型,经济发展由投资推动与出口推动转向消费推动,个人消费金融和小微金融成为金融下一个风口。在消费金融大数据上,一些互联网巨头走在前头,如京东白条与金条、阿里的花呗与借呗、360金融,等等。传统金融机构对于个人客户的消费金融需求关注不足,且与消费场景相距较远,不能有效获得优质客户。基于传统金融机构在消费金融上的弱势,受限于信用数据的不足,大型商业银行往往较少为小微企业、个人用户提供信用贷款等金融服务。为解决个人和小微企业信用数据不足的问题,大型商业银行采取的举措之一就是建立电子商务平台。从2011年开始,中国银行、中国建设银行股份有限公司(以下简称"建设银行")、交通银行股份有限公司(以下简称"交通银行")、中国工商银行股份有限公司(以下简称"工商银行")等大型国有商业银行均成立了自己的电子商务平台。中国银行于2011年5月正式上线"银通商城",该电子商务平台由中国银行的网上支付合作方——通联支付网络服务股份有限公司运营,仅向中国银行持卡客户提供网上消费服务。交通银行于2012年年初上线的"交博汇",定位于大而全的银行系统电子商务平台,推出生活出行、商品、金融、企业经营四类服务,功能全面。建设银行电子商务平台"善融商务"于2012年6月上线运营,其个人商城是典型的B2C平台,企业商城是典型的B2B平台,此外还设有房地产平台——"房e通",提供房产交易和贷款服务。工商银行的"融e购"平台上线较晚,于2014年1月上线,与"交博汇"类似,提供全面的产品和服务,但以金融产品、黄金珠宝、进口商品、汽车等投资品或高消费品为主。

(二) 供应链金融模式

供应链金融是指基于真实贸易背景,依托核心企业,运用自偿性贸易方式融资,通过应收账款质押、货权质押等手段封闭资金流或者控制物权,对供应链上下游企业提供综合性金融产品和服务。供应链金融以核心企业为出发点,重点关注供应链中位于核心企业上下游的中小企业的融资诉求,通过供应链系统信息、资源等有效传递,实现了供应链上各个企业的共同发展,持续经营。

1. 供应链服务提供商发展模式

一般而言，主流的供应链服务提供商发展模式是指供应链服务提供商对采购、分销、交付等环节中的各方信息进行收集和运用，从而为上下游企业提供供应链金融产品和服务。怡亚通是运作这种模式的典型供应链企业之一。

怡亚通是一家承接企业非核心业务中外包部分的整合型服务商，其业务合作方主要是O2O金融、供应链网贷和P2P小贷，资金来源是与之达成协议的商业银行。O2O金融根据怡亚通供应链的商业模式，把该公司消费供应链平台（"380平台"）中庞大数量的下游小微企业作为服务主体，针对顾客独特的资金需求，与商业银行合作开发融资业务，打造信息共享、资源协同的高效优质金融服务。

2. 行业核心公司发展模式

在供应链金融蓬勃发展的态势之下，传统型企业也对其保持密切关注并力图借以实现企业转型。该类企业往往是所属行业的领头羊，在新常态经济和供给侧结构性改革的浪潮之下面临发展"瓶颈"，遂整合业内上下游资源，运作供应链金融模式。事实上，这样的典型公司不胜枚举。例如，安源煤业通过旗下江西省煤炭交易中心发展跨区域多品种电商，金叶珠宝借助对丰汇租赁的收购涉足金融领域，道氏技术凭借其设立的共赢商电子商务公司经营陶瓷采购和供应商互联网平台业务，传化股份收购大股东资产传化物流，助力形成互联网+物流供应链+金融服务生态圈，钢铁行业先锋宝钢股份坐拥东方钢铁网和上海钢铁交易中心两大电子商务平台，智慧能源逐步创立起电缆网的电子商务平台，并参股了北京随时融公司，有助于其拓展融资渠道，促进资金周转。上述公司的发展脉络有着较多相似之处，即为依靠自身力量搭建或者从外部并购线上交易平台，从而为其业务流量提供充足保证，紧接着承接其业务基础，拓展其在保理、物流、交付等环节的服务，同时投资于金融企业以形成基于供应链的稳定金融支持，为公司本身提供融资便利。

（三）平台金融模式

平台金融模式是基于电子商务平台基础上形成的网上交易信息与网上支付形成的大数据金融，通过云计算和模型数据处理能力而形成的信用或订单融资模式。与传统金融依靠抵押或担保的金融模式相比，不同之处在于：阿里小贷等平台金融模式主要基于对电子商务平台的交易数据、社交网络的用户交易与交互信息和购物行为习惯等的大数据进行云计算来实时计算得分和分析处理，形成网络商户在电子商务平台中的累积信用数据，通过电子商务平台所构建的网络信用评级体系和金融风险计算模型及风控体系，实时向网络商户发放订单贷款或者信用贷款，批量、快速、高效，例如，阿里小贷可实现数分钟之内发放贷款。

面对互联网经济潮流的不断冲击，作为"中小企业金融服务商"的华夏银行股份有限公司（以下简称"华夏银行"）推进互联网和金融深度融合，首创"平台金融"业务模式。该模式涵盖支付管理、在线融资、资金结算、资金监管、网络贷款系列产品以及创新的银企合作模式。现阶段，华夏银行的"平台金融"业务模式是指基于企业客户平台的信息、交易等功能和数据，运用互联网技术将华夏银行资金支付管理系统与企业平台系统直接或间接对接，为平台企业及其体系内企业和个人客户提供在线融资、现金管理、跨行支付、资金结算、资金监管等综合性金融服务,通过整合信息流、物流、资金流,将银行金融服务嵌入企业日常经营过程。截至2021年底,华夏银行通过"平台金融"业务模式服务的小企业客户超过32 000户,比2015年初增长一倍,平均一个平台客户辐射带动的小企业客户多达82个。此外,华夏银行已经对接核心企业、大宗商品交易平台、电商、市场商圈、园区合作平台、担保机构、小额贷款公司、协会商会等八大平台领域,广泛应用于旅游、文化创意、机票代理、融资租赁、教育培训、钢铁、农业、工业等20余个经济民生支柱行业。平台金融业务平均每笔i贷款金额为10余万元,近90%的贷款使用时长在三个月以内,平均每笔贷款的使用时长约60天,这充分体现了"平台金融"业务模式的"小、快、灵"的优势。

二　大数据金融的未来展望

(一) 金融与实体经济深度融合

传统金融与实体经济存在相互隔离的现象。传统金融由于信息高度不对称,银行主要的服务对象是大企业,而小微主体的金融需求得不到满足,资金供求极度不平衡,往往存在大企业金融供给过剩,小微主体金融供给严重不足,从而导致金融服务实体经济能力有限,并且金融服务过度集中也会带来金融系统性风险。在大数据时代,银行要积极运用大数据思维创新金融模式,如新型供应链金融模式、金融平台化模式、产业链金融模式,银行深度参与小微主体经营过程,积极通过公共大数据、行业大数据、平台大数据、自建大数据平台等方式收集小微主体数据,实现数据全面真实动态,通过大数据实现精准营销、个性化金融服务与智能风控。

(二) 金融平台化

金融平台化是与平台金融化相对应的,电子商务平台利用大数据积极布局金融服务,同样银行也应利用自身资金、技术、金融能力积极布局平台。近几年,银行业已涌现出以下五种不同形式的平台化经营实践。

(1) 升级供应链金融模式的平台化实践,走出了一条"供应链金融—交易银行—平台银行"的发展路径。

(2) 基于外部平台联动的平台化实践,商业银行不仅与大型互联网平台的合作愈加深入,与政府机构、社区物业、车辆交易、房屋租赁等细分场景外部平台的合作也不断加深。

(3) 以"开放银行"无线连接为基础的平台化实践,为合作伙伴提供SDK、API等接入方式,将银行服务嵌入各个合作伙伴的平台和业务流程中。

(4) 通过自建平台的平台化实践,包括银行系电商平台、智能撮合平台等。

(5) 利用银行所在集团资源跨界构建生态圈的平台化实践,将银行业务与保险、健康、旅游等业务跨界整合,形成更大的闭环。

平台化经营模式能有效应对银行业发展的瓶颈和挑战,它能够使银行跳出同质化竞争的"红海",实现差异化发展;能够改变银行依赖利息差的经营模式,在为实体经济降成本、降杠杆的过程中,实现自身金融服务的跃升;能够缓解银行资本约束,打通平台内外资金和资产融通,减少资本占用和信贷规模,有效提升商业银行的资本回报率;能够降低银行与客户之间的摩擦成本,增强客户黏性。

(三) 大数据金融与区块链金融融合

数据要素正在改变金融业运行形态,银行业自身的数据化经营趋势正在加速,大数据的新发展方向是与区块链创新融合。金融大数据发展面临多重问题,比如数据条线化分割与大数据共享特性的矛盾突出;数据欺诈风险开始凸显;数据权益定义不清,数据隐私问题较多;数据泄露带来的安全风险;数据价值的特性使交易面临诸多障碍;数据质量问题。区块链技术的出现给金融大数据问题带来解决方案。一方面,二者具有较强的关联性,例如,大数据聚焦于数据存储与计算,区块链着重在信息加密与保护,两者结合为解决以数据为载体的商业问题提供了更广泛的可能性;另一方面,在如何保护数据的安全性方面,区块链提供了一套近乎没有缺陷的解决方案,包括基于计算的信任机制,不可篡改的链数据,一个节点出现问题不会影响数据的完整性。此外,在保障数据的隐私性方面,"区块链+大数据"成为很多公司选择的解决方案。

第五节　项目实训——小微企业信贷风控

进入金融科技基础应用实验平台,单击小微企业信贷实验模块的【开始学习】按钮,则可以进入本次实操模拟的任务界面,如图2-10所示。

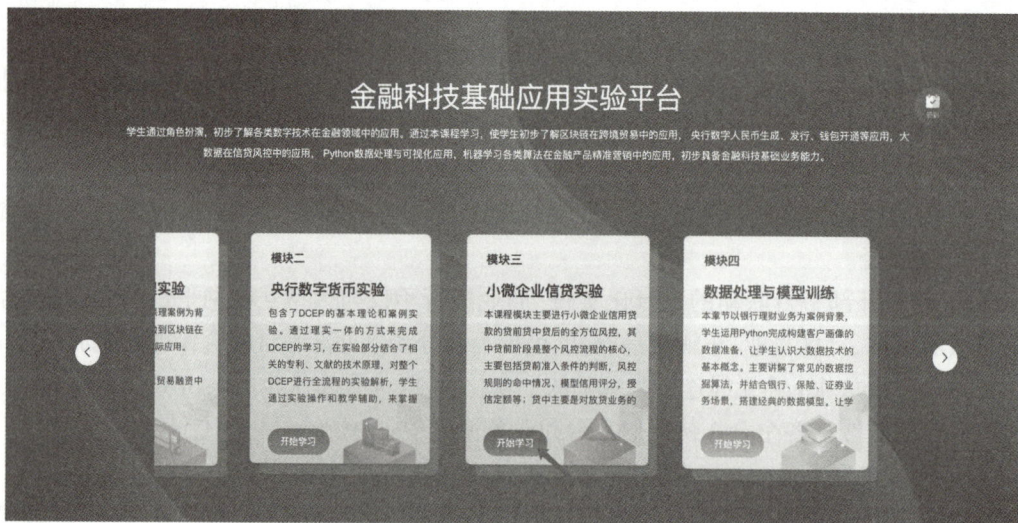

图2-10　金融科技基础应用实验平台

📍 案例背景

普惠银行是一家服务于小微企业的数字银行,推出了线上产品"普惠贷",缓解小微企业广泛面临的"融资难、融资贵"问题。近年来,该行也积极响应全面推进乡村振兴的号召,加大县域地区和"三农"领域的"普惠贷"投放力度,为更多农村居民提供更多信贷便利,使其快速获得融资。普惠贷需由小微企业法定代表人亲自申请,年龄大于等于18周岁,且企业经营满2年,信用记录良好者,最高可贷500万元,最长可贷24期。

企业向普惠银行申请"普惠贷"后,运用大数据技术收集客户多维度数据信息,并运用准入规则、反欺诈规则、信用评分模型等可以批量识别企业的违约风险,对企业信用状况进行批量审核,通过或拒绝企业贷款申请,提高审批的效率,降低小微企业的资金信贷风险。

案例角色

1. 客户经理

客户经理主要负责审查客户提交的贷款材料,收集并更新企业工商信息、财务信息、经营风险、司法信息、税务信息、海关信息等数据,建立客户档案。

2. 风控专员

风控专员主要负责线上小微企业贷款申请准入规则、反欺诈规则的设置,分析客户的风险走势,进行风险预警。

3. 风控建模师

风控建模师主要是基于小微企业多维度数据,挖掘企业风控变量、建立并优化信用评分模型,并基于模型结果制定风险定价策略。

4. 信审专员

信审专员主要是基于信用评分模型审核结果与风险定价策略,协助贷款申请审批通过的企业客户办理贷款业务。

实训目标

1. 了解小微企业信用评分模型设计方法、风险定价策略。
2. 理解小微企业欺诈风险审查的必要性,掌握风控规则的设计策略。
3. 掌握获取、分析企业多维数据的方法,能够识别企业多维度的信用风险。
4. 掌握小微企业信用贷款贷前风险评估和贷款审批流程。

实训准备

1. 小微企业的定义

小微企业是小型企业、微型企业、家庭作坊式企业的统称。

根据国家统计局印发的《统计上大中小微型企业划分办法(2017)》,小微企业划分为小型、微型两种类型,具体标准根据企业从业人员、营业收

小微企业
划分标准

入、资产总额等指标,结合行业特点制定。

税收中的小型微利企业的概念和与小微企业略有不同,主要包括三个标准,自2019年1月1日至2021年12月31日,从事国家非限制和禁止行业,且同时符合年度应纳税所得额不超过300万元、从业人数不超过300人、资产总额不超过5 000万元等三个条件的企业,为小型微利企业。

2.小微企业客群的特征

(1)小微企业数量较多,规模小,公司结构不完善,经营管理缺乏科学的决策过程;行为个人化严重,容易导致整体的经营风险。

(2)财务制度不健全,财务信息不透明、不规范,信息反馈来源较少。

(3)经营周期较短,中国企业平均寿命7.5年,民营小微企业的寿命为3.1年。

(4)小微企业集中在小型加工制造、零售贸易、餐饮服务等行业,呈链条式发展。

3.小微企业的风险类型

(1)信用风险。包括还款能力以及小微企业的还款意愿,还款能力的危险主要是银行和企业的信息不对称所引发的危险,极有可能出现会计信息失真的问题,加大了小微企业信用评定的困难程度;而还款意愿主要是指小微企业对于自身信用认知缺失,缺乏还款的意愿,从而引发银行无法收回贷款的危险。

(2)政策风险。政府对小微企业的相关规定与政策导致企业外部环境变化所引发的风险。

(3)道德风险。大多数小微企业财务管理制度不规范,财务信息不透明,经营信息失真,通过财务报表难以判断借款人偿债能力,导致增大银行贷款的风险程度。

(4)市场风险。小微企业规模相对较小、经营分散,知名度较低,实力不足,财务管理水平较低,抗风险能力弱,自身生存能力差,在市场经济出现较大波动时容易受到冲击,导致违约概率增加。

(5)经营风险。大多数小微企业缺乏完善的公司治理结构,管理决策随意性大,经营投机性高,经营稳定性差,缺乏核心竞争力或特色经营,导致银行信贷资金面临风险。

📍 实训步骤

案例涉及8个实训环节,分成四个阶段进行,如图2-11所示。第一阶段,客户经理受理小微企业的贷款申请;第二阶段,风控专员设置贷前准入规则和反欺诈规则,通过的贷款申请业务流转到下一阶段;第三阶段,风控建模师建立财务评分模型和信用评分模型,对流转到此环节的贷款申请业务进行评级,以及风险定价;第四阶段,信审专员对评级良好的客户进行放贷。

1.建立客户档案

2023年2月14日,普惠银行受理了10 000件"普惠贷"贷款申请业务,为了便于理解,随机选取并列举了5个贷款申请业务数据,如表2-1所示。

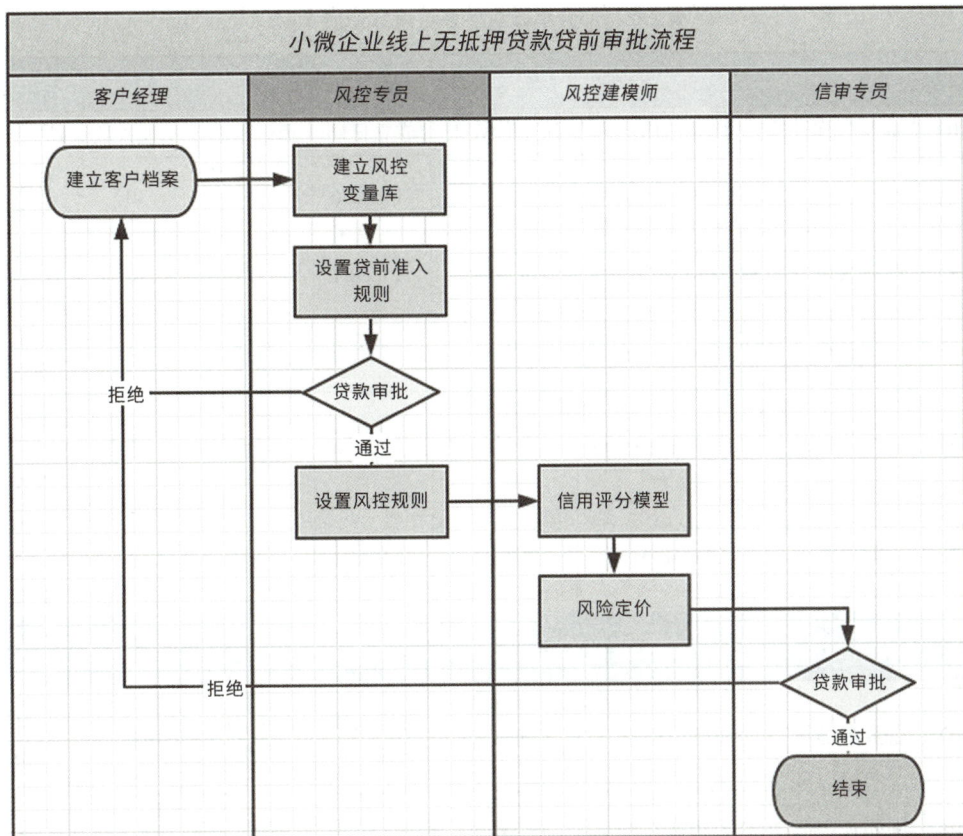

图2-11　小微企业信贷实验流程

表2-1　"普惠贷"申请部分数据展示

企业ID	企业名称	统一社会信用代码	法定代表人	身份证号	联系方式	贷款用途
C00001	中州饭店	92340104MA8*******	韦勇	110***19820420***	136****6462	生产经营
C00345	商旅宾馆	92340104MA8*******	常悦峰	110***19860512***	133****0234	生产经营
C01636	嘉陵餐饮	92340104MA8*******	廖元	110***19901008***	188****5888	生产经营
C03461	智全信息	92340104MA8*******	袁丹华	110***19880923***	136****9939	生产经营
C07436	恒润网络	92340104MA8*******	廖妮娜	110***19851201***	185****0234	生产经营

　　运用API接口数据采集、网络爬虫等多种数据采集技术，可以从国家企业信用信息公示系统、中国执行信息公开网、国家税务总局、企查查等网站上获取小微企业多维度数据，示例如表2-2所示。

表2-2 部分小微企业多维度数据展示

工 商 信 息							
企业ID	企业名称	统一社会信用代码	法定代表人	成立日期	登记状态	从业人数	所属行业
C00001	中州饭店	92340104MA8*******	韦勇	2019/2/6	存续	30	住宿和餐饮业
C00345	商旅宾馆	92340104MA8*******	常悦峰	2015/8/1	存续	5	住宿和餐饮业
C01636	嘉陵餐饮	92340104MA8*******	廖元	2023/1/6	存续	10	住宿和餐饮业
C03461	智全信息	92340104MA8*******	袁丹华	2020/5/6	存续	20	软件和信息技术服务业
C07436	恒润网络	92340104MA8*******	廖妮娜	2018/8/1	存续	40	软件和信息技术服务业

企业经营、行政处罚、税务资质、司法涉诉等信息						
企业ID	企业名称	企业变更信息	行政处罚	纳税人资格类型	纳税信用等级	是否是失信被执行人	招聘信息（条）
C00001	中州饭店	2023/4/20股东变更	无	一般纳税人	A	否	4
C00345	商旅宾馆	无	无	一般纳税人	C	否	2
C01636	嘉陵餐饮	无	无	一般纳税人	A	否	5
C03461	智全信息	无	无	一般纳税人	B	否	6
C07436	恒润网络	无	无	一般纳税人	A	否	10

财 务 信 息						
企业ID	企业名称	总资产（元）	营业收入（元）	资产负债率（%）	总资产周转率（%）	净资产收益率（%）	总资产增长率（%）
C00001	中州饭店	6 012 000	2 567 000	22.72	43.53	−4.66	3.98
C00345	商旅宾馆	1 238 000	429 800	22.04	36.80	17.68	12.75
C01636	嘉陵餐饮	1 092 000	445 100	−44.47	45.12	−29.55	23.94
C03461	智全信息	9 987 000	6 723 000	11.67	49.22	10.05	2.37
C07436	恒润网络	1 216 000	511 000	47.43	44.28	30.81	11.36

2. 建立风控变量库

对企业多维度数据进行分析,建立与企业还款能力和还款意愿相关的风控变量库,便于后续在系统中对小微企业进行批量快速的风控审核。变量分为数值型变量和类别型变量,数值型变量可以用连续值或离散值表示;类别型变量通常用文本字符串或离散值表示。风控变量库示例如表2-3所示。

表2-3　部分风控变量

数 值 型 变 量				
成立年限	从业人数	企业变更信息(次)	行政处罚(次)	总资产
营业收入	资产负债率	总资产周转率	净资产收益率	总资产增长率
法人年龄				
类 别 型 变 量				
贷款用途	所属行业	登记状态	纳税信用等级	是否是失信被执行人

3. 贷前准入规则

(1)顾名思义,贷前准入条件为企业是否符合申请贷款的基本条件,例如,是否为小微企业,是否满足相关贷款申请的条件等。可以依据小微企业的划分标准,以及“普惠贷”的贷款申请条件加以判别。需要注意的是,贷前准入条件的风控策略均为强拒绝规则,借款人一旦不满足其中任一条规则,金融机构都不会给予贷款;同时,准入规则不需要复杂,而要简单有效地判决借款人是否有资格进入风控流程。

(2)点击【添加条件】,在第一个下拉框中选择企业相关变量,有类别型变量(经营状态等)和数值型变量(年龄等),类别型字段在第二个下拉框中选择包含/不包含,在第三个下拉框中选择企业相关字段详情;数值型字段在第二个下拉框中选择大于/小于/等于/大于等于/小于等于字段,在第三个下拉框中填入具体的数值。操作步骤如图2-12所示。

图2-12　贷前准入条件

（3）不符合贷前准入条件的客户直接会被拒绝，C00345申请业务中从业人数不符合小微企业条件，C01636申请业务中企业经营年限不满两年。贷款申请人在系统中会看到贷款被拒绝的提醒，也会收到贷款被拒绝的短信。贷前准入通过的业务如表2-4所示。

表2-4 准入通过部分数据展示

企业ID	企业名称	统一社会信用代码	法定代表人	身份证号	联系方式	贷款用途
C00001	中州饭店	92340104MA8*******	韦勇	110***19820420***	136****6462	生产经营
C03461	智全信息	92340104MA8*******	袁丹华	110***19880923***	136****9939	生产经营
C07436	恒润网络	92340104MA8*******	廖妮娜	110***19851201***	185****0234	生产经营

4.设置风控规则

风控规则是由一系列的单变量规则和多变量规则组合而成，主要包括反欺诈规则、多头借贷规则、人行征信规则、变更规则、法人规则，等等。

（1）点击【添加条件】，在第一个下拉框中选择不同类型下的变量，有类别型变量（是否是失信被执行人等）和数值型变量（欠税公告次数等），类别型字段在第二个下拉框中选择是/否，或者包含/不包含，在第三个下拉框中选择企业相关字段详情；数值型字段在第二个下拉框中选择大于/小于/等于/大于等于/小于等于字段，在第三个下拉框中填入具体的数值。

（2）设置事件关注等级，选择重点关注、提醒关注、一般关注，对直接影响企业还款能力、还款意愿影响较大的规则进行重点关注，例如，是否是失信被执行人，如图2-13所示。

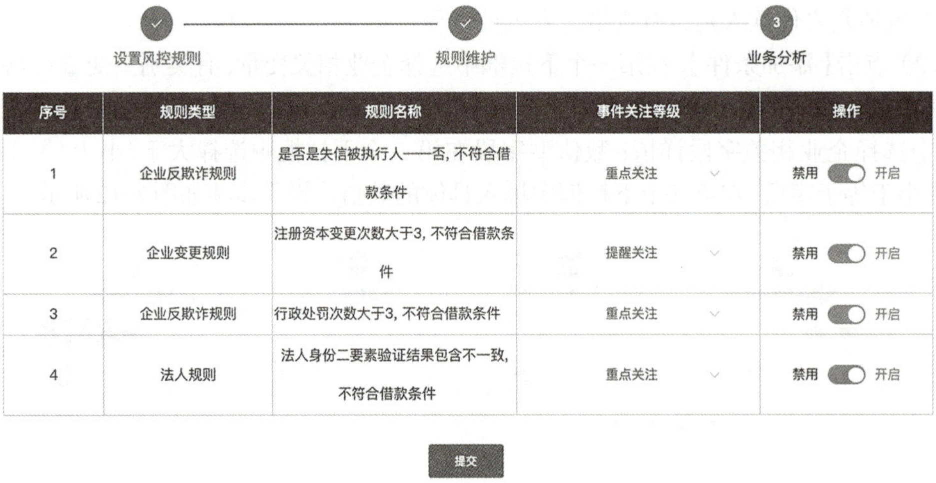

图2-13 风控规则维护

5.建立信用评分模型

（1）该信用评分模型从企业资质、法人资质、企业稳定性、信用状况、经营能力和财务状况六个方面进行分析，将数据集分为训练集和测试集，如图2-14所示。

训练集

Tid	属性1	属性2	属性3	类
1	Yes	Large	125k	No
2	No	Medium	100k	No
3	No	Small	70k	No
4	Yes	Medium	120k	No
5	No	Large	95k	Yes
6	No	Medium	60k	No
7	Yes	Large	220k	No
8	No	Small	85k	Yes
9	No	Medium	75k	No
10	No	Small	90k	Yes

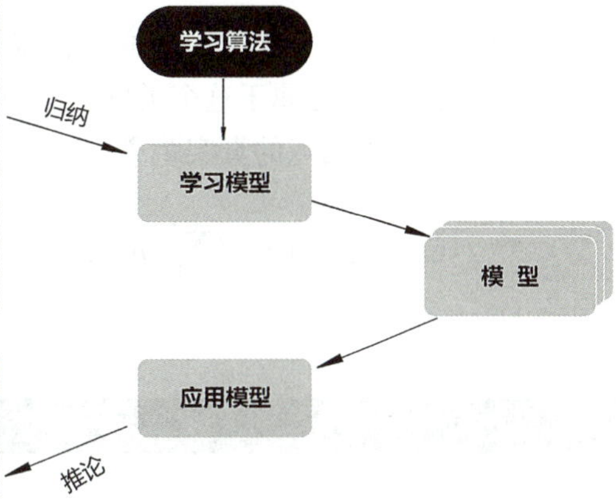

Tid	属性1	属性2	属性3	类
11	No	Small	55k	?
12	Yes	Medium	80k	?
13	Yes	Large	110k	?
14	No	Small	95k	?
15	No	Large	67k	?

测试集

学习算法 → 归纳 → 学习模型 → 模 型 → 应用模型 → 推论

图2-14 划分数据集进行模型的训练和测试

（2）运用 *WOE* 值、*IV* 值两个指标评估风控变量对风险的预测能力，筛选出对企业信用风险预测比较强的风控变量。

WOE（weight of evidence）称为证据权重，表示"当前分组中坏客户占所有坏客户的比例"和"当前分组中好客户占所有好客户的比例"的差异。

$$WOE_i = \ln \left(\frac{Bad_i}{Bad_T} \bigg/ \frac{Good_i}{Good_T} \right)$$

IV（information value）称为信息价值，是衡量特征区分度的一种指标，常用来评估指标对风险的预测能力，可用来快速筛选变量，取值范围是 $[0, +\infty)$。

$$IV = \sum_{i=1}^{n} \left(\frac{Bad_i}{Bad_T} - \frac{Good_i}{Good_T} \right) * WOE_i$$

（3）运用逻辑回归或者朴素贝叶斯、KNN 分类算法对模型进行预测，构建小微企业信用评分模型，评分模型部分如图2-15所示。

逻辑回归（logistic regression）是一种用于解决二分类（0 or 1）问题的机器学习方法，用于估计某种事物的可能性。

$$\log(odds) = \log \left(\frac{p}{1-p} \right) = \alpha + \sum_{i=1}^{n} \beta_n X_n = \alpha + \sum_{i=1}^{n} \beta_n woe_n$$

朴素贝叶斯（Naive Bayesian）是基于贝叶斯定理和特征条件独立假设的分类方法，它通过特征计算分类的概率，选取概率大的情况进行分类。

$$P(A \mid B) = \frac{P(A \cap B)}{P(B)}$$

KNN算法又称为邻近算法，如果一个样本在特征空间中的 k 个最邻近的样本中的大多数属于某一个类别，则该样本也属于这个类别。常用欧氏距离计算样本间的距离。

欧式距离指多维空间中两点的真实距离，其计算公式为：

$$\mathrm{sim}(U_i, U_j) = \sqrt{\sum_k \left(profile_k(U_i) - profile_k(U_j) \right)^2}$$

信用评分卡总分数：100分

评分策略	指标	指标权重		指标区间	指标区间分值		
企业资质	成立年限	− 5 +	%	0～3	−	60	+
				3～5	−	80	+
				5	−	100	+
	注册资本	− 5 +	%	0～10	−	50	+
				10～100	−	60	+
				100～200	−	80	+
				200～300	−	100	+
	经营状态	− 10 +	%	存续	−	100	+
				吊销	−	0	+
				注销	−	0	+
				清算	−	0	+
	员工人数	− 5 +	%	0～10	−	50	+
				10～50	−	60	+
				50～100	−	80	+
				100	−	100	+
法人资质	年龄	− 5 +	%	0～18	−	0	+
				18～35	−	70	+
				35～50	−	80	+
				50～70	−	100	+
				70～100	−	80	+

图2-15　信用评分模型（部分）

调整信用评分卡，点击【提交】，进行模型验证与评估。当企业的风险评分分布符合正态分布，且KS为20%～70%，说明信用评分卡模型对企业信用风险的预测效果较好，可以进行批量快速的企业评级评分，如图2-16所示。

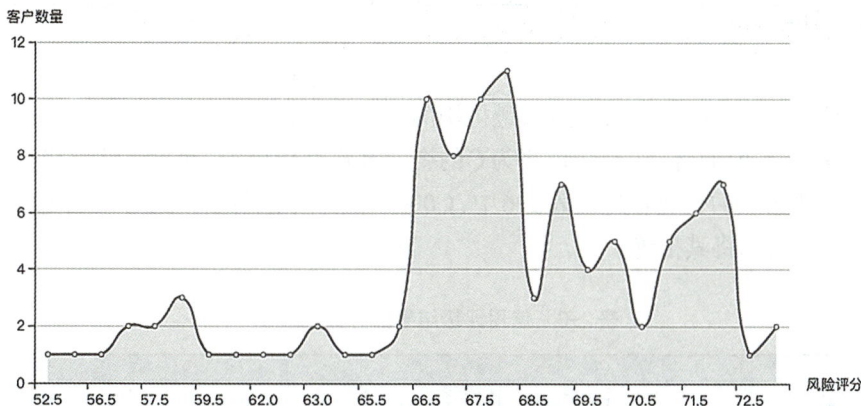

图2-16 信用评分模型评估

6. 企业信用评分

信用评分模型构建完成后，可以对企业进行信用评分，并生成企业的信用风险报告（图2-17）。企业信用状况分为三个等级，A通过、B复议、C拒绝。准入通过的部分数据信用评分评级结果如表2-5所示。

图2-17 小微企业信用报告

表2-5　信用评级结果部分数据展示

企业ID	企业名称	统一社会信用代码	法定代表人	身份证号	信用评分	信用评级
C00001	中州饭店	92340104MA8*******	韦勇	110***19820420***	65	B
C03461	智全信息	92340104MA8*******	袁丹华	110***19880923***	62	B
C07436	恒润网络	92340104MA8*******	廖妮娜	110***19851201***	86	A

7. 贷款业务审批

根据信用评分卡评级结果,以及金融机构的风险类型,系统会直接对企业进行贷款申请通过或者拒绝。一般而言,对信用评级为C的企业客户直接拒绝,重点关注评级为B的企业客户,通过评级为A的企业客户。表2-6中,C00001近半年进行了重大事项变更,C03461纳税信用等级较低,都将其拒绝。

表2-6　信用评级结果部分数据展示

企业ID	企业名称	统一社会信用代码	法定代表人	身份证号	信用评级	审批结果
C00001	中州饭店	92340104MA8*******	韦勇	110***19820420***	B	拒绝
C03461	智全信息	92340104MA8*******	袁丹华	110***19880923***	B	拒绝
C07436	恒润网络	92340104MA8*******	廖妮娜	110***19851201***	A	通过

8. 企业风险定价

设置小微企业信贷风险定价策略,表2-6中C07436的授信额度为￥5 000 000元;贷款年利率为4.35%,如图2-18所示。

风险评级	授信额度（元）	最长贷款期限	贷款利率（%）
A 通过	5000000	24期	4.35
B 复议	3000000	24期	4.85

图2-18　小微企业信贷风险定价

📍 实训小结

本节从小微企业贷款的应用场景、贷前风控尽调方面介绍了大数据在小微企业信贷风控中的应用。贷前风控尽调主要包括建立客户档案、建立风控变量库,贷前准入规则、设置风控规则、建立信用评分模型、企业信用评分、贷款业务审批、企业风险定价八个步骤进行介绍。掌握小微企业信贷贷前阶段需要识别的企业风险点,以及主要制定的风控策略,理解大数据技术在银行风控中的应用。

拓展训练

我国作为全球最大的汽车市场,汽车金融的发展前景将更加广阔。《中国汽车互联网金融发展报告2022》显示,车贷资产已经超过百亿元的平台在继续扩张,由传统的抵押/质押向消费金融、融资租赁等细分领域渗透。相比于线下网店提交资料并进行审批,车贷全流程线上化模式更受大众的欢迎。接下来从贷前准入条件判断、申请人身份核实、反欺诈审查、个人征信分析、申请评分卡模型评分、贷款业务审批、风险定价、收益排名八个步骤来对汽车消费贷款业务进行线上业务审批!

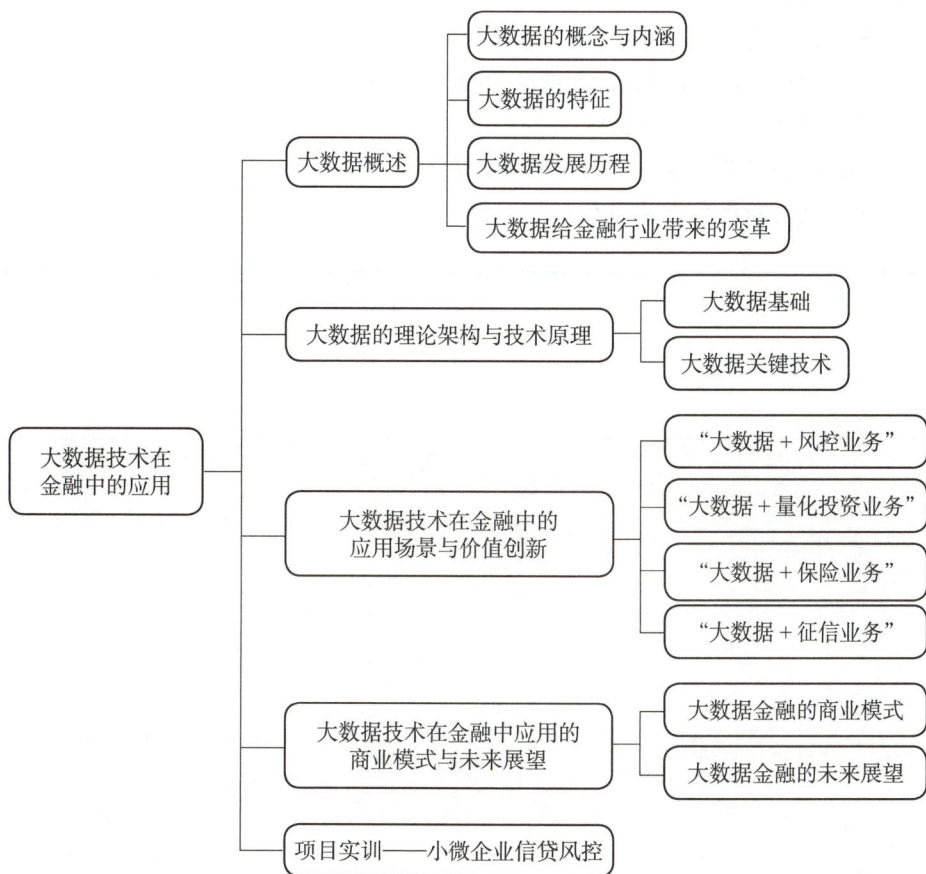

本章要点

```
大数据技术在
金融中的应用
├── 大数据概述
│   ├── 大数据的概念与内涵
│   ├── 大数据的特征
│   ├── 大数据发展历程
│   └── 大数据给金融行业带来的变革
├── 大数据的理论架构与技术原理
│   ├── 大数据基础
│   └── 大数据关键技术
├── 大数据技术在金融中的应用场景与价值创新
│   ├── "大数据+风控业务"
│   ├── "大数据+量化投资业务"
│   ├── "大数据+保险业务"
│   └── "大数据+征信业务"
├── 大数据技术在金融中应用的商业模式与未来展望
│   ├── 大数据金融的商业模式
│   └── 大数据金融的未来展望
└── 项目实训——小微企业信贷风控
```

问题讨论

1. 大数据与云计算、人工智能的联系与区别是什么？

2. 大数据对生活的影响有哪些？

3. 大数据金融与传统金融、互联网金融的关系是什么？

4. 大数据金融与金融大数据的异同有哪些？

5. 大数据金融在生活中的应用有哪些？

6. 大数据金融如何解决中小企业融资问题？

思考与练习

1. 大数据的特征。

2. 大数据技术原理。

3. 大数据关键技术有哪些？

4. 相对于传统银行风控，大数据风控的优势是什么？

5. 量化投资的原理是什么？

6. "大数据+保险反欺诈"的流程是什么？

7. 供应链金融模式有哪些？

第三章
区块链技术在金融中的应用

知识目标：了解区块链的概念、分类、特征和发展历程；了解区块链的理论架构与技术原理；了解区块链金融的应用场景与价值创新；了解区块链金融的商业模式；掌握区块链场景中，数字加密常用的加密算法。

技能目标：能够通过区块链跨境保理项目实训掌握区块链在国际结算领域的应用方法；能够区别公有链、联盟链和私有链；能够使用默克尔树方法快速验证交易是否存在。

素养目标：通过对我国区块链金融应用场景的学习，培养学生的国家自豪感，增强学生的自信心，坚定道路自信。

导入案例

基于区块链和大数据的普惠金融服务——"链捷贷"

中小微企业是国民经济的稳定器，是一国经济发展重要的蓄水池。因其自身经营特点，融资呈现"金额小、期限短、时效性强"的特点。但中小微企业普遍存在经营规范性差、财务信息不透明、质押担保不足的情况，传统的银行融资服务很难有效覆盖中小微企业的融资需求，金融服务手段不足成为制约金融支持中小微企业发展的重要的因素。

为认真贯彻落实党中央、国务院关于推动小微企业发展的决策部署，将金融服务实体经济作为出发点和落脚点，中国农业银行股份有限公司（以下简称"中国农业银行"）探索出一条借助"互联网+"的新路——"链捷贷"。通过与优质核心企业信息系统对接，采用先进的数据挖掘技术，对核心企业与其上下游中小微企业之间的交易数据进行分析，运用创新的算法与模型进行智能化的信贷决策，批量、自动、便捷地向核心企业上下游中小微企业集群提供融资服务，解决中小微企业"融资难、融资贵"问题。

"链捷贷"业务以核心企业为切入点，嵌入产业链的底层，以"批量、批发"化信贷模式分散业务成本，以全局风险抵抗单个企业的局部风险，使小、散、碎片化的信贷成为可能。通过对接核心企业供应链资金流、物流、信息流"三流"数据，为小微企业核定融资额度，实现对企业风险的识别，大大降低了金融服务的准入门槛和服务成本。以互联网技术对资金流、物流、信息流的整合，帮助银行真正实现了解客户，核实贷款交易背景，实时掌握贷款资金的动向，有效降低业务运作成本，贷后管理有了"着落"。同时互联网突破地域限制，使银行放心地异地贷款，为普惠金融服务奠定基础。其"小额""分散""精准"的贷款模式顺应了经济新业态的需要,满足了中小微企业"短、小、频、急"的融资需求。使银行摆脱对线下财务报表、抵质押物的依赖,降低客户、业务增量成本,为进一步扩大银行资产业务、带动负债和中间业务发展,提供了新的思路。

截至2021年9月末,农业银行已与蒙牛集团、比亚迪、山东浪潮等超过1 300家核心企业展开合作,累计服务中小微企业超20 000家,累计发放融资近2 000亿元,开创了"小额度、多客户、批量化"的中小微信贷服务新模式。

（资料来源：中国农业银行股份有限公司）

想一想

"链捷贷"业务获得成功的主要原因是什么？对缓解中小企业的融资约束有什么借鉴意义？

第一节 区块链概述

一 区块链的概念

区块链技术起源于2008年,由化名为中本聪的学者在密码学邮件组发表的论文《比特币：一种点对点电子现金交易系统》中提出。2016年,工信部指导发布的《区块链技术和应用发展白皮书2016》对区块链的解释为：狭义上,区块链是一种按照时间顺序将数据区块以顺序相连的方式组合成的一种链式数据结构,并以密码学方式保证的不可篡改和不可伪造的分布式账本。广义上,区块链技术是利用块链式数据结构来验证和存储数据、利用分布式节点共识算法来生成和更新数据,利用密码学的方式保证数据传输和访问的安全性、利用由自动化脚本代码组成的智能合约来编程和操作数据的一种全新的分布式基础架构与计算范式。

顾名思义,区块链（blockchain）是一种数据以区块（block）为单位产生和存储,并按照时间顺序首尾相连形成链式（chain）结构,同时通过密码学保证不可篡改、不可伪造及数据传输访问安全的去中心化分布式账本。区块链中所谓的账本,其作用和现实生活中的账本基本一致,按照一定的格式记录流水等交易信息。特别是在各种数字货币中,交易内容就是各种转账信息。只是随着区块链的发展,记录的交易内容由各种转账记录扩展至各个领域的数据。比如,在供应链溯源应用的区块中记录了供应链各个环节中物品所处的责任方、位置等信息。

要探寻区块链的本质,首先需要了解区块链的数据结构,即这些交易以怎样的结构保存在账本中。区块是链式结构的基本数据单元,聚合了所有交易相关信息,主要包含区块头和区块主体两部分。区块头主要保存了本区块的数据特征值,包括版本信息、时间戳、父区块哈希值、默克尔树根、难度目标等;区块主体一般包含一串交易的列表。每个区块中的区块头所保存的父区块的哈希值,便唯一地指定了该区块的父区块,在区块间构成了连接关系,从而组成了区块链的基本数据结构。区块链的数据结构示意图如图3-1所示。

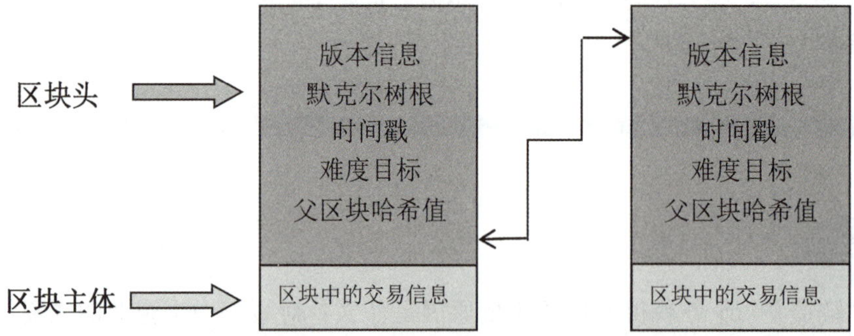

图3-1　区块链数据结构图

二　区块链的类型

在目前,区块链主要有三大类型,分别是公有链、联盟链、私有链。不同的区块链适用的场景不同,所采用的技术、达到的效果也有很大的差异。

(一) 公有链

公有链是指全世界谁都能够读取的、任何人都可以发送交易且交易能获得有效确认的、任何人都能参与其共识过程的区块链,共识过程决定哪个区块可被添加到区块链中和明确当前状态。公有链通常被认为是"完全去中心化"的。它的特点是不可篡改、匿名公开、技术门槛低。每个参与者可以看到全部的账户余额和其全部的交易活动。公有链的主要应用有比特币,以太坊等。在公有链环境中,节点数量不确定,节点真实身份未知,主要通过共识算法、激励或奖惩机制、对等网络等技术来保证其运行顺利,因此也存在以下三个问题。

1. 效率问题

目前比特币平均每10分钟产生1个区块,且其工作量证明机制(POW)需要全网所有节点共同验证一个难题,所以很难缩短区块时间。一般认为,比特币区块链中新产生的区块,需要经过6个区块的产生,才能确认该区块足够安全,而这大概需要1小时,这样的交易处理速度根本无法满足大多数应用需求。

2. 隐私问题

公有链被称为公开的分布式账本,任何人都可以在链上进行交易传输和数据存储,同步区块链上的全部数据。这对于涉及大量商业机密和利益的业务场景来说,链上数据的公开不符合业务规则和监管要求。

3. 最终确定性问题

最终确定性问题是指特定的某笔交易是否会最终被包含进区块,加入区块链中。公有链需要经过概率近似不确定性,统计上的安全边际等6个区块的确认,才能最终确定一笔交易的成功,所以在这之前只能保证一定概率的近似,这对现有的工商业应用和法律环境来说可用性较差。

(二)联盟链

联盟链是指其共识过程受到预选节点控制的区块链。它主要应用在机构间的交易、结算或清算等B2B场景。比如,银行间进行支付、结算、清算的系统就能够采用联盟链的形式,将各家银行的网关节点作为记账节点。联盟链的特点是多方协作,联盟内有准入机制,N个机构共同管理,每个机构可以有1个或多个节点,节点的数据读写限范围,规则内部商定,信任机制靠集体背书。相较于公有链,联盟链具有交易成本更低、节点之间的连接更稳定、隐私保护更好、更加灵活的优点。在国内,公有链是不合规的,联盟链是合规的,产业链均为联盟链。

(三)私有链

私有链是完全私有的区块链,即写入权限仅在一个组织手里的区块链。读取权限或者对外开放,或者被一定程度地进行了限制。区块链上的读写权限、参与记账权限按联盟规则来制定。整个网络由成员机构共同维护,网络接入一般通过成员机构的网关节点接入,共识过程由预先选好的节点控制。私有链的特点是交易速度快,保护隐私,而且交易成本极低;但是它也有一些缺点,私有链可以被操作价格,也能被修改代码,风险较大。公有链、联盟链和私有链的比较如表3-1所示。

表3-1 公有链、联盟链和私有链的比较

项　　目	公　有　链	联　盟　链	私　有　链
使用范围	全网公开	多方协作	完全私有
准入要求	自由进出	授权准入	授权准入
节点地位	节点读写权利平等	节点数据读写限范围	视需求,开放节点权限
信任维护	信任机制靠技术	信任机制集体背书	信任机制自己背书
运行效率	低	高	高

在产业发展中,信息是核心资源,不能做到完全去中心化,因此产业的区块链创新只适合联盟链。联盟链在国内是合规的,能实现数据隐私保护,目前国内的产业区块链创新政策要求节点实名制,通过场景应用来倒逼技术进步,使得创新的市场化程度相对高。虽然目前

区块链只有三大主要类型,但是相信在接下来的发展中,经过区块链技术的开发与创新,未来各式各样的链将会把我们的生活逐步带入"区块链+"中。

三　区块链的特征

区块链是多种已有技术的集成创新,主要用于实现多方信任和高效协同。通常,一个成熟的区块链系统具有透明可信、防篡改可追溯、隐私安全和系统可靠四大特征。

(一)透明可信

在去中心化的系统中,网络中的所有节点均是对等节点,大家平等地发送和接收网络中的消息。所以,系统中的每个节点都可以完整观察系统中节点的全部行为,并将观察到的这些行为在各个节点进行记录,即维护本地账本,整个系统对于每个节点都具有透明性。这与中心化的系统是不同的,中心化的系统中不同节点之间存在信息不对称的问题。中心节点通常可以接收到更多信息,而且中心节点也通常被设计为具有绝对的话语权,这使得中心节点成为一个不透明的黑盒,而其可信性也只能借由中心化系统之外的机制来保证。

(二)防篡改、可追溯

"防篡改"和"可追溯"可以拆开来理解,现在很多区块链应用都利用了防篡改可追溯这一特性,使得区块链技术在溯源等方面得到了大量的应用。"防篡改"是指交易一旦在全网范围内经过验证并添加至区块链,就很难被修改或者抹除。一方面,当前联盟链所使用的如PBFT类共识算法,从设计上保证了交易一旦写入即无法被篡改;另一方面,以POW为共识算法的区块链系统的篡改难度以及篡改成本都非常大,若要对此类系统进行篡改,攻击者需要控制全系统超过51%的算力,且若攻击行为一旦发生,区块链网络虽然最终会接受攻击者计算的结果,但是攻击过程仍然会被全网见证,当人们发现这套区块链系统被控制后便不再相信和使用这套系统,系统也就失去了价值。"可追溯"是指区块链上发生的任意一笔交易都是有完整记录的,可以针对某一状态在区块链上追查与其相关的全部历史交易。"防篡改"特性保证了写入区块链上的交易很难被篡改,这为"可追溯"特性提供了保证。

(三)隐私安全

区块链系统中的用户通常以公私钥体系中的私钥作为唯一身份标识,用户只要拥有私钥即可参与区块链上的各类交易,至于谁持有该私钥则不是区块链所关注的事情,区块链也不会去记录这种匹配对应关系,所以区块链系统知道某个私钥的持有者在区块链上进行了哪些交易,但并不知晓这个持有者是谁,进而保护了用户隐私。从另一个角度来看,快速发展的密码学为区块链中用户的隐私提供了更多保护方法。同态加密、零知识证明等前沿技术可以让链上数据以加密形态存在,任何不相关的用户都无法从密文中读取到有用信息,而交易相关用户可以在设定权限范围内读取有效数据,这为用户隐私提供了更深层次的保护。

（四）系统可靠

区块链系统的高可靠性体现在：首先，每个节点对等地维护一个账本并参与整个系统的共识。如果其中某一个节点出现了故障，整个系统能够正常运转，人们可以自由加入或者退出比特币系统网络，而整个系统依然工作正常；其次，区块链系统支持拜占庭容错。传统的分布式系统虽然也具有高可靠特性，但是通常只能容忍系统内的节点发生崩溃现象或者出现网络分区的问题，而系统一旦被攻克（甚至是只有一个节点被攻克），或者说修改了节点的消息处理逻辑，则整个系统都将无法正常工作。区块链能够处理拜占庭错误的能力源自其共识算法，而每种共识算法也有其对应的应用场景。例如，POW共识算法不能容忍系统中超过51%的算力协同进行拜占庭行为[①]；PBFT共识算法则不能容忍超过总数1/3的节点发生拜占庭行为。因此，严格来说，区块链系统的可靠性也不是绝对的，只能说是在满足其错误模型要求的条件下，能够保证系统的可靠性。然而由于区块链系统中，参与节点数目通常较多，其错误模型要求完全可以被满足，所以一般认为区块链系统是具有高可靠性的。

四 区块链的发展历程

（一）区块链技术准备阶段

区块链的诞生最早可以追溯到密码学和分布式计算。1976年，迪菲和赫尔曼两位密码学大师发表了论文《密码学的新方向》，首次提出公共密钥加密协议与数字签名的概念，这也是加密数字货币与区块链技术诞生的技术基础。

1980年，拉尔夫·默克尔提出了默克尔树（Merkle-Tree）这种数据结构和相应的算法，现在被广泛运用于校验分布式网络中数据同步的正确性，这也是比特币中引用来做区块同步校验的重要手段。1982年，兰伯特提出拜占庭将军问题，标志着分布式计算的可靠性理论和实践进入了实质性阶段。1985年，科布利茨和米勒各自独立提出了著名的椭圆曲线加密算法（Elliptie Curve Cryptography，ECC），ECC的提出才真正使得非对称加密体系真正进入生产实践领域并发挥巨大作用。1997年，哈希现金（Hash Cash）方法，也就是第一代工作量证明算法（Proof of Work，POW）出现了，当时主要用作反垃圾邮件。到了1998年，密码学货币的完整思想终于破茧而出，戴维、尼克·萨博同时提出密码学货币的概念。1999年到2001年的三年时间内，Napster、eDonkey 2000和BitTorrent点对点分布式网络先后出现，奠定了P2P网络计算的基础。截至目前比特币采用的是SHA-256哈希算法，区块链技术经过30余年的理论积累与技术突破，已经在生活中产生了深刻影响。区块链发展至今，大致可以分为以下三个阶段。

（二）区块链1.0：可编程货币时代

中本聪在2008年11月的时候发表了著名的论文《比特币：一种点对点电子现金系统》，

---

① 拜占庭行为（Byzantine Behavior）：某些节点可能由于各种原因而产生错误的信息并传达给其他节点。通常，这些发生故障节点被称为拜占庭节点，而正常的节点即为非拜占庭节点。

在2009年1月，比特币系统正式运行并开放了源码，标志着比特币网络的正式诞生。通过构建一个公开透明、去中心化、防篡改的分布式账本，比特币引领了一场规模空前的加密数字货币时代。在区块链1.0时代，区块链技术的应用主要聚集在加密数字货币的领域，典型代表即比特币系统和由比特币系统代码衍生出来的多种加密数字货币，如：瑞波币（Ripple）、以太坊（Etheieum）、还有莱特币（Litecoin）、狗狗币（Dogecoin）等。

（三）区块链2.0：可编程金融时代

比特币虽然开创了去中心化密码货币的先河，但是它并不完美，其协议的扩展性严重不足，是阻碍其发展应用的主要问题。2013年年末，一位叫维塔利克·布特林的俄罗斯少年发表了以太坊出版白皮书《以太坊：下一代智能合约和去中心化应用平台》，标志着区块链进入2.0时代，它主要是引入智能合约过后的可编程金融时代，以太坊是这一时期的典型代表，以太坊从设计上就是为了解决比特币扩展性不足的问题。以太坊是一个可编程、可视化更容易被应用的区块链，相当于一个去中心化的全球计算机。以太坊允许任何人编写智能合约和发行代币，账本公开透明且不可篡改。开发者可以用于数字资产，编写智能合约，建立和运行去中心化的应用和成立去中心化的自治组织。智能合约就是把业务逻辑变成一段自动执行的代码。只要符合了前提条件，就能启动逻辑来执行。它的优势是利用程序算法替代人仲裁和执行合同。在银行应用中，可以建立信息可靠性强，信用建立成本低，信息公开透明的安全区块链网络。在数字票据应用中，可以解决背景造假信用风险，纸票一票多卖、电子背书不连续，中心化操作风险，监管困难、审计成本高等问题。

（四）区块链3.0：可编程社会时代

在区块链3.0技术时期，区块链会超越金融领域，进入社会公证、智能化领域，主要应用在社会治理领域，包括了身份认证、公证、仲裁、审计、域名、物流、医疗、邮件、签证、投票等领域，应用范围扩大到了整个社会，区块链技术有可能成为"万物互联"的一种最底层的协议。在这一时期，区块链构建了数字社会诚信体系，形成了区块链应用生态圈（图3-2），包括解

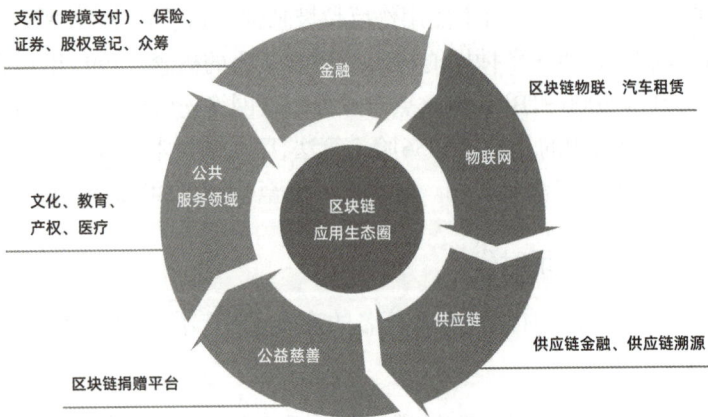

图3-2　区块链应用生态

决建立信任、监控信用、维护信任成本高昂等问题；还有解决互联网作为信息传递网络，难以保证价值的安全传递问题；最后是解决防伪、防篡改，保护隐私困难等问题。

想一想

区块链在农业供应链方面有哪些运用？

第二节　区块链的理论架构与技术原理

一　区块链的理论架构

区块链的理论架构通常分为六层，分别为数据层、网络层、共识层、激励层、合约层及应用层（图3-3）。每一层都有对应的核心功能，来保证区块链本质上是一个可信任的通道。

应用层	可编程货币	可编程金融	可编程社会
合约层	脚本代码	算法机制	智能合约
激励层	发行机制	分配机制	
共识层	POW　POS　DPOS　PBFT　Raft		
网络层	P2P网络	传播	验证
数据层	区块数据	链式结构　默克尔树	加密技术

图3-3　区块链的理论架构

（一）数据层

对于区块链来讲，数据层是不可篡改的、分布式的数据库，保存了区块链中与数据有关的一些算法、信息、结构等，封装了数据区块，包含了相关的加密数据、时间戳等基础数据和基本算法。数据层是整个区块链的基石，用加密技术手段来保证数据在全网公开的情况下的安全问题。

1. 数据区块

每个数据区块一般包含区块头和区块体两部分。区块头封装了当前版本号、前一区块哈希、当前区块哈希、随机数、难度值、默克尔根以及时间戳等信息。区块体则包括当前区块的交易数量以及经过验证的、区块创建过程中生成的所有交易记录。这些记录通过默克尔树的哈希过程生成唯一的默克尔根值并记入区块头。

2. 链式结构

将当前区块链的哈希接到前一区块哈希，形成区块链的链式结构，各个区块依次环环相接，形成从创世区块到当前区块的一条最长主链，从而记录了区块链数据的完整历史，能够提供区块链数据的溯源和定位功能，任意数据都可以通过此链式结构追本溯源。哈希链式结构保证了数据的不可篡改性。

3. 哈希函数

哈希函数也称为散列函数或杂凑函数。哈希函数是一个公开函数，可以将任意长度的消息 M 映射成为一个长度较短且长度固定的值 H(M)，称 H(M) 为哈希值、散列值（Hash value）、杂凑值或者消息摘要（message digest）。它是一种单向密码体制，即一个从明文到密文的不可逆映射，只有加密过程，没有解密过程。哈希函数如图 3-4 所示。

```
0101010101010101010
10101010101010101      哈希函数      232424a3422
       数据                          固定长度hash
```

图 3-4　哈希函数

哈希算法一般是指 SHA 家族（SHA-1、SHA-224、SHA-256、SHA-384 和 SHA-512），即安全散列算法家族，另外还包括国密 SM3、MD5 信息摘要算法。区块链本质上就是一条哈希链。

4. 非对称加密和对称加密

数据加密的最基本过程就是对原来为明文的文件或数据按某种算法进行处理，使其成为不可读的一段"密文"，只能在输入相应的密钥之后才能显示出明文，通过这样的途径来达到数据不被非法窃取的目的。数据加密最常用的就是对称加密和非对称加密。

在对称加密算法中，使用的密钥就只有一个，发、收信双方都使用这个密钥对数据进行加密和解密，这就要求解密方事先必须知道加密密钥。对称加密速度快，效率高，但是对于密钥的管理和分发比较困难，不是非常安全，密钥管理的负担较重。非对称加密算法需要两个密钥，公开密钥和私有密钥。公钥是密钥对中公开的部分，私钥则是非公开的部分。公钥通常用于加密会话、验证数字签名，私钥通常用来签名和解密公钥加密的数据。公开密钥与私有密钥是成对的，如果用公开密钥对数据进行加密，只有用对应的私有密钥才能解密。如果用私有密钥对数据进行加密，只有用对应的公开密钥解密。因为加密和解密使用的是两个不同的密钥,所以这种算法叫作非对称加密算法。经典的非对称加密算法包括RSA,ECC,PGP等。在区块链网络中,经常将对称加密和非对称加密结合使用来解决钥匙安全和效率问题。

5. 默克尔树

默克尔树是一种二叉树,由一个根节点、一组中间节点和一组叶子节点组成。最底层的叶子节点包含存储数据和其哈希值。每个中间节点是它的两个子节点内容的哈希值。这样一层层向上迭代,就得到了数目更少的新一级哈希,最终必然形成倒挂的树(如图3-5所示)。默克尔树根可以代表整个区块的交易数据指纹,存储在区块头中,交易具体信息则存储在区块体中。默克尔树是区块链的重要数据结构,其作用是快速归纳和校验区块数据的存在性和完整性。

图3-5 默克尔树

默克尔树有诸多优点:首先,极大地提高了区块链的运行效率和可扩展性,使得区块头只需包含根哈希值而不必封装所有底层数据,这使得哈希运算可以高效地运行在智能手机甚至物联网设备上;其次,默克尔树可支持"简化支付验证"协议,即在不运行完整区块链网络节点的情况下,也能够对(交易)数据进行检验。

小任务:如何使用默克尔树方法快速验证图中L4的交易是否存在?L4交易图如图3-6所示。

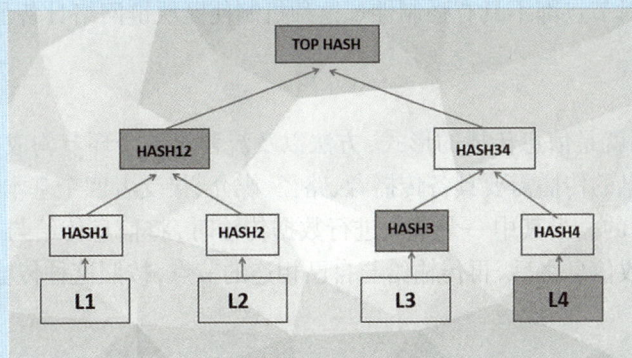

图3-6 L4交易图

（二）网络层

网络层包括分布式组网机制、数据传输机制和数据验证机制。P2P网络在区块链中又叫对等网络，或者叫点对点网络。所谓的对等，是指参与网络的节点权限、地位、职责都是平等的，不存在强中心。在此网络中的参与者既是资源、服务和内容的提供者，又是资源、服务和内容的获取者。

1. P2P网络

按照P2P网络是否去中心化，节点地址是否结构化两个方面，将P2P网络分为以下四类：中心化P2P网络，全分布式非结构化P2P网络，全分布式结构化P2P网络，半分布式P2P网络。

中心化P2P网络中存在"中心服务器"，而其作用为保存接入节点的地址信息，倘若两个PEER之间想要进行通信，那么他们可以通过中心服务器进行对方地址的索要。

全分布式非结构化P2P网络节点可以自由加入退出，并且没有中心节点，节点地址没有结构化标准，整个网络呈现随机图的结构，无固定网络结构图，因此无法精确定位节点信息，只能通过广泛查询方式查找，对网络消耗很大。

全分布式结构化P2P网络的最大问题在于节点地址的管理，而结构化网络采用分布式哈希表，通过如哈希函数一类的加密散列函数，将不同节点地址规范为标准长度数据，如以太坊。

半分布式P2P网络将节点分成普通节点和超级节点，从而构成了半分布式网络结构。每个超级节点维护部分网络节点地址，文件索引等工作。

所有超级节点共同实现中心服务器功能。超级节点本身却是分布式，可以自由扩展退出，具备分布式网络优点。四种网络结构可以从可扩展性、可靠性、可维护性以及发现算法效率四个维度进行比较，各有特点。

区块链中加入P2P网络，使得区块链中每一个节点都是完全对等的，从而达到去中心化的目的。去中心化，不是不要中心，而是由节点自由选择中心，自由决定中心。在去中心化系统中，任何人都是一个节点，任何人都可以成为一个中心，任何中心都不是永久的，而是阶段性的，任何中心对节点都不具有强制性。这种机制使区块链网络具备了容错性、抗攻击性和抗勾结性的价值。

2. 传播机制

数据传播机制就是信息传播的形式、方法以及流程等各个环节构成的统一体。对于区块链来说，链上信息的传播需要具备传播者、路径、媒介、接受者四个基本元素。区块链的传播是有一定的规律的。当其中一个节点进行数据传输时，将信息传给与自己相连的几个节点，这几个节点接收信息之后，再传输给与自己相连的节点，按照这种传输的模式，将数据传输到全网。

3. 验证机制

验证机制是区块链系统整个交易流程中的基石部分。在区块链中所有的节点都会时刻监听网络中传播的交易数据和新产生的区块，并对交易数据和区块的有效性进行验证，只有当区块验证成功以后,"矿工们"才开始争夺下一个区块的记账权。当然,"矿工们"验证的不是交易原文,而是数字摘要和签名。数字摘要就是把文件信息进行哈希计算,生成数字摘要,数字签名是为了保证在区块链网络中数据不被篡改。在这一过程中,非对称加密算法和哈希函数分别承担了"身份确认"和"可靠性验证"的功能。

(三)共识层

共识层封装了网络节点的各类共识机制算法。共识机制算法是区块链的核心技术。因为区块链是一个去中心化记账体系,由共识机制来决定由谁记账,对于记账方式的选择将会影响整个系统的安全性和可靠性。目前已经出现了十余种共识机制算法,其中比较知名的有:工作量证明机制(POW)、权益证明机制(POS)、股份授权证明机制(DPOS)和实用拜占庭容错机制(PBFT)等。数据层、网络层、共识层是构建区块链技术的必要元素,缺少任何一层都将不能称为真正意义上的区块链技术。

1. 工作量证明机制(POW)

工作量证明俗称"挖矿",可以简单地理解为一份证明,证明你做过一定量的工作,通过查看工作结果就能够知道你具体完成了多少指定的工作。它遵循按劳分配,多劳多得,劳动致富的原则,算力决定了一切。在该机制中,所有参与者都需要使用不同的随机数来持续计算哈希值,直到达到目标为止。当一个节点得出了确切的值,其他所有的节点必须相互确认该值的正确性,之后新区块中的交易将被验证,以防欺诈。

2. 权益证明机制(POS)

POS的想法源于尼克·萨博,是POW的一种节能替代选择,它不需要用户在不受限制的空间中找到一个随机数,而是要求人们证明货币数量的所有权,因为其相信拥有货币数量多的人攻击网络的可能性更低。POS通过评估你持有代币的数量时长来决定你获得记账权的概率。这就类似于股票的分红制度,持有股权较多的人能够获得更多的分红。记账权概率的计算公式为:

$$记账权概率=代币数量×持有时长$$

如公式所见:假如你持有100个币,总共持有了30天。那么此时你的币龄就为3 000。与POW相比,POS可以节省更多的资源,一定程度上缩短了共识达成时间。提高了效率。但是它的安全性降低,权利相对集中,因为POS共识机制中的投票权重取决于你持有的代币的多少。也就是说每个网络节点链接到一个地址,这个地址所持有的代币越多,获得生产下一个区块的概率就越大。从本质上来说还是需要挖矿,没有从根本上解决商业应用的痛点。

3. 股份授权证明机制(DPOS)

DPOS由比特股(Bitshares)项目组发明。股权拥有者选举他们的代表来进行区块的生成和验证。DOPS类似于现代企业董事会制度,比特币系统将代币持有者称为股东,由股东投票选出101名代表,然后由这些代表负责生成和验证区块。DOPS是依据当时POW、POS的不足而改进的共识算法。他的目的是解决单位时间内处理交易的笔数(TPS),也就是交

易确认的时间,在更短的时间内达成共识。从而提高交易的处理性能。提高性能的公式如下:

$$TPS=交易笔数÷区块时间$$

TPS是指区块链每秒能确认的交易数。交易数是由区块大小和平均每笔交易数量大小决定的。从公式可以分析出,其性能大小的决定因素包括带宽、节点个数,网络稳定性和区块时间,其中带宽,网络稳定性和区块时间属于物理条件,不容易改变。那么,要提高TPS,就是减少节点的个数。如果要减少记账节点的数量,就需要事先规定好记账节点的数量,然后让全网所有节点投票决定哪些节点可以成为记账节点,这样就限制并缩小了节点数量。这个过程就叫投票选举。DPOS提高了运行效率,减少了资源浪费,缩减了成本,但是没有做到真正的"去中心化",而且由谁来生产下一个区块,股份授权证明也有一定的争议。

4. 实用拜占庭容错机制(PBFT)

PBFT是联盟链共识算法的基础,在该算法中至多可以容忍不超过系统全部节点数量的三分之一的拜占庭节点"背叛",即如果超过三分之二的节点正常,整个系统就可以正常工作。简单说是在系统中有一个节点会被当作主节点,而其他节点都是子节点,系统内的所有节点都会相互通信,最终目标是大家能以少数服从多数的原则达成数据的共识。PBFT机制流程使每一个客户端的请求需要经过预准备、准备、提交、回复、视图变更5个阶段,通过采用两次两两交互的方式在服务器达成一致之后再执行客户端的请求。PBFT的安全性与稳定性由业务相关方保证,并且它的性能非常高,可满足高频交易量的需求,适合商用。但是它的容错率较低,当有三分之一以上节点记账停止后,系统则无法提供服务,同时,也是中心化特点比较明显。

(四)激励层

公有链体系中,因为没有中心负责整个网络中的交易记账,同时链上的每个节点也没有绝对的权利和义务来帮助其他节点进行记账,如何确保链上的节点不断地进行挖矿和打包记账呢?激励层就作为经济因素引入区块链,其存在的必要性取决于建立在区块链技术上的具体应用需求。在公有链中,必须激励按照规则参与记账的节点,并且惩罚不遵守规则的节点,这样才能让整个系统朝良性循环的方向发展。而在私有链中,则不一定需要进行激励,因为参与记账的节点往往是在链外完成了博弈,通过强制力或自愿要求来参与记账。以比特币为例,其收益来自挖矿奖励和手续费。新区块产生的比特币数量是随着时间阶梯型递减的。从创世区块起,每个新区块将发行50个比特币奖励给该区块的记账者,此后每隔约4年(21万个区块),每个新区块发行的比特币数量减少一半,以此类推,一直到比特币的数量稳定在上限2 100万为止。而目前默认的手续费每笔交易是万分之一个比特币。

(五)合约层

智能合约,是一种旨在以信息化方式传播、验证或执行合同的计算机协议,其在分布式账本上体现为可自动执行的计算机程序。智能合约是1995年由尼克萨博提出的理念,几乎与互联网同龄。由于缺少可信的执行环境,智能合约并没有被应用到实际产业中,自比特币诞生后,人们认识到比特币的底层技术天生可以为智能合约提供可信的执行环境,以太坊首先看到了区块链和智能合约的契合,发布了白皮书《以太坊:下一代智能合约和去中心化应用平台》,并一直致力于将以太坊打造成最佳智能合约平台,所以比特币引领区块链,以太坊复活了智能合约。

传统合约是通过合约内容来执行,与计算机代码没有任何关系。而基于区块链技术的智能合约不仅可以发挥智能合约在成本效率方面的优势,而且可以避免恶意行为对合约正常执行的干扰。将智能合约以数字化的形式写入区块链中,由区块链技术的特性保障存储、读取、执行,整个过程透明可跟踪、不可篡改。同时,由区块链自带的共识算法构建出一套状态机系统,使得智能合约能够高效地运行。智能合约与传统合约从合约的表现,条款的严谨,合约的执行,执行的成本和效率,执行的标准和货币上都有明显的不同。

以太坊项目借鉴了比特币区块链的技术,对它的应用范围进行了扩展。如果说比特币是利用区块链技术的专用计算器,那么以太坊就是利用区块链技术的通用计算机。就像所有区块链一样,以太坊会使用在自己计算机上运行的节点,来保证安全性同时也保持信任。每个参与到以太坊协议中的节点都会在各自电脑上运行软件,这就被称为以太坊虚拟机(EVM)。EVM可以理解为是一个"基于以太坊的智能合约的运行环境",用来执行任意算法复杂度的代码。首先,以太坊虚拟机会通过防止DOS(拒绝服务攻击)攻击来保证安全性,这个攻击是加密货币领域的挑战。其次,EVM会解释并执行以太坊编程语言,并确保可以在没有任何干扰的情况下实现通信。同时,需要注意到,以太坊虚拟机是在沙盒中运行,这是和区块链主链完全隔离的,并且完美地作为测试环境运行。因此,任何想要使用EVM创建智能合约的人,都可以在不受到其他区块链操作的影响下完成。通常是作为一些来源不可信,具备破坏力或无法判定程序意图的程序提供实验之用。智能合约存在EVM上,是可以被触发执行的一段程序代码,这些代码实现了某种预定的规则,其存在于执行环境中的"自治代理"。

(六)应用层

运行在合约层之上,通过使用合约层的脚本和代码构建去中心化的应用。同时,也是整个区块链系统的最上层,包含了该区块链的各种应用场景。它可以根据去中心化程度和治理主体设计公有链和联盟链网络,私有链面向机密系统,用户根据网络访问入口获得多元化服务,真正实现数据的共建共享。目前,区块链的应用层级分为三个,第一个为数字互联,区块链网络已经被广泛认可和运用,区块链上的数据资产相当于互联网上的"现金",利用互联网传输资金成为可能,数字密码网络资产和相应的支付系统成为区块链应用的第一层级,也为央行发行数字货币提供相应的技术支持;第二个是资产互联,是去中心化市场更广泛的应用,即数字化资产的转移;第三个是万物互联,是连接经济活动以外的范围,比如政府档案登记、司法认证、公证以及知识产权服务、智能管理、互联网优化、物联网和智能硬件等,能够实现各个场景的智慧业务。

二　区块链的技术原理

区块链虽然是一个新兴的概念,但是它所用到的基础技术全是当前非常成熟的技术。区块链的基础技术如分布式账本、点对点传输、加密算法、共识算法以及智能合约等在区块链兴起之前就已经被广泛使用。但是,区块链也并不是简单地重复使用现有技术,例如,共识算法、隐私保护在区块链中已经有了很多的革新,智能合约也从一个简单的理念变成了一个现实。区块链的基础技术有以下五种(图3-7)。

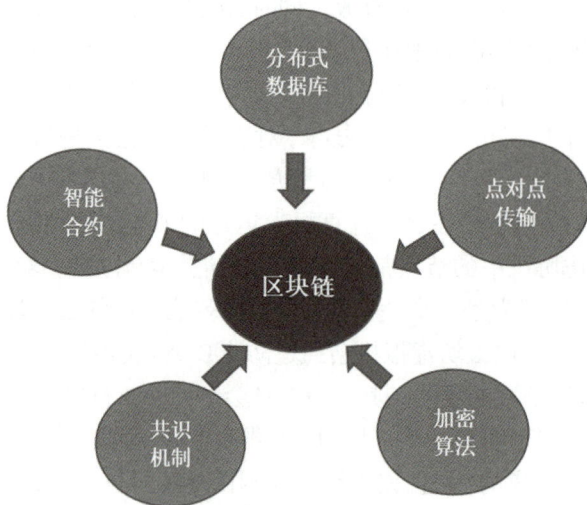

图3-7　区块链的基础技术

(一)分布式账本

分布式账本(distributed ledger)是一种在网络成员之间共享、复制和同步的数据库。分布式账本技术产生的算法是一种强大的、具有颠覆性的创新,它有机会变革公共与私营服务的实现方式,并通过广泛的应用场景去提高生产力。从实质上说就是一个可以在多个站点、不同地理位置或者多个机构组成的网络里进行分享的资产数据库。在一个网络里的参与者可以获得一个唯一、真实账本的副本。账本里的任何改动都会在所有的副本中被反映出来,反应时间会在几分钟甚至是几秒内。在这个账本里存储的资产可以是金融、法律定义上的、实体的或是电子的资产。在这个账本里存储的资产的安全性和准确性是通过公私钥以及签名的使用去控制账本的访问权,从而实现密码学基础上的维护。

(二)点对点传输

点对点技术(peer-to-peer,简称P2P)又称对等互联网络技术,是一种网络新技术,依赖网络中参与者的计算能力和带宽,而不是把依赖都聚集在较少的几台服务器上。P2P网络通常用于通过 Ad Hoc 连接来连接节点。这类网络可以用于多种用途，各种文件共享软件已经得到了广泛的使用。P2P 技术也被使用在类似 VoIP 等实时媒体业务的数据通信中。

（三）加密算法

数据加密的基本过程就是对原来为明文的文件或数据按某种算法进行处理，使其成为不可读的一段代码为"密文"，使其只能在输入相应的密钥之后才能显示出内容，通过这样的途径来达到保护数据不被非法窃取、阅读的目的。该过程的逆过程为解密，即将该编码信息转化为其原来数据的过程。

（四）共识机制

所谓"共识机制"，是通过特殊节点的投票，在很短的时间内完成对交易的验证和确认；对一笔交易，如果利益不相干的若干个节点能够达成共识，就可以认为全网对此也能够达成共识。区块链的自信任主要体现在分布于区块链中的用户无须信任交易的另一方，也无须信任一个中心化的机构，只需要信任区块链协议下的软件系统即可实现交易。这种自信任的前提是区块链的共识机制，即在一个互不信任的市场中，要想使各节点达成一致的充分必要条件是每个节点出于对自身利益最大化的考虑，都会自发、诚实地遵守协议中预先设定的规则，判断每一笔记录的真实性，最终将判断为真的记录记入区块链之中。现今区块链的共识机制可分为四大类：工作量证明机制、权益证明机制、股份授权证明机制和 Pool 验证池。

（五）智能合约

智能合约是一种旨在以信息化方式传播、验证或执行合同的计算机协议，目的是提供优于传统合约的安全方法，并减少与合约相关的其他交易成本。智能合约允许在没有第三方的情况下进行可信交易，这些交易可追踪且不可逆转。智能合约概念于 1995 年由 Nick Szabo 首次提出。他对智能合约的定义为："一个智能合约是一套以数字形式定义的承诺，包括合约参与方可以在上面执行这些承诺的协议。"简单来说，智能合约是一种在满足一定条件时，就自动执行的计算机程序。如自动售货机，就可以视为智能合约系统。客户需要选择商品，并完成支付，这两个条件都满足后售货机就会自动吐出货物。

> **小任务**：通过调查掌握区块链场景中，数字加密常用哪些加密算法？

第三节　区块链技术在金融中的应用场景与价值创新

在区块链的应用场景中，金融服务被认为是最具有价值和能够实现落地应用的场景之一。金融服务产业是全球经济社会发展的驱动力，也是中心化程度最高的产业之一。金融体系中交易双方的信息不对称导致无法构建有效的信用制度，产业链条中存有大量中心化的信用中介，不仅降低了系统运转效率，还增加了交易双方资金往来成本。区块链在金融的应用场景表现在以下几个方面：供应链金融场景、跨境支付业务场景、资产证券化业务场景和票据业务场景等。

一 "区块链技术＋银行业务"

（一）区块链技术在供应链金融业务中的应用场景

在银行信贷业务中，作为一个新兴领域，供应链金融为中小企业的融资过程提供了更加广阔的渠道。供应链金融的实际含义是，商业银行分别为核心企业、核心企业的供应商和分销商等提供结账服务、融资服务以及理财服务、及时收款发放融资服务、预付款代付服务等。简而言之，传统商业银行以核心企业为中心，同将其紧密连接于上游和下游的中小企业，形成纵横交错的产业生态网络，并向其提供灵活的金融产品和金融服务的一种融资模式。由于存在信息不对称的问题，商业银行在传统的供应链金融模式下往往只对核心企业的上游一级供应商提供有限的融资服务，或者只能对下游一级经销商提供有限的融资服务，以便将风险控制在最低水平，因此供应链金融的便利融资、结算及其他理财的金融服务将很难触及处于供应链边缘的那些小微企业。

1. 传统的供应链金融业务痛点分析

传统的供应链金融模式主要有以下三种。

（1）应收账款融资，依据未到期的应收账款进行融资办理的活动，被称为应收账款融资模式，在该模式中，在金融机构的帮助下，短期融资能够被企业所获取。该模式使得中小企业短期融资问题得到有效缓解，对于中小企业的未来长期健康发展具有至关重要的意义，能够使得中小企业供应链上的所有环节能够稳定运行。

（2）保兑仓融资，下游企业通过向金融机构进行贷款融资申请的活动，并将其使用在对上游供应商货物货款的支付方面，上游供应商依据货物回购来作出担保处理，让商业银行拥有提货权的新型融资模式，被称为保兑仓融资。该模式的使用，能够使得下游融资企业的全额购货的资金压力得到显著释放，通过分批支付货款并分批提取货物的方式能够使得企业短期融资问题得到合理解决，同时也能够对下游融资企业的杠杆采购活动产生驱动作用，为供应商的批量销售提供一定的保障。从商业银行的角度来看，其在向下游融资企业提供保税仓融资服务的同时，也能够获取相应的营收。

（3）存货融资，有融资需求的企业以自身存货为质押物向金融机构申请贷款融资的行为被称为存货融资。目前我国的存货质押融资主要有存货质押授信、融通仓和统一授信三种模式，其中融通仓服务的模式适用企业特征表现为，融资期限短，且融资规模较小，该模式能够使得现金流资金缺口得到一定的弥补，促进融资企业供应链上所有环节绩效的不断增加。

目前，传统的供应链金融在业务上主要面临以下问题，如图3-8所示。

（1）中小企业融资难。核心企业信用只能传递至一级供应商，上游的多级供应商难以直接获取核心企业的信用背书。由于供应链上游的中小微企业单凭自身条件往往难以满足银行信贷融资标准，导致金融服务无法向供应链更深层次渗透，限制了供应链金融业务规模的发展。

（2）**交易真实性验证成本高**。为了明确没有直接合同关系的间接供应关系，金融机构需要投入大量额外的成本来校验相关信息的真实性，导致风控成本居高不下，业务扩展范围受限。

（3）**信息相互割裂、无法共享**。缺乏技术手段把供应链生态中的信息流、商流、物流和资金流打通，导致信任传导困难、流程手续繁杂、征信成本高昂。

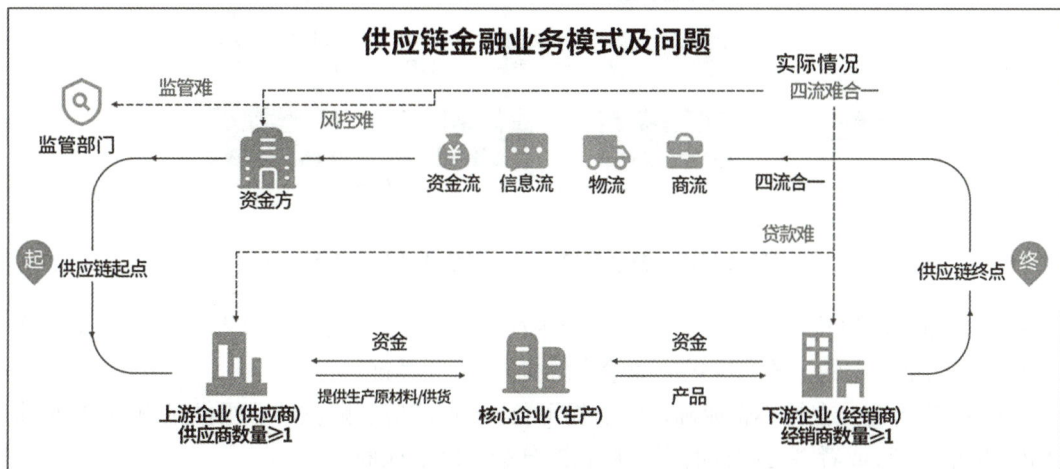

图3-8　供应链金融业务模式及问题

2. 基于区块链技术的供应链金融模式

区块链供应链金融模式如下：

（1）首先商业银行通过区块链技术的应用可以建立一个联盟链，即区块链供应链系统，然后将核心企业的上下游中所有企业都整合到这个公开透明的区块链产业网链系统中。

（2）商业银行即资金方也作为一个节点参与到该产业网链系统中，监管部门同样可以作为一个节点整合进来，然后利用区块链技术中的共享账本、共识机制以及智能合约等技术对全产业的数据和交易进行的实时监控，因此核心企业的二级供应商和二级经销商甚至更边缘化的小微企业的相关情况均可以得到掌控，进而得到精准的评估，商业银行拓展的业务服务对象，为更多中小企业提供相应的金融产品和金融服务，而供应链金融的发展模式也得到了进一步的优化。区块链供应链金融业务模式的具体流程如图3-9所示。

以基于核心企业信用的应付账款拆转融模式为例，这是目前区块链在供应链金融场景中应用比较成熟的场景，通过将核心企业和下属单位的应付账款形成一套不可篡改的区块链数字凭证，在核心企业的内部单位中依照一定的规则签发，具有已确权、可持有、可拆分、可流转、可融资、可溯源等特点。其实施分为以下几个阶段。

（1）**系统对接**。金融机构与核心企业签订总对总的整体合作协议，将核心企业ERP系统的业务流、合同流、物流、资金流等关键点数据按照时间顺序直接上链存证，由金融机构根据核心企业的资产实力情况给予一定额度的授信。

（2）**供应商推荐**。核心企业将可能有存在应收账款融资需求的一级供应商直接推荐给

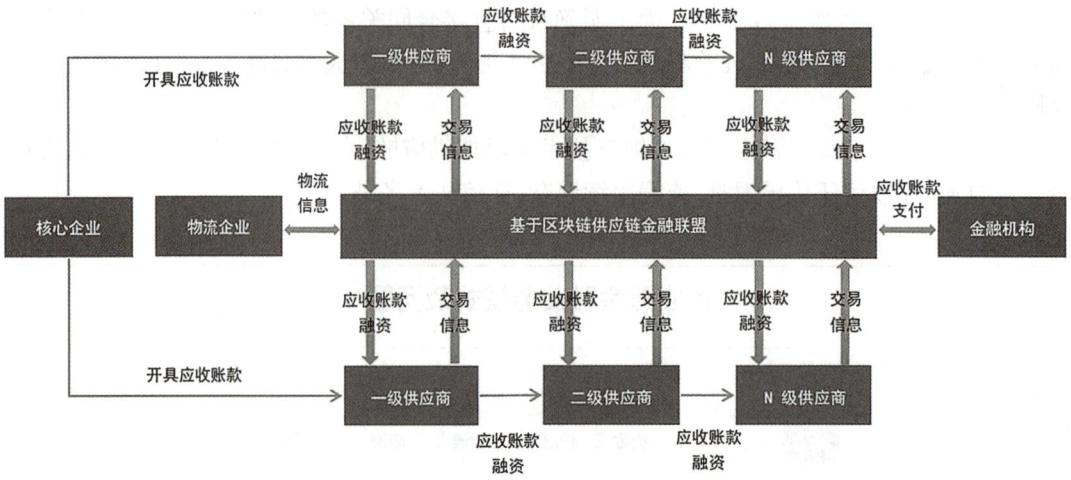

图3-9　区块链供应链金融业务模式的具体流程

金融机构,由金融机构逐个对供应商进行合规性准入审核;对于金融机构审核通过的一级供应商,可以推荐它的上游二级供应商给金融机构,以此类推。

（3）融资申请。在核心企业确认的前提下,已经形成应收账款的一级供应商,可以向金融机构申请融资,或者将已确权的应收账款拆分给二级供应商。

（4）审核放款。金融机构对核心企业确权后的应收账款审核无误后,并向供应商收集发票复印件、对账单等相关资料,同时,确认核心企业支付款项的账户为已开设的专项监管账户,并签署合同,便可以开始启动放款。

（5）到期扣款。实到资金到期后,核心企业直接将款项偿还给金融机构。

区块链在解决供应链金融真实性风险方面可以起到一定的作用,然而,其作用的发挥需满足众多先决条件,具体的应用时需结合金融产品的场景来共同加以考虑,如图3-10所示。

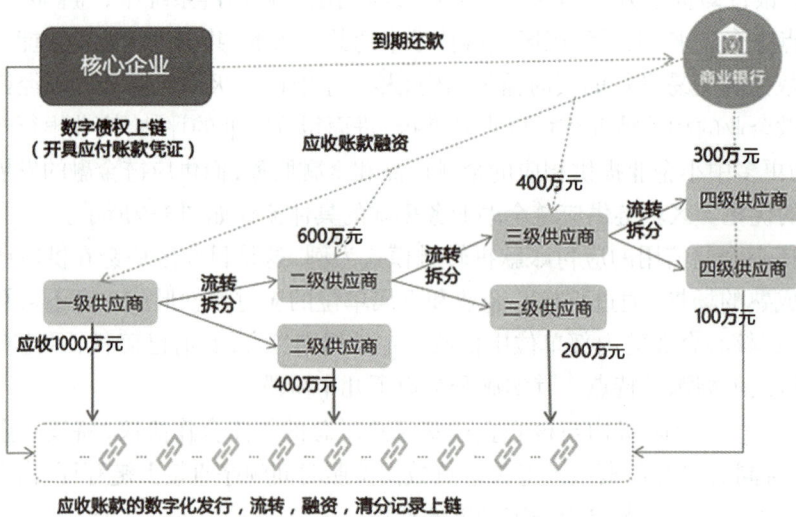

图3-10　基于核心企业信用的应付账款拆转融模式

（二）区块链技术在供应链金融业务场景中的价值创新

相对于传统的供应链金融的管理方式，基于区块链技术的供应链金融管理可以说是一种革新。首先，通过运用区块链技术跟踪查询，可以使得交付过程信息变得更加透明，再加上供应链上所有参与者的共同维护，能够保障供应链信息免受篡改，从而减少物流信息丢失风险。其次，使用区块链技术可以对供应链上全部环节中涉及的全部交易信息进行及时记录，加上区块链技术中难以篡改的特性，能够全面掌握供应链中货物的流量和数量，这种持续、连贯和全流程的验证能够使得串货现象得以有效避免。例如，在销售电脑期间，必须全部记录所有的串码流通信息，另外，为了能够为后期紧急召回提供一定的帮助，物流部门必须将所有的交易链接信息全部记录下来。区块链技术的融合能够使得信息查询速度不断加快，使得用户的信息查询需求得以有效满足。再次，区块链技术的供应链金融管理模式能有效地减少获客成本，供应链金融链偏好的资源往往是高质量的企业资源，这些企业的社会认可度较强，供应链上的中小企业供应商和经销商都已成为优质的客户资源，所以，商业银行能够利用现有的技术平台等来实现客户资源的快速获取，这也大大地提高了商业银行等的市场渗透率。最后，区块链技术使用的同时，不仅使得贷款风险在原有基础上有较大程度的降低，也使得监管成本有了显著的减少。在供应链金融系统中，由于区块链技术的使用，使得物流信息，资金流信息以及信息流信息等汇聚到一起，增加了风控数据的真实可靠性，并且由于区块链具有一定的不可篡改性，贷款发放之后的监管成本能够不断减少。

依托产业链条中真实的贸易背景及核心企业付款信用，把传统企业贸易过程中的赊销行为，利用区块链技术中去中心化、多方共享的分布式性和不可篡改等特性转换为一种可拆分流转、可持有到期也可融资的区块链记账凭证，通过打破三方信息的不对称，在降低信任成本和资金流转风险的同时，使资金得到最优化的配置，利用核心企业信用释放以及核心企业信用传递等方式来使得中小企业融资的过程更加简便。另外，商业银行等也同时获得了更多的投资场景和机会，实现了金融机构在供应链金融业务领域上的降本增效的目标，助力实体经济尤其是中小企业的快速健康发展。

拓展阅读

麦肯锡公司相关统计数据结果显示，区块链技术和供应链金融系统的充分融合能够使得商业银行以及供应链上所有的贸易融资公司大幅度地降低成本。其中商业银行每年能缩减高达151亿美元至166亿美元的总成本，其中运营成本135亿美元至150亿美元，商业银行的风险成本达到了16亿美元；每年，交易双方的贸易公司节约成本在17亿美元至34亿美元的区间内，资金成本在11亿美元至13亿美元区间内，运营成本在16亿美元至21亿美元区间内。与此同时，供应链金融由于区块链技术的使用其交易效率显著增加，并且贸易融资渠道也不断拓展，交易主体的收入也在原有基础上提升不少。

案例分析 🔍

　　早在2017年，中国农业银行的基于区块链的涉农互联网电商融资系统就上线了，这款区块链电商供应链融资产品"E链贷"也是中国境内银行业中电商供应链融资业务与区块链技术商户融合的第一个区块链电商供应链融资产品。传统涉农信贷业务的信息不对称和管理成本高的问题一直无法得到解决，而授信场景和用信场景的线上化难度大也一直困扰农业银行。"E链贷"产品则能够融合大数据技术优势与区块链技术优势，如可追溯性以及数据的不可篡改性等，在充分挖掘和分析农业银行涉农电商历史交易数据的基础上，创造性地将供应链融资、商业银行资金提供方、农户信用档案、电子商务、在线支付和企业ERP等行业内外系统打造成供应链生态联盟链，通过该联盟链为电商供应链客户提供自动评级、授信和定价等无感知的在线供应链融资服务，为尝试解决小微企业与"三农"客户长期因担保物不足和信用数据欠缺原因而导致的融资难、融资贵等问题提供了全新的解决思路和方案，为农业银行发展普惠金融业务向前迈了一大步。久保田农业机械（苏州）有限公司和下游客户徐州中收农机汽车销售有限公司在同年8月份成功使用"E链贷"完成首笔线上订单支付贷款。

想一想

　　农业保险如何应用金融科技进行效能提升？

二　"区块链技术＋证券业务"

（一）区块链技术在证券业务中的应用场景

1. 传统证券业务痛点分析

　　（1）证券发行。证券发行一般指发行人通过向投资者销售股票、债券等证券的方式筹集资金的活动。以证券的首次公开发行（initial public offering, IPO）为例，其主要发行程序包括：企业股份制改造，保荐机构开展尽责调查与上市辅导等活动，会计、评估等中介机构提供专业服务并出具专业报告，监管部门进行辅导报备、辅导验收、上市审核，通过核准后进行询价、定价、申购等活动。在以上证券发行程序过程中，可能出现信息不对称、信息不完全、潜在利益冲突等问题。

拓展阅读

　　证券公司与基金公司是我国资本市场主要的市场主体。其中，证券公司是专门从事有价证券买卖的法人企业。广义层面的证券公司可分为证券经营公司和证券登记公司，狭义层面的证券公司则仅指证券经营公司。不同注册资本的证券公司在证券交易过程中充当不同的角色，主要业务有：证券经纪，投资咨询，与证券交易、证券投资活动有关的财务顾问业务，证券自营、证券的承销与保荐或资产管理等。

证券投资基金管理公司（基金公司）是指经中国证券监督管理委员会（简称证监会）批准的在中国境内设立并从事证券投资基金管理业务的企业法人。广义层面的基金公司根据面向对象的不同可以分为公募基金和私募基金，其中私募基金又可以分为私募股权（PE）、风险投资（VC）、私募证券等。证券类基金主要投资于二级市场，股权类基金主要投资于一级市证券投资基金，是基金公司发行的产品，证券类基金是指通过发售基金份额募集资金形成独立的基金财产，由基金管理人管理、基金托管人托管，以资产组合方式进行证券投资，基金份额持有人按其所持份额享受收益和承担风险的投资工具。在与基金相关的发行、管理、托管、注册登记、销售等环节中，与基金管理人（即基金公司）相关的包括基金的发行和管理、登记注册、部分销售业务（直销）。

（2）证券登记与存管。当前，我国证券登记业务已经交由专门的证券登记机构进行无纸化登记操作，但只是将证券纸质凭证电子化，整个登记业务流程电子化，相应的登记业务流程并未简化，业务流程依然繁琐复杂，例如，签署合同准备申报材料、材料审核、相关权威部门的批准文件都需要耗费登记机构与证券持有人大量的时间和精力，导致登记业务的成本依然较高。

（3）证券清算与交收。目前我国证券结算主要由中国证券登记结算有限责任公司（以下简称"中证登"）负责，其职责主要包括证券登记、结算和账户维护三个方面。证券结算过程中结算公司与交易所、结算参与人（银行或证券公司等）之间相互配合，保管所有交易数据、进行数据更正和维护等，共同完成结算行为，目前证券结算的主要问题有交易成本高且效率低、安全性较差等。

（4）资产证券化。在资产证券化过程中，主要的问题包括信息不对称、效率低等问题。一方面，资产证券化的基础资产存在信息不对称风险，主要矛盾在于投资人及中介机构难以穿透底层资产以把握风险。另一方面，资产证券化业务同样存在参与机构较多（图3-11）、业务链条较长且复杂等问题，多方参与时由于数据系统不一致可能导致数据流转效率较低，对账成本较高。

2. 区块链技术赋能证券基金业务

通过解决信息不对称、中介机构的中心化以及"信息孤岛"等问题，区块链可大大提高传统金融业务的广度、深度及效率，区块链正在深刻地影响着金融业务的演化。针对证券基金业务存在的问题，区块链都有相应的解决方案。

（1）证券发行解决办法。在证券发行方面，区块链金融可一定程度优化证券发行的诚信环境、提升市场交易效率。以IPO为例，区块链可在以下三个方面赋能证券发行业务：
❶ 区块链可提升IPO的透明度，即利用区块链技术进行IPO信息的共享，方便监督部门、审

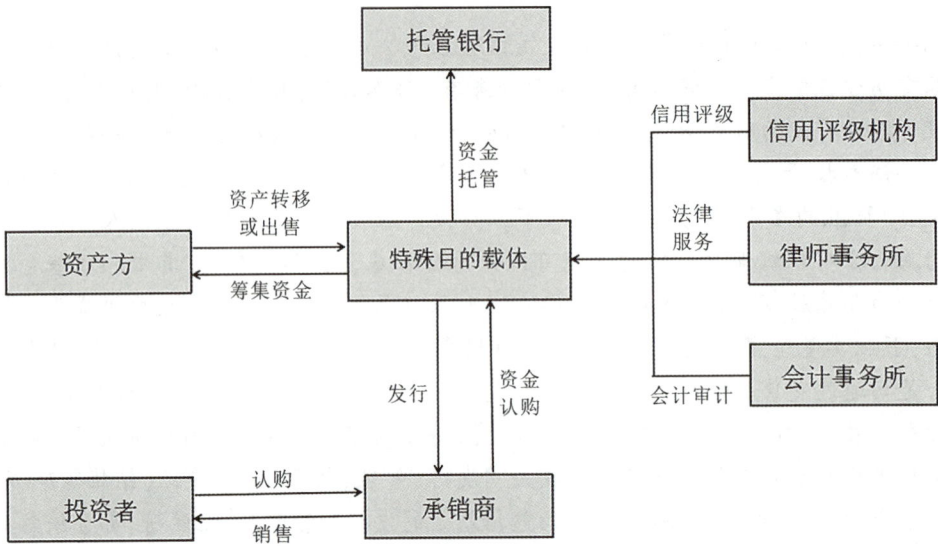

图3-11　资产证券化业务的参与机构

计机构以及其他市场参与者对数据进行查询与核验,降低信息不对称情况及可能的造假风险;❷ 区块链可弱化或替代承销机构,利用区块链技术实现点对点发行,弱化承销机构的功能,可降低发行成本的同时明显降低承销商与保荐人相冲突的隐患;❸ 发行人可借助区块链和智能合约实现自主办理证券发行,提高发行效率。区块链证券交易的优势如表3-2所示。

表3-2　区块链证券交易的优势

参　与　方	优　势
基金管理人/交易平台	基于区块链不可篡改性,提升平台公信力 支持数据跨平台共享,提高交易效率 保障项目透明度,提升风险能力
监管机构	简化并规范监督审计流程 通过智能合约实行事中监管,提升监管力度
项目方/融资方	资产权益透明,避免重复质押 多链架构实行跨区域、跨领域链接,拓展融资渠道 降低融资成本,加快资金周转
投资方	简化投资流程,避免重复审核 拓展投资面,进行跨领域、跨地域投资 所投项目数据、信息真实可信,投资权益得到保障

（2）证券登记与存管解决办法。在证券登记与存管方面,区块链的应用可以有三方面好处:第一,不再依赖于传统的登记机构,而是保存在区块链这本总账上,由全链进行公证

证明；第二，证券权属变动将在全链进行播报和更新，确保与区块链总账保持同步；第三，股份拆分、权益分派、股票质押、股东投票等基本登记而派生的业务，也都可以借助区块链及智能合约实现。

(3) 证券清算与交收解决办法。在证券清算与交收方面，通过区块链进行证券清算交收的好处有：首先，证券交收和资金交收被包含在一个不可分割的操作指令中，交易同时成功或失败，实现货银兑付并降低因一方违约另一方受损的风险。其次，证券结算不再完全依赖中央登记结算机构，每个结算参与人都有一份完整的账单，任何交易都可在短时间内传送至全网，分布式账本可以保证系统的安全，降低操作风险。最后，区块链技术将减少中介、简化结算流程。证券交易流程中的证券代理机构、托管机构、清算参与机构、中央证券存管机构、中央对手方等都可能被代替，直接实现交易各方的对接，进而提升清算交收效率。

(4) 资产证券化解决办法。在资产证券化方面，区块链可有效解决信息不对称及工作效率低等问题。首先，可借助区块链和智能合约使得 ABS 的各参与方作为区块链节点共享实时交易数据，提升交易透明度，缓解信息不对称问题，并且降低对账成本。其次，可借助区块链技术实时监控并共享基础资产的相关交易情况及风险变动情况，以便投资者及时把握风险点。

案例分析 🔍

2022年9月3日，"京东金融-华泰资管19号京东白条应收账款信用资产支持专项计划"成立，将在深交所挂牌转让。京东金融建立多方独立联盟链，升级 ABS 云平台区块链底层技术。

ABS，全称 asset-backed securities，即资产支持证券，是指以标的资产未来产生的现金流作为还款支持，通过结构化设计，在此基础上进行增信，发行资产支持证券的过程。简单来说，就是将非流动性资产打包成可以在金融市场上出售和流通的证券。ABS 可以实现"主体信用与债务信用分离"。因此，如果中小机构拥有优质资产，可以通过 ABS 获得低成本融资。但由于标的资产透明度差，无法保证债务评级的公平性，无法实现真正的分离。在消费金融领域，底层资产贷款项目较多，动态进出资产池。传统的技术手段难以进行准确的信用评价和动态调整。同时，评估方式集中且不透明，难以获得投资者的信任。

由于区块链技术的去中心化、不可篡改、透明公开、智能合约等特点，在技术上有助于 ABS 实现主体信用与债务信用的分离。区块链技术通过时间戳确保每个区块按时间顺序连接，因此可以看到资产的"全生命周期"；其不可变和分布式的特点有效提高了标的资产的透明度，让各方对标的资产有清晰明了的认识；而区块链的智能合约和分布式网络可以提高机构间对账结算的效率。京东金融完善了 ABS 云平台区块链底层技术，建立了多方独立部署的联盟链。首先，各方在独立的环境中独立部署，然后实现组网。同时，也建立了支持各种资产的业务底层。

> 京东金融市场部负责人表示："联盟链必须满足资产证券化业务所有参与者的实际需求，才能充分体现区块链技术的应用价值。未来，京东金融将加大对区块链技术的投入，并与合作伙伴合作，以技术服务于ABS生态系统中的金融机构、监管机构和发行公司。"京东区块链如图3-12所示。

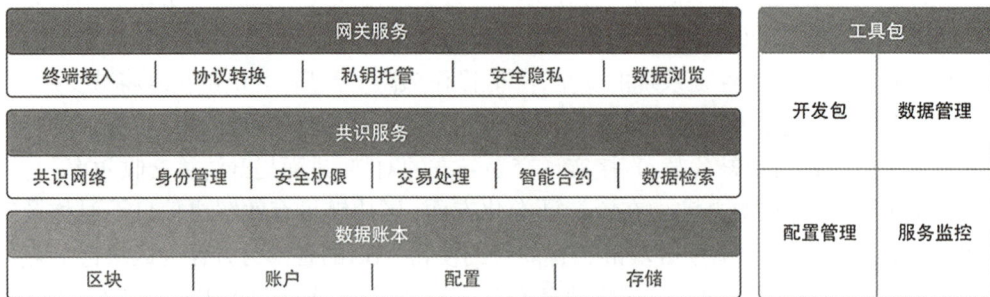

网关服务				
终端接入	协议转换	私钥托管	安全隐私	数据浏览

共识服务					
共识网络	身份管理	安全权限	交易处理	智能合约	数据检索

数据账本			
区块	账户	配置	存储

工具包	
开发包	数据管理
配置管理	服务监控

图3-12　京东区块链

想一想

区块链的哪些特征能够帮助ABS实现主体信用与债务信用的分离？

（二）区块链技术在证券业务场景中的价值创新

1. 实现证券交易流程自动化

将原本需要客户反复填写和签字的内容，变为标准化、自动化的智能合约，通过手机、计算机等终端一次输入可多次调取，从而实现避免重复劳动、提高工作效率和改善客户体验。此外，当客户达到办理某些特殊业务的条件时，比如符合开户时间、资金额度、适用性条款、风险等级等，系统可自动提醒客户选择或直接开通权限范围内的服务，从而减少了重复询问、无效沟通等问题。区块链技术的应用，能够简化过去的交易流程，减少重复交互、提高交易时效性、降低交易成本。

2. 保护证券交易数据不被篡改

区块链是一种能够实现数据一致存储、无法篡改、无法抵赖的技术体系。通过区块链可以构建一个更加可靠的互联网系统，解决价值交换与转移中存在的欺诈和寻租现象。区块链技术的重要特点之一是去中心化，分布式共享数据库中的数据信息不可篡改，并可以存储子系统成立以来的所有记录，这就使得所有交易活动都能被追踪和查询，在任何时候出现纠纷都能够追溯到最初的数据。此外，区块链通过纯数字方法来保证交易，用户的身份信息、交易信息等由数字化的地址来代替，这将在一定程度上减少人工操作过程中出错和被篡改的可能性。

3.提升证券交易系统的安全性

由于区块链技术的分布式数据存储、多方验证、信息实时更新等特点，使得人们可以在相互缺乏信任的情况下，无地域限制地进行大规模协作，从而提高效率、降低成本。传统的证券交易、结算和清算体系等，存在周期较长、集中度不高、需人工核对、环节较多等不足，区块链技术的使用，可以实现全网同步更新账本，将高信用背书的节点设置成为"主中心"，由多个"主中心"共同制定平台规则，从而实现增强系统稳定性的目标。另外，可根据实际需要将监管机构设置为最高层级的"特权"节点，在出现特殊情况时，"特权"节点可根据实际情况进行监察稽核，这样不仅增加了区块链在特殊情况下的适用性，而且可以维护金融市场的稳定，降低监管机构和市场参与者的成本。

三 "区块链技术＋保险业务"

（一）区块链技术在保险业务场景中的应用

1.传统保险业务的痛点分析

（1）保单数字化。当前，电子保单的使用率仍然比较低下，尤其是在长期险保单方面。虽然《中华人民共和国电子签名法》等相关法律法规明确赋予了电子保单与纸质保单等同的法律效力，但是即使如此，保单的数字化程度仍然不高，与证券、期货等相关行业已经实现完全的无纸化交易相比，保险业的数字化进程仍然有较大空间。这主要是因为一方面很长一段历史时期内形成的消费习惯，导致许多长期客户更加习惯且信任纸质保单；另一方面，保单数字化之后的数据登记和保管功能一般由保险公司承担，投保人难免对电子保单产生一定的不信任感。

（2）再保险业务。再保险亦称"分保"，是保险人在原保险合同的基础上，通过签订分保合同，将其所承保的部分风险和责任向其他保险人进行保险的行为。在再保险交易中，分出业务的公司称为原保险人或分出公司，接受业务的公司称为再保险人或分保接受人或分入公司。原保险人需要在签订契约时将保单信息、保费分摊信息发送给再保险人，发生理赔时，再将理算信息、赔付信息发送给再保险人。目前保险公司之间进行再保险业务结算时，大多采用人工发送、接收和录入系统，需要定期进行人工对账。传统再保险交易业务流程中，存在信息不对称、运营效率低、成本高、风险大等问题。

（3）保险风控。目前保险行业存在着严重的数据孤岛现象（图3-13），风险数据分布分散化、碎片化，相对独立，共建共享程度低，导致保险合同双方在被保险人风险信息方面

图3-13　信息"孤岛"

存在严重信息不对称的情况，严重影响了保险机构的风险识别及风险管理能力。多家保险机构都希望能够实现行业内保险信息的互联互通，有效规避重复投保、重复理赔、保险风险保额累计问题。但是传统的集中数据采集方式长期饱受诟病，存在的问题是数据安全和数据所有权得不到保障，个人隐私安全得不到保护，不能满足互联网保险投保查询的实时性要求。

以商业险中的健康险为例，由于数据分散，个人无法获取到完整的健康数据，这与个人健康管理的需求不平衡。由于缺乏相应的法律法规，技术水平限制，患者的医疗数据隐私得不到有效保障。数据存储相对独立，数据孤岛林立，数据监管困难。医疗健康数据无法安全授权和流通，缺乏可持续的商业模式。保险机构之间的医疗数据不互通，导致骗保骗赔事件频发，医疗系统数据到保险理赔系统数据的数据标准不统一，数据集成困难。

2. 基于区块链技术的保险应用场景

（1）数字保单应用场景。保险公司向投保人出具保单的同时，将相同的保单托管至可信的第三方机构，第三方机构利用区块链技术以保障所托管保单的安全和不可篡改。同时，为投保人配发实名制保险账户，将托管保单以电子簿记的方式统一登记至该账户内，同时向投保人提供保单信息的在线查询验证服务。

（2）再保险业务应用场景。针对目前再保业务流程中的问题，采用区块链来连接参与的各方，达到数据共享，实时对账，数据安全传递的目的。业务参与的各个机构作为构成区块链网络的节点，所有的数据都是加密上链，只有参与方才能解密查看具体业务数据。保险机构的业务系统通过前置系统调用智能合约，同时前置系统负责数据的预处理和加解密工作。

（3）保险风控应用场景。基于区块链技术，让各家保险机构公平参与，节点数据保留在机构本地，保障机构数据所有权的同时实现行业内互联互通，共享重复投保、重复理赔风险保额累计等风控风险信息，降低投保的道德风险，提高风险管控能力。

以商业险中的健康险为例，借助区块链技术能够实现保险、医疗、健康、养老等数据的互联互通，打通医疗系统与保险系统之间的信息壁垒，使得医疗系统数据与保险系统数据可以在一个可信的通道上进行实时互联互通，形成完整的用户医疗及保险档案。借助区块链技术实现医疗与保险的点对点交互，个人健康信息通过区块链隐私保护技术进行加密及隔离，保护信息不被非法泄露和违规使用。通过区块链技术授权用户凭证，将用户数据所有权真正还给用户自己。可以在医保、人社、保险监管等机构部署节点，对每一笔数据进行实时监管。

拓展阅读

区块链在农业保险场景的应用

在农险领域，各类保险产品的推进举步维艰，最主要的挑战是投保标的的唯一性识别和管理。由于信息不对称，保险机构没有办法掌握投保牲畜的具体信息，比如哪头牲畜进行了投保,哪头没有投保,保险公司无法识别每一头投保牲畜。可能会发生当某一个养殖户购买了保险之后,全村甚至邻村只要家里死了牲畜都会拉到投保户家里要求赔付,造成保险公司查勘难、理赔难、道德风险高等问题。

以区块链技术为核心,以生物特征、DNA和耳标等多种生物识别为基础,能够解决农业保险中的标的唯一性识别和管理问题。通过生物识别技术,提取每一头牲畜独一无二的识别信息,通过加密并将牲畜的饲养、防疫、屠宰、物流等养殖和食品供应等全方位和全流程信息分布式存储于保险公司、银行、检疫部门等,实现牲畜乃至肉制品的全生命周期唯一性识别和连续记录。

(二)区块链技术在保险业务场景中的价值创新

1.降低业务运营成本

创新前,需要授权商业伙伴来开展保险理赔业务,保险公司的业务运营成本高;业务运营依赖人工,效率低成本高。创新后,通过区块链的分布式共享账本技术,将业务相关方整合在一起,重构了业务流程,智能合约实现了自动理赔,无须授权商业伙伴来开展保险理赔业务;业务过程对人工依赖性降低,提高了业务运营效率、降低了业务运营成本。

2.降低业务管理成本

创新前,由于存在着大量的渠道伙伴和服务伙伴等合作伙伴,保险公司需要配置人员来管理保险业务,对相关资料信息的真实性要求严格,审核流程多,导致管理成本高。创新后,通过基于区块链的保险业务流程,将渠道伙伴、服务伙伴连接在一起协同工作,相关的管理成本得到降低;通过数据共识共享,减少数据资料的重复对账的审核流程,降低了管理成本。

3.提升客户消费体验

创新前,需要客户提供证据启动理赔流程,过程烦琐,客户体验差,投诉多。创新后,保险理赔过程实现自动化,自动获取保险事故信息,智能合约自动触发进行保险理赔,无须客户提供证据,就可以方便地获得理赔款项。

4.优化保险业务风控

创新前,作为保险业务开展依据的保险信息分散在多个角色之间,形成信息孤岛,手工传递信息,有作假骗保的风险;作为保险产品研发依据的数据信息真实性、完整性、及时性上存在风险。创新后,形成了多方共享、可信的信息平台,解决了信息不对称的问题,以及信息数据的真实性问题;通过实时共享的区块链信息平台,保险产品研发依据的数据信息的真实性、及时性、全面性都能得到保证。

拓展阅读

这是一个有关农业保险数字化的故事。2021年7月22日,平顶山鲁山县持续降雨,给当地农户生命财产带来了严重的安全隐患。7月23日,李先生的养殖场因强降雨引发的山体滑坡导致一处猪舍发生倒塌，其辛苦养殖的育肥猪意外死亡。平安产险理赔专员接到报案后，利用绿色理赔通道，指导农户通过线上方式核实损失情况，引导养殖户进行自主查勘。在定损完成后，平安产险河南分公司第一时间将赔款预付至李先生的账户，有效减少农户损失。

自2020年起，平安产险全面推行农险线上化，将农险承保理赔过程中的信息采集、出单、公示缴费、报案、赔款确认等多个环节优化至线上运行。同时，推行农险单证档案电子化，一方面将电子投保单、分户清单、电子保单与凭证、条款发票等资料电子化存储与管理，另一方面确保所有关键信息在传输过程中安全、稳定、不可篡改，有效解决资料凭证到户、物理档案存储两大难题。数据显示，2020年平安产险农业保险线上出单率达89%。与此同时，平安产险借助区块链信息不可篡改、上链信息共识等特性，搭建区块链产销溯源平台，融合"区块链产销溯源＋溯源保险＋食品安全责任"的新模式，实现生产品质管理、产品追溯认证、市场决策分析三大功能，帮助扶贫农产品提升供给质量、打造品牌效应。

以宁夏中宁枸杞为例，平安产险通过区块链产销溯源平台，一方面分阶段记录枸杞全生长周期情况，建立线上生产日志，对生产加工过程及具体操作人员进行实时监控记录，帮助企业完善生产标准；另一方面，为农产品生成唯一溯源标签，展示产品地源出处、生产加工物流过程、可增加的种植农户收入等全流程数据，进而助力打造绿色、高品质的农产品品牌。凭借该科技创新，平安产险帮扶的枸杞产业应用案例入围了农业农村部金融支农创新试点，并获得工信部区块链应用大赛最佳应用奖。

四 "区块链技术＋跨境支付业务"

在当前的中心化支付清算体系中，不断增加的市场需求与传统支付低效率、高成本的矛盾愈发突出。中国经济与全球的联系越来越紧密、人民币的国际化进程不断推进，跨境支付应用场景愈发重要。因此，区块链跨境支付成为区块链落地应用的热门项目之一。区块链技术源代码一旦发布就不可篡改的特性，实现了去中心化的信任机制，绕过了第三方机构，解决了金融交易中双方信息不对称的难点，这使得区块链技术在金融领域具有良好的应用前景。

想一想

同学们如果想要进行境外汇款，要怎样实现呢？

当前，国际汇款主要包括信汇、电汇和票汇三种方式，而电汇又是其中使用最普遍和主流的一种跨境支付方式。国际资金清算系统（SWIFT）在传统的电汇交易中扮演着信用和信息中介的角色,大部分的电汇交易都通过SWIFT来实现报文发送和数据传输。在传统的跨境电汇模式中,汇款人将汇款本金及手续费付给当地某家汇出行,汇出行派发SWIFT电文,通知收款人所在地的分行或代理行将汇款付给收款人。看似简单的链式汇款流程,却在支付发起、资金转移和资金交付的各个环节,都存在着明显的弊端,大家知道有哪些弊端吗?

(一)区块链技术在跨境支付业务场景中的应用

1. 传统跨境支付业务模式及痛点

(1)传统跨境支付及其四种业务模式。跨境支付是指本国消费者在购买国外商家产品或者国外消费者购买国内产品时,因为币种的不同而需要通过一定的结算工具和支付系统,完成两个国家或地区间的资金转换,最终实现交易的过程,是国际商业贸易得以正常进行的关键要素。传统跨境支付方式的四种模式如表3-3所示。

表3-3 传统跨境支付方式的四种模式

模式	支付方式	主要应用场景	所需费用	到账时间	使用范围	交易时间
银行跨境电汇	通过SWIFT通道传输数据,传统进出口贸易跨境支付方式	跨国银行间往来	手续费、电汇费	2～3个工作日	大额	工作日
专业汇款公司代汇	境内外代理点	线下POS刷卡	分级收取	10～15分钟	小额	工作日
国际信用卡支付	国际信用卡结算系统	线上海淘交易	手续费	2天	小额	不限
第三方支付	境内外合作银行	B2C小额跨境支付	分级收取	3～5天	小额	不限

(资料来源:崔红蕊,我国商业银行引入区块链技术的应用场景分析)

目前银行跨境电汇方式使用最普遍的形式主要是环球同业银行金融电讯协会所创建的跨境电汇模式,在全球范围内,该协会的会员银行总数量在4 000个以上。SWIFT跨境电汇方式是指汇款银行收到汇款人的要求,采用SWIFT这一汇款结算方式。该结算方式主要是通过将报文发送给国外的汇入行,汇款行向收款人转交一定规模的资金,最终实现跨境支付。该模式的最大劣势在于,汇款过程往往会经历较长的周期,汇款的成本显著高于其他模式,但和大额汇款等相比来说,该支付模式能够保障汇款安全。

专业汇款公司代汇方式主要指提供专业汇款服务而进行汇款结算的方式，如西联专业汇款公司等。汇款人在专业汇款公司营业厅填写专有的表格，并将汇款和相应的手续费交给该公司，收款人就可以凭借身份信息和汇款人提供的专有号码到该公司在全球各地设立的多家代理点取款即可。在整个汇款流程中，汇款人仅依靠专业的汇款公司，汇款过程不会利用银行系统来予以实现，汇款交易往往经过几分钟即可实现，但汇款的手续费往往会依据分级收取的方式来予以收取，因此该专业汇款公司代汇方式只适用于紧急且中小额度的汇款需求。

国际信用卡支付是利用国际信用卡如VISA和MASTER实现跨境支付的模式。该汇款模式的适用场所往往是消费场景，该汇款模式的失败率显著高于其他汇款模式，其便利性也不是太好。

第三方支付方式是随着移动互联网的发展而发展起来的，主要是因为，在中国，包括支付宝等第三方机构被批准拥有互联网支付牌照之后，拥有跨境外汇支付的权利，即有一定的基础，所以有能力汇总多笔资金支付业务，并能够利用与其相互协作的商业银行等来有效处理这些资金支付业务。所以，这种第三方支付方式往往被使用在跨境消费小额支付过程中，该支付方式的资金到账时间往往会长于其他的支付模式。

（2）传统银行跨境支付模式的痛点分析。现阶段，SWIFT的银行跨境支付模式较为常见，在银行跨境支付领域受到人们的青睐，通过SWIFT的银行跨境支付流程一共包括4个环节：第1个环节是发起支付，第2个环节是转移资金，第3个环节是交付资金，第4个环节是完成支付。银行跨境模式的具体流程如下：

❶ 支付发起阶段，到达汇款方银行之后，汇款人可以将一定规模的资金汇款给位于其他国家的收款人，在支付发起阶段，有必要全面审查汇款人以及位于其他国家的收款人，审查方式既涵盖身份检验审查，又涵盖反洗钱审查等，接受全方位审查之后，方能进行资金以及服务费等的收取，接着提供汇款服务。一般在支付发起这个阶段，汇款人和收款人的身份核验的信息收集效率比较低。

❷ 资金转移阶段，在资金转移阶段，汇款方银行主要利用SWIFT系统来实现电报汇款，若汇款方银行并非属于SWIFT成员银行的范畴，汇款的过程应该利用代理银行予以实现，把钱转移到收款方的境外银行。在该阶段内，无论是资金流还是信息流，都要经过包括商业银行等金融机构的审核，汇款的周期较长，汇款的效率往往偏低，而成本偏高。

❸ 资金交付阶段，收款方银行给收款人发放取款指令之后，收款人到达指定银行进行取款，此时，收款方银行有必要对收款人进行身份核验，待收款人的个人身份证实无误，收款方银行转交特定款项并进行资金清算。资金交付阶段非常相似于支付发起阶段，由于必须要经过身份检验，方能进行款项的发放，所以，信息收集效率也非常低。

❹ 支付完成阶段，为满足合规监管的要求，所有参与的跨境支付业务的主体银行在完成支付之后，均需要将汇款人身份，收款人身份，汇款的总资金规模等跨境支付业务的详细信息定期上报至相关监管部门，然而由于监管合规要求较高，往往会使得商业银行等金融机构的成本增加。

传统上利用SWIFT的银行跨境支付逻辑，如图3-14所示。

图3-14　SWIFT的银行跨境支付逻辑

综上所述,传统的跨境支付模式的对账方式为批量文件对账,交易需要在不同机构之间逐步地进行清结算处理,因此在这个过程需要依靠大量人工操作。这会导致工作的低效率和高成本,而且结算的时间长、效率低,同时传统的跨境支付模式还存在需要的费用高、中间环节多、程序太复杂等痛点。现在我国跨境支付的每一笔汇款由于涉及多个交易主体和交易中介,所需要的中间环节耗时耗力。同时由于各方均有自身的中心化账本,各个交易主体之间的结算对账需要消耗大量时间和成本来保证交易的正确和安全性,导致基于SWIFT的银行电汇跨境支付模式需要交易者支付高昂的手续费且效率低下。以人民币跨境支付为例,目前不同的跨境支付清算程序的过程有所不同,在跨境支付的过程中,不仅要支付一定比例的汇款手续费,还必须支付一定规模的电报费,另外,到账时间较长,往往会耗费 2～3 天甚至更久才能到达指定账户,整个支付过程效率极低,也使得占用的在途资金量普遍较大。

2. 基于区块链技术的跨境支付模式

基于区块链点对点模式的去中心化、共享账本的数据存储、加密算法及自动执行智能合约等技术特征,区块链技术在跨境支付领域有着天然的优势,应用前景非常广阔。

由于区块链技术具有一定的去中心化特征,该优势能够使得各方主体在共享交易数据的基础上实现交易数据的相互监督,这对于传统银行支付及计算效率的不断增加以及交易成本的不断减少具有至关重要的意义。在汇款的过程中,基于区块链技术的跨境支付模式能够实现挂单交易订单,并可以通过探求订单公钥银行接单的方式来达到跨境支付的目的以及跨境计算的目的,且实现速度为秒级。

基于区块链技术的跨境支付与结算的具体过程主要包括:❶ 经由汇款人所提出的区块链交易,即智能合同,主要涉及资金转移义务的关系;❷ 在区块链(智能合同)的作用下,金融机构等能够向收款方提供实时转移资金的服务,实现了交易即结算的过程,保证交易过程中的最小费用;在实际操作过程中,去中心化得以实现时,即可完全摆脱金融中介机构。区块链模式下的跨境支付业务是基于共识算法和分布式账本让系统内所有的参与方共同使用、维护同一套账本体系,通过智能合约实现交易即结算,降低了交易成本和中转费用。区块链模式下的跨境支付业务中的交易实现了点对点支付,在保证对整个区块链状态全程监控的基础上,提高了跨境支付的交易速度。最重要的是,跨境支付和跨境结算期间,单笔交易成本在原有的26美元基础上有较大程度的降低,单笔交易成本降低到15美元左右。

(二)区块链技术在跨境支付场景中的价值创新

基于区块链技术的去中心化、点对点传输、共享账本的数据存储、分布式架构模式、加密算法及自动执行智能合约等技术特征,使得区块链技术和跨境支付领域相互融合之后能够发挥以下几个优势。

1. 降低支付成本

区块链技术中点对点传输特征能够使得跨境支付成本在原有基础上有较大程度的减少,在使用区块链技术之后,由于其拥有点对点的优势,不仅能够使得跨境支付业务脱离传统中介机构来进行记账服务的提供,也能够进行信用证明等服务的提供,在自身网络的辅助作用下,银行都可以和区块链跨境支付模式系统相互对接,从而达到收付款双方信息传输的目的,大大地减少了传统跨境支付模式下的许多中间环节,这一过程大大节省了传统跨境支付模式下所需要耗费的人力、成本和时间。麦肯锡2016年研究报告指出,区块链技术和跨境支付融合之后,收付款双方以及银行等金融机构在内的所有参与方节省42%的交易成本,其中这些交易成本的75%为中转银行的网络维护费用,人工和交易成本则占了25%的比例。同时因为区块链技术是一种全网记账的方式,交易的时间和信息不仅无法篡改而且可以使得所有交易均可以实现回溯,这个过程中也不需要交易成本就可建立信用体系。加拿大的Alberta Treasury Branches(ATB)银行曾宣称,如果将此考虑进去,区块链技术下跨境支付的交易成本将可以降低75%。

2. 提高支付效率

区块链技术中共享账本的数据存储特点可以提高传统跨境支付的支付效率,同时区块链技术中自动执行的智能合约也将提高跨境支付的交易效率。区块链技术中所有节点共享账簿,这使得交易双方可以实现点对点、端对端的支付,对于节点间点对点交易以及端对端交易过程来说,可以利用共识算法的方式来进行交易的有效确认,得到确认结果之后,在全部的节点中予以广播,层级账户代理关系完全可以取代,而且在支付过程中无须涉及任何中介机构,最终达到实现点对点价值的传输。由此可见区块链技术不仅可以缩短传统跨境支付中支付和清算的时间,还可以缩短交易周期,进一步提升交易的效率。在2016年加拿大ATB银行曾通过区块链技术将资金转移到一家德国银行,整个过程耗时仅20秒。跨境支付业务使用区块链技术后,通过区块链技术中智能合约可提前限定价值传输的所有条件,而不再按照传统跨境支付业务办理需要根据KYC政策审核客户身份,不仅提高了交易的自动化程度,还提高了跨境支付中的交易效率。

3. 加快资金流转

区块链技术中分布式架构可以使得跨境支付业务更加具有连续性特征,资金流转速度明显增加。对于区块链网络技术来说,中心节点并不存在于其分布式系统架构内,所有的节点都必须以智能合约协议条件来进行自发交易和自发记账,并且该交易模式和记账模式的连续性较强,稳定性较好。即使出现了交易故障问题,系统照常可以稳定运行,当出现拓展系统需求,通过新节点的增添即可实现区块链技术服务,较为便利。区块链技术的跨境支付是在点对点中真正实现直接交易,并不会通过任何的中介机构来予以实现。所以,交易过程较为简单,交易所经历的时间较短,资金流动速度在原有基础上有较大程度的增加。区块链技术和跨境支付的融合,也给金融机构带来了巨大的便利,具体表现为,数字化货币一旦被交易主体全部认可,不通过法定货币的方式也能够实现跨境支付,就在很大程度上避免了账户的对冲风险。

4. 提升支付安全

区块链技术的不可篡改性、非对称加密算法和时间戳等技术增加了跨境支付的安全性。

（1）区块链技术本身存在不可篡改性优势，所以，当区块链技术和跨境支付融合之后，支付信息以及支付数据的篡改难度显著加大，加强了跨境支付安全、透明、低风险，保证了交易双方的资金安全。

（2）区块链技术中非对称加密算法保护了跨境支付中交易的真实性。通过使用区块链技术，由于其内部拥有非对称加密算法机制，在交易期间能够达到加密保护的目的。

（3）通过使用区块链技术，能够充分发挥其时间戳技术的优势，使得跨境支付的可追溯性增强。无论是在哪个区块结构内，既会存在上一区块结构内的哈希值，又会存在当前区块结构内的时间戳，通过参照上一区块结构内的哈希值以及当前区块结构内的时间戳所记录的时间，就能够进行针对区块链式来进行排列。

（4）无论是在哪一个区块中，节点能够针对账本信息进行全方位记录，所有的交易信息都具有较强的可追溯性，不仅能够查询所有的公开信息，也能够同时对这些公开信息予以有效验证，避免出现虚假交易信息问题，也同时减少欺诈交易风险。

区块链技术在跨境支付业务中的优势堪称完美，因此全球各大银行金融机构纷纷拥抱区块链，下一个蓝海有可能会发生在区块链技术和跨境支付业务的结合上。

区块链技术在跨境支付业务中的优势堪称完美，因此全球各大银行金融机构纷纷拥抱区块链，下一个蓝海有可能会发生在区块链技术和跨境支付业务的结合上。

拓展阅读

目前在我国银行业，招商银行股份有限公司（以下简称"招商银行"）区块链技术的利用在跨境支付业务领域的竞争中占据科技优势，成为首家将全球资金管理领域的跨境直联清算、全球账户统一视图以及跨境资金归集三大场景与区块链技术结合并投入商用的银行。

2017年初，招商银行就将跨境直联清算业务与区块链技术结合自主研发了区块链直联跨境支付技术，正式投入商用，并于同年9月22日完成了第一笔自由贸易区块链跨境支付业务。招商银行于12月18日完成了一笔基于区块链技术的跨境人民币头寸调拨业务，该业务的汇款人和收款人分别是香港永隆银行及其在内陆地区的深圳分行，而招商银行在该业务中充当代理清算行的角色。招商银行又于12月20日完成了第一笔从招商海通贸易有限公司至前海蛇口自贸区内海通（深圳）贸易有限公司的基于区块链技术的跨境人民币汇款业务，以香港永隆银行为对手行。招商银行是在跨境直连区块链清算平台进行该笔交易的。招商银行打通了区块链清算平台和银行交易系统端口，将数据信息的录入、交易处理和整合上传均在该平台上实现各个交易数据的实时传输，大大提高了跨境汇款业务的处理效率。招商银行通过该自贸区业务的试点工作，从人民币跨境支付业务入手，借助区块链技术打通了系统内部的跨境支付环节，实现了便利快捷的区块链跨境支付流程。

　　在区块链模式的跨境支付结算体系中,招商银行区块链平台上既涵盖了汇款人主体、收款人主体,又同时涵盖了区块链跨境支付与清算系统。区块链平台链条储存了交易期间的全部信息,如汇款人信息以及收款人名称信息等,因此区块链平台链条内的全部信息都能够向交易主体进行传递,交易过程中所有信息出现之后即具有不可篡改性,满足了交易主体的及时查阅需求,安全性和透明性都显著增强。所以,无论是在汇款人一方,还是在收款人一方,交易主体信息的获取速度都显著增加,交易成本有所减少,交易的安全得到了保障。另外,该区块链平台链条中的全部信息又能够实现主链条的有效构建,区块链平台能够为其他收款方以及汇款方等提供接入的机会,招商银行的运行成本显著减少,收款客户以及汇款客户的满意度不断增强。

　　使用区块链技术之后,招商银行的跨境人民币同业清算业务,收获了以下好处:❶ 提高了交易效率,利用区块链技术进行去中心化处理,报文传递时间显著缩短,甚至达到秒级,处理过程非常简便;❷ 交易安全性有所增强,通过区块链技术的融合,报文传递期间,任何人都无法进行篡改与伪造;❸ 风险有所减少,可用性在原来基础上有较大程度的增强,即使出现核心节点丢失问题,系统照旧稳定运行,仅仅通过抢救特定节点就能够有效解决核心节点丢失现象;❹ 具有高扩展性,在招商银行区块链系统中,新加入者的进入时间显著缩短,使得招商银行的海外扩张规模有所壮大。当然,最值得一提的是,招商银行所使用的基于区块链技术的跨境支付模式不仅能够使得跨境支付的成本有所减少,也能够使得跨境支付的清算成本不断减少,为招商银行带来更大的经济效益。

第四节　区块链技术在金融中应用的商业模式与未来展望

一　区块链技术在金融中应用的商业模式

　　区块链金融能够为用户创造价值,其广泛应用促使人们努力探索区块链金融的商业模式。除 SaaS、BaaS、PaaS 以及 IaaS[①]等基础商业模式外,区块链在金融领域积极发展去中心化自治组织(DAO)、非同质化通证(NFT)、去中心化金融(DeFi)和去中心化应用(DApp)等主要商业模式。

(一)去中心化组织(DAO)商业模式

　　去中心化组织(decentralized autonomous organization,DAO)是基于区块链核心理念,由

---

① SaaS(Software as a Service,软件即服务),BaaS(Backend as a Service,后端即服务),PaaS(Platform as a Service,平台即服务),IaaS(Infrastructure as a Service,基础设施即服务)。

一个共识群体共创、共建、共治、共享的协同行为而形成的组织形态,有利于解决区块链金融产品与服务的信任问题。DAO将组织的管理和运营规则以智能合约的形式编码在区块链金融上,从而在没有集中控制或第三方干预的情况下自主运行。DAO具有充分开放、自主交互、去中心化控制,以及复杂多样等特点,能够应对不确定、多样和复杂的环境。与传统的组织不同,DAO不受现实物理世界的空间限制,由事件或目标驱动其演化过程,可快速形成并传播,且互动性强,并伴随着目标的消失而自动解散。DAO可帮助基于区块链金融的所有商业模式治理,能够量化参与其中的每个主体的工作量,包括加密货币钱包、App以及公有链。DAO的主要营收来源为收取金融交易服务费用,支付方式一般为数字货币。

区块链金融的DAO服务及其商业模式如图3-15所示。

图3-15　DAO服务及其商业模式

（二）非同质化通证（NFT）商业模式

非同质化通证（non-fungible token, NFT）是一种应区块链技术而生,用于表示数字资产的唯一加密货币令牌,其实质是区块链网络里具有唯一性特点的可信数字权益凭证,是一种可在区块链上记录和处理多维、复杂属性的数据对象。相较于同质化代币,它有两大显著特征,第一是不可替代性,指的是每一个NFT都拥有独特且唯一的标识,不可两两互换;第二是不可拆分性,NFT的最小单位为1。这两大特征使得NFT能够提供一种标记原生金融资产所有权的方法。

NFT具有不可互换性、独特性、不可分割以及低兼容性等特征,可应用于各种金融产品以及链下资产NFT化等场景,大幅提升数据流转效率。比如,各类金融票据在流通和交易过程中承载大量信息,如果与NFT结合,不仅能够确权,还便于追踪。另外,未来各类NFT资产的交易本身就可以形成一个细分的金融市场。目前,那些相对成熟、交易比特币等数字货币的交易所正在积极布局NFT。币安、库币、火币、OKEx、抹茶MXC、Bittrex等传统中心化数字货币交易所已经开始参与NFT项目。事实上，由于多数用户还不熟悉区块链上操作，交易NFT资产的门槛较高。另外，NFT具有加密世界早期产品的典型问题容易催生泡沫。但是，随着市场发展、人们对NFT认知愈加充分，产生大的泡沫会变得更加困难。当人们对NFT价值的期望逐渐变得稳定，持有NFT的风险降低时，这个市场的流动性必定会进一步加强。

区块链金融的NFT商业模式如图3-16所示。

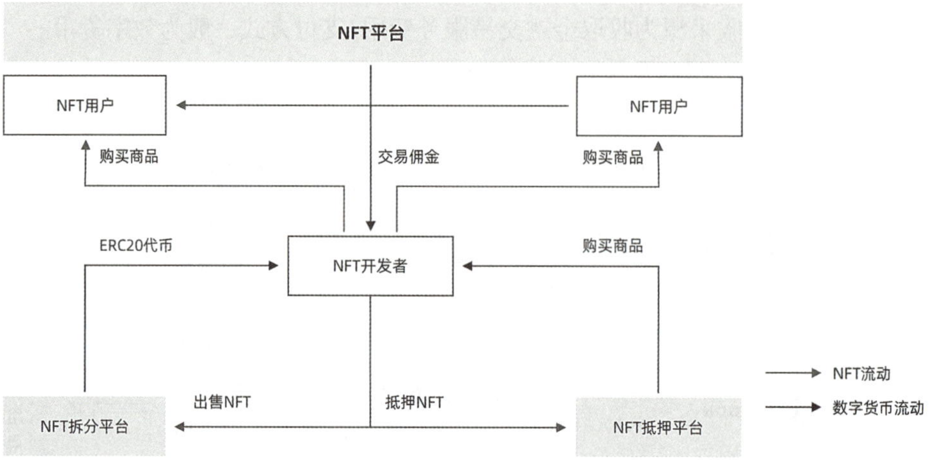

图3-16　NFT商业模式

（三）去中心化金融（DeFi）商业模式

去中心化金融（decentralized finance，DeFi）也被称为"开放式金融"，是以比特币和以太币为代表的加密货币，区块链和智能合约结合的产物。DeFi有两大支柱，一是以比特币和以太币为代表的稳定币；二是实现交易、借贷和投资的智能合约。

DeFi具有三个典型特征。❶DeFi是加密金融体系的一种模式。按照是否涉及加密资产，可以将金融体系区分为传统金融体系（不涉及加密资产）和加密金融体系。其中，按照是否要依托中心化的金融机构或者交易场所，可以将加密金融体系划分为DeFi（不依托）和CeFi（中心化金融）。❷DeFi的核心在于"去中心化"。DeFi通过运用加密货币和智能合约在区块链上提供交易、借贷和投资等金融服务，但不依托任何中心化的金融机构、中介或交易场所。换言之，DeFi提供了与传统金融服务类似的金融服务，同时实现了金融脱媒。❸DeFi还具有高匿名性。运用DeFi交易（借贷）的双方可以直接达成交易，所有合同和交易细节都记录在区块链上（on-chain），并且这些信息很难被第三方察觉或发现。

DeFi关键项目涵盖金融资产类、借贷类、金融交易所及合成金融资产等领域，以太坊去中心化银行Maker、以太坊去中心化借贷平台Compound、交易所dYdX等是目前较热门的去中心化金融平台。MakerDAO是以太坊的去中心化银行，可发行稳定币DAI和管理型代币MKR。Maker系统中主要收入来自稳定费和清算罚金。其中，DAI运用自动化超额抵押与目标利率的反馈机制，是以太坊规模最大的稳定币抵押解决方案。MKR可捕获部分稳定费,并将剩余的价值分配给清算人、DAI持有人等。未来,MKR代币可随时间推移,修正其价值捕获模型,形成相对均衡的利益关系,使Maker项目以DeFi方式持续捕获项目价值,并为项目的存续提供足够的运营资金。

以MakerDAO为例,区块链金融的DeFi商业模式如图3-17所示。

层级		服务内容	模块	业务案例		商业模式
第四层	用户聚合层	□ 非托管性聚合工具 □ 通过收取优质服务的费用解决协议级别上无法满足的各种用户需求	InstaDApp	流动性与做市商	Uniswap	加密经济
					Compound	加密经济
第三层	整合层	□ DAI集成到其他DeFi协议中,用于交易(例如Uniswap)、借贷(例如Compound)和其他用途	Uniswap Compound		DAI	基于市场
第二层	激励层	□ 激励层通过加密经济激励(如DSR、DSF、MKR)和基于市场的激励(如DAI套利)驱动系统工作 □ 由各种利益相关者构成:MKR持有者、DAI持有者、研究人员、建模者	Token: MKR Token: DAI	金融知识和用户教育	MyCrypto	免费+广告
					Messari	免费新增优质产品
					OnChainFX	免费新增优质产品
第一层	智能合约	□ 智能合约开发者致力于提高堆栈,从而为整合层及用户聚合解决方案提供贡献 □ 网络效应将在激励层、整合层以及用户聚合层复合	MAKER	工具	InstadApp	未确定

图3-17 DeFi商业模式

(四)去中心化应用(DApp)商业模式

去中心化应用(decentralization application, DApp)也叫作分布式应用,DApp就是在底层区块链平台衍生的各种分布式应用,是区块链世界中的服务提供形式。DApp具有四个典型特征。

(1)DApp运行在P2P网络。不依赖中心服务器,不需要专门的通信服务器传递消息,也不需要中心数据库来记载数据。只要区块链不出问题,DApp就可以一直在线。

(2)DApp通过网络节点去中心化操作。App是传统互联网中心化应用,DApp是去中心化的区块链分布式应用。与传统App相比,DApp的优势体现在分布式网络,参与者信息可被安全存储。此外,作为基础设施,区块链提供了分布式去中心化的可信数据库,开发者可基于此开发各种应用,以适用于不同的场景。在理想条件下,DApp不应该被一个金融机构所主导,至少利益的分配对所有金融交易主体都是公平的。因此Dapp的运营应该属于所有金融交易参与者。

(3)DApp的代码是开源的,任何人都可以去查看原始代码,所以整个执行过程对所有人都是透明的,所有人都知道发生了什么。

(4)DApp基于智能合约运行。前端和普通的App没有区别,但后端不是基于服务器,而是基于智能合约。

DApp将促进金融服务大规模推广。根据DappRadar的报道,2022年第一季度,DApp的每日活跃用户数接近240万，预计还将受到更多用户的青睐。有了DApp，每个人都可以在没有任何中央机构的情况下使用金融服务，并完全控制自己的资产。借贷是去中心化应用程序中最常见的金融服务类型。DApp提供即时交易结算，几乎不进行信用检查，且允许将数字资产作为抵押品。用户可以在DApp借贷市场上拥有更大的灵活性。例如，贷方可以选择在哪个平台上借出哪种代币，拥有更多掌控权。用户还可以赚取100%的贷款利息，因为无须支付任何中介费用。去中心化交易平台（DEX）是金融DApp的另一个重要应用，此类平台不需要中心化数字货币交易平台等中间机构，促进了点对点交易。用户不必将资产转移到交易平台，交由第三方保管，而是可以通过智能合约直接与另一个用户进行交易。订单直接在链上的用户钱包之间执行。去中心化交易平台所需要的维护工作较少，因此交易费用远低于中心化交易平台。目前，人气较高的DApp主要有Uniswap、SushiSwap和PancakeSwap等。

App与DApp的比较如图3-18所示。

	App	DApp
入口	电脑浏览器/手机	Dweb浏览器/数字钱包
协议	http/https	分布式访问与隐私保护协议
存储	云存储等	分布式存储，如IPFS等
数据库	关系型DB/NOSQL	非结构化去中心化数据库，如GUN等
一致性逻辑	服务器程序	智能合约
支付方式	电子支付/信用卡	数字货币
用户管理	用户名+密码	公私钥
域名	中心化DNS	去中心化DNS，如ENS/Namecoin等

图3-18　App与DApp的比较

二　区块链技术在金融中应用的未来展望

（一）去中心化技术优势显著

在过去，分析区块链金融成功商业模式的时候，更多的是认为区块链去中心化、去中介化的技术属性起到核心作用。但在数字货币商业模式中，充斥着大量的中介，交易所、钱包、金融机构、"矿场"等，无疑都是数字货币网络中的中介，数字货币生产端是区块链网络，消费端是用户，如果没有这些中介进行价值运营，数字货币市场不会像今天这样繁荣。

然而，去中心化并不意味着去中介化。去中心化是技术概念，而去中介化则是纯粹的商业模式需求，两者经常容易被混淆。去中心化强调系统的可用性和分区容错性，参与计算网络的个体拥有不受其他个体干扰的独立控制决策能力。而去中介化，则是强调商业模式的扁平化和信息对称性,商业交易的买卖双方直接实现交易,而不需要第三方中介参与。在区块链金融中,去中介化是网络构建者追寻的终极目标,但无论比特币,还是以太坊,真正让网络繁荣起来的,恰恰正是这些中介。基于区块链金融的分布式营销方案分发、活动执行和收入结算体系,为分布式金融中介平台提供了成本核算、流量转化、交易证明、收入记账等透明可信、公平共营、价值共创的核心价值主张和以流量转化为基础的业务模型,从而在区块链分布式证明基础上附加业务模型,从而实现真正的区块链金融商业价值输出。所以在一个去中心化的区块链金融分布式网络中,并不一定要去中介化。

（二）大众化应用趋势明显

区块链金融的去中心化、非对称加密、P2P网络以及共识机制等特征完全颠覆了现有的中心化金融的底层逻辑,有着多方面的优势：❶ 提升了金融服务效率。区块链金融建立了点对点信任机制,去掉了第三方机构的参与,简化了流程。智能合约具有自动执行功能,能够减少金融服务中的争议,提高金融服务效率。❷ 降低了金融服务成本。区块链金融可以实现全天候服务,减少资金闲置时间。金融服务的交易记录具有完整性和不可篡改性,能够提高审计效率、降低审计成本。❸ 提升了金融服务安全。基于网络安全的区块链金融服务能够保证客户信息的完整性和准确性,简化授信流程、提高授信能力。

基于这些优势,区块链金融服务势必将进一步向社会大众推广,逐渐向外服务于不同节点,满足不同需求的客户,构建成新型的互联网金融交易网络。区块链技术正在被广泛应用到银行、证券、保险、股权交易、供应链金融等领域。在“双碳”目标下,区块链技术对绿色金融的支持力度达到前所未有的程度。比如,国际清算银行创新中心与香港金管局合作推出Project Genesis项目,旨在通过对绿色债券进行代币化来鼓励可持续投资；新加坡中小企业融资平台Bluecell与金融科技公司Hashstacs合作,将为申请绿色发展融资的客户提供更便捷、成本更低的贷款；全球B2B支付服务商Nium与英国绿色金融科技公司Tred合作发行了英国首张绿色借记卡产品。此外,区块链金融的大众化应用也会催生更多创业项目,有更多的技术将被研发。借助云计算这个平台,区块链技术将会被应用到不同金融业务场景,降低区块链金融数据库的门槛,从而将区块链金融产品推向大众。

总之,区块链技术作为未来金融业的底层技术,虽然目前技术还不是很完善,但通过区块链技术深化金融改革、促进金融创新、增强金融信用、防范金融风险、让更多人民享受到金融服务并广泛参与等方面具有巨大优势。

（三）国际化竞争与合作都在不断加强

区块链金融的发展促进了金融产品和服务的国际化发展。在跨境支付和结算市场方面,从2021年起,已有的区块链支付/结算平台继续“攻城略地”。新的平台不断产生,并加快发展速度,这些平台正在对传统支付/结算平台构成冲击,各平台间的竞争也将逐步升级。在众多平台中,在Ripple继续快速扩张其全球支付网络的同时,摩根大通的区块链支付网络Liink、蚂蚁集团的贸易融资平台Trusple、美洲开发银行旗下的LACChain区块链平台、阿联酋汇款服务公司LuLu Exchange、新加坡金融科技公司Lightnet、跨境支付和汇款平台速汇金（MoneyGram）同样在大力拓展合作伙伴，以对全球各区域的重要汇款市场形成更大覆盖。此外，Trusple与万里汇（WorldFirst）之间、Ripple与捷买易（Global Money Express）之间，B2B支付平台Tribal Credit与墨西哥加密交易所Bitso之间的合作，都昭示着全球外贸、外汇支付与结算阵营的复杂性。

在跨国保险方面。更紧密的跨国合作培育了全新的保险产品。例如，欧洲互助保险战略联盟Eurapco和全球区块链保险联盟B3i共同推出基于区块链的风险转移服务Unity；美国保险科技公司Arbol引入天气风险保险解决方案平台，旨在为天气保险市场带来更高透明度和运营效率。欧洲最大的保险公司安联（Allianz）推出基于区块链的国际汽车保险理赔解决方案，以简化国际汽车保险理赔流程，并降低成本。全球区块链保险联盟B3i与核保险池（Nuclear Pools）达成合作，将通过其Fluidity区块链平台为欧洲多国核保险池之间的再保险合同提供管理服务。

第五节　项目实训——区块链跨境保理

进入金融科技基础应用实验平台，单击区块链跨境保理实验模块的【开始学习】按钮，则可以进入本次实操模拟的任务界面，如图3-19所示。

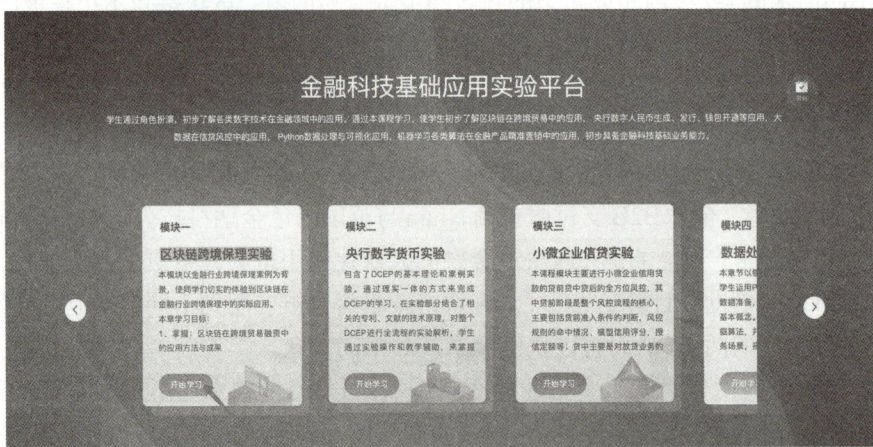

图3-19　区块链跨境保理实验平台

📍 案例背景

花旗银行（巴基斯坦）有限公司顺应时代发展潮流，对传统金融服务进行数字化变革，与巴基斯坦电子商务有限公司共同发起建立产业金融联盟链，推动打造"数字商贸"，实现供应链的全面转型升级，建立更具竞争力的产业生态圈。

"数字商贸联盟链"实施以来，建设了适合战略发展需要的一体化"区块链+信用流转平台"，所有相关企业均加入联盟链中，并将自己企业的工商信息、产品信息上链。

花旗银行(巴基斯坦)有限公司为巴基斯坦电子商务有限公司提供1 540万美元折合人民币1亿元(1：6.5)的联盟链授信额度,可供链上所有金融机构使用,通过在链上确认融资申请企业业务合同信息真实性、业务关联性、授信余额后,对其上下游供应商提供高效、便捷的保理融资、福费廷、仓单质押现等金融服务。2021年5月,为庆祝巴基斯坦电子商务有限公司与北京手机制造有限公司战略合作五周年,"数字商贸联盟链",首批试点将在北京地区进行,定制化生产10 000台智能手机,回馈电商平台的新老顾客。

案例涉及的四类角色分别是：供应商、保理公司、境外电商、跨境支付机构,如图3-20所示。实验中贸易物品为手机,境外电商在收到供应商发来的货物后N个月结算货款;供应商手机制造成本为X元/台,境外电商手机采购价格为Y元/台,手机出售价格为Z元/台;境外电商收货后,供应商可以进行应收账款融资,保理公司在尽调完成后所发放的融资款等于订单金额的$A\%$。

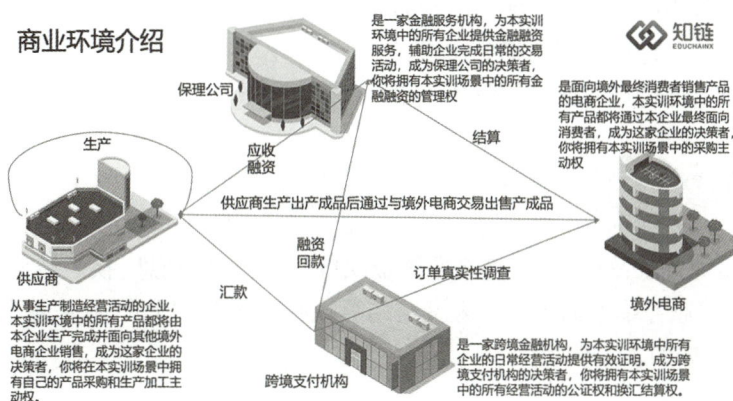

图3-20　商业环境

📍 案例角色

1. 境外电商(巴基斯坦电子商务有限公司)

巴基斯坦电子商务有限公司始创于2001年,注册资金为1.54亿美元约合人民币10亿元,是巴基斯坦电子商务平台的龙头,年营业额超过100万亿美元,主要经营电子类产品,自2016年起与北京手机制造有限公司签订战略合作协议,长期采购手机类产品,型号包括P20、P30、P40、V20、V30、V40等,双方结算银行为花旗银行(巴基斯坦)有限公司,双方结算货币为美元与人民币,结算手续费由电子商务公司承担。

2. 供应商(北京手机制造有限公司)

北京手机制造有限公司始创于2010年,公司注册于北京市海淀区,注册资金为4 000万元,经过十余年的发展,已成为集手机加工、生产、制造、运输、服务为主体的多元化企业。北京手机制造有限公司是工信部重点支持兼并重组的四大手机制造企业之一,是北京市重点支持的第一家手机制造企业之一,截至目前,手机总产能超30万部。响应国家"一带一路"倡议,公司合作外企覆盖巴基斯坦、泰国、马来西亚、巴西、俄罗斯、南非等国家。

3. 保理公司（北京商业保理有限公司）

北京商业保理有限公司地处北京市朝阳区，注册资金为5亿元，是北京市第一家商业保理公司，主要给"一带一路"沿线相关国家的境内相关企业提供服务，以债权人转让其应收账款为前提，集应收账款催收、管理、坏账担保及融资于一体的综合性金融服务。

4. 境外支付（花旗银行（巴基斯坦）有限公司）

花旗银行（巴基斯坦）有限公司是大型跨国结算银行，自成立以来积极拓展业务范围，是巴基斯坦电子商务有限公司的开户行与基本户结算行，同时为境内外多家大型企业、上市公司及部分中小型企业提供授信融资服务，也为部分金融机构提供相关咨询服务业务。

📍 实训目标

1. 了解基于联盟链开展跨境保理融资的业务流程。
2. 熟悉区块链及跨境保理的相关知识。
3. 掌握在链上进行跨境保理的业务流程。

📍 实训准备

根据案例实训背景及规则，计算企业资金缺口、保理融资利息、换汇结算手续费等相关数据，完成全流程业务单据的填写。融资与结算规则如表3-4所示，业务基本信息如表3-5所示，企业期初数据如表3-6所示。

表3-4　融资与结算规则

企业名称	北京商业保理有限公司	花旗银行（巴基斯坦）有限公司
融资利率/外汇汇率	融资利率10%/年，针对注册资金5 000万元以上（含5 000万元）企业 融资利率12%/年，针对注册资金5 000万元以下企业	美元兑人民币=1∶6.5 英镑兑人民币=1∶9 卢布兑人民币=1∶0.08 港元兑人民币=0.84 日元兑人民币=1∶0.06 泰铢兑人民币=1∶0.2 新加坡元兑人民币=1∶4.83 马来西亚林吉特兑人民币=1∶1.58
折扣率/手续费	折扣率90%～95%，针对注册资金5 000万元以上（含5 000万元）企业 折扣率80%～85%，针对注册资金5 000万元以下企业	手续费1%，针对换汇资金3 000万元人民币以上（含3 000万元）企业 手续费2%，针对换汇资金1 000万元人民币以上（含1 000万元）3 000万元以下企业 手续费3%，针对换汇资金1 000万元人民币以下企业
融资账户/结算账户	6226 1111 2222 0001	6226 3333 4444 0002

表3-5　业务基本信息

企业名称	巴基斯坦电子商务有限公司	北京手机制造有限公司
产品名称	智能手机	智能手机
月需求/供应量	100 000部	50 000部
账期/在途	账期2个月,针对注册资金5 000万元以上(含5 000万元)企业;账期4个月,针对注册资金5 000万元以下企业	0.5个月
额度/单价	100 000 000元	5 000元

表3-6　企业期初数据

企业名称	巴基斯坦电子商务有限公司	北京手机制造有限公司	北京商业保理有限公司	花旗银行(巴基斯坦)有限公司
注册资金	1 000 000 000元	40 000 000元	500 000 000元	80 000 000 000元
初始资金	100 000 000元	42 500 000元	100 000 000元	100 000 000元
应付账款	33 500 000元	45 000 000元	0元	0元
应收账款	0元	10 000 000元	0元	0元

📍 实训步骤

案例涉及12个实训环节,将分为四个阶段进行。第一阶段:境外电商向供应商发起采购业务;第二阶段:供应商向保理公司发起保理融资申请业务;第三阶段:保理公司向供应商发放融资款业务;第四阶段:境外电商订单到期结算业务。实训流程图如图3-21所示。

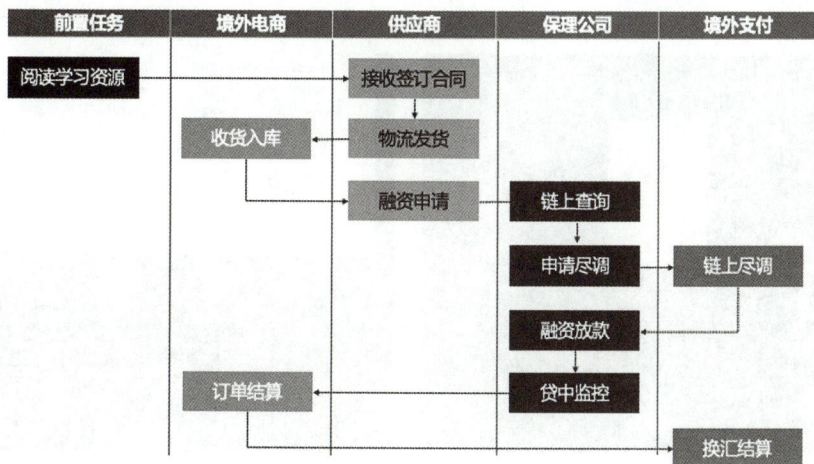

图3-21　实训流程图

1. 签订购销合同

供应商接收到境外电商经过非对称加密后发来的购销合同密文,请先完成合同的解密与验签,再签署合同,最后将合同存储到联盟链上,实训案例全景图1如图3-22所示。

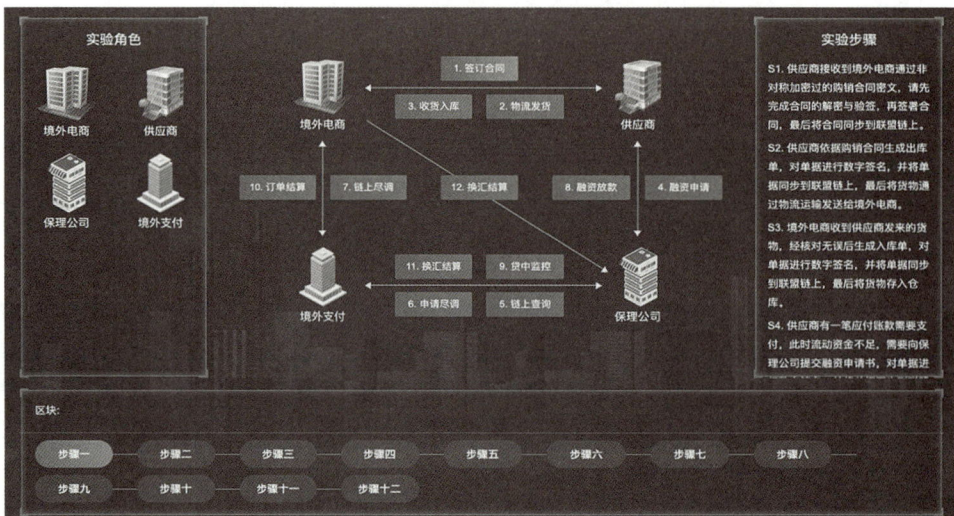

图3-22　实训案例全景图1

为庆祝巴基斯坦电子商务有限公司与北京手机制造有限公司战略合作五周年,于2021年5月12日采购P40型号的智能手机,作为限量版周年庆活动商品,回馈电商平台的新老顾客。手机采购单价上限为人民币5 000元,同时需要于2021年5月28日完成收货,北京手机制造有限公司与巴基斯坦电子商务有限公司是长期合作伙伴,所以在确认可以接单后,接收到巴基斯坦电子商务有限公司在联盟链上发来的购销合同,此时需要将收到的加密合同进行解密(图3-23)、验签,同时完成合同信息确认、签署与上链(图3-24)。(金额大写样例:贰仟壹佰柒拾伍万元整,金额单位:万元)

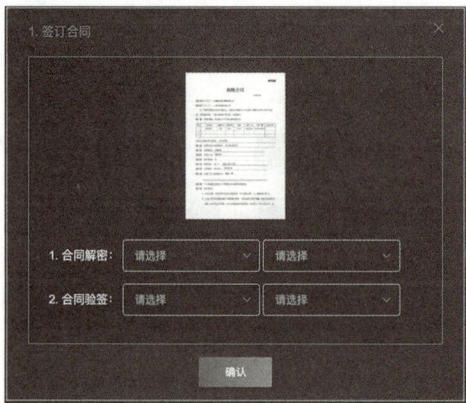

图3-23　合同解密

图3-24　合同签署上链

2. 物流运输

供应商依据购销合同生成出库单,对单据进行数字签名,并将单据同步到联盟链上,最后将货物通过物流运输发送给境外电商。实训案例全景图2如图3-25所示。

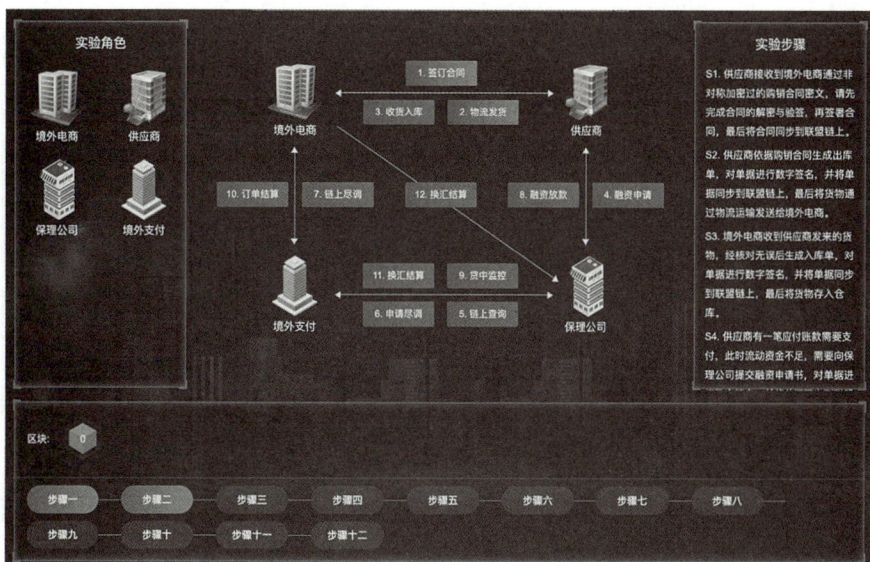

图3-25　实训案例全景图2

2021年5月23日,北京手机制造有限公司10 000台智能手机已经全部生产完毕,经质量验收合格由仓管员签发货物出库单(图3-26),并将单据上链,直接将本批次智能手机发送给巴基斯坦电子商务有限公司,保证在合同规定的2021年5月28日前送到。(金额大写样例:伍仟万元整,金额单位:万元)

图3-26　发货出库单

3. 验收入库

境外电商收到供应商发来的货物,经核对无误后生成入库单,对单据进行数字签名,并将单据同步到联盟链上,最后将货物存入仓库。实训案例全景图3如图3-27所示。

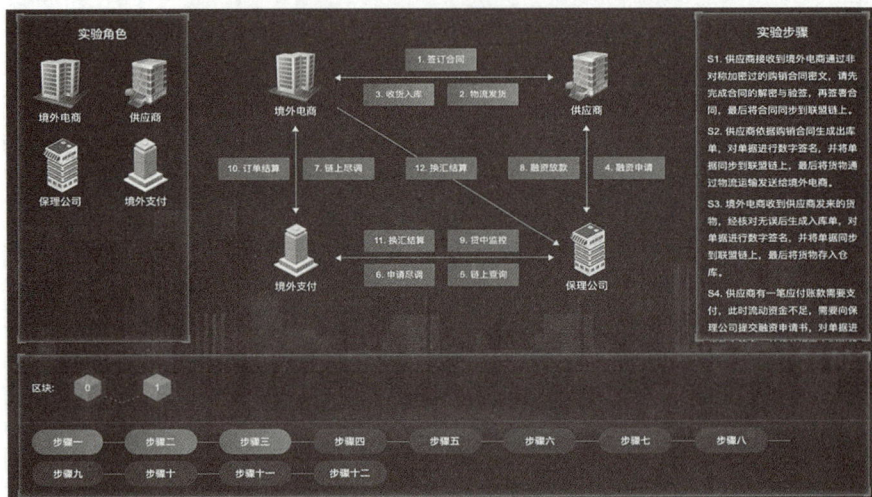

图3-27 实训案例全景图3

2021年5月28日,巴基斯坦电子商务有限公司收到了北京手机制造有限公司发来的10 000台智能手机,经质量验收合格后由仓管员签发入库单(图3-28)并将单据上链。(金额大写样例: 伍仟万元整,金额单位: 万元)

图3-28 验收入库单

4. 保理融资申请

供应商有一笔应付账款需要支付,此时流动资金不足,需要向保理公司提交融资申请书,对单据进行数字签名,并将单据同步到联盟链上。实训案例全景图4如图3-29所示。

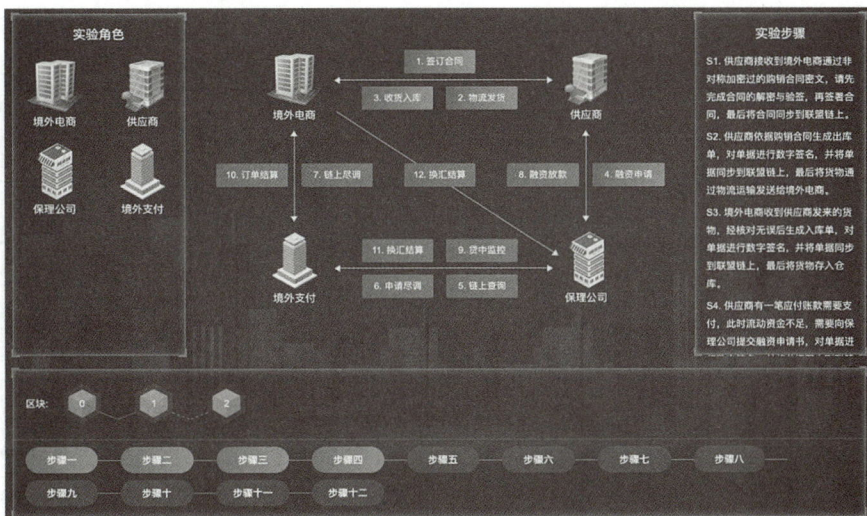

图3-29　实训案例全景图4

2021年5月28日,由于公司此时流动资金不足,而本月31日将有一笔较大金额的应付账款需要支付,为了保证公司不违约、资金链不断流,可以在规定时间完成付款,需要在联盟链上向金融机构发起保理融资申请。请根据与巴基斯坦电子商务有限公司签订的购销合同信息和商品出入库信息,完成保理融资申请书(图3-30)的填写与数据上链工作。(金额大写样例:伍仟万元整,金额单位:万元)

图3-30　融资申请书

5. 链上查询

保理公司收到供应商发来的融资申请书,需要在联盟链上调查贸易订单真实性,获取相应单据的区块哈希。实训案例全景图5如图3-31所示。

图3-31　实训案例全景图5

2021年5月28日,北京商业保理有限公司在联盟链上收到了北京手机制造有限公司发来的保理融资申请书,请仔细查看融资申请书内容,在联盟链上查询相关信息,如图3-32所示。

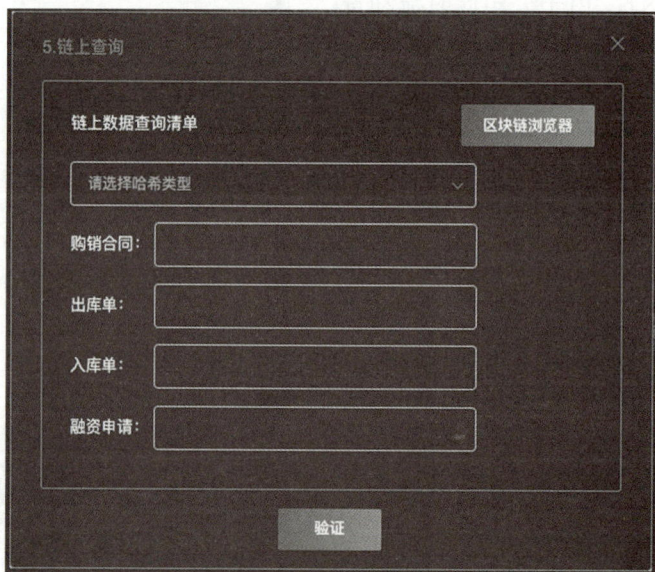

图3-32　区块链浏览器查询

6. 申请尽调

保理公司确认贸易真实后,需要将针对境外电商的尽职调查申请书发送给境外支付机构。实训案例全景图6如图3-33所示。

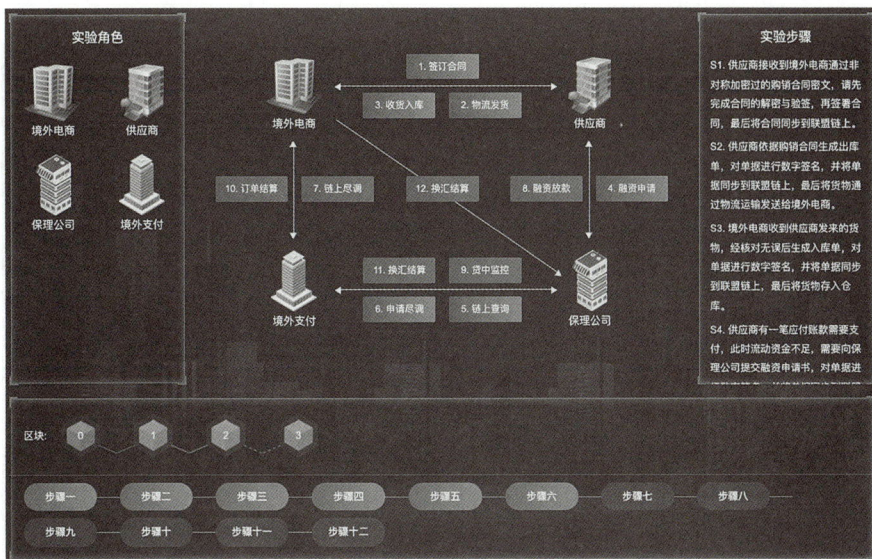

图3-33 实训案例全景图6

2021年5月28日,北京商业保理有限公司在联盟链上查询相关信息后,并向业务结算行花旗银行(巴基斯坦)有限公司发起尽职调查申请,与对方开展相关咨询服务业务。申请尽职调查表如图3-34所示。

图3-34 申请尽职调查

7. 链上尽调

境外支付在联盟链上对境外电商开展尽调,确认境外电商是否能够完成订单到期后的资金结算,对生成的尽调报告进行数字签名,并同步到联盟链上。实训案例全景图7如图3-35所示。

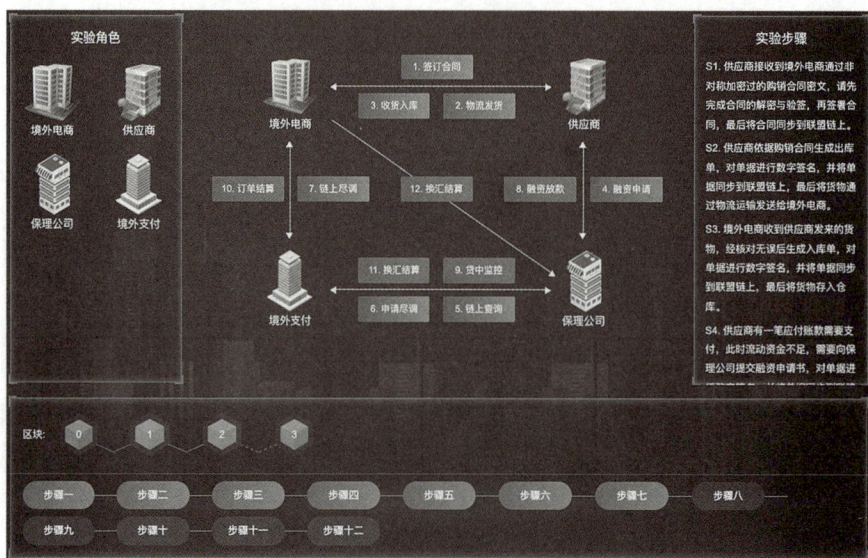

图3-35　实训案例全景图7

2021年5月28日,花旗银行(巴基斯坦)有限公司受理北京商业保理有限公司提交的尽职调查申请业务,依据尽调申请书中内容完成在联盟链上溯源业务数据,链上尽调如图3-36、图3-37所示。生成尽调报告(图3-37),将报告发送给北京商业保理有限公司,并完成单据上链工作。

图3-36　链上尽调1

图3-37 链上尽调2

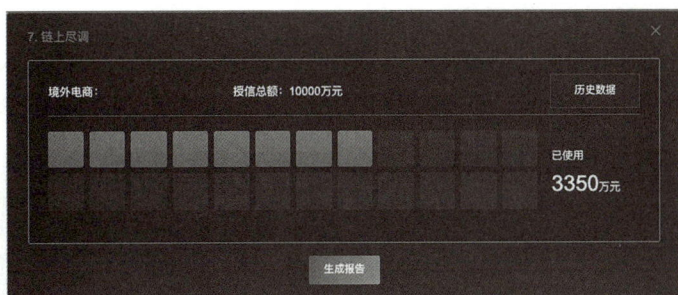

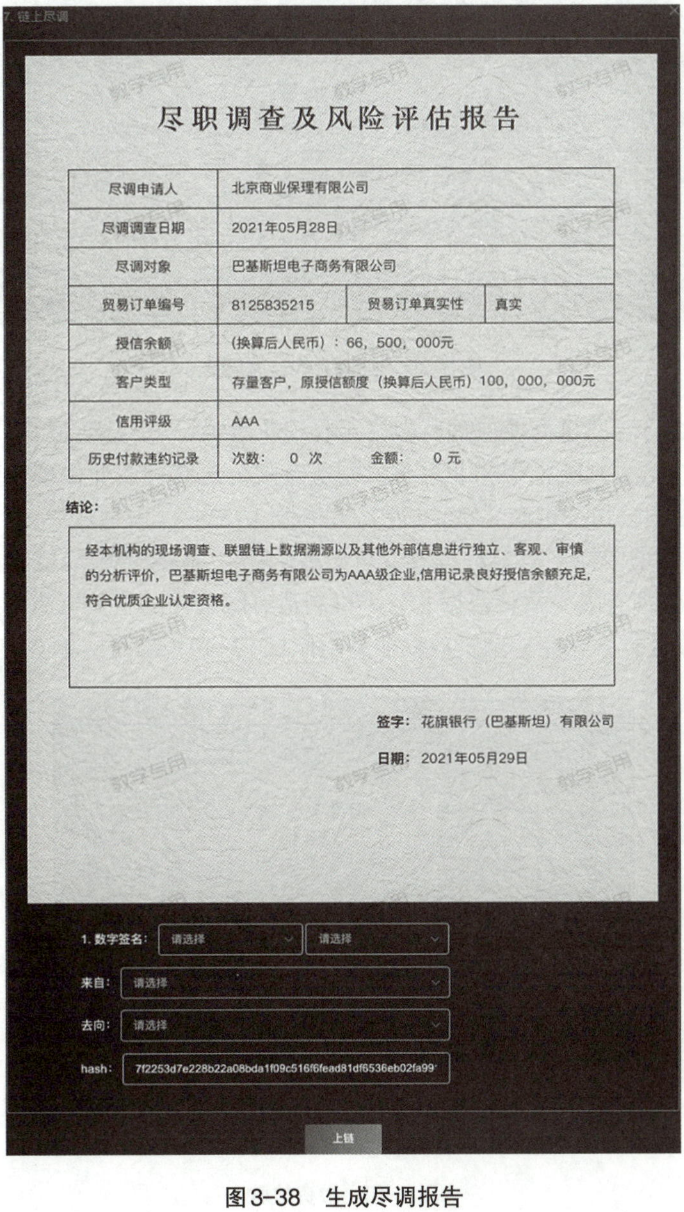

尽职调查及风险评估报告

尽调申请人	北京商业保理有限公司		
尽调调查日期	2021年05月28日		
尽调对象	巴基斯坦电子商务有限公司		
贸易订单编号	8125835215	贸易订单真实性	真实
授信余额	（换算后人民币）：66，500，000元		
客户类型	存量客户，原授信额度（换算后人民币）100，000，000元		
信用评级	AAA		
历史付款违约记录	次数： 0 次　　金额： 0 元		

结论：

经本机构的现场调查、联盟链上数据溯源以及其他外部信息进行独立、客观、审慎的分析评价，巴基斯坦电子商务有限公司为AAA级企业,信用记录良好授信余额充足,符合优质企业认定资格。

签字：花旗银行（巴基斯坦）有限公司

日期：2021年05月29日

图3-38 生成尽调报告

8.融资放款

保理公司经风控尽调后确认融资申请审核通过,依据融资规则计算融资放款金额及到期利息,向供应商发放融资款,将生成的银行回单同步到联盟链上。实训案例全景图8如图3-39所示。

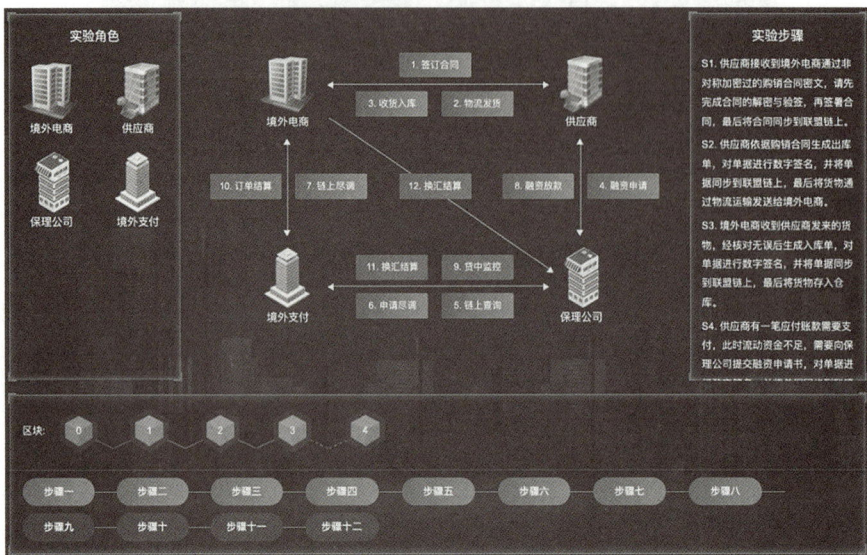

图3-39　实训案例全景图8

2021年5月28日,北京商业保理有限公司收到花旗银行(巴基斯坦)有限公司发来的尽调报告,依据调查结果判断是否和北京手机制造有限公司签订商业保理合同。在经过一系列的风险审核后,本公司决定向北京手机制造有限公司发放保理融资款,为了保证双方可以按照保理融资申请书中约定信息进行放款与还款,需要在联盟链上完成智能合约的编写与部署。北京商业保理有限公司将依据北京手机制造有限公司的相关资质以及本公司融资政策,通过调用融资放款合约完成融资放款业务工作(图3-40),银行回单上链如图3-41所示。

图3-40　融资放款

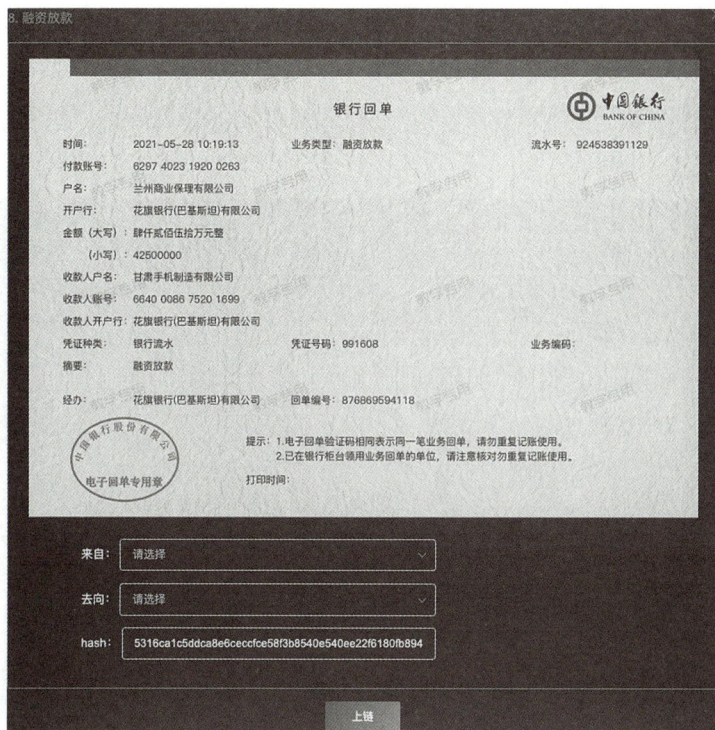

图3-41　银行回单上链

9. 贷中监控

保理公司确定监控对象及监控数据类型,对其进行贷中监控。实训案例全景图9如图3-42所示。

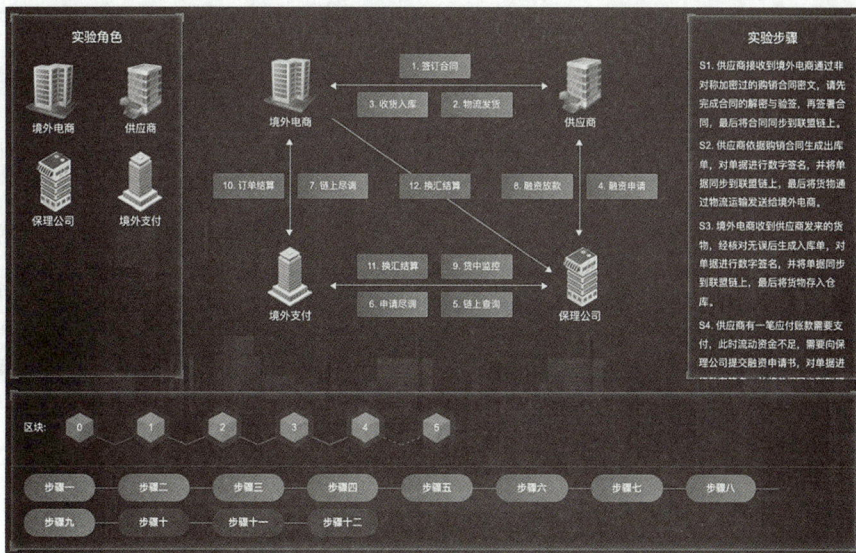

图3-42　实训案例全景图9

2021年6月27日,北京手机制造有限公司收到融资款1个月后,北京商业保理有限公司在融资周期内时刻关注第一还款来源目标的动向,通过数据获取与数据监控,如图3-43、图3-44所示,判断分析企业风险状态。

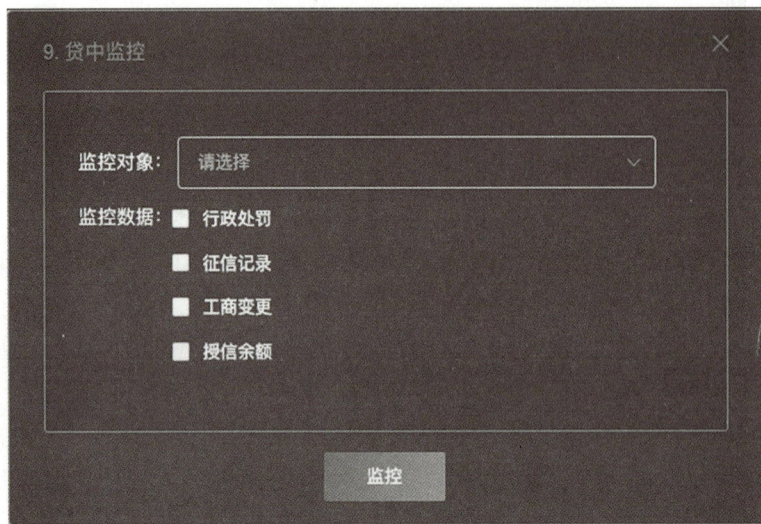

图3-43 贷中监控1

图3-44 贷中监控2

10. 订单结算

境外电商依据合同规定的订单结算时间完成合同款的支付。实训案例全景图10如图3-45所示。

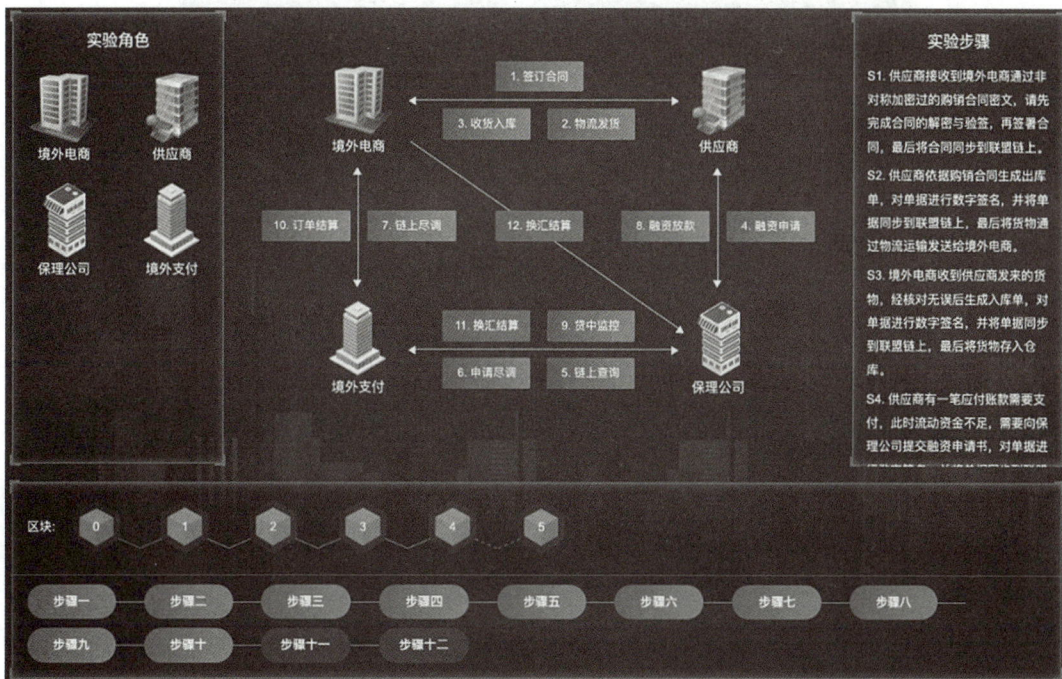

图3-45 实训案例全景图10

2021年9月27日,巴基斯坦电子商务有限公司与北京手机制造有限公司签订的购销合同到了结算付款时间,现在请根据结算付款时间(图3-46),通过调用结算合约完成本业务的付款结算工作,结算单据上链如图3-47所示。

图3-46 订单结算

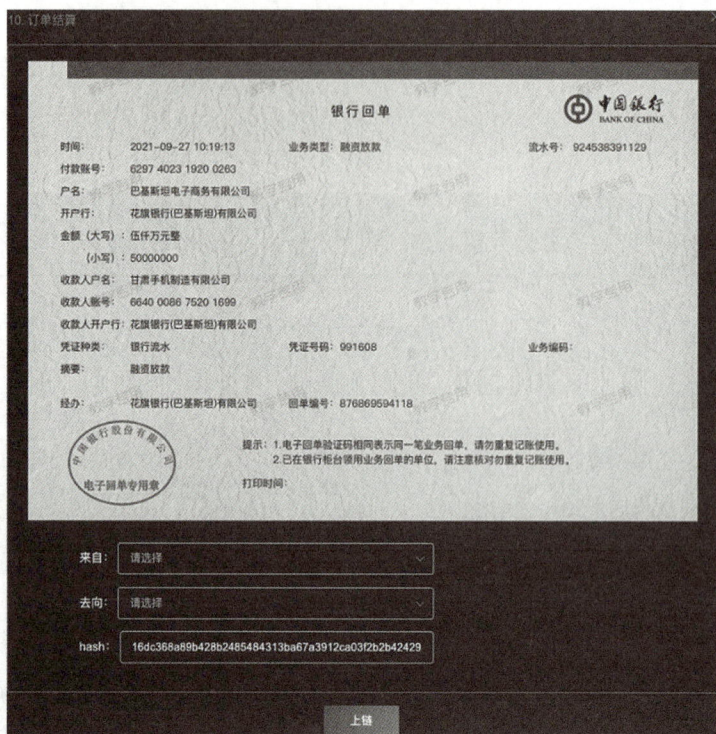

图 3-47 结算单据上链

11. 换汇结算——融资还款

境外支付收到境外电商支付的资金后,通过换汇结算,优先偿还资金方融资借款及利息。实训案例全景图 11 如图 3-48 所示。

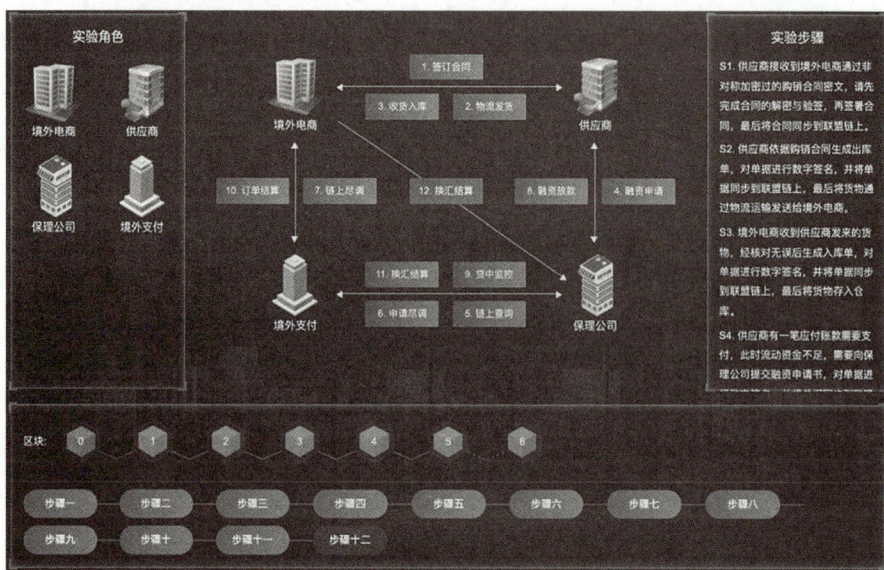

图 3-48 实训案例全景图 11

2021年9月27日,花旗银行(巴基斯坦)有限公司收到巴基斯坦电子商务有限公司订单结算款,需要为其办理美元换汇人民币业务,请依据换汇业务规则,就保理融资款结算、换汇结算手续费业务,计算相应金额(金额保留两位小数),并完成换汇结算业务(图3-49)。还款单据上链如图3-50所示。

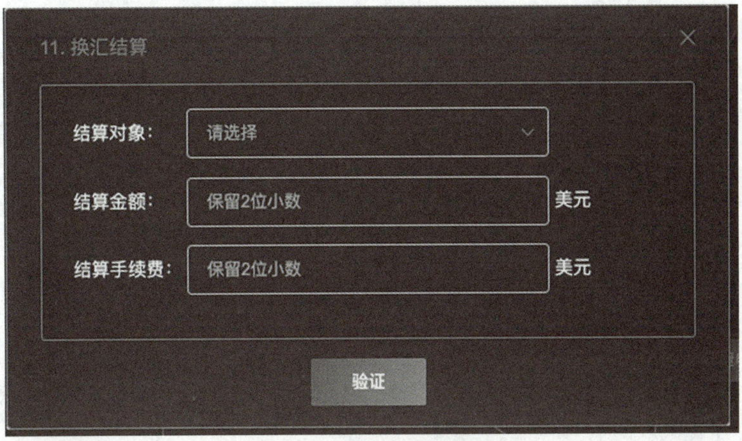

图3-49 换汇结算-融资还款

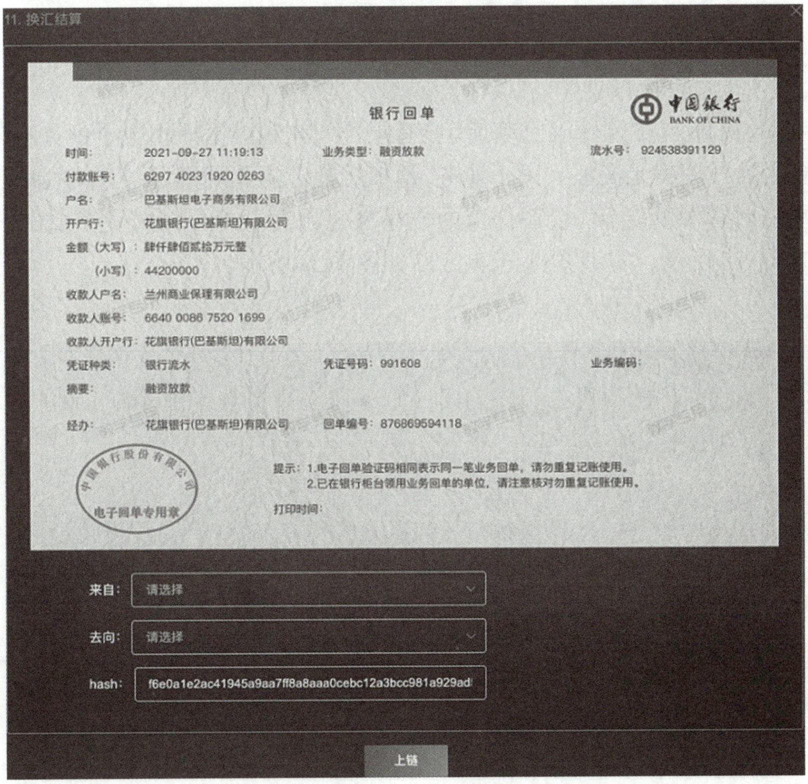

图3-50 还款单据上链

12. 换汇结算——订单尾款

境外支付将剩余资金，通过换汇结算，支付给供应商。实训案例全景图12如图3-51所示。

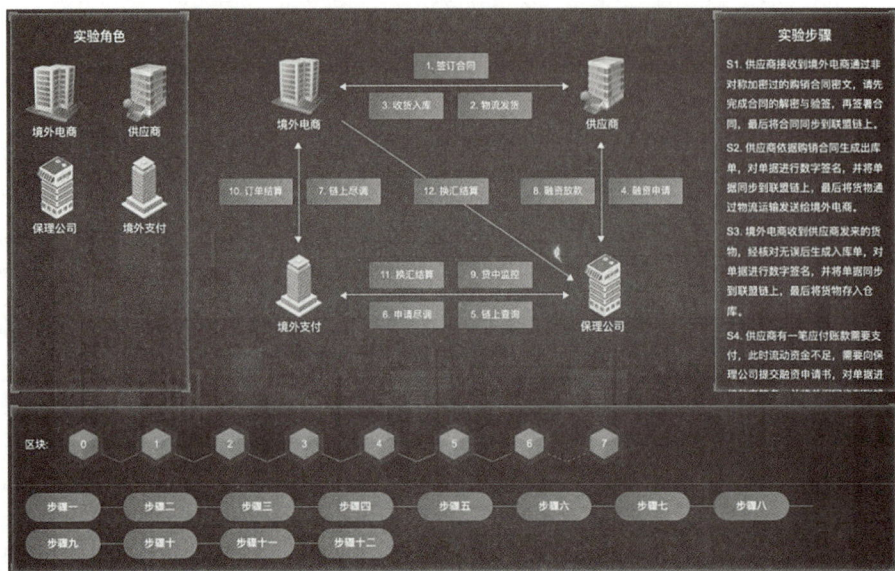

图3-51　实训案例全景图12

2021年9月27日，花旗银行（巴基斯坦）有限公司收到巴基斯坦电子商务有限公司订单结算款，需要为其办理美元换汇人民币业务，请依据换汇业务规则，就订单货款结算、换汇结算手续费业务，计算相应金额（金额保留两位小数），并完成换汇结算业务（图3-52）。尾款单据上链如图3-53所示。实训案例全景图13如图3-54所示。

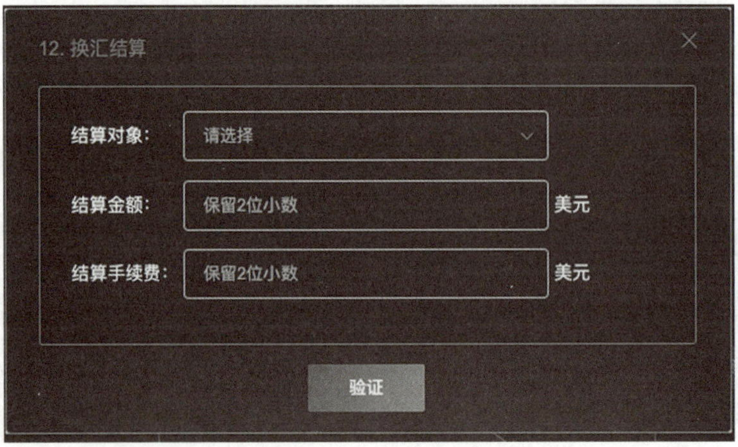

图3-52　换汇结算-订单尾款

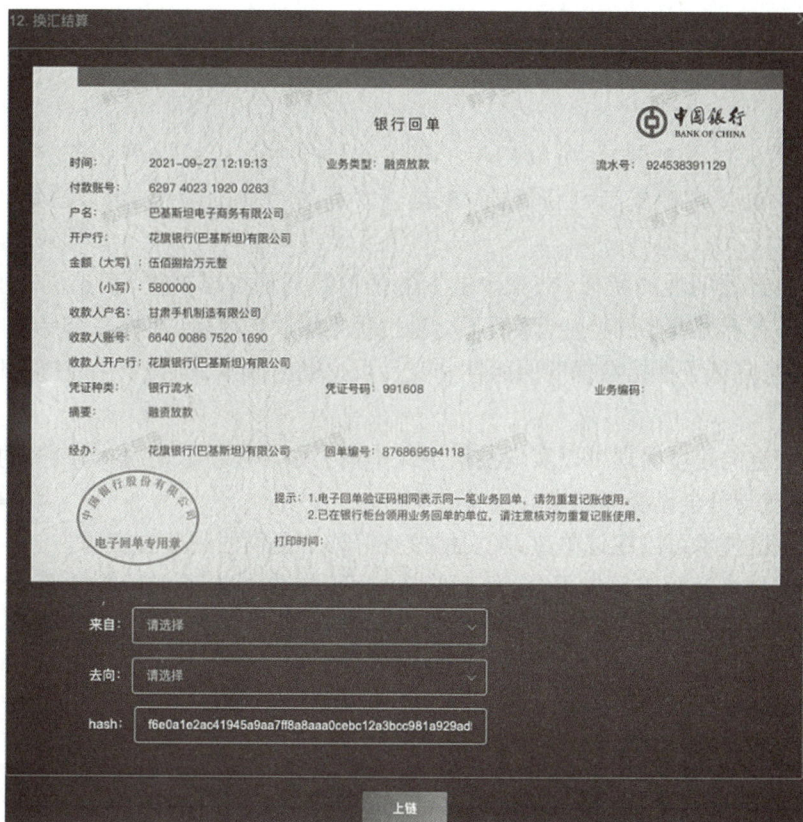

图3-53 尾款单据上链

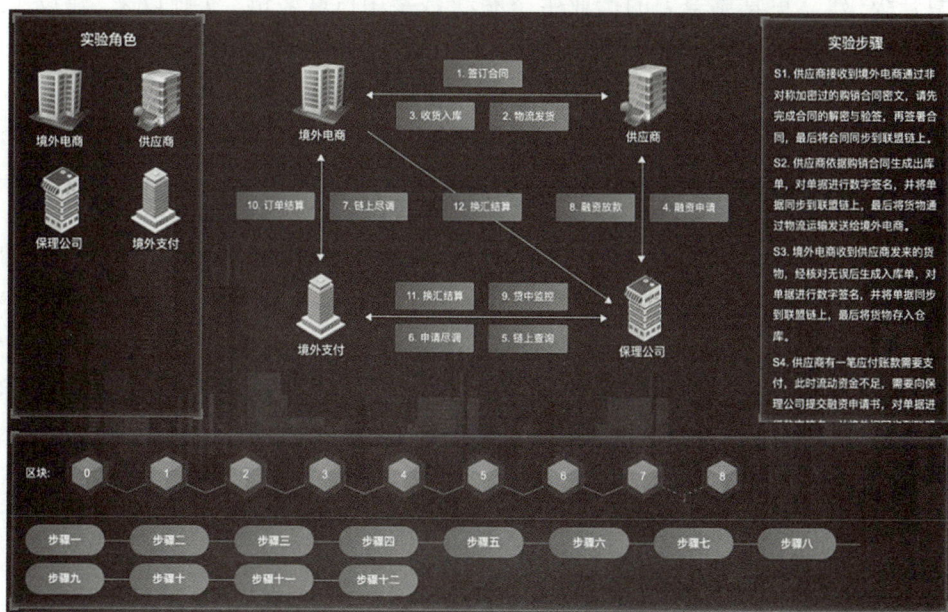

图3-54 实训案例全景图13

📍 实训小结

通过本实践案例的学习,可以初步了解区块链技术在跨境保理业务中的应用,理解了区块链技术的应用模式与创新价值,根据整个保理行业的特点,可以总结出区块链的用途。

区块链具有透明性的特征,在整个链上的任何数据都可以被查询、追溯。而且由于其存储的记录具有不可篡改的特性,降低了交易过程中的欺诈风险,在提高交易精度的同时简化了交易过程,降低了保持数据的原始性和交易可追溯的成本,为整个供应链提供担保授信依据。

基于区块链的跨境保理可以实现授信担保中的去中心化,实现支付与结算的自动化、高效化,让信息流与资金流统一起来。

采用区块链技术可以在订单追踪、实地核查等环节提供便利节省资源。

将区块链技术运用于征集平台、尽调等环节可以有效控制操作风险的发生。将调查的各个环节都真实地记录在区块链上,能够为保理公司的运营管理提供重要依据。

📍 拓展训练

我国供应链金融市场规模已超过20万亿元,发展前景非常广阔。中国汽运股份有限公司(以下简称中国汽运)顺应时代发展潮流,对传统产业进行数字化变革,与中国银行股份有限公司共同发起建立产业金融联盟链,推动打造"数字中汽",实现供应链的全面转型升级,建立更具竞争力的产业生态圈。"数字中汽联盟链"实施以来,建设了适合企业集团战略发展需要的一体化"区块链+信用流转平台",所有相关企业均加入联盟链中,并将自己企业的工商信息、产品信息上链。中国银行股份有限公司单独为中国汽运提供1亿元的联盟链授信额度,通过在链上确认融资申请企业业务合同信息真实性以及与中国汽运的业务关联性后,对其上游供应商提供高效、便捷的订单融资、票据贴现等金融服务。

为庆祝公司上市十周年,在2023年12月,中国汽运建设的"数字中汽联盟链",首批试点将在河北地区进行,定制化生产1 000辆十周年员工福利汽车——新能源汽车,奖励为公司做出重要贡献的核心骨干员工。请在"区块链+信用流转平台"上完成核心企业(中国汽运股份有限公司)、一级供应商(河北汽车制造有限公司)、二级供应商(雄安轮胎制造有限公司)、商业银行(中国银行股份有限公司)的区块链供应链金融业务处理吧!

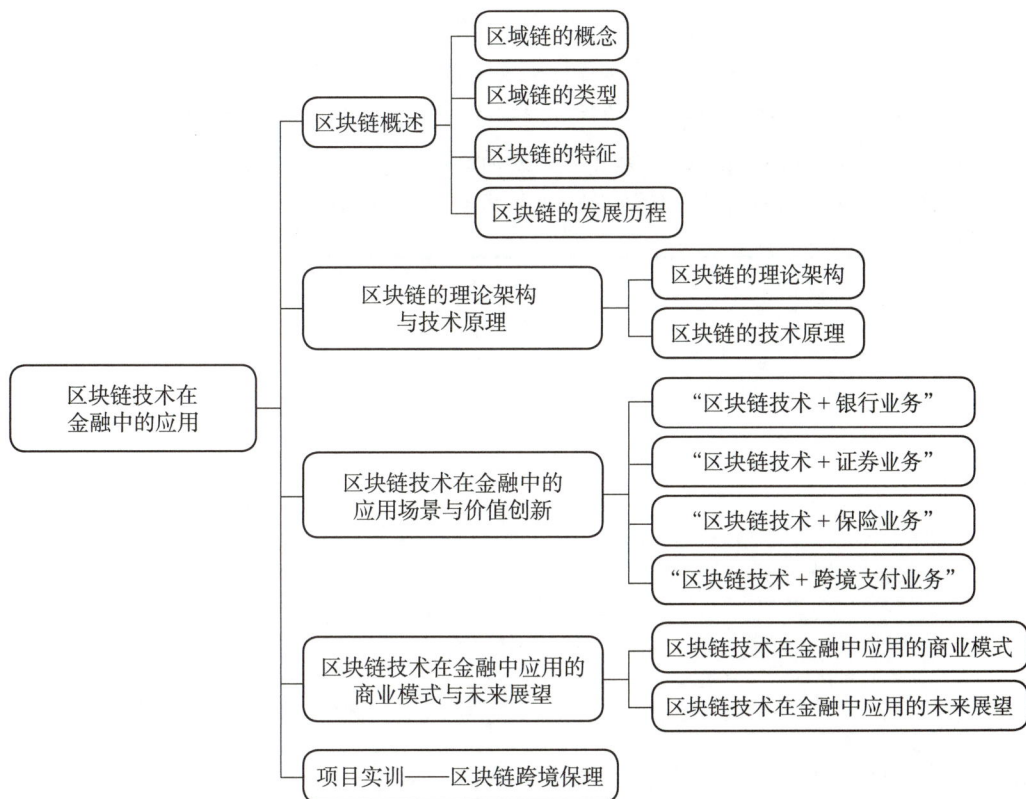

本章要点

- 区块链技术在金融中的应用
  - 区块链概述
    - 区域链的概念
    - 区域链的类型
    - 区块链的特征
    - 区块链的发展历程
  - 区块链的理论架构与技术原理
    - 区块链的理论架构
    - 区块链的技术原理
  - 区块链技术在金融中的应用场景与价值创新
    - "区块链技术+银行业务"
    - "区块链技术+证券业务"
    - "区块链技术+保险业务"
    - "区块链技术+跨境支付业务"
  - 区块链技术在金融中应用的商业模式与未来展望
    - 区块链技术在金融中应用的商业模式
    - 区块链技术在金融中应用的未来展望
  - 项目实训——区块链跨境保理

问题讨论

1. 区块链通过什么机制实现隐私安全和系统可靠?

2. 区块链在金融行业中的应用场景除了银行业务、证券业务、保险业务和跨境支付业务外,还有哪些? 试举例说明。

3. 区块链除了在金融行业中的应用,其他行业的典型应用场景有哪些? 试举例说明。

思考与练习

1. 什么是非对称加密算法？其主要优缺点有哪些？
2. 对于区块链来说，链上的信息传播需要具备哪些基本元素？
3. 股份授权证明机制（DpoS）的设计思路是什么？该共识机制存在哪些优势？
4. 区块链技术是如何解决传统贷款业务痛点的？
5. 区块链技术是如何解决传统保险业务痛点的？

第四章
人工智能技术在金融中的应用

知识目标：掌握人工智能概念、本质和内涵；理解人工智能的特征和价值；了解人工智能金融的发展历程；了解人工智能金融的基本理论框架；理解机器学习、深度学习、计算机视觉、知识图谱、自然语言处理等人工智能金融的应用阶段和应用原理；掌握金融智能问答技术序列到序列的模型训练方法；掌握人工智能在支付业务、银行业务、证券业务、保险业务等金融应用场景及价值创新；理解人工智能金融的商业模式；了解应用智能投顾提升金融服务能力的方式和路径；了解人工智能金融的未来发展趋势。

技能目标：能够通过项目实训掌握智能投顾的整个过程，依托人工智能金融投资模型、算法等技术，结合金融理论，对于人工智能在智能投顾领域的应用有深刻的理解；通过案例解读，能够分析人工智能金融的应用场景与价值创新。

素养目标：理解人工智能技术对金融应用场景的重构和优化，培养积极进取、勇于开拓的创新精神，激发科技报国情怀；了解人工智能金融的机遇挑战和未来展望，能正确看待人工智能的双刃剑作用，提升人工智能安全素养，防范潜在风险。

导入案例

赋能金融新生态，多家银行创新应用成果亮相世界人工智能大会

2023年7月6日，世界人工智能大会（WAIC）在上海世博中心和世博展览馆正式举办。大会设置了多个分论坛，"拥抱大模型，赋能新金融"论坛（图4-1）以"'生'机盎然，'成'就未来"为主题，与AIGC技术（AI Generated Content，即利用人工智能技术自动生成内容）的"生成式"理念相契合，以投融资为视角，聚焦人工智能和AIGC前沿技术变革以及多场景应用，共话发展前景，把握投资新趋势。中国银行、中国建设银行等多家聚焦人工智能技术的金融机构亮相论坛，借助世界人

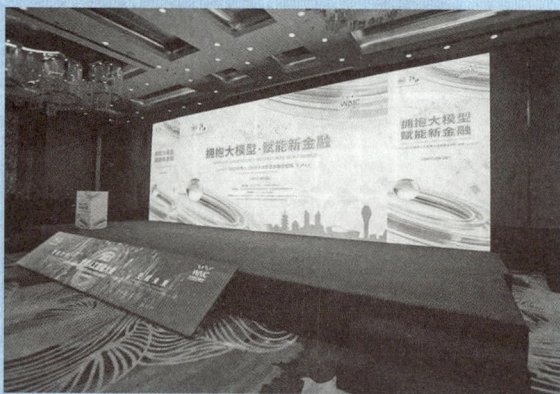

图4-1　"拥抱大模型，赋能新金融"论坛

工智能大会的平台，通过路演和产品展示，畅通技术、企业和资本之间的生态循环，展示了数智赋能金融领域的应用新突破。

中国银行以"数智赋能向未来"为主题，设计打造五大特色板块，展现中国银行在新技术引领下赋能渠道运营、业务创新、经营管理、营销服务、风险防控等业务领域的创新应用成果，传递未来银行数字化、智慧化、开放化转型发展理念。展会现场，中国银行带领观众开展一场"迈向未来2112"的时光穿越，开启未来银行新篇章、享全球发展新机遇、造企业孵化新模式、建客户营销新业态、拓金融服务新空间五个维度，畅想2112年银行新业态。

中国建设银行聚合前沿科技、金融场景、创新商业模式的"生态圈"，携多项科技成果闪亮登场。一条象征着"生态融合"和"无界未来"的蓝色莫比乌斯环蜿蜒起伏，引领"科创力量""数都上海""美好生活"三个主要展示区域，对中国建设银行着力B端赋能、强化C端突围、推进G端链接的新金融实践进行全方位、多角度地呈现，中国建设银行上海市分行重点推出"建·沪链"科技产业金融综合服务品牌。现场观众通过感应触发每一链，可以了解该大类产品的详细信息和具体内容。展会现场，中国建设银行还打造了一个"百姓身边的政务大厅"，让积极推进智慧政务赋能治理的举措通过可演示、可体验的方式与公众见面。借助智能终端，中国建设银行打通了政务服务"最后一公里"。公众能够在终端机上进行属地派出所查询、婚姻登记档案查询等，体验中国建设银行智慧政务带来的便利和贴心。

交通银行以"数智交行，共生未来"参展主题亮相本届大会，在交流银行展区，除了与观众互动的数字员工姣姣，"云上交行"亦是一大亮点。近年来，交流银行不断强化物理网点和"云上交行"协同联动，推动形成线上线下一体化综合化服务体系。观众还可以通过智能屏体验元宇宙营业厅，以及通过智能屏远程连线金融服务中心座席现场交流互动，体验远程业务办理。"云上交行"以远程视频服务构建"云网点、云柜员、云管家"服务体系，通过屏对屏线上服务，实现机构在线、员工在线、服务在线、产品在线，突破传统银行物理空间的限制，创新银行服务新模式。

（资料来源：第一财经网）

想一想

人工智能被运用在金融的哪些领域？你认为未来金融领域人工智能的运用将会如何发展？

第一节　人工智能概述

一　人工智能的概念与内涵

（一）人工智能的概念

人工智能（artificial intelligence, AI）概念始于20世纪50年代中期达特茅斯夏季研讨会。一般认为，人工智能是计算机科学的一个分支，主要研究、开发用于模拟、延伸和扩展人的智能的理论、方法、技术及应用系统的一门新的技术科学。其目的是了解智能的实质，试图开发能与人类智能相似的方式做出反应的智能机器。目前，人工智能领域的主要研究包括机器人、语言识别、图像识别、自然语言处理和专家系统等。

（二）人工智能的本质

人工智能就是用人工的方法在机器上实现的智能，也称为机器智能，人工智能是一门研究如何构造智能机器或智能系统，使其能模拟、延伸、扩展人类智能。通俗来说，人工智能就是研究如何使机器具有能听会说、能看会写、能思考会学习、能适应环境变化、能解决问题等功能的学科。

（三）人工智能内涵

经过70余年的发展，人工智能逐步走向成熟，部分技术已经开始大规模应用于社会生活中。比如，当人们在网上购物时，智能客服机器人能准确理解客户的需求，善解人意地帮其解决问题；当人们去医院看病时，人工智能可以辅助医生诊断病情，例如，医学影像智能分析，能通过人工智能技术自动识别病灶区域，并进行后续分析；在无人驾驶领域、智慧城市领域等，人工智能正深入社会的各个角落，深刻改变着人类的认知与生活。

作为数字化程度最高、IT应用最广泛的领域之一，银行业拥有海量的金融数据，这成为人工智能能落地应用的坚实基础，因为人工智能可以在海量数据中发掘数据并提炼以应用到生活中。当前，大银行由于对创新和客户体验的重视程度相对较低，客户在服务质量、产品种类和服务的可获得性方面遇到了问题。而各类金融科技企业正通过新兴技术，如人工智能、大数据、云计算等，对多维度客户数据进行处理，理解和预测不同客户的行为和需求，为其提供个性化的服务。对于银行业而言，金融科技企业在产品与服务创新、运营效率与客户体验方面的优势明显，银行与金融科技企业的合作成为发展趋势。

2017年，国务院印发的《新一代人工智能发展规划》中提出，要创新智能金融产品和服务，发展金融新业态，鼓励金融行业应用智能客服、监控等技术和装备，建立金融风险智能预警与防控系统。中国人民银行成立了金融科技委员会，加强金融科技工作的研究规划和统筹协调，积极利用大数据、人工智能云计算等技术丰富金融监管手段，提升跨行业、市场交叉性金融风险的甄别、防范和化解能力。

二　人工智能的特征和价值

（一）人工智能的特征

人工智能中的智能指的是知识与智力的综合，其中，知识是一切智能行为的基础，而智力是获取知识并应用知识求解问题的能力。因此一般具备感知能力、记忆与思维能力、学习能力、行为能力，以此来达到模拟、延伸、扩展人类智能的目的。

1. 感知能力

感知能力是指通过视觉、听觉、触觉、嗅觉、味觉等感官感知外部世界的能力。

2. 记忆与思维能力

记忆与思维是人脑最重要的功能，是人具有智能的根本原因，记忆用于储存由感知器官感知到外部信息以及由思维所产生的知识，思维用于对记忆的信息进行处理，即利用已有的知识对信息进行分析、计算、比较、判断、联想和决策等。

3. 学习能力

学习是人的本能，人们通过与环境的相互作用不断学习，从而积累知识，练就技能，适应环境的变化。

4. 行为能力

人们通常用语言或者表情、延伸及形体动作来对外界的刺激做出反应、传达信息，称为行为能力或表达能力。

（二）人工智能的价值

1. 市场价值

2006年，图灵奖得主、英国皇家学会院士杰弗里·辛顿在神经网络的深度学习领域取得突破。在同一时段，计算机算力飞速提升，使深度神经网络处理超大数据成为可能。随着谷歌、微软、百度、阿里等国内外互联网巨头以及众多初创科技公司纷纷涌入人工智能商业市场，掀起一轮又一轮的人工智能商业化狂潮，未来几十年内人工智能技术预计将创造数万亿美元的市场价值。

2. 社会价值

人工智能所蕴藏的颠覆性能量和广泛性影响，正在从经济、文化、政治、能源、教育到社会管理的方方面面深刻地重构全世界，大量行业将会被重新定义，就业机构将会被重塑，大量人们习以为常的工作岗位将会消亡，而同时一些"前所未见"的新岗位也会随之诞生，社会转型的进程将会进一步加快。

3. 应用价值

人工智能正在快速融入人们的生产生活,极大提高工作效率,不断降低生产和管理成本,为经济社会发展不断注入新动能。从"刷脸"乘坐飞机到无人超市,从多功能巡逻机器人到智慧医疗,在移动互联网、大数据等新技术驱动下,人工智能在各行业的应用不断落地开花,正以前所未有的速度和广度,深刻改变着人们的生产生活。为了抓住人工智能发展的重要机遇,越来越多国家和地区将人工智能写入国家发展战略,将其视作促进经济转型、提高民众生活质量的重要手段。

三 人工智能金融的发展历程

(一)人工智能的起源

1. 图灵测试

测试者与被测试者(一个人和一台机器)隔开的情况下,通过一些装置(如键盘等)向被测试者随意提问。

多次测试(一般在5分钟之内),如果有超过30%的测试者不能确定被测试者是人还是机器,那么这台机器就通过了测试,并被认为具有人类智能。

2. 达特茅斯会议

1956年8月,在美国汉诺斯小镇的达特茅斯学院中,约翰·麦卡锡(计算机专家)、马文·闵斯基(人工智能与认知学专家)、克劳德·香农(信息论的创始人)、艾伦·纽厄尔(计算机科学家)、赫伯特·西蒙(诺贝尔经济学奖得主)等科学家正聚在一起,讨论着一个跨时代的主题:用机器来模仿人类学习以及其他方面的智能。会议足足开了两个月的时间,虽然没有达成普遍的共识,但是参会者却为会议讨论的内容起了一个名字:人工智能。因此,1956年也就成为人工智能元年。

(二)人工智能金融的发展阶段

人工智能的探索道路是曲折起伏和充满未知的。如何描述人工智能自1956年以来的发展历程,学术界可谓仁者见仁,智者见智。如图4-2所示,本书将人工智能金融的发展历程划分为五个阶段。

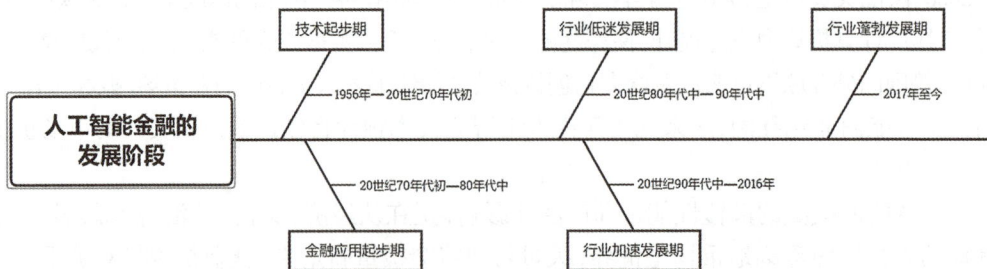

技术起步期		行业低迷发展期		行业蓬勃发展期

人工智能金融的发展阶段

- 1956年—20世纪70年代初
- 20世纪70年代初—80年代中 / 金融应用起步期
- 20世纪80年代中—90年代中
- 20世纪90年代中—2016年 / 行业加速发展期
- 2017年至今

图4-2 人工智能金融的发展阶段

1. 技术起步期：1956年—20世纪70年代初

1956年，美国达特茅斯会议聚集了最早的一批研究者，计算机专家约翰·麦卡锡提出了"人工智能"一词，被当作是人工智能正式诞生的标志。在这一阶段提出的人工智能是使一部机器像人一样进行感知、认知、决策、执行的程序或系统。人工智能概念提出后，相继取得了一批令人瞩目的研究成果，如机器定理证明、跳棋程序等，掀起人工智能发展的第一个高潮。

人工智能技术起步期的突破性进展大大提升了社会对人工智能的期望，人们开始尝试更具挑战性的任务，并提出了一些不切实际的研发目标。然而，接二连三的失败和预期目标的落空（例如，无法用机器证明两个连续函数之和还是连续函数、机器翻译闹出笑话等），使人工智能的发展步入低谷。

2. 应用起步期：20世纪70年代初—80年代中

20世纪70年代出现的专家系统通过模拟人类专家的知识和经验解决特定领域的问题，实现了人工智能从理论研究走向实际应用，从一般推理策略探讨转向运用专业知识的重大突破。专家系统在医疗、金融、化学、地质等领域取得成功，推动人工智能走入应用发展的新时期。

此阶段的显著特征是信息传输技术在金融领域的渗透，标志性事件是1967年巴克莱银行第一台自助存取款机的投放。人工智能应用的萌芽阶段研究因金融业务需求推动，研究内容以信息传输技术与金融具体业务相结合为主，智能化程度较低。一方面是数字和电子传输业务的发展推进了支付、自助、风险管理等业务智能化研究。随着20世纪跨境金融业务增多，电子传输等信息技术渗透到金融支付领域，数字技术对金融的全球联系和支付结算具有显著的促进作用。另一方面是金融业规模的扩展推进了数字化技术研究。随着数字和信息技术在金融业务中的应用，金融机构的业务转向数字化办公、电子支付、自助服务、风险管理等智能业务的规模快速增长，也使得金融机构的纸质文本管理转向了电子文本管理。

3. 低迷发展期：20世纪80年代中—90年代中

随着人工智能的应用规模不断扩大，专家系统存在的应用领域狭窄、缺乏常识、知识获取困难、推理方法单一、缺乏分布式功能、难以与现有数据库兼容等问题逐渐暴露出来。基于技术进步的金融发展过程并非线性，而是充斥着各种冲突，例如，新技术对旧技术的淘汰，旧技术建立起来的运行机制和组织结构无法适应新技术的生产力等问题，互联网技术与金融业务的有机结合将形成全新的金融模式，传统的风险管理将不再适用。人工智能的渐进式渗透使不同金融主体之间的相互联系更加紧密，风险更容易在金融体系中传播。

4. 加速发展期：20世纪90年代中—2016年

网络技术特别是互联网技术的发展，加速了人工智能的创新研究，促使人工智能技术进一步走向实用化。例如，1997年国际商业机器公司（IBM）深蓝超级计算机战胜了国际象棋世界冠军卡斯帕罗夫，2008年IBM提出"智慧地球"的概念。

这个阶段的显著特征是受金融网络化推动，金融领域利用互联网技术连接金融产品、服务和客户，人工智能技术得到了广泛应用。该阶段相关研究的内容主要涉及金融网络化的效能以及风险管理。一方面，互联网技术突破时空限制，促进了对分布式信息的处理与整合,推进了金融运行效能的相关研究。另一方面,互联网技术的发展促使金融领域智能程度得以提升,进而降低了交易成本,增强了信息处理能力,提高了金融体系效率,金融利用互联网技术促进了信贷发展,加剧了金融脱媒,智能化的渗透弥补了传统金融的不足。

5. 蓬勃发展期:2017年至今

伴随着大数据、云计算、互联网、物联网等信息技术的发展,感知数据和图形处理器等计算平台推动以深度神经网络为代表的人工智能技术飞速发展,大幅跨越了科学与应用之间的“技术鸿沟”,诸如图像分类、语音识别、知识问答、人机对弈、无人驾驶、金融风控、智能投顾等人工智能技术实现了从“不能用、不好用”到“可以用”的技术突破,迎来爆发式增长的新高潮。

其显著特征是金融业与大数据、人工智能等新兴技术的深度融合。这个阶段的研究受金融智能化推动,研究内容主要涉及智能化金融模式的创新以及对用户情绪的分析。一方面是人工智能实现了对传统金融活动的颠覆,促进信用中介、信息收集、风险定价、投资决策等金融活动智能化、标准化、自动化发展,推进了对智能化金融模式的相关研究。金融领域的商业模式通过广泛使用人工智能,以自动化方式提供各种金融产品或服务。此外,人工智能与金融的融合可以整合长尾市场,缓解信息不对称,提高资金配置效率和金融风险管理能力。人工智能在金融领域的有效应用能实现金融业务和数据处理的流水式作业,金融业务流程的身份识别、自然语言处理、全方位感知、交互式服务在某种程度上可由AI完成。另一方面,人工智能在金融领域的应用推动了金融业与企业、利益相关者和消费者群体等互动方式的改变,推进了对用户情绪挖掘的研究。

拓展阅读

人工智能加速改造银行基因

经过多年的科技投入,以银行为代表的金融行业已经是数字化程度最高的行业之一,同时,银行沉淀了海量的历史数据。在人工智能、大数据、区块链等新技术的发展以及互联网金融对传统银行业的冲击下,银行的转型已成为不可逆转的趋势。目前人工智能已经深度渗透到金融领域的核心场景,使得银行革新了对客户价值的认知,创新了服务流程,降低了风险控制成本,拓展了金融服务边界,未来甚至会引发企业文化、组织管理以及体制方面的重要改革。人工智能对银行的革新有以下四点。

1. 革新客户认知

在银行传统金融服务模式下,对于借贷用户来讲,抵押物、担保人、现金流、银行征信、资产证明等“硬通货”才是保障其顺利获得银行放款的凭证,银行也默认只有拥有以上证明的人才有资格享受更充分的金融服务。应用人工智能技术后,银行可以使用在各个渠道或平台的“弱金融相关”的数据变量,对用户或企业画像,精准评估其还款意愿和能力,进而开展相关信贷业务,这样使得金融的包容性和普惠性得到极大的扩展。

2. 创新服务流程

传统模式下，银行在各个业务流程中都较为依赖人力资源和线下网点，而移动互联时代银行过去依赖于物理网点、线下经营的传统形式将会被打破。金融产品和服务也变得场景化和无形化，客户的金融需求也跨越时间和空间的限制，变得场景化、碎片化、随时化和随地化。银行借由人工智能、大数据等技术多触点感知用户的现实需求和潜在需求，通过各个业务流程的升级改造来形成"数字+服务+场景"的生态模式。

3. 数据驱动发展

人类已经大致经历了农业革命、工业革命和电力革命三个阶段，而当下人类第四次革命——数据革命或智能革命正在悄然发生。不同于以往三次革命，数据革命是人类第一次不依赖自然界的资源馈赠而自我引发的一次革命。数据就是这次革命的重要能源，如同石油、煤炭一样，但是它却是由人类自己产生，而且取之不尽、用之不竭。

银行沉淀了海量数据，包括各类金融交易、客户信息、市场分析、风险控制、投资顾问等数据，以结构化和非结构化形式存在。随着深度学习、芯片算力、数据存储能力的提升，银行业中大量沉淀的数据就像等待被挖掘的宝藏一样，在预测分析、用户精准画像、团伙欺诈识别等方面，数据驱动的能力和价值越发凸显。而令人欣喜的数据驱动所展现的能力，还只是冰山一角，未来还会有更多更大的想象和发展空间。

4. 优化风控能力

现在越来越多的银行开始大力进行数字化和智能化转型，借由人工智能技术改善风控体系。风险控制能力是银行的核心，智能风控之所以渐渐成为人们关注的焦点，与其大大提升风控效率有很大关系。利用人工智能、大数据、云计算等技术，结合各类风险模型搭建，可以实现在大批量作业下，风险识别更准，风险识别更快，同时也能实现机器对人的取代。智能风控在各种技术的加持下正在快速发展，如果将其比喻成人体结构，智能风控的发展进化历程，分别代表着人类的感官系统、大脑和四肢，逐步实现从大数据收集、机器识别和推理、智能决策执行等功能。从销售管理、反欺诈、贷前准入、客户授信到贷后管理，智能风控的模式可以有效对金融机构前中后台进行重塑，形成贷前、贷中、贷后体系化和全周期化的生态系统。银行承担着经济融通的重任，顺利展开各种金融服务的基础和前提是信用，而信用的构建是伴随着一系列政治、经济、社会、技术、法律和监管力量发展而来的。人工智能的发展为信用机制的构建增加了新的维度，也势必影响到银行要重新构筑的新型信用连接方式，银行的角色正在经历前所未有的转变。

（资料来源：搜狐新闻网）

除了以上人工智能发展阶段的分类外,还可以从人工智能的应用层面将其分为萌芽期、产业化时期和商业化时期,也可以从人工智能的技术状态分为计算智能阶段、感知智能阶段和认知智能阶段。经过多年的技术洗礼,人工智能技术在商业领域的应用来到了一个繁荣发展的临界点,人工智能正在金融、交通、医疗、保险、工业、零售等多个行业引发链式效应和产业变革。

拓展阅读

人工智能在世界各国的商业应用

一、阿联酋——无接触服务提升生活品质

从迪拜国际机场出发或转机,乘客只需在机场指定通道走过,即可完成航班值机、出境通关、登机等流程。每个环节耗时仅5至10秒,全程不需要接触机场工作人员。

这是迪拜国际机场2020年10月推出的"智能通道",设置了数十个人脸识别技术摄像头,将面部识别和虹膜识别相结合,当乘客看向通道的不同角落,摄像头便可以多角度记录其面部特征。这项技术替代了普通的护照检查,给乘客带来更加便捷高效的旅行体验。

"这种无接触式通关方式让我们感觉更加安全、卫生、便捷。和过去处处排长队、一等就是半个多小时的状况相比,真得感谢科技发展。"一位经常乘机往返埃及与阿联酋的埃及商人表示。

在阿联酋,从智能基础设施到机器人"警察",人工智能的影子随处可见。迪拜工商会报告显示,人工智能的快速发展推动了社会生活多方面的改变,正逐步创造巨大的经济效益。

2021年9月初,家乐福的第一家人工智能超市在阿联酋购物中心开业。消费者在手机上下载相关应用程序后,凭二维码进店。选好商品,离开店铺5分钟后,消费者的手机就会收到账单,直接在线完成支付,整个过程没有任何店员参与。

据了解,该超市的天花板上安装了近百个摄像头。它们不仅可以跟踪并识别每一件商品,还可以识别消费者在商店里的活动情况。如果商品离开货架,系统会自动添加至消费者数字购物篮中;如果商品退回货架,系统又会将其在购物篮中删除。家乐福中东地区零售代理商负责人表示,商家须得到消费者授权才能收集有关数据,且这些数据不会被共享。

"云端结账,随拿随走,方便自由,节省时间,这就是未来的购物方式。感觉很棒!"在超市购物的一名顾客评价道。

二、新加坡——机器人巡逻提高工作效率

一台四轮机器人在熙熙攘攘的大街上巡逻,车身显示屏闪烁着"保持安全距离"等提示信息。如发现有人在禁烟区吸烟,机器人立刻移动到那里,并发出"请不要在

禁烟区吸烟"的提示音。

这是新加坡政府开发的多功能巡逻机器人"泽维尔"。2021年9月初在该国大巴窑地区进行了为期3周的试运行。"泽维尔"配备有传感器和安全装置，能自主导航行驶，最高时速约5千米，续航能力四五个小时。在人流量高峰期，"泽维尔"每天都会依照预设的线路巡逻。一旦视像分析程序探测到违规行为，如有人在禁烟区吸烟、非法贩卖商品、违规停放自行车或聚会人数超过政府规定等，它就会提醒公众停止这些违规行为。

同时，"泽维尔"车身上还配备有360度全景摄像头，会将拍摄到的图像和视频，在几秒钟内传送到指挥与控制中心，协助执法人员了解现场情况。执法人员还可通过"泽维尔"身上的双向对讲机，远程应对突发事件。

这项机器人巡逻计划由新加坡科技研究局等5个机构共同实施。据新加坡科技研究局自动化和无人系统专业研究中心主任介绍，地面机器人具有多功能性，可根据不同领域和操作环境进行量身定制和广泛应用。

在新加坡，人工智能技术还广泛地应用于医疗、金融、农业等领域。新加坡《海峡时报》评论称，人工智能是一种无形资产和新的生产要素。对于新加坡来说，可以通过大力发展人工智能，形成新的经济增长点。

三、西班牙——智能头盔提供安全保障

在西班牙，骑自行车是一项颇受欢迎的运动，但运动过程中有时难免遇到各种意外。为了预防和减轻事故伤害，西班牙一家名为"埃维科斯"的初创企业研发了一款基于人工智能技术、配备有安全气囊的自行车头盔。

该头盔内置多个传感器，可以收集佩戴者运动过程中的骑行速度、运动轨迹和加速状况等信息，并通过内置芯片进行分析。一旦检测到事故发生，安全气囊将在千分之一秒内被激活，在启动后对后颈部位进行保护。同时，芯片将通过智能手机应用程序，发送预警信息，拨打紧急联络人或紧急援助电话，并对佩戴者进行定位。此外，头盔设计还加入了预防事故功能，当骑行者靠近危险区域或事故多发路段时，将会发出提醒，并提供其他路径选择。

西班牙托莱多的一家医院与这家初创企业合作，为头盔设计提供了医学建议，并验证了该项技术在医学上的有效性。公司首席执行官表示，虽然这项设计目前主要针对自行车运动，但未来可以推广至所有需要佩戴头盔的体育运动，包括速滑、马术和滑雪等。该公司也在和不同的运动头盔品牌商接洽，将该发明纳入其设计。

西班牙另一家初创企业推出了智能溺水救援项圈。设备通过内置的感应器和芯片，可对佩戴者和周边环境信息进行检测和分析。一旦发现佩戴者有溺水反应，会自动启动充气系统，帮助佩戴者头部露出水面，便于恢复意识和自主呼吸。同时，芯片还会向周边医疗机构以及使用同一产品或手机应用程序的用户发出求救信号，实现更迅速的救援与救治。

（资料来源：人民网，人工智能释放巨大应用价值）

第二节　人工智能的理论架构与技术原理

人工智能是计算机科学的一个分支,它企图了解智能的实质,并生产出一种新的能以人类智能相似的方式作出反应的智能机器,当前人工智能技术已应用在金融智能服务机器人、金融智能客服、图像识别、自然语言处理和智能投顾等细分领域。

一　人工智能的理论构架

"人工智能"一词最初在1956年达特茅斯会议上提出。随后研究者们发展了众多理论和原理,人工智能的概念也随之扩展。人工智能金融包括十分广泛的科学,它是应用经济学、金融学、计算机科学的交叉融合,人工智能在金融中的应用理论包含机器学习,深度学习、计算机视觉等。总的说来,人工智能研究的一个主要目标是使机器能够胜任一些通常需要人类智能才能完成的复杂工作。但不同场景下不同的人对这种"复杂工作"的理解是不同的,涉及智能技术原理、机器学习应用、深度学习应用、计算机视觉、知识图谱、自然语言处理。

(一) 人工智能的学科基础

计算机通过人工智能技术不但能完成信息加工,而且能够比人脑做得更快、更准确,所以,当代人已不再把这种计算看作是"需要人类智能才能完成的复杂任务",可见复杂工作的定义是随着时代的发展和技术的进步而变化的,人工智能这门科学的具体目标也自然随着时代的变化而发展。除了计算机科学以外,人工智能还涉及认知科学、脑科学、语言学、逻辑学、心理学、哲学、生物学、仿生学、计算科学等多门学科,如图4-3所示。

人工智能领域包括机器人、语言识别、图像识别、自然语言处理和专家系统等。

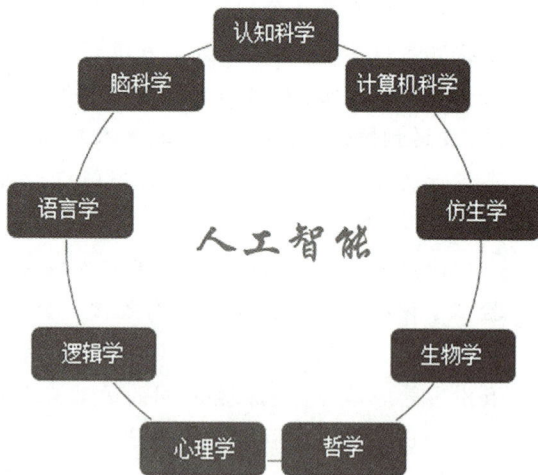

图4-3　人工智能交叉学科

人工智能可以对人的意识、思维的信息过程的模拟。如果人工智能比喻成的孩子大脑,机器学习就是让孩子去掌握认知能力的过程,而深度学习是这过程中很有效率的一种教学体系(图4-4)。人工智能是目的,是结果;深度学习、机器学习是方法,是工具。

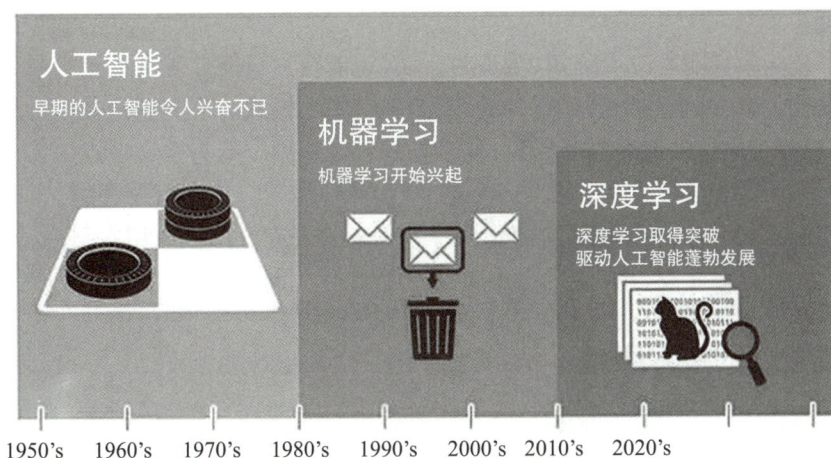

图4-4　人工智能技术关系图

（二）人工智能的理论框架

人类的认知过程是非常复杂的行为，至今仍未能完全被解释，人工智能各学派从不同的角度对人的智能行为进行研究，从而形成研究人工智能的不同的基本理论。久而久之，人们对人工智能金融的基本认知也分为三个部分，即符号主义、联结主义和行为主义。

1. 符号主义

符号主义认为可以用一个符号系统在计算机上形式化地描述和模拟人的思维活动过程。符号主义还认为知识是智能的基础，人工智能的核心问题是知识表示与知识推理，知识是可以用一种符号系统来表示的，也可以用符号的操作进行知识推理。因此，有可能建立起基于知识的人类智能和机器官能的统一理论体系。金融知识图谱和ChatGPT是对这一理论应用的典型代表。符号主义观点认为人工智能的研究方法应是功能模拟方法，分析人类认知系统所具备的功能和机理，然后用计算机来模拟这些功能，从而实现人工智能。符号主义力图用数理逻辑方法来建立人工智能的统一理论体系，通过数学模型构建金融基础模型，规划智能化决策模型。

2. 联结主义

联结主义利用人工神经网络模仿人类智能，认为人的智能的基本单元是神经元，许多人工神经元连接起来的人工神经网络可以具有自学习和自适应功能，能更好地模仿人类智能。人工神经网络并不是人脑的真实描写，只是人脑的某种抽象、简化与模拟。人工神经网络实际上是一种非线性自适应信息处理系统，信息处理由神经元之间的相互作用来实现，知识与信息的存储表现为网络各神经元之间的联系，学习则表现为网络各神经元连接权的动态变化过程。在金融图片数据处理，尤其是金融业务凭证数据采集等方面，采用了大量的神经网络技术。联结主义观点认为人工智能应着重于结构模拟，即模拟人的生理神经网络结构，并认为功能与结构是密切相关的，不同的结构表现出不同的功能和智能行为。至今，已经提出多种人工神经网络结构和多种学习算法，在信用卡识别、人脸支付、网络信贷等领域应用广泛。

3. 行为主义

行为主义认为智能取决于感知、表现为行动，智能行为只能在现实世界中与周围环境交互作用时表现出来，从而提出智能行为的"感知—动作"模式。这类理论在金融场景中应用较少，更多适合于简单的快速判断场景，复杂场景较难适用。行为主义观点认为人工智能的研究方法应采用行为模拟方法，也认为功能、结构和智能行为是不可分开的，不同的行为需要不同的控制结构并表现出不同的功能。行为主义的研究方法被应用在金融行为决策中，注重个人行为对金融业务影响，进而进行基本的智能化判断。

二　人工智能的技术原理

（一）机器学习

机器学习（machine learning，ML）是一门涉及统计学、系统辨识、逼近理论、神经网络、优化理论、计算机科学、脑科学等诸多领域的交叉学科，研究计算机怎样模拟或实现人类的学习行为，以获取新的知识或技能，重新组织已有的知识结构使之不断改善自身的性能，是人工智能技术的核心。基于数据的机器学习是现代智能技术中的重要方法之一，研究从观测数据（样本）出发寻找规律，利用这些规律对未来数据或无法观测的数据进行预测。根据学习模式、学习方法以及算法的不同，机器学习存在不同的分类方法。

1. 机器学习工作原理

机器学习包含多种使用不同算法的学习模型。根据金融数据的性质和期望的结果，可以将学习模型分成四种，分别是监督学习、无监督学习、半监督学习和强化学习。而根据使用的金融数据集和预期结果，每一种金融模型可以应用一种或多种算法。机器学习算法主要用于对事物进行分类、发现模式、预测结果，以及制定明智的决策。算法一般一次只使用一种，但如果处理的数据非常复杂、难以预测，也可以组合使用多种算法，以尽可能提高准确度。

机器学习算法能够识别模式和相关性，这意味着其可以快速准确地分析投资回报率。对于投资机器学习技术的企业来说，可以利用这个特性，快速评估采用机器学习技术对运营的影响。机器学习基本过程如图4-5所示。

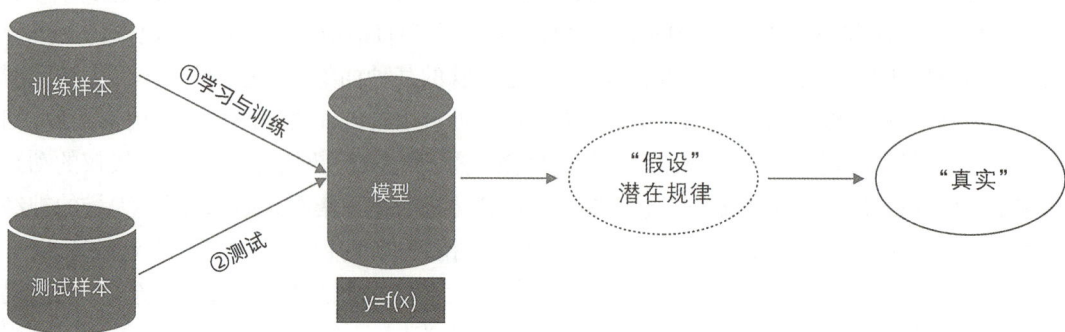

图4-5　机器学习基本过程

数据集的例子：

关于西瓜的数据，X_1（色泽＝青绿；根蒂＝蜷缩；敲声＝浊响），X_2（色泽＝浅白；根蒂＝硬挺；敲声＝清脆），X_3（色泽＝青绿；根蒂＝硬挺；敲声＝清脆）。

一般地，令 D＝$\{x_1, x_2, x_3, \cdots, x_m\}$，表示包含 m 个示例的数据集，每个示例由 d 个属性描述（例如，上面的西瓜数据使用了 3 个属性），则每个示例 $\bar{x}_i=(a_{i1}, a_{i2}, a_{i3}, \cdots, a_{id})$ 是 d 维样本空间 x 中的一个向量，$\bar{x}_i \in X$。其中是 $\bar{x}_{ij}$ 在第 j 个属性上的取值。例如，上述第 3 个西瓜在第 2 个属性上的值是"硬挺"，d 称为样本 $\bar{x}_i$ 的"维数"。

怎么挑瓜，就是从西瓜的特征着手，例如，"色泽""根蒂""敲声"。天气预报主要是使用收集大量的数据（气温、湿度、风向和风速、气压等）。特征或属性：反映事件或对象在某方面的表现或性质的事项。属性上的取值，例如，"青绿""乌黑"，称为"属性值"或特征值。属性组成的空间称为"属性空间""样本空间"或"输入空间"。把"色泽""根蒂""敲声"作为三个坐标轴，则它们形成一个用于描述西瓜的三维空间，每个西瓜都可在这个空间中找到自己的坐标位置。由于空间中的每个点对应一个坐标向量，因此也把一个示例称为一个"特征向量"，如图4-6所示。

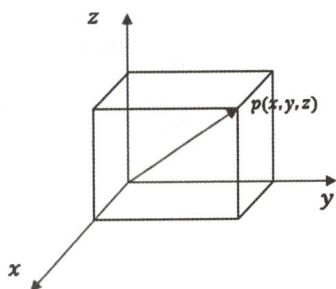

图4-6　特征向量

2. 机器学习技术分类

根据学习模式将机器学习技术分类为监督学习、无监督学习、半监督学习和强化学习等，如图4-7所示。

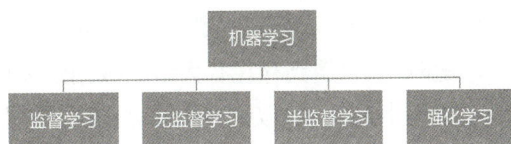

图4-7　机器学习分类

（1）监督学习。监督学习是利用已标记的有限训练数据集，通过某种学习策略或方法建立一个模型，实现对新数据或实例的标记（分类）及映射，最典型的监督学习算法包括回归和分类。监督学习要求训练样本的分类标签已知，分类标签精确度越高，样本越具有代表性，学习模型的准确度越高。监督学习在金融研究报告摘要提取、金融信用卡识别、身份证证件数据提取等领域获得了广泛应用。监督学习过程如图4-8所示。

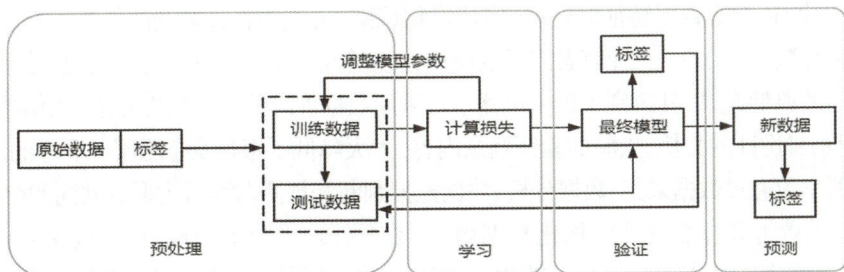

图4-8　监督学习过程

（2）**无监督学习。**无监督学习是利用无标记的有限数据描述隐藏在未标记数据中的结构或规律，最典型的非监督学习算法包括单类密度估计、单类数据降维、聚类等，如图4-9所示。无监督学习不需要训练样本和人工标注数据，便于压缩数据存储、减少计算量、提升算法速度，还可以避免正、负样本偏移引起的分类错误问题。主要用于经济预测、异常检测、数据挖掘、图像处理、模式识别等领域。例如，组织大型金融云服务智能管理、金融用户社交网络分析、金融政策分析等。

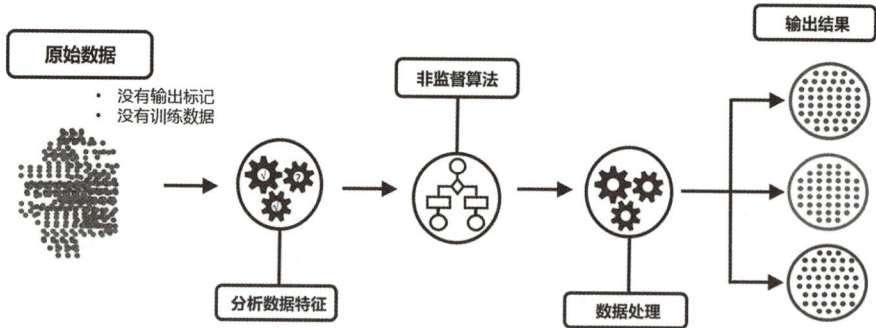

图4-9 无监督学习

（3）**半监督学习。**半监督学习是一种介于监督学习和无监督学习之间的机器学习方法，即利用少量的具有标记的数据样本和大量没有标记的数据样本进行学习的框架。在解决现实问题时，如果遇到存在有大量的数据未标记，而仅有一小部分数据是经过标记的情况，那么通过应用半监督学习方法可以提高机器学习模型的泛化能力，使其在新样本上表现更好。

（4）**强化学习。**强化学习，又称再励学习、评价学习或增强学习，是机器学习的范式和方法论之一，用于描述和解决智能体在与环境的交互过程中通过学习策略以达成回报最大化或实现特定目标的问题。

（二）深度学习

1. 深度学习技术原理

深度学习作为机器学习的一个分支，其采用神经网络的方法进行相关的计算、建模，由于其发展迅速，通常在交流和学习中也将深度学习独立于机器学习并与传统机器学习并称，以便强调当前深度学习的重要性。深度学习应用于金融领域的早期成果是在金融图片数据中的应用，因此深度学习侧重处理图片等非结构化的数据。正是因为深度学习可以进行复杂的数据处理，从而实现对图片、视频等数据特征的处理，完成实物识别、分类等各种复杂的任务。深度学习由于可以处理图片数据，在各个行业有着广泛的应用，金融智能反欺诈应用是人工智能技术在金融科技领域应用的典型成果，其区别于传统机器学习采用数据训练的一般处理方法，采用神经网络模式，能够识别身份证的真伪，人脸的验证登录内容，大大降低了银行及金融服务业务的欺诈行为，与传统机器学习通过数据采集、数据分析、数据挖掘判断和预测欺诈行为形成共同的解决方案。

此外，随着近几年金融非结构化数据增多，数据处理需要更加规范，深度学习已在银行、保险、证券等领域，将非结构化数据转化为结构化的、机器可读的数据。例如，银行能够从监管平台（如英国的公司管理局）发布的年度报告中获得公司的财务信息，使用非结构化数据

（如卫星和街景图像）来检查企业的存在或执行其他合规控制。同时，深度学习在处理消费者消费数据方面具有较大优势，这些消费者数据包括健康记录、从可穿戴设备收集的信息、潜在的健康问题、年龄、收入、职业、贷款支付历史等。

2. 深度学习的分类

深度学习是建立深层结构模型的学习方法，典型的深度学习算法包括深度置信网络、卷积神经网络、受限玻尔兹曼机和循环神经网络等。深度学习又称为深度神经网络（指层数超过3层的神经网络）。深度学习作为机器学习研究中的一个新兴领域，由辛顿等人于2006年提出。深度学习源于多层神经网络，其实质是给出了一种将特征表示和学习合二为一的方式。深度学习的特点是放弃了可解释性，单纯追求学习的有效性，特别是在金融领域中对金融的非结构化数据如图片、视频等的处理。

深度学习技术经过多年的摸索尝试和研究，已经产生了诸多深度神经网络的模型，其中卷积神经网络、循环神经网络是两类典型的模型。卷积神经网络常被应用于空间性分布数据；循环神经网络在神经网络中引入了记忆和反馈，常被应用于时间性分布数据。深度学习框架是进行深度学习的基础底层框架，一般包含主流的神经网络算法模型，提供稳定的深度学习API，支持训练模型在服务器和GPU、TPU间的分布式学习，部分框架还具备包括移动设备、云平台在内的多种平台上运行的移植能力，从而为深度学习算法带来前所未有的运行速度和实用性。目前主流的开源算法框架有TensorFlow、Caffe/Caffe2、CNTK、MXNet、Paddle-paddle、Torch/PyTorch、Theano等。

神经网络有几种不同的形式，包括递归神经网络，卷积神经网络，人工神经网络和前馈神经网络，每种都有针对特定用例的用途。但是，它们都以某种相似的方式发挥作用，通过输入数据并让模型自己确定模型是否对给定的数据元素做出了正确的解释或决策。

（1）神经网络。神经网络是大多数深度学习模型的基础，深度学习有时可能被称为深度神经学习或深度神经网络。神经网络涉及反复试验的过程，因此其需要大量的数据进行训练。仅在大多数企业接受大数据分析并积累大量数据存储之后，神经网络才流行起来，这并非巧合。由于模型的前几次迭代涉及对图像或语音部分的内容进行过某种程度的猜测，因此必须标记训练阶段使用的数据，以便模型可以查看其猜测是否准确。这意味着，尽管许多使用大数据的企业拥有大量数据，但非结构化数据的帮助较小。非结构化数据只有经过训练并达到可接受的准确性水平，才能通过深度学习模型进行分析，但是需要注意的是深度学习模型无法对非结构化数据进行训练。

（2）卷积神经网络。卷积神经网络是一种多层神经网络，擅长处理图像特别是大图像的相关机器学习问题。卷积网络通过一系列方法，成功将数据量庞大的图像识别问题不断降维，最终使其能够被训练。卷积神经网络最早由法国科学家、纽约大学教授杨立昆应用在手写字体识别上。

典型的卷积网络由卷积层、池化层、全连接层组成。其中卷积层与池化层配合，组成多个卷积组，逐层提取特征，最终通过若干个全连接层完成分类。卷积层完成的操作，可以认为是受局部感受野概念的启发。而池化层，主要是为了降低数据维度。综合起来说，卷积神经网络通过卷积来模拟特征区分，并且通过卷积的权值共享及池化，来降低网络参数的数量级,最后通过传统神经网络完成分类等任务。

（三）计算机视觉

计算机视觉是使用计算机模仿人类视觉系统的科学,让计算机拥有类似人类提取、处理、理解和分析图像以及图像序列的能力。近来随着深度学习的发展,融合了人类视觉科学及电子电气等学科知识,计算机视觉的预处理、特征提取与算法处理渐渐融合,形成端到端的人工智能算法技术。根据解决的问题,计算机视觉可分为计算成像学、图像理解、三维视觉、动态视觉和视频编解码等五大类。

1. 计算成像技术原理

计算成像学是探索人眼结构、相机成像原理以及其延伸应用的科学。在银行等线下金融机构、基于手机摄像头的金融业务办理等场景的应用较为广泛。在相机成像原理方面,计算成像学不断促进现有可见光相机的完善,使得现代相机更加轻便。同时计算成像学也推动着新型相机的产生,使相机超出可见光的限制。在相机应用科学方面,计算成像学可以提升相机的能力,从而通过后续的算法处理使得在受限条件下拍摄的图像更加完善。例如,图像去噪、去模糊、暗光增强、去雾霾等,在较为不稳定物理环境中能够实现新的功能。例如,全景图、软件虚化、超分辨率等。

2. 图像理解技术原理

图像理解是通过用计算机系统解释图像,实现类似人类视觉系统理解外部世界的一门科学。通常根据理解信息的抽象程度可分为三个层次:浅层理解,包括图像边缘、图像特征点、纹理元素等;中层理解,包括物体边界、区域与平面等;高层理解,根据需要抽取的高层语义信息,可大致分为识别、检测、分割、姿态估计、图像文字说明等。目前高层图像理解算法已逐渐广泛应用于人工智能金融系统,如刷脸支付、银行卡识别等。

（四）自然语言处理

自然语言处理是研究能实现人与计算机之间用自然语言进行有效通信的各种理论和方法。狭义的自然语言处理是使用计算机来完成以自然语言为载体的非结构化信息为对象的各类信息处理任务,比如金融文件的理解、分类、研究报告摘要、信息抽取、金融业务知识问答、生成等。

智能问答和语义搜索主要应用的场景包括智能投研、智能投顾和智能客服。在智能投研领域,投研人员日常工作需要通过多种渠道搜索大量相关信息,而有了金融问答和语义搜索的帮助,信息获取仅需一个提问。在智能客服和智能投顾领域,智能问答系统的应用主要是机器人客服。机器人客服目前的作用还只是辅助人工客服回答一些常见问题,但已能较大地节省客服部门的人力成本。

1. 智能问答技术原理

智能问答和语义搜索是自然语言处理的关键技术,目的是让用户以自然语言形式提出问题,深入进行语义分析,以更好理解用户意图,快速准确获取知识库中的信息。智能问答机器人使用的神经网络与图像处理的神经网络有所不同,一是数据源不同,二是提取信息的网络结构也不同,智能问答机器人使用的是循环神经网络。其中问题语料构成输入,答案语料构成输出,形成了序列到序列的字符对应机制。

智能对话机器人同样也是采取了序列到序列的方法进行模型训练,如图4-10所示,其数据处理由两部分组成,即包括编码网络和解码网络,其中编码网络和解码网络都是一个独立的循环神经网络,编码网络与解码网络直接通过公隐藏层和最后一个时刻的输出进行信息传递,C为编码网络最后一个时刻的输出,作为解码网络第一时刻的输入,解码网络其他时刻的输入为前一时刻的输出。

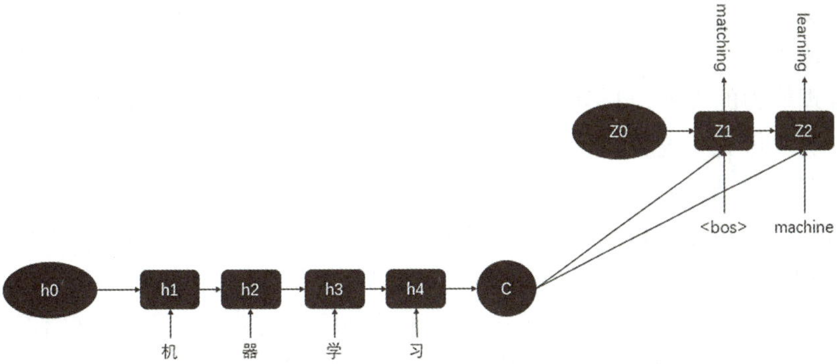

图4-10　序列到序列的模型训练方法

语义理解技术是指利用人工智能技术实现对文本篇章的理解,并且回答与篇章相关问题的过程。语义理解更注重于对上下文的理解以及对答案精准程度的把控。

随着金融智能服务机器人(图4-11)与ChatGPT的发布,语义理解受到更多关注,取得了快速发展,相关数据集和对应的神经网络模型层出不穷。语义理解技术将在智能客服、产品自动问答等相关领域发挥重要作用,进一步提高问答与对话系统的精度。金融智能服务机器人的语义理解界面如图4-12所示。

图4-11　金融智能服务机器人

图4-12　金融智能服务机器人的语义理解界面

在数据采集方面,语义理解通过自动构造数据方法和自动构造填空型问题的方法来有效扩充数据资源。为了解决填充型问题,一些基于深度学习的方法相继提出,如基于注意力的神经网络方法。当前主流的模型是利用神经网络技术对篇章、问题建模,对答案的开始和终止位置进行预测,抽取出篇章片段。对于进一步泛化的答案,处理难度进一步提升,目前的语义理解技术仍有较大的提升空间。

2. 机器翻译服务技术原理

机器翻译技术是指利用计算机技术实现从一种自然语言到另外一种自然语言的翻译过程。在金融领域中主要适用于跨境金融服务的内容,基于统计的机器翻译方法突破了之前基于规则和实例翻译方法的局限性,翻译性能取得巨大提升。基于深度神经网络的机器翻译在日常口语等一些场景的成功应用已经显现出了巨大的潜力。随着上下文的语境表征和知识逻辑推理能力的发展,自然语言知识图谱不断扩充,机器翻译将会在多轮对话翻译及篇章翻译等领域取得更大进展。

目前非限定领域机器翻译中性能较佳的一种是统计机器翻译,包括训练及解码两个阶段。训练阶段的目标是获得模型参数,解码阶段的目标是利用所估计的参数和给定的优化目标,获取待翻译语句的最佳翻译结果。统计机器翻译主要包括语料预处理、词对齐、短语抽取、短语概率计算、最大熵调序等步骤。基于神经网络的端到端翻译方法不需要针对双语句子专门设计特征模型,而是直接把源语言句子的词串送入神经网络模型,经过神经网络的运算,得到目标语言句子的翻译结果。在基于端到端的机器翻译系统中,通常采用递归神经网络或卷积神经网络对句子进行表征建模,从海量训练数据中抽取语义信息,与基于短语的统计翻译相比,其翻译结果更加流畅自然,在实际应用中取得了较好的效果。

(五)知识图谱技术原理

知识图谱主要目标是用来描述真实世界中存在的各种实体和概念及其之间的关系,可以认为是一种语义网络。从发展的过程来看,知识图谱是在自然语言处理的基础上发展而来的,二者关系紧密。

知识图谱是结构化的语义知识库,是一种由节点和边组成的图数据结构,以符号形式描述物理世界中的概念及其相互关系,其基本组成单位是“实体—关系—实体”三元组,以及实体及其相关“属性—值对”。不同实体之间通过关系相互联结,构成网状的知识结构。在知识图谱中,每个节点表示现实世界的“实体”,每条边为实体与实体之间的“关系”。通俗地讲,知识图谱就是把所有不同种类的信息连接在一起而得到的一个关系网络,提供了从“关系”的角度去分析问题的能力。

知识图谱可用于金融反欺诈、信息不一致性验证、财务组团欺诈等公共安全保障领域,在搜索引擎、可视化展示和精准营销方面有很大的优势,已成为业界的热门工具。但是,知识图谱的发展还有很大的挑战,如数据的噪声问题,即数据本身有错误或者数据存在冗余。

1. 知识图谱流程

根据数据的类型可以分为结构化数据、非结构化数据和半结构化数据。结构化的数据为表格、数据库等按照一定格式表示的数据。非结构化的数据为文本、音频、视频、图片等,需要对它们进行信息抽取才能进一步建立知识图谱。半结构化数据是介于结构化和非结构化之间的一种数据,也需要进行信息抽取才能建立知识图谱。拿到了不同来源的数据时,需要对数据进行知识融合,把代表相同概念的实体合并,将多个来源的数据集合并成一个数据集。最终,在得到的数据基础上就可以建立相应的知识图谱了。

2. 知识抽取

知识抽取主要针对非结构化数据,方法主要包括:实体识别、关系抽取、属性抽取等。结构化数据:目前结构化的数据是最主要的知识来源。针对结构化数据,知识图谱通常可以直接利用和转化,形成基础数据集,再利用知识图谱补全技术进一步扩展知识图谱。非结构化数据:针对文本型数据这种非结构化数据,知识获取的方式主要包括实体识别、关系抽取、属性抽取等。具体的方法又包括基于特征模板的方法、基于核函数的监督学习方法、基于深度学习的方法等。

3. 知识融合

当建立一个知识图谱时,需要从金融业务的多个来源获取数据,这些来源不同的数据可能会存在交叉、重叠,同一个概念、实体可能会反复出现,知识融合的目的就是把表示相同概念的实体进行合并,把来源不同的知识融合为一个知识库。

知识融合的主要任务包括实体消歧和指代消解,它们都用来判断知识库中的同名实体是否代表同一含义、是否有其他实体也表示相同含义。实体消歧专门用于解决同名实体产生歧义的问题,通常采用聚类法、空间向量模型、语义模型等。指代消解则为了避免代词指代不清的情况。

4. 知识推理

基于知识图的知识推理旨在识别错误并从现有数据中推断新结论。通过知识推理可以导出实体间的新关系,并反馈以丰富知识图,从而支持高级应用。鉴于知识图的广泛应用前景,大规模知识图的知识推理研究成为近年来自然语言处理领域的一个研究热点。

知识图谱技术可用于辅助贷前审批,基于知识图谱数据的统一查询,全面掌握客户信息;避免由于系统、数据孤立、信息不一致造成信用重复使用、信息不完整等问题。此外,还可以用于反欺诈识别,若借款人共享的某些信息(如设备、住址等)高度重合,则存在组团欺诈风险,如图4-13所示。

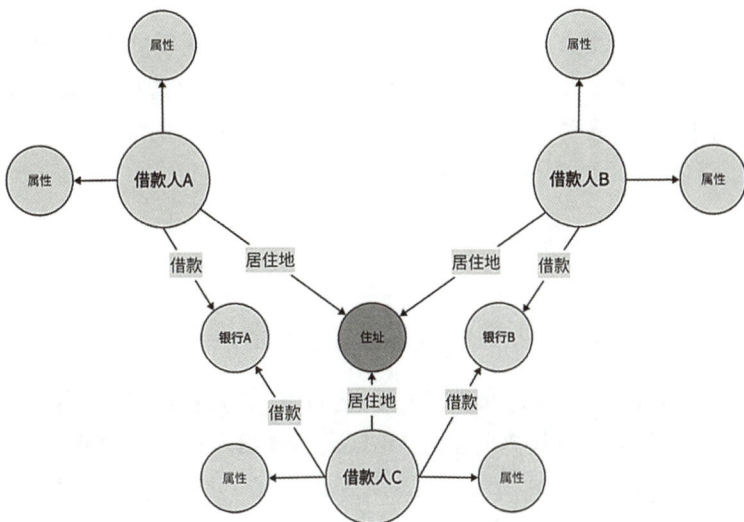

图4-13　通过设备与地址识别组团欺诈风险

第三节　人工智能技术在金融中的应用场景与价值创新

党的二十大报告指出："高质量发展是全面建设社会主义现代化国家的首要任务。""必须坚持科技是第一生产力、人才是第一资源、创新是第一动力，深入实施科教兴国战略、人才强国战略、创新驱动发展战略，开辟发展新领域新赛道，不断塑造发展新动能新优势。""推动战略性新兴产业融合集群发展，构建新一代信息技术、人工智能、生物技术、新能源、新材料、高端装备、绿色环保等一批新的增长引擎。"人工智能技术集群作为我国科技建设的重心已上升为国家战略，且在医疗、教育、电商营销等各行各业相继实现了应用落地。而人工智能与金融行业的紧密融合，不仅是人工智能技术赋能金融行业的业务领域和场景应用，更是对金融资源的优化与金融模式的重塑。

机器学习、深度学习、计算机视觉、语音识别、知识图谱等人工智能技术在促进金融业务流程自动化、弥补信息差、降低运营成本、获取增量客户、提升客户满意度等方面发挥着重要作用。随着人工智能与支付、银行网点、金融客服、金融营销、投资顾问、保险、风控等金融主流应用场景的深度融合，金融领域已经迎来了向智能化蓬勃发展的智能金融时代，人工智能全面助力金融行业数字化转型的序幕已经开启。人工智能金融广泛应用于支付业务中的无人商店、刷脸支付；银行业务中的智能营销、智能客服、智能风控；证券业务中的智能投顾、量化投资；保险业务中的保险精准定价、保险智能营销、智能理赔等多个场景。

一　"人工智能＋支付业务"

支付的本质是买方和卖方之间的金融交换，是社会经济活动所引起的以货币形式进行的债权债务转移过程。随着人类文明的不断演进，支付方式也在悄无声息地发生着变化，从现金、支票到银行卡，再到移动支付、智能支付，支付方式在科技的加持下，不断演变和进化，交易成本进一步降低，交易效率进一步提升。

> **拓展阅读**
>
> ### 移动支付在我国的应用现状
>
> 移动支付在我国的应用现状呈现出广泛而深入的态势。随着智能手机用户数量的增加，移动支付市场规模不断扩大，已经成为我国人民生活中的一种基本支付方式。总体来说，移动支付在我国的应用现状是积极的、广泛的，但也需要在发展中不断解决存在的问题，以便更好地服务于人民群众和经济社会发展。

第一，从用户角度来看，移动支付的用户群体日益庞大，年龄分布基本平稳，中青年用户是移动支付的主要使用者，且其使用频率也在不断提高。

第二，从行业角度来看，移动支付已经深度融入交通、餐饮、购物、医疗、教育等各个民生领域，不仅提高了交易效率、降低了交易成本。

第三，随着技术的不断进步，移动支付的安全性、便捷性也在不断提升。例如，人脸识别、指纹识别等生物识别技术的应用，使得支付过程更加安全、高效。同时，移动支付也在不断探索新的应用场景和服务模式，以满足用户多样化的支付需求。

第四，尽管移动支付在我国的应用现状呈现出蓬勃发展的态势，但仍然存在一些问题。例如，支付安全、隐私保护、消费者权益保护等方面的问题仍然需要得到重视和解决。

（一）人工智能技术在支付业务中的应用场景

在海量消费数据累积与多元化消费场景叠加影响下，手环支付、扫码支付、NFC近场支付等传统数字化支付手段已无法满足现实消费需求，以人脸识别、指纹识别、虹膜识别、声纹识别等生物识别载体为主要手段的智能支付逐渐兴起，科技公司纷纷针对商户和企业提供多样化的场景解决方案，全方位提高商家的收单效率，并减少顾客的等待时间。智能支付作为承载线上和线下服务的有效连接，结合智能终端、物联网以及数据中心，能够将结算支付、会员权益、场景服务等功能多角度呈现给消费者，同时可以将支付数据与消费行为及时反馈至后台，为商户进行账目核对、会员营销管理、经营数据分析等工作提供支持。以无感支付为代表的新型技术将提供无停顿、无操作的支付体验，全面应用于停车收费、超市购物、休闲娱乐等生活场景。

1. 传统金融支付业务模式及痛点

对于传统的金融支付来说，其模式包含现金支付、票据支付、银行卡支付、移动支付四种。在现金结算方式下，买卖双方一手交钱，一手交货，钱货当面两清，无须通过中介。票据支付以本票、汇票、支票等票据作为支付工具，在大额支付中减少了携带现金的不方便。银行卡支付主要包括借记卡支付和信用卡支付两种支付方式。消费者购买商品时可以使用银行卡直接在中国银联提供的POS机上刷卡消费，中国银联提供以人民币结算业务为主的服务，可方便持卡人、商业银行、特约商户之间进行跨行清算。移动支付是指客户在购买消费品或者服务时，放弃以往的传统现金支付方式，将线下交易转移到线上支付，消费者通过扫描商户的收款二维码或者其他支付方式，确认用户的密码或指纹、面容等其他方式等来支付现金。

传统金融支付业务存在以下痛点：

（1）存在安全风险。一方面现金容易因火灾、虫蛀等发生损失。另一方面，大额消费时携带太多现金购买商品既不安全也不便捷。票据种类繁多，性质各异，不少人较少接触到票据，缺乏鉴别能力，因而在票据的使用过程中也存在着许多变造伪造的风险。银行卡支付，不法分子可以通过窃取装置非法采集银行卡数据记录银行卡账号和密码,导致客户银行卡被盗刷。

（2）存在信息泄露风险。智能手机、平板电脑等移动产品容易被病毒的侵袭而泄露用户的信息。一些软件携带的病毒恶意窃取用户信息,并且售卖给各种各样的商户以获取相应的利润,这同时也危害了用户的隐私,给用户造成极大的骚扰。一些不法分子会利用网络漏洞,制造虚假页面发送验证码让用户验证信息,从而造成移动支付中账户和密码的泄露以及财产的损失。

2. 基于人工智能技术的金融支付应用场景

智能支付是指以人脸识别、虹膜识别、本体研究、语言识别、自然语言处理等人工智能领域的技术为载体,进行资金转移和支付的行为。客户通过人工智能技术制造的支付工具,实现从买方到卖方、买方到金融机构、金融机构到卖方之间的支付结算过程。

在目前的实践中,人工智能支付根据技术分类,可以分为智能语音支付、人脸识别支付、机器学习支付等。智能语音支付是指客户通过语音,并经银行所开发的手机银行、自助终端设备实现自动识别支付动作。人脸识别支付是指将客户人脸识别的结果作为密码使用,进而完成支付的过程。机器学习支付是指通过机器学习算法,根据历史支付交易行为,学习出一套智能支付方法,并根据智能支付方法完成支付动作。

现实生活中,智能支付有多个应用场景,比较典型的有无人商店和刷脸支付。

（1）无人商店。无人商店指通过技术手段对商店内导购、收银、安保等环节进行智能化自动化处理,且在运营环节极少存在人工干预行为。无人商店具有以下特点: ❶ 传统的商店内店员一般为顾客提供导购和收银服务,无人商店内不存在店员,顾客需要自行挑选物品和结账; ❷ 无人商店也需要店员,其工作范围主要集中在售后服务、物流等店外运营环节,而不在消费者面前展现; ❸ 无人店能否成功的关键其实大部分在运营上,主要包括获客、选址、商品选择、日常补货、上货及货架维护、商品损耗管理、防损、安全管理、食品安全问题等。目前智能化的无人商店已经能够很好地做到包括客户定位、新店选择、商品选择和日常补货、上货及货架维护这几个方面的问题。

拓展阅读

苏宁的无人商店

2018年7月23日,首家无人苏宁小店（图4-14）在南京试营业。这是苏宁小店继社区店、CBD店、大客流店后的第四种店面模型,登陆便利店行业市场,让消费者能亲身体验智慧零售的魅力。

很多人对无人小店的理解还停留在自助扫码、移动支付上,而苏宁无人小店的机械臂可以为消费者提供简单的餐饮服务。消费者只需点击屏幕上的产品下单后,场内的多支机械臂就会得到指令,为消费者准备食品。在自助结账区,顾客买好商品后无须一件件扫码,只要一次性把选购的商品放进扫码区就可以了。机器会自动识别

RFID码，给出商品总价。

图4-14　苏宁无人小店

（资料来源：搜狐网）

（2）刷脸支付。刷脸支付主要依赖于生物特征识别领域中的人脸识别技术，基于人们生理特征的识别，通过计算机提取人脸特征，并根据这些特征进行身份识别和验证。人脸识别技术早在1964年就已经出现，并且经历过机器识别、半自动化、非接触式和智能识别四个阶段。智能识别阶段的人脸识别主要包括人脸检测、人脸特征提取和人脸匹配三部分。人脸检测，主要是确定检测到的是人，进而确定人脸的大小、位置等信息。人脸特征提取，指的是通过精确定位面部关键区域的位置，进行特征点抓取；人脸匹配，即判定人脸是不是数据库中存在的，然后在数据库中找到匹配度最高的人脸。目前人脸识别系统最高的识别率可以达到99%以上，识别精度已经超过了人眼。

> **想一想**
>
> 你在日常生活中接触过智能支付吗？请描述一下当时的场景。

（二）人工智能技术在支付业务场景中的价值创新

1. 创新支付方式

以人工智能为代表的人脸识别、语音识别、生物识别技术正改变传统支付方式，激励创新支付手段，促使银行、非银行支付机构创新智能支付服务。

2. 提升用户支付体验

智能支付通过"智能语音"服务、生物识别身份认证、智能投资顾问等方式为客户带来更快捷、更便利、更智能的操控体验，进一步提升了客户服务水平、节约了人工运营成本。

3. 提高支付运营效能

智能支付通过将现实人脸图像与联网核查图像、客户身份证图像交叉比对，由人工智能算法引擎完成身份认证，加强了金融服务供给、提升了金融服务效率、提高了支付运营效能。随着新技术的不断涌现和更新，支付领域的变革仍在继续，手机扫码、NFC近场支付、指纹支付、刷脸支付等新兴的支付方式如雨后春笋层出不穷,未来智能支付形式的更新速度将会越来越快,支付也将变得越来越便捷和高效。

二 "人工智能+银行业务"

（一）人工智能技术在银行业务中的应用场景

1. 传统银行业务模式及业务痛点

金融活动起源于商品生产与交易,主要包含从事与商品生产交易相关的货币兑换、资金结算、贵金属保管等业务。随着此类活动的积累和扩张,生产和交易的规模不断扩大,专业从事资金借贷的商业银行应运而生。

传统银行金融业务存在以下三个痛点。

（1）盈利模式受到挑战。商业银行传统盈利模式依赖存贷利差实现,随着利率市场化的推进,这一模式逐渐受到挑战。无论是美国、日本等发达国家,还是巴西、智利等发展中国家,银行业都在利率市场化过程中受到很大的冲击,我国商业银行也不例外。一方面,2013年以来,我国商业银行净利润增速呈现下降趋势。另一方面,近年来商业银行大力发展理财业务,导致表外融资过快发展,积聚了一定的风险。2018年,多部门联合出台资管新规,一定程度上规范了银行理财业务的发展。商业银行亟须寻求新的利润增长点。

（2）金融业务面临冲击。过去我国金融体系市场化程度不高,企业融资需求主要通过商业银行体系,导致金融体系资源配置功能未完全发挥作用等问题。随着金融市场化改革不断深化,金融脱媒不断加速,多层次资本市场不断发展,银行信贷占社会融资总额的比重逐步趋于下降。在此基础上,金融科技的迅猛发展,使更多非银行金融机构、数字化企业开始从事金融服务。大型科技公司以支付业务为突破口,建立一站式金融服务平台,导致电子支付业务中,非银行支付机构处理的业务量呈上升趋势,银行处理的业务量呈下降型趋势。此外,商业银行在优质客户分流、贷款增长受限、负债稳定性下降方面也面临诸多挑战。

（3）同质化经营格局难以持续。市场竞争不断加剧,银行、非银金融机构、从事金融业务的工商企业提供相似的金融服务,但银行受到的监管限制却高于其他类型企业,导致银行在竞争中处于相对劣势地位。例如,营销是金融行业保持长期发展并不断提升自身实力的基石,因此营销环节对于整个金融行业的发展来说至关重要。传统的金融营销渠道主要还是以实体网点、电话短信推销、地面推广和沙龙活动等方式将金融相关产品销售给潜在客户,这些营销方式容易产生对于市场需求的把握不够精准、使得客户产生抵触情绪的问题,同时标准化的产品以群发的方式进行推送也无法满足不同人群的需要。

2. 基于人工智能技术的银行业务应用场景

由于商业银行的客户群庞大、储备的数据量大且较为准确有效,这就为数据分析和建模打下了坚实可靠的基础。通常银行资金实力雄厚,可对高科技进行大量资金投入。同时商业银行对风险管理的要求更为精准,因此人工智能在银行业有着天然的应用优势。例如,通过大数据构建金融产品知识图谱,通过社交网络与核心数据的分析识别深度了解客户。随着国际互联网巨头尝试将人工智能技术应用于金融产品的方方面面,国内银行业也逐步推广使用人工智能技术。目前,国内大型银行已在客服营销、风险控制、信贷管理等多个领域逐步应用人工智能技术,预计还将在更多的领域,尤其是在提升客户体验、网络内容管理和风险管理等领域进一步研究与应用相关的人工智能技术。

(1) 智能营销。智能营销是综合运用人工智能和大数据技术,智能化分析和预测营销活动数据、创新营销模式,提升营销的效率和效果,最终实现企业与用户之间价值共创的营销模式。智能营销的典型流程分为客户信息采集、认知模型构建、营销精准触达。在客户信息采集环节中,通过社交网络浏览行为、产品购买行为、网点业务办理频次等进行多维度采集。在认知模型构建环节中,运用深度学习、自然语言处理等相关技术进行建模。在营销精准触达环节中,通过自有渠道或第三方渠道进行信息投放,实现个性化营销。

相对于传统营销,智能营销基于大数据技术、机器学习计算框架等技术,具有时效性强、精准性高、关联性大、性价比高、个性化强等优势,如表4-1所示。通过分析消费者轨迹数据、可穿戴设备的实时身体数据以及社交媒体的内容数据等,人工智能可捕捉到消费者行为、心理的内在需求,实现与消费者的深度匹配,重构了零售系统中"人、货、物"三要素的结构关系,通过场景体验和契合情感需求的多样化、个性化服务深刻改变着人们的消费观念、消费模式和消费体验。

表4-1　智能营销相比于传统营销的优势

智能营销的优势	具　体　阐　述
时效性强	准确把握客户的最高需求点,及时作出反应
精准性高	有针对性投放广告,确保用户关注的广告有关联性
关联性大	找出精准用户和市场定位
性价比高	根据效果反馈做出调整,减少营销成本投入
个性化强	针对同质性较强的群体投放同种类别广告

在银行领域,人工智能通过收集用户社交、消费、信用、交易等行为数据,分析用户需求与偏好,建立精准营销解决方案,优化银行对客户的筛选与精准服务,应用于银行的存量客户激活、线上线下获客、产品交叉营销等场景。智能营销将银行海量存储数据变现为营销价值;通过用户画像、用户分层、用户定位实现银行营销的精准化、场景化、个性化,优化营销的质量与效果;降低人力成本,提高营销效率。

招商银行的智能营销

在智能营销赛道上，招商银行的特点是个性化推荐、精准识别以及电子渠道建设。2018年，招商银行通过对零售客户生成1 726个客户画像标签，令营销客户触达次数提升了6.56倍，营销成功率达到17.42%，初步开始了"千人千面"的个性化推荐。在电子渠道建设推广上，招商银行以招商银行App和掌上生活App两大平台为载体，辅以微信公众号，作为品牌营销及产品功能宣传的重要阵地，拓展获客边界。在营销方式上，通过与热点融合，探索头条信息，不断提升在各年龄层客户群体中的品牌影响力，强化目标客群对品牌的信任度、满意度及转化率。

2021年，在招商银行信用卡掌上生活App方面，招行信用卡持续升级产品与服务，打造"笔笔返现，天天锦鲤""金九银十，天天返利""手机支付加鸡腿""十元风暴"等多个爆款营销活动，形成持续、高效、规模化的客户动员能力，使月活用户数在结构调优的同时在高水平上保持平稳，与客户经营连接更紧密。截至2021年末，招商银行实现零售业务收入1 773.19亿元，同比增长14.32%，占该行总营业收入的58.35%，实现零售业务税前利润769.49亿元，同比增长21.07%。掌上生活App累计用户数1.27亿户，年内日活跃用户数峰值747.73万户，期末月活跃用户数4 593.44万户，用户活跃度居同行业信用卡类App前列。

（2）智能客服。智能客服系统是人工智能技术与传统金融业客服相结合的产物，是集语音识别、语义理解、知识地图、深度学习等智能交互技术于一体，能够准确理解用户的意图或问题，由智能机器人为客户提供服务引导、业务查询、业务咨询及解答、业务办理、客户投诉等不涉及账户资金变动的非金融业务。

银行的售前电话销售、售后客户咨询及反馈服务频次较高，对呼叫中心的产品效率、质量把控以及数据安全提出严格要求。智能客服系统擅长处理金融客服重复率较高且复杂度较低，但对服务效率又有较高要求的事务，而这些事务正是制约金融客服工作效率的重要问题。因此，智能客服系统在金融业客服的应用中具有重要的实际意义。

智能客服基于大规模知识管理系统，面向金融行业构建企业级的客户接待、管理及服务智能化解决方案。在与客户的问答交互过程中，智能客服系统可以实现"应用-数据-训练"闭环，形成流程指引与问题决策方案，并通过运维服务层以文本、语音及机器人反馈动作等方式向客户传递。此外，智能客服系统还可以针对客户提问进行统计，对相关内容进行信息抽取、业务分类及情感分析，了解服务动向并把握客户需求，为企业的舆情监控及业务分析提供支撑。据统计，目前金融领域的智能客服系统可以解决绝大部分客户常见问题，针对高频次、高重复率的问题解答优势更加明显，缓解银行运营压力并合理控制成本。目前的智能客服系统有线下的网点智能服务机器人、线上智能金融客服机器人、智能催收机器人等。

❶ 网点智能服务机器人。金融智能服务机器人为立体式人形机器人，基于人工智能、

云计算和大数据技术,集合了自然语言理解、知识推理、多通道人机交互等多项核心技术,可为金融垂直行业提供智能解决方案。产品已广泛应用金融场景中,覆盖大中小银行智慧网点、金融理财机构等。智能机器人可以为用户提供业务问题与办理流程的咨询解答,能迅速调取答案,且准确无误。联通业务系统与设备后,用户可通过智能机器人办理如身份验证、资料提交与初审、信息查询、预约取号等简单业务。通过"人脸识别加证件核验"的双重保证还可以更有效地提升安全等级。同时,通过人脸识别技术、智能语音技术、大数据行业服务与流程操作指导,智能机器人可以同步显示金融科技业务的界面及流程拓扑图,并结合语音耐心指导用户完成每一步流程、每一个按钮的操作,还能够实现无人银行远程接入大堂经理,帮助用户顺利地办理业务,提高自助设备使用率。

❷ 线上智能金融客服机器人。智能金融客服机器人使用自然语言理解技术,在大语料库的基础上,基于金融业务场景和业务模型开发上下文关联模型,从而与客户交互的过程中实现自然叙述、智能理解,具有接近真实客户服务的沟通能力和拟人化表达能力,可以像真实客户一样与用户进行多轮对话和沟通。在实践应用方面,线上智能金融客服机器人在兴业银行股份有限公司(以下简称"兴业银行")、平安银行股份有限公司(以下简称"平安银行")、广发银行股份有限公司(以下简称"广发银行")等均得到了广泛而有效的运用,提升了业务办理效率。例如,兴业银行推出的智能语音客服机器人日均处理客户来电超过4万通,端到端整体识别率达到91%以上,语音转文字的字准率达到93%以上。该机器人具备可视化多轮对话管理、高精度智能FAQ、高效快速的自主学习模式、情感分析等核心功能,能够实现多轮对话、精准回答等更多功能,提供更有温度的客户服务。又如平安银行推出的对公AI客服机器人依托平安银行人工智能平台即服务(AI-PaaS)平台提供的技术,能通过人工智能+远程线上专员+线下智能网点及理财经理的模式,实现降本增效,引领银行对公服务向智能化、数字化转型。该项目已累计服务公司客户超过60万个,问题解决率达到92%。再如广发银行的智能对话机器人全景服务体系支持模型能力共享、数据资产共享,具备业务参数化、场景配置化服务能力。该机器人在信用卡智能贷后资产管理服务场景中得到应用,有效提升了业务处理效能和回款率,同时支持个性化金融方案推荐等业务场景,为客户提供全天候智能化服务。

❸ 智能催收机器人。由于近年来信贷市场业务规模上升,贷后数据及催收语音库规模呈现指数增长,为语音模型训练积累了大量数据。因此,在技术发展、市场需要和监管合规要求的多方推动下,融合了智能语音、智能分案引擎、催收知识图谱等人工智能相关技术的智能催收机器人应运而生,通过业务场景的设计,实现自动外呼客户进行客户身份核实、催收、业务通知、满意度调查、产品营销等服务。智能催收机器人成为督促债务人偿还欠款的一种全新贷后资产处置方式,对比传统人工催收,降低了运营成本及合规风险,提高了催收效果,有效地帮助金融机构控制了不良资产规模,成为贷后资产管理的重要发展方向。智能催收实验室将收集海量真实语音库,不断通过机器智能学习建立智能语音催收模型,通过灵活的流程和策略配置,训练智能催收机器人与客户展开实时、连续、良好的"人机对话",起到接近人工语音催收的实践效果。同时,在复杂场景问题的处理上,智能语音机器人也实现了与人工催收专家无缝衔接,实现了机器学习的不断成长和进步。

（3）智能风控。风险作为金融行业的固有特性，与金融业务相伴而生，风险防控是传统金融机构面临的核心问题。智能风控主要得益于以人工智能为代表的新兴技术近年来的快速发展，在信贷、反欺诈、异常交易监测等领域得到广泛应用。

智能风控是指借助人工智能技术，进行数据收集、行为建模、用户画像和风险定价，从而协助金融机构和监管层进行风险识别、授信审批、贷后管理的智能化风险控制系统。智能风控一般包含数据收集、行为建模、用户分析和风险定价等流程。大量收集处理用户、交易和第三方的非结构化数据，构建反欺诈、信用评定等模型，并在实践中不断优化迭代，完成用户分析和风险定价。在此过程中，依照"数据＋模型＋规则"的处理逻辑，综合运用线性回归、逻辑回归、支持向量机、神经网络、深度学习、集成学习等技术，提升风险管理的精度和效能。

与传统风控相比，智能风控通过引入大量非金融数据，提高了对客户的风险特征识别能力，拓宽了金融机构服务的覆盖面；同时通过大数据和机器算法学习，能有效捕捉此前关注不到或实际操作困难的信息维度，提高了风险识别的有效性和准确性；另外，通过大数据的迭代更新，还能够更加敏锐地发现客户风险特征变化，更加及时地响应和调整风控模型的策略。

以信贷业务为例，传统信贷流程中存在欺诈和信用风险、申请流程繁琐、审批时间长等问题，通过运用人工智能相关技术，可以从多维的海量数据中深度挖掘关键信息，找出借款人与其他实体之间的关联，从贷前、贷中、贷后各个环节提升风险识别的精准程度，使用智能催收技术可以替代40%～50%的人力，为金融机构节省人工成本。同时利用人工智能技术可以使得小额贷款的审批时效从过去的几天缩短至3～5分钟，进一步提升客户体验。传统业务面临的问题与智能风控流程如图4-15所示。

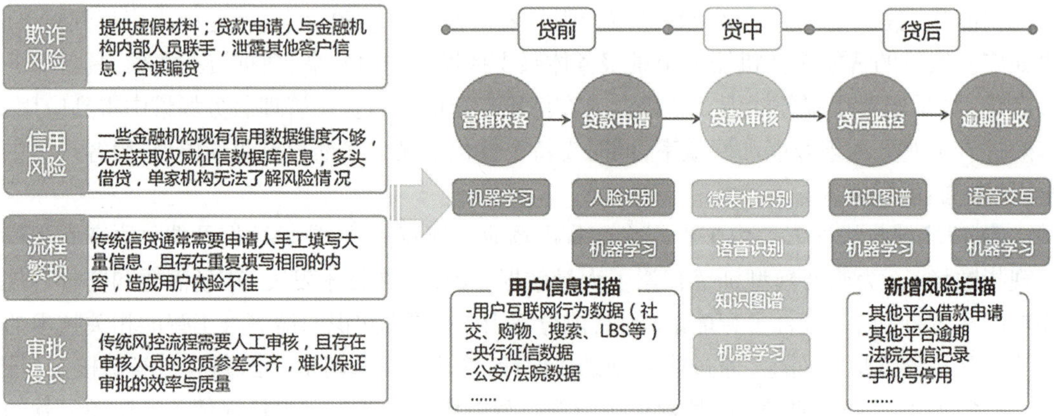

图4-15　传统业务面临的问题与智能风控流程图（以信贷为例）

从具体应用看，智能风控已在银行、证券、保险等各领域中开展应用。在银行领域，智能风控大多集成在电子银行、互联网金融等业务部门的后端平台中，运用主要体现在信贷、反欺诈、关联分析等方面。以银行的信贷风控为例，智能风控可以应用到贷前、贷中、贷后全流程，在贷前协助完成信息核验和信用评估，在贷中实现实时交易监控、资金路径关联分析和动态风险预警,在贷后助力进行催收、不良资产定价等。在证券领域,智能风控主要用于异常交易、违规账户等行为的侦测。由于证券交易具有数据量大、并发性高的特点,因而低延迟实时计算、机器学习和复杂事件处理成为证券交易智能风控系统的关键。在保险领域,智能风控主要用于风险定价、反欺诈与智能理赔,借助内外部数据在保险的查勘、定损、核算等环节识别风险特征,提高欺诈识别率、降低理赔成本。下面结合银行贷款环节进行说明。

❶ 贷前风控。贷前风控业务可分为获客、身份验证、授信管理等环节,帮助下游信贷场景对其客户进行申请人风险评分和预测,如表4-2所示。

表4-2 贷前风控环节智能风控应用场景

贷前风控环节	智能风控应用场景
获客	基于大数据建立用户画像,基于人工智能技术对用户进行产品生命周期管理
身份验证	通过生物特征识别等技术核验申请人身份,对申请人进行关联分析,构建智能反欺诈模型
授信管理	智能风控服务商可基于数据源,通过建模进行风险定价,针对有优质信贷资格的客户可降低贷款费率,对于信贷资信差的客户,可提高费率,实现资金有效分配,保证资源优化配置

❷ 贷中风控。在贷中风控环节,智能风控服务商将助力下游信贷场景实现交易欺诈识别,通过接入大数据协助贷方实现借款方的动态监控、异常行为预警等风控管理流程,有效防范与控制欺诈交易等贷中风险。贷中风控环节主要包括信用评分、风险定价、审批、交易监控和交易反欺诈五大环节,如表4-3所示。智能风控服务商将利用智能化手段对下游信贷场景的信贷交易进行风险判定。

表4-3 贷中风控环节智能风控应用场景

贷中风控环节	智能风控应用场景
信用评分	基于信用评分指标,标示出个人偿付贷款能力和意愿的过程
风险定价	通过放贷成本、基准利差建立风险定价体系
交易审批	依据借款人信息、放贷机构的贷前审查意见和信用报告等资料决策是否放款
交易监控	针对贷款流程中潜在或者已经发生的风险进行监控,以预防交易欺诈
交易反欺诈	利用机器学习等技术构建反欺诈模型,降低欺诈损失针对信贷业务发生时的第三方欺诈

❸ 贷后风控。贷后风控是信贷管理的最终环节,贷后风控可针对有逾期征兆或行为的信贷用户进行管理、识别和催收,贷后风控的精细化程度将影响下游信贷场景的业务管理质

量。中游智能风控服务商可利用机器学习等技术精准估计违约风险,制定风险管理策略,并通过自动监控策略执行情况及时优化调整方案,提升业务端风险管理体系的有效性,打造信贷风控闭环。贷后风控环节主要包括贷后监控、存量客户管理、智能催收三大环节,如表4-4所示。

表4-4　贷后风控环节智能风控应用场景

贷后风控环节	智能风控应用场景
贷后监控	通过扫描借款人新增风险,帮助信贷机构动态监控借款人信息变化
存量客户管理	经营存款客户和贷款之间交叉营销,提升客户价值
智能催收	智能技术赋能催收产业实现智能化、科技化、合规化

(二)人工智能技术在银行业务场景中的价值创新

1.改善客户体验,提升服务效率

❶智能识别,变被动为主动高效服务。智能服务机器人通过声纹识别、虹膜识别、人脸识别等生物特征识别技术,快速确认客户身份,从传统的、陌生接待的被动接触跃变为"一次认证、永久记忆"。❷提升客户交互体验。智能机器人可以与客户友好互动,活跃银行大厅氛围,从而拉近与客户之间的距离,提升客户体验。❸优化业务流程,提升服务效率。智能机器人还可完成网点客户业务咨询答疑、辅助分流、采集客户数据、开展大数据营销等工作,完成查询、开卡、销卡等业务办理,这种无纸化、数据输入少的高效操作,大大降低了用户业务办理的时间成本。

2.优化风险评估,提升风险管理水平

❶助力便捷信贷和安全信贷。通过机器深度学习技术可建立风控模型,并持续对企业和个人风控水平进行更新,有效降低金融风险。如借助机器学习技术,银行可以对借款人还贷能力进行实时监控和动态监控,及时对存在潜在还贷风险的客户进行事前干预,以减少因坏账而带来的损失。❷可以避免对部分特殊客户和企业服务缺失的现象。服务机器人在获取客户数字化信息后,可通过大数据进行甄别和风险计量,使缺乏信贷历史的用户有机会获得服务。

3.降低运营成本,提升银行竞争力

近年来银行运营面临收入增速下降,刚性成本上升,竞争投入增加等挑战,人工智能的出现可有效降低银行网点运营成本。❶有利于减少银行人力成本支出。银行属于劳动密集型企业,人力成本是银行的主要成本之一,智能机器可有效降低人力成本。如在机房、服务器等核心区域投放24小时巡检机器人,可及时发现、处理潜在风险,替代或辅助人工进行监控,从而降低运营成本。机器人客服还可以通过自然语言实现信息查询、账户管理、还款、转账等基本业务功能,提供"7×24"小时不间断互动服务。❷智能机器业务办理具有无纸化、介质管理自动化、凭证保存电子化的特点,柜面业务处理涉及

的机具、纸张、耗材、监控设施、凭证影像扫描、碎片录入、凭证库房等运行成本可大幅度降低。

三 "人工智能+证券业务"

（一）人工智能技术在证券业务中的应用场景

1. 传统证券业务模式及痛点

一般来说，传统证券业务包括四种模式，即经纪业务、证券自营业务、资产管理业务、投资银行业务。经纪业务是指证券公司通过其设立的证券营业部，接受客户委托，按照客户要求，代理客户买卖证券的业务。证券自营业务是证券经营机构以自身名义和资金买卖证券从而获取利润的证券业务，买卖的证券产品包括在证券交易所挂牌交易的 A 股、基金、认股权证、国债、企业债券等。资产管理业务是指证券经营机构开办的资产委托管理，即委托人将自己的资产交给受托人、由受托人为委托人提供理财服务的行为。投资银行业务是主要从事证券发行、承销、交易、企业重组、兼并与收购、投资分析、风险投资、项目融资等业务。

传统证券业务存在以下三个痛点。

（1）行业竞争激烈，盈利空间压缩。❶ 客户黏度降低，佣金率持续下降。随着2015年A 股市场 "一人一户" 限制放开，证券公司的客户群体黏度显著降低，竞争激烈导致证券公司经纪业务佣金率近年来持续下行。❷ 盈利模式比较单一。证券公司仍以证券投资和代理买卖证券业务两类传统业务为主，创新性业务收入则占比较低，收入受市场影响较大。❸ 传统券商业务受到互联网金融模式的猛烈冲击，盈利空间压缩。

（2）投资顾问的核心价值难以体现。❶ 投资顾问服务的核心价值难以体现，客户认可度不足。我国法律法规不允许投资顾问做全委托账户管理。投资顾问价值难以体现，投资者没有单独付费意愿。另外，我国投资顾问人才储备不足，服务质量参差不齐，严重制约证券公司投资顾问业务发展。❷ 投资顾问业务长期依附于经纪业务，投资顾问服务的定价体系尚未建立。当前我国投资顾问业务仍主要通过收取佣金实现盈利，即从金融产品供应方获得佣金，导致投资顾问业务长期依附于经纪业务，投资顾问业务具有 "销售" 属性，更容易产生与客户的利益冲突。独立收费模式无法形成的根本原因还是在于投资顾问服务的核心价值难以体现。

（3）个性化的资产管理面临技术瓶颈。❶ 资产种类数量剧增，寻求最优投资组合面临困难。随着构建多层次金融市场和对外开放的深入推进，主板、中小板、创业板、科创板、港股通、沪伦通等市场范围不断延伸，资产证券化产品、衍生品等产品类型不断丰富，维度增加带来计算量呈指数级上升。❷ 证券投资者数量倍增、投资需求多样化，对差异化投资策略的需求亟待满足。❸ 影响证券价格的因素增多，传统证券投资分析框架可能失灵。除基本面信息外，市场情绪、宏观经济形势和政策、一些非规范化的信息等都可能影响证券价格，甚至改变投资组合中不同证券价格变动的关系，影响投资策略有效性。

2.基于人工智能技术的证券业务应用场景

（1）智能投顾。智能投顾是依托大数据、量化金融模型及智能化算法等技术，根据投资者的风险承受能力、财务状况、预期投资收益目标和投资风格偏好等数据，运用现代投资组合理论等理论模型，自动计算并提供投资组合及资产配置建议，进而为投资者提供智能化和自动化的财富管理解决方案。

智能投顾发展的技术基础层面是云计算、大数据和人工智能。云计算为智能优化资产配置提供了强大的计算能力，是发展智能投顾的基础设施。大数据和人工智能则是智能投顾的核心技术。基于用户行为数据精准描绘用户画像，基于机器学习等人工智能技术构建资产配置、交易优化等算法，基于金融大数据迭代提升算法有效性，这三方面技术构成了智能投顾平台的核心竞争力。

在技术应用层面则表现为两大核心技术：一是自动化挖掘客户金融需求技术，财富管理科技要做的就是帮助投资顾问更深入地挖掘客户的金融需求，使产品设计更智能化，与客户的个性化需求更贴近，弥补投资顾问在深度了解客户方面的不足；二是投资引擎技术，在了解客户金融需求之后，利用投资引擎为客户提供金融规划和资产配置方案，设计更具智能化、定制化的理财产品。

现阶段国内外市场上的智能投顾整体服务流程较为趋同，主要包含步骤如表4-5所示。

表4-5　智能投顾步骤及服务流程

智能投顾步骤	具体服务流程
用户画像	智能投顾系统以自动化调查问卷形式，了解并评价用户的风险承受能力和投资期望
资产配置	智能投顾系统配合智能算法对用户风险偏好和预期收益进行计算，挑选并推荐个性化的投资组合
选择投资组合	用户从智能投顾系统推荐的个性化投资组合中，选择合适的投资组合进行交易
执行交易	智能投顾系统代理用户发出交易指令，购入投资组合
投资组合再平衡	用户定期了解投资组合的运行情况，还可以委托智能投顾系统，根据市场变化情况实时监测及调仓
投资组合分析	该服务面向专业用户，系统对投资组合的业绩进行分析。在整个智能投顾服务过程中，持续与客户保持沟通交流，以便于用户随时随地了解自身投资情况

在应用实践方面，智能投顾按照人为参与程度的高低可以分为机器导向、个人导向和人机结合三种模式。

❶ 机器导向模式。机器导向是指整个资产管理过程全由智能投顾进行操作的模式。一旦投资者建好资产配置组合，智能投顾就会对该组合进行追踪，随时改变资产配置组合，并进行红利再投资以及税收损失收割。这些操作全都由智能投顾完成，投资者不需要进行管理。

中国智能投顾行业的发展

　　中国智能投顾行业呈现出多样化发展的新格局，传统金融机构和新兴科技公司都在积极利用人工智能技术，推动金融服务的创新和转型，以满足客户的个性化投资需求。同时，智能投顾平台的智能化水平、投资管理水平、安全治理水平、服务体验水平也在不断提升，显示出行业的正向发展趋势和未来潜力。以下是部分金融机构和科技公司利用人工智能技术开展智能投顾业务的介绍。

1. 工商银行的"AI投"

　　工商银行利用其强大的客户基础和产品资源，推进智能投顾服务的发展。"AI投"是工商银行推出的智能投顾服务，通过大数据分析和人工智能技术，为客户提供个性化的投资建议和资产管理服务。

2. 招商银行的"摩羯智投"

　　招商银行的"摩羯智投"是另一个传统金融机构利用技术优势发展智能投顾的例子。该服务通过智能算法为投资者提供基金配置建议，帮助客户实现资产的多元化配置。

3. 中国银行的"中银慧投"

　　中国银行推出的"中银慧投"服务，同样是基于人工智能技术，为顾客提供个性化的投资方案和资产配置服务，旨在满足客户的个性化投资需求。

4. 蚂蚁金服的"蚂蚁聚宝"

　　蚂蚁金服推出的"蚂蚁聚宝"利用其强大的流量和技术实力，为客户提供智能投顾服务。该平台通过分析用户的风险偏好和投资目标，提供相应的投资产品推荐。

5. 京东集团的"京东智投"

　　京东集团推出了"京东智投"服务。该服务通过互联网技术和大数据分析，为客户提供个性化的投资建议，帮助客户实现资产增值。

　　❷ **个人导向模式**。个人导向是指资产配置组合由投资者创建，而智能投顾提供组合创建的工具以及分享的平台。

Motif Investing公司的智能投顾业务

　　Motif Investing是一个以主题为导向的投资平台，平台上的投资组合被称为Motif，包含不超过30只具有相似主题的股票或ETF基金，例如，3D打印、无人驾驶智能汽车等。投资者可以根据自己的兴趣,直接使用平台上已有的Motif,也可以修改Motif中股票和ETF基金的组成和比重后再使用,更可以创建全新Motif。

Motif Investing提供强大的自助式投资组合设计工具,投资者可非常方便地修改、创建和评估Motif。此外,平台引入社交机制,投资者可以选择把自己的Motif分享给好友,大家共同对Motif进行讨论和优化。与国内不同的是,Motif Investing更注重投资组合,而不是注重于个股讨论。

目前,在Motif Investing上官方提供的Motif有150个,平均年收益为16.3%,投资者建立的Motif超过18万个。除了提供Motif之外,该公司还提供了9个不收取佣金和年费的投资组合。这9个组合包括了股票和ETF基金,有保守型、稳健型和激进型三种之分,为各类投资者提供了短期、中期和长期的投资方案。Motif Investing对每个在网站上注册的投资者提供Investing DNA服务。Investing DNA服务是指网站提供一系列问题,涉及投资者年龄、投资期限和投资兴趣等,根据投资者在网站上填写的资料,评估投资者的风险偏好,为投资者建议合适的Motif。

Motif Investing受到美国金融行业监管部门的监管。如果公司倒闭或消费者账户内股票、现金被盗,美国证券行业保护公司会提供最高50万美元的保护。此外,Motif还有额外的私人保险公司保障。

在收费方面,无论投资者在某个Motif上的投资额是多少(最低不能低于250美元,保证金交易的账户余额不能低于2 000美元),也无论该Motif由平台提供还是投资者建立,投资者按照Motif购买或出售一次组合,平台都会收取9.95美元,如果该Motif是由投资者建立的,建立者将获得9.95美元中的1美元。如果投资者交易的只是其中的一只证券,而不是一个组合,则每次收取4.95美元。

❸ **人机结合模式**。人机结合模式是指在平台上既有智能投顾为投资者提供投资服务,又有传统投顾为投资者提供资产配置组合建议。

拓展阅读

PersonalCapital公司的智能投顾业务

PersonalCapital是一家在线资产管理及投资理财顾问服务公司,如今已有100多万个注册用户,平台上跟踪的资金超过2 260亿美元。PersonalCapital上的传统投顾通过电话或者电子邮件提供服务,资产管理规模达到23亿美元。

PersonalCapital主要提供两方面的服务:免费的分析工具和收费的传统投顾服务。免费的分析工具是指该平台通过自动化算法为投资者分析资产配置情况、现金流量情况以及投资费用,帮助投资者对自身的财务状况有更加清晰的了解,找出投资者资产配置组合中的潜在风险和不合理的投资费用，使投资者能够建立更加合适的投资组合。通过免费的分析工具，能够吸引更多的投资者使用PersonalCapital。在此基础上，PersonalCapital针对注册用户中资产规模较大的投资者推出了收费的传统投顾服务，通过组建专业的传统投顾团队，根据投资者的资产状况以及风险偏好程度，结合相关的资产管理模型，为投资者提供高质量的投资咨询服务，满足投资者不同的投资需求。其主要的收入来源于投资顾问的咨询费用，针对不同资产规模的投资者采取差异化的收费标准。

（2）量化投资。量化投资是综合运用数学、统计学、金融学等理论，从海量金融数据中寻找能够刻画投资收益的特征因子及投资模型，按照既定投资组合与严格的交易规则，通过计算机自动化程序发出买卖指令，从而获取稳定、可持续、高于市场平均收益的投资方式。

量化投资可以多角度、多层次进行投资，多角度包括从宏观经济形势、市场综合表现、股票基本面分析等多个角度衡量市场总体环境与投资方向，多层次则是从行业选择、个股选择、资产配置多个层面综合评估生成具体投资策略。量化投资通过全面的技术分析，从众多的投资对象中发掘出价值被严重低估、发展前景可观、仍有盈利空间的股票，从中寻找套利机会，及时快速地追踪市场变化，积极研究可以获取超额收益的套利模型。

除此之外，量化投资在把控风险方面同样表现优秀，可以作为分散投资风险的金融对冲工具。量化投资不断从海量数据中挖掘潜在的价值规律与制胜策略，这些规律历经时间与实践的检验，对于未来的投资决策具有重要的指导意义。此外，通过行业筛选和个股优选构建证券投资组合，量化投资并不单纯依靠某只股票或某个行业制胜，从组合投资角度也能够尽力捕捉高胜率股票、分散投资风险。

基于人工智能技术的量化投资策略构建过程包括数据获取、数据处理、数据分析、策略构建、回测评估、策略分析六个环节，具体如表4-6所示。

表4-6　量化投资策略构建

量化投资策略	具体构建过程
数据获取	获取证券市场行情数据与基本面数据，包括公司与个股基本面数据、因子数据、股指数据等，将因子数据作为研究对象，股指数据作为基准收益
数据处理	对原始数据进行预处理操作，例如，剔除已退市股票、停牌股票、数据缺失严重的股票等，对于存在空值的变量进行缺失数据插值处理以保证数据结构完整，同时对数据进行去极值与标准化处理，依据一定规则设置数据标签，只有经过预处理后的数据才能进行下一步数据挖掘与分析
数据分析	利用人工智能技术对股票数据进行分析，通过机器学习、深度学习模型挖掘股票多因子与收益率之间的潜在规律，进而利用这一内在动态规律预测股票未来收益与市场表现，为后续证券投资组合策略构建提供数据支撑

续　表

量化投资策略	具体构建过程
策略构建	选取合适的选股模型与交易逻辑构建量化策略,利用数据分析过程建立的选股模型预测个股的未来收益,筛选投资对象,将预测表现良好的个股加入投资备选池,在触发买入信号后即时买入,而表现较差的个股在触发卖出信号后实时卖出止损,同时投资策略中还可设定换仓频率、个股资金分配比例等
回测评估	根据构建的组合投资策略,利用历史行情数据进行回测交易得到策略具体收益,收益指标包括累计收益率、年化收益率、超额收益率、夏普比率、最大回撤等,根据回测交易表现,对比不同量化投资策略,依据策略的收益与风险指标表现综合判断其有效性
策略分析	根据回测交易结果,综合分析构建的量化投资策略,具体包括归因分析、持仓分析、成交分析、风险分析等,从盈利能力、风控能力、投资风格、行业选取等多方面分析策略,为后续量化投资策略的改进与优化提供参考

（二）人工智能技术在证券业务场景中的价值创新

1. 降低门槛,有效覆盖长尾客户

智能投顾就是能根据用户类型贴注相应标签,并结合用户需求和自身技术优势,辅助客户完成资产的最优配置,为不同客户提供定制化服务。传统投资顾问采用"一对一"的服务模式,这种模式导致服务的低效化,且服务对象大多局限在高净值客户。而智能投顾具有"一对多"的特性,通过机器人代替人工服务,打破传统证券投资业务收取佣金提供服务的模式,利用自动化、低成本的特征,降低准入门槛,从而覆盖广大普通客户群体。

2. 技术增效,提升交易效率

智能量化交易程序不仅可以跨市场、跨品种跟踪证券,还可以动态记录委托单的变动、高频交易数据,拟订最优交易指令,从而更好地结构化信息,颠覆传统的"人眼盯盘、人工下单、手动查询"的交易模式。量化投资具有更宽的数据维度、更高的运行效率和更强的信息挖掘能力,量化投资的这一价值创新将可能成为未来证券投资咨询行业的核心竞争力。

3. 理性投资,克服人性弱点

量化投资技术以"量化"为内涵,通过数学公式等范式,对金融市场进行量化,并自动给出最符合当前市场的买卖操作行为。量化投资交易的所有决策都是严格依据模型运行结果,采用资产配置模型决定证券投资所占比例,利用选股模型挑选合适个股进行买卖交易。相较于传统投资,量化投资交易严格的纪律性要求投资者充分信赖量化模型,在不依靠个人主观判断情况下,严格按照模型执行交易指令,一定程度上克服人性贪婪、恐惧、侥幸等心理,同时也可以克服人在投资选择中的思维限制与认知偏差。所以,量化投资交易比人类交易员更符合"理性"的投资者形象,其目的是获得稳定的投资收益。

四 "人工智能＋保险业务"

（一）人工智能技术在保险业务中的应用场景

1. 传统保险业务模式及痛点

传统保险业务模式通常有代理、直销模式。代理模式主要分为独家代理、多家代理、兼业代理等。直销模式主要包括电话销售、现场销售、网络销售等。这些模式存在以下三个痛点。

（1）保险销售不规范。保险合同具有很强的专业属性，大多数保险消费者因规避风险或者获取收益等原因购买保险产品，但实际上对这些产品了解甚少，其投保行为主要归因于保险销售人员的口头讲解。而保险销售人员基于绩效考核压力，在利益驱动下，销售过程中极易发生对保险产品条款讲解笼统、未尽告知说明义务、夸大保险责任、以银行理财等其他金融产品名义宣传销售保险产品、承诺高收益、隐瞒保险期限和不按期交费的后果、隐瞒解约损失和满期给付年限等有意或者无意的欺骗、隐瞒、混淆等误导行为。

（2）理赔难。保险理赔工作要求"主动、迅速、准确、合理"，在传统的保险理赔环节中，主要是利用人工勘察、定损的模式运行，工作量比较大，花费的费用也较高，从而严重影响保险企业的经营效益。实践中保险消费者经常反映保险理赔时效过长、理赔程序繁琐、核损和核赔阶段的责任认定不合理、赔付金额偏低、费用扣减不当等理赔问题，消费者对保险公司拒赔、免赔等理赔处理意见不服等理赔纠纷案件不时发生，"投保容易，理赔难"的现象普遍存在。

（3）保险欺诈屡禁不止。保险欺诈案件种类多，涉及的环节多，链条长，传统的保险公司缺乏有效的风险识别技术和管控机制，导致保险诈骗案时有发生。一方面，传统保险公司配备的反欺诈信息识别系统功能不完善，大量案件依然依赖于核保、理赔等关键岗位员工的工作经验与主观判断，缺乏必要的风险识别技术支持，导致无法及时有效识别可疑案件。另一方面，由于受"宽进严出"经营理念的影响，部分保险公司在承保阶段对重复投保、超额保险、是否具备可保利益等关键信息审核不严，导致骗保骗赔的道德风险时有发生。

2. 基于人工智能技术的保险业务应用场景

智能保险是指将人工智能、大数据等技术与保险相结合，实现保险业务智能开户、智能保费定价、智能核保、智能理赔等全流程智能化、在线化，提升保险客户体验和风险防控水平，是将科技与保险相结合的一种新模式。

（1）保险产品精准定价。保险产品的精准定价是保险营销最重要的环节，利用人工智能技术深度学习神经网络，对定价模型进行反复训练，能够主动地识别和量化风险，从而实现保险产品的精准定价，这一技术目前在车险应用中最为广泛。

拓展阅读

蚂蚁金服"车险分"

2017年5月，蚂蚁金服宣布推出一款全新定价产品"车险分"，由过去传统的"从人"信息定价决策转变为"从人+从车"信息定价决策，一辆汽车在行驶过程中面临的风险状况主要与该车辆的驾驶员个人状况有关。车险分主要通过人工智能等技术进行深度数据挖掘，根据不同驾驶员的风险偏好和信用体系对驾驶员进行风险分析和精准画像，计算出不同的车险标准分，车险标准分的数值越大，所面临的风险程度越小。保险公司在取得客户授权的情况下，可以查询被保险人的车险标准分，进而确定其专属保险费率。目前，蚂蚁金服已经与中国人保财险、太保财险、太平财险、阳光财险等9家保险公司达成了合作协定，联合打造车险费率厘定的新平台，为人工智能技术在推动保险精算服务升级方面奠定了坚实基础。

（2）保险智能营销。传统的保险市场营销方式主要包括保险代理人、经纪公司、代理机构及电话营销和媒体营销等，其本质是通过保险公司或中介机构的员工直接接触保险客户。由于保险代理人或经纪人可能存在以营利为目的而对客户隐瞒、欺骗，或者销售人员对于产品熟悉度不够等问题普遍存在，容易造成保险公司的客户对产品产生不满意的态度。

保险智能营销是以客户为中心，基于用户保单数据、家庭成员健康信息、历史购物纪录、购买产品类型、用户财富和信用状况、社交媒体信息形成用户画像标签。然后根据用户画像充分挖掘客户的需求，通过人工智能技术与产品特征进行分析对比，做到精准的智能化匹配，识别客户最有可能购买的产品。当触发特定场景时，系统会自动结合用户偏好进行个性化推送，例如对于网购爱好者，推荐与快递配送风险相关的险种，提升产品销售的成功率。

拓展阅读

中国太保集团"阿尔法保险"

2017年，中国太保集团推出的智能保险顾问"阿尔法保险"。"阿尔法保险"作为保险行业首款人工智能保险顾问，依托"AI+大数据模型"，为客户量身打造个性化的保险组合，同时可对家庭已有的保障进行专业诊断，分析保障缺口并为其制定合理的保障规划。

"阿尔法保险"仅上线一周，其访问量就达到500多万次，这一巨额访问量的背后依托的是阿尔法机器人服务的高效便捷性,通过对算法模型和具体技术的深度学习,机器人可在与客户交流过程中,根据其个人需求和家庭状况,提供所需保险险种及实时产品报价,降低了用户的时间成本,提高了保险营销效率和客户的消费体验。

（3）保险智能理赔。传统的保险理赔过程需要进行材料初审和理赔调查,初审将审核出险时保险合同和证明材料的有效性、所发生事故的性质、是否需要理赔调查,如果需要进行理赔调查则需要对事故进行核实和资料查证,如图4-16所示。传统理赔过程繁琐,人工审核时间长、成本大,理赔结案平均时间需要14天,理赔服务效率低。

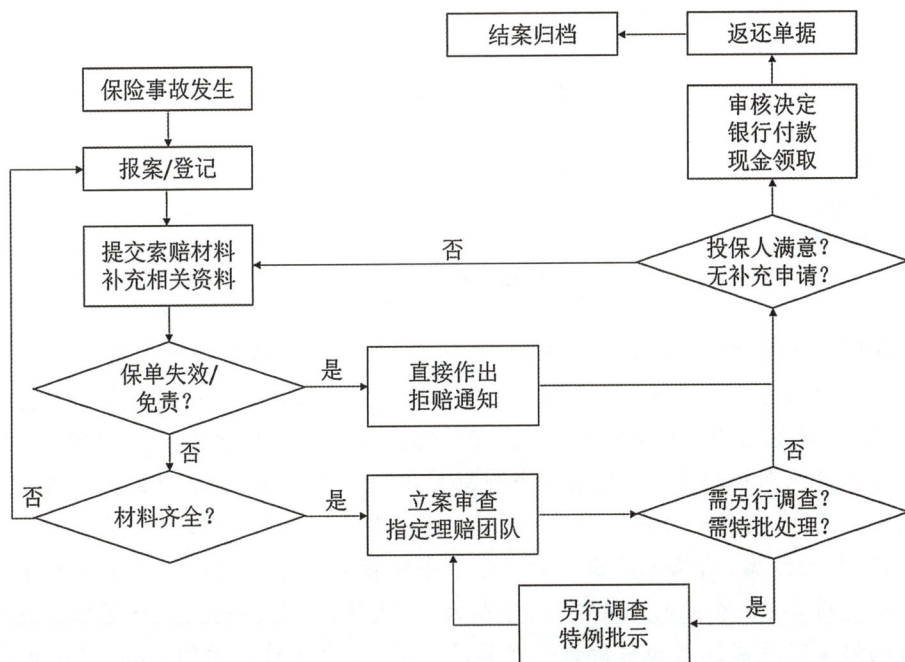

图4-16　传统保险理赔流程

　　面对保险理赔流程复杂、手续繁琐、耗时费力等问题,人工智能技术的应用则为解决以上问题提供了新思路。图像识别、计算机视觉系统、语言识别等人工智能技术通过预测数据模型、分析数据平台,实现了查勘、核损、定损和进行反欺诈识别,极大地提高了理赔效率和准确度。相比传统的人工核损流程可以大大节省时间、提升理赔效率、降低骗保概率。智能理赔采用智能化的理赔风险输入、加工和预警输出系统,能够通过诸多风控规则进行筛查,完善理赔风险闭环管理机制,如图4-17所示。在一些保险责任清晰、损失程度较轻的无争议理赔中,人工智能机器人可以实现理赔的自动化,在几分钟之内就能处理完成一起理赔案件,大幅缩短理赔时间。

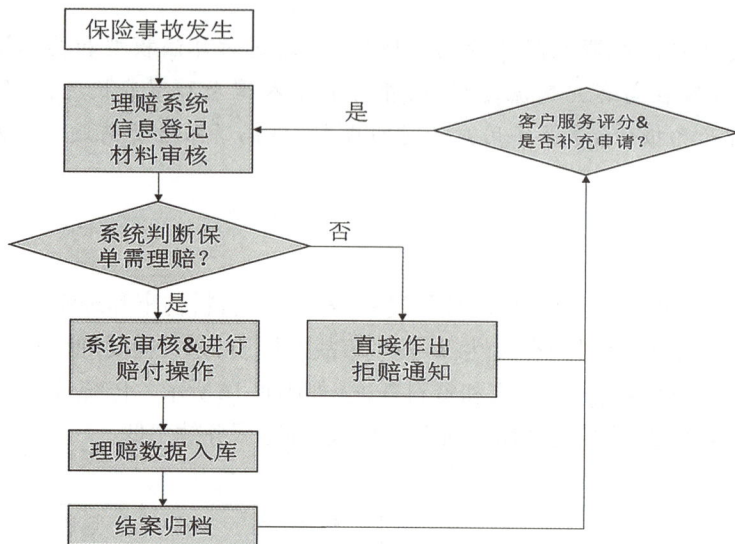

图4-17　智能理赔流程

拓展阅读

蚂蚁金服"定损宝"

　　2017年6月，蚂蚁金服就曾推出"定损宝"1.0版本，这是图像识别定损技术在车险理赔领域的首次应用，实现了由过去定损员现场人眼识别定损向人工智能技术进行统一、规范定损处理的转变，减少了理赔欺诈事件的发生率。"定损宝"应用深度学习图像识别检测技术，用AI充当查勘员的眼睛和大脑，通过部署在云端的算法识别事故照片，与保险公司连接后，在几秒钟之内就能给出准确的定损结果，包括受损部件、维修方案、价格以及出险后对于来年保费的影响。"定损宝"1.0版本在推出之初就受到了保险企业的高度关注，中国太平、大地、阳光、安盛、天平等保险公司纷纷与蚂蚁金服达成战略合作协议。在其后一年中，它累计提供的定损、续保定价服务超过了千万次，为保险企业节省了超过10亿元的查勘定损、欺诈识别、索赔处理成本。

　　2018年5月，蚂蚁金服推出"定损宝"2.0技术，将原本1.0版本中图像定损识别技术升级到视频定损识别技术，投保人只需将反映车辆受损状况的图片、影像资料实时上传，由处于云端的人工智能机器人充当定损员，就能够快速准确地做出定损结果，实现了事故的远程自主定损。目前，根据蚂蚁金服的测算，在私家车每年约4 500万元的保险索赔案件中，"定损宝"能覆盖的纯外观损伤案件占比达到60%。保险公司应用"定损宝"之后，预计可以减少查勘定损人员50%的工作量。在案件处理成本方面，有望每年为行业节约20亿元。

（二）人工智能技术在保险业务场景中的价值创新

1. 强化个性化保险服务

机器学习和大数据技术的有效性结合，可以对客户信息进行全面采集、分析和整理。对客户进行数据画像，对客户的特征、保险消费需求等进行全面分析，从而为客户提供个性化和针对性的保险服务；通过制定定向的营销活动方案，为客户提供专属的产品和增值服务，进而强化了客户的消费体验。同时，保险企业向客户进行针对性和指向性强的保险产品推介活动，有利于增加保险产品和服务的营销效果，有效控制保险产品的推销成本，提升保险企业经营管理效益，最终实现市场竞争力的提升。

2. 提升保险理赔的时效性和准确性

智能理赔服务覆盖从报案调度、查勘定损、核损核价、理算核赔到结案支付的理赔全流程。利用人工智能、大数据等技术，构建完善的保险理赔系统，全面收集保险相关信息，通过机器学习功能，对整个行业的保险理赔案件进行综合性的分析、评估，以形成标准化的模型。理赔的事件发生后，利用机器学习对事故现场情况、标的物损害状态等相关信息进行采集，然后将信息输入智能理赔系统，智能理赔系统模型会对其进行自动化和智能化的对比分析，并提出可行性和合理性的定损方案，保障了保险理赔案件的高效性处理，降低了对人工勘察的依赖性，提升了保险理赔的科学性。

针对保险欺诈事件，可以利用人工智能的人脸识别、语音识别等技术，对被保险人、保险标的物的信息进行全面收集、核对，保障信息的真实性，有效判断是否存在保险欺诈行为，从而降低理赔风险。

3. 强化保险业务智能决策

在核保、理赔环节，可通过人脸识别技术实现在线核保，有利于对消费者的身份信息进行核实和筛查，从而保障了保险理赔的真实性和准确性，降低了保险理赔风险。机器学习技术在保险业务中的应用改变了保险行业的运行模式，降低了保险业务开展过程中对人工的依赖，其进一步促进了保险业务决策的智能化，为核保、理赔等业务的准确性和合理性提供了保障。

第四节 人工智能技术在金融中应用的商业模式与未来展望

一 人工智能金融的商业模式

当前不仅科技巨头和细分领域标杆企业作为技术提供方为金融行业赋能，传统金融机构也正在利用自身资源创立或与互联网科技公司合作形成新的金融服务模式，加快人工智能技术的扩散速度，使更多金融企业分享科技红利。基于开放的技术平台、稳定的获客渠道与持续的创新活动，金融机构的行业资源优势与互联网科技公司的技术沉淀优势相结合，重新定义人工智能金融价值链创造模式，在提高客户使用效率与服务满意度的同时，重建新型商业逻辑，推动二者价值资源共享,逐步形成人工智能金融行业的生态与市场格局。在此基础上,形成了"人工智能金融+基础设施""人工智能金融+数据服务""人工智能金融+构建平台""人工智能金融+关键技术"等差异化服务能力与多样化商业模式,不断为行业创造更大价值。

(一)"人工智能金融+基础设施"的商业模式

"人工智能金融+基础设施"的商业模式是指通过人工智能技术连接金融机构与用户的硬件和软件。目前在市场上已经得到广泛应用。此类基础设施有:芯片、模组设备、智能服务器设备、智能终端、边缘智能计算设备、云计算服务等。通过基础设施,人工智能技术已经对金融行业每一个价值链环节产生影响,从智能生物识别和模型算法策略,到深度学习和策略研究,各种基于人工智能技术的产品或服务不断出现,改造和重塑了诸多传统金融业务。

现阶段,金融机构通过搭建人工智能基础设施网点来降低运营成本和风险成本,已经成为各大持牌金融机构的共识,由此催生的巨大市场空间,也吸引了大量资本和企业的参与和投入。整体来说,金融领域的人工智能基础设施供应商可分为以下三大类型:❶ 互联网信息与通信技术公司,如百度、阿里巴巴、腾讯、华为等。在云计算、芯片等领域大量投入或者通过社交软件、智能硬件相关的金融应用落地基础设施建设。❷ 传统金融设备供应商,通过扩充产品线或附加应用等方式向人工智能基础设施供应商转型。这类公司涉足金融领域时间长,部分公司与大型银行、金融机构有长期合作关系,其基础设施设备在金融市场应用广泛。❸ 人工智能技术型公司,如第四范式、寒武纪、云从科技、科大讯飞等。这类公司以人工智能技术为本,掌握了专业方向的顶尖技术,并以代表性技术为核心不断创新,为金融领域注入新技术新思维。此类公司对技术研发的投入高度重视,在基础设施建设中有创新特色领域。

(二)"人工智能金融+数据服务"的商业模式

"人工智能金融+数据服务"的商业模式是人工智能金融逐步实现数据价值的过程,具体是指将零散的用户金融数据通过采集、传输、储存等一系列标准化的流程变成格式规范、结构统一的数据,并有严格和规范的综合数据管控,通过人工智能技术对这些标准化的数据进行进一步加工分析,成为具有指导意义的业务监控报表、业务监控模型,以帮助业务进行辅助决策。

人工智能金融数据服务提供商既包括上游的数据生产者和数据生产组织者,主要提供原料数据的采集服务;也包括中游的AI基础数据服务商,主要通过数据处理能力和项目管理能力完成训练数据集结构设计、数据加工和质量检测等工作,为下游客户提供训练数据产品和相关服务;还包括下游的科技公司、行业企业、AI公司和科研单位,主要负责AI算法研发。

人工智能金融数据服务提供商依据业务规模可以进一步分为品牌数据服务商和中小数据供应商。这类公司业务包括出售现成训练数据集的使用授权,或根据用户的具体需求提供数据处理服务(企业自行采集或用户提供原始数据、企业对数据进行转写、标注),具体业务服务形式包括且不限于提供训练数据产品、提供数据采集服务、提供数据转写标注服务等。

(三)"人工智能金融+构建平台"的商业模式

"人工智能金融+构建平台"的商业模式是通过构建人工智能金融平台,提供机器学习、深度学习、知识图谱、图像识别等人工智能领域的算法，提供覆盖人工智能应用开发全流程的端到端能力。业务建模团队，可根据实际业务场景的需求与目标，基于金融行业大数据深度分析的积累，进行机器学习建模。标准化的流程步骤包括数据准备、特征工程、模型构建、应用开发、应用测试、部署运行、效果监控、自学习迭代等。

例如，Paypal使用人工智能进行实时支付欺诈分析；Betterment等将人工智能技术应用于投资理财等场景；摩根大通采用机器学习技术进行小企业贷款审批、交易风险管理。国内各家银行也纷纷加快了在机器学习领域的前瞻布局，成立创新实验室、规划人工智能在行内的落地和创新。应用场景包括风控领域的交易反欺诈、电子银行转账反欺诈，营销领域的长尾客户激活等，共同推进人工智能在金融场景下的应用落地。

（四）"人工智能金融＋关键技术"的商业模式

"人工智能金融＋关键技术"的商业模式主要围绕生物特征识别、计算机视觉、知识图谱、自然语言处理、智能语音、机器人流程自动化等技术，为人工智能在金融行业的应用提供技术支撑。具体来说，包含以下六种。

1. 生物特征识别技术提供商

随着现代金融业务的在线化发展，越来越多的业务场景需要对客户进行远程的身份核实和认证，生物识别技术也因此在金融领域遍地开花。特别是在移动端，生物特征识别技术因为其便捷的人机交互体验和保密安全的特点已经成为移动智能终端的标准配置。目前，生物特征识别技术在金融领域的应用场景包括远程开户、账户管理、支付确认等。

2. 计算机视觉技术提供商

例如，中国工商银行通过搭建卫星遥感监测平台实现对境内外的风电、光伏等多个场景实时监控，识别准确率超过90%，解决由于项目地处偏远地区等原因导致人工现场监控不便的痛点问题，每年仅现场查看人力成本可节省上百万元。同时，计算机视觉也在探索着非标准化的使用场景，例如，在保险进行定价等场景，建立个性化的视觉模型，通过识别无人机图像来对企业资产状况进行评估。

3. 知识图谱技术提供商

在金融应用场景中，知识图谱技术与自然语言处理和大数据分析存在高度关联，在智慧金融中的应用可分为金融监管、金融机构应用和金融服务三类：在金融监管领域的应用包括资本市场监管、新型金融监管、债券市场风险、个人信用反欺诈、反洗钱；金融机构应用包含智能风险预测、智能营销、智能投顾与智能投研等；金融服务领域的应用包括银行业信贷风险评估、银行客户全生命周期价值评估、失联客户管理。

4. 自然语言处理技术提供商

自然语言处理技术目前广泛应用于金融行业的各个细分领域。例如，文本合规检查、数据检索等，且越来越成为更多业务场景中不可或缺的一部分。自然语言处理技术往往与语音技术相结合，创造出更加智能的客户交互模式，一方面减少了人工座席数量，优化了运营成本；另一方面，相较于人工操作，在信息挖掘上具有强大优势，可以对资讯进行高效处理。

5.智能语音技术提供商

智能语音技术目前已经成为中大型金融机构在人工智能技术应用的标配之一,在身份识别、智能营销、智能客服、智能理赔、智能运营等多个场景已实现技术落地。整体来看,智能语音技术最具价值的应用在于与客户交互、服务相关的环节中,起到降本增效的目的。

6.机器人流程自动化(RPA)技术提供商

金融业是目前RPA的主要应用领域之一,RPA因为其在重复性工作处理上的高适用性被应用在金融业的多个领域。在商业银行中,国库退税自动核对、单位结算账户自动备案、清算资金自动对账、反洗钱明细信息补录、信用卡中心风险换卡等工作都可以由RPA包揽。在保险行业,RPA则可以完成合同文件报送、风控指标监控、系统清算等基础性工作。在证券行业,也可以利用RPA实现无人工的自动开闭市、开市期间监控和定时巡检。

二　人工智能金融的未来展望

在国家顶层设计和规划的大力推动下,金融行业正在发生日新月异的变化。人工智能技术赋能和产业发展,必将为金融人工智能技术应用的突破创新,行业应用场景智能化升级和可持续保障能力方面带来新的机遇。

(一)技术方面:技术能力革新,驱动行业发展不断演进

基础技术能力创新突破,成为金融人工智能发展的新驱动力。目前,金融行业正在利用人工智能从自动化向智能化升级,神经网络技术相关研究带动新一轮的算法革命,以及逐步完善的数据治理方案,将为金融行业敏捷性的金融智能算法提供发展驱动力。未来在神经网络与大数据的加持下,如知识计算、多模态融合、隐私计算等技术有望成为金融机构智能分析决策的基础,实现金融行情自学习,不仅可以对趋势行情进行预测,还可以实时做出智能决策,打造高效精准的交易体系,为金融行业创新发展提供技术驱动力。

(二)应用方面:场景智能深化,支撑现代金融体系建设

人工智能逐步渗透业务链五大环节,业务赋能逐步升级。

(1)在产品设计环节,融合人工智能技术衍生出智能投研与智能投顾场景应用。通过深度的机器学习、智能图谱与计算机视觉等技术,金融机构在优化资产配置,自主学习市场行情认知,提供收益率更高的理财产品等方面为客户提供服务。

(2)在市场营销环节,融合人工智能技术衍生出智能营销场景应用。以机器学习、知识图谱等技术构建精准营销,智能推荐模型,千人千面的个性化服务大幅提升理财产品销售成功率,推动普惠金融发展。

(3)在风险控制环节,融合人工智能技术衍生出智能风控场景应用。通过机器学习、自然语言处理、计算机视觉、机器人流程自动化等多种技术运用,智能风控已经在反诈骗、反洗钱、资金流向监控等多维度展开全方位风险防控。

(4)在客户服务环节,融合人工智能技术衍生出智能身份识别、智能客服、智能理赔等

多场景应用。不仅可以在高峰时段覆盖更多客户，而且可以高效准确解决需求，很好地提升了客户满意度。

（5）在支持性活动环节，融合人工智能技术衍生出智能合规与智能运营场景应用。客户服务与支持性活动环节中的融合场景对于主流人工智能技术的使用采纳率更高，互动性更强。

（三）保障方面：可信治理评估，助力行业长期规范发展

行业逐步重视人工智能技术应用规范，不断完善评估能力建设。规范的技术标准和稳定的制度环境，将提高金融机构对人工智能技术的创新评估意识，探索创新产品纠偏和暂停机制，防止市场野蛮生长，助力智能金融规范化发展。2021年3月，中国人民银行发布的《人工智能算法金融应用评价规范》，全国金融标准化技术委员会（简称金标委）通过《移动终端支付可信环境技术规范》《云计算技术金融应用规范》《移动金融基于声纹识别的安全应用技术规范》等数十项金融科技标准，采用制定标准和检测认证的方式规范事前准入和事中监管，为金融机构、金融科技厂商和评估机构提供系统性的评价规范，助力金融行业的相关从业者实施好对金融智能算法的风险管理，推动金融人工智能可持续发展。

第五节　项目实训——人工智能金融智能投顾

进入人工智能基础及应用创新教学与实践平台，单击下图"人工智能综合实践"模块，则可以进入任务界面，如图4-18所示。

图4-18　人工智能基础及应用创新教学与实践平台

📍 案例背景

金投罐科技有限公司（以下简称"金投罐"）是一家致力于为个人投资者提供金融投资

咨询服务，尤其是证券理财方面咨询服务的互联网公司。随着互联网技术、人工智能技术的迅猛发展，让原来只能提供给机构的专业性投资研究咨询服务正逐步走向了个人。在这些服务于个人投资者的金融服务中，金投罐尤其看好个人普惠金融领域的智能投顾。

经过十多年经验沉淀，金投罐不断提升自身市场认知和实战能力，帮助投资者成为有主见、有风格的投资者；通过人工智能核心技术实现优选策略，高效、可复制的投资模式，整合专业投资顾问，为普通投资者提供个性化服务，让股民可交流选股策略，发现更多投资机会，让投资更得心应手，从而打造专属于投资者的选股策略。

案例涉及的三类角色分别是：个人投资者、投顾咨询公司、证券公司。其中投顾咨询服务公司两个重要部门运营部、科技部。由投资者线上咨询投顾咨询公司，由运营部提供智能投顾服务即投资组合建议，个人投资者结合投资建议自主选择交易配置，由科技部对接证券公司执行个人投资者的投资交易指令，投资活动由个人投资者与证券公司的交易平台进行交易。商业环境如图4-19所示。

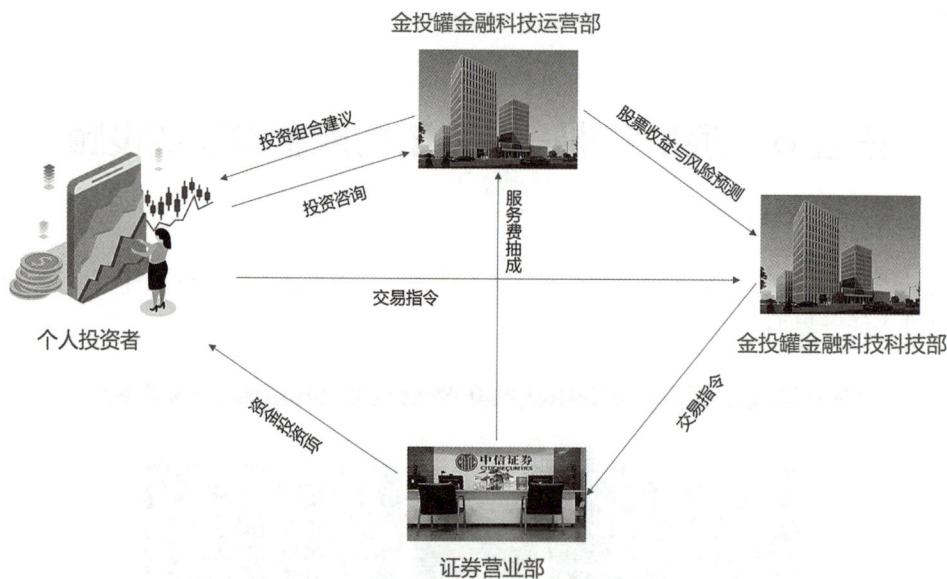

图4-19 智能投顾服务案例

案例角色

1. 个人投资者

钱先生大学毕业后已工作5年，有一定的资金积累，想用于投资理财，对股票投资非常感兴趣，希望通过投顾平台，咨询股票投资并参与股票买卖，以便获取投资收益。

2. 投顾咨询公司（金投罐科技有限公司）

金投罐科技有限公司（以下简称"金投罐"）成立于2018年9月4日，是一家以大数据、人工智能尤其是人工智能技术为核心竞争力的科技咨询公司，其致力于为个人投资者提供金融投资咨询服务,尤其是证券理财方面的咨询服务。在业务方面,金投罐已经稳定运营多年,公司目前已经服务众多投资者,业务范围逐步扩大,包括股市决策工具、投资教育、投资顾问等服务。为满足股民的需求,金投罐还搭建了服务平台,股民用户可以通过共享的信息服务平台让股民得到有质量、中立、全面的投资思想,投资顾问的服务也将变得简单、高效、有趣。

3.证券公司(中信证券股份有限公司)

中信证券股份有限公司(以下简称"中信证券")成立于1995年10月,2003年在上海证券交易所挂牌上市交易,2011年在香港联合交易所挂牌上市交易,是中国第一家"A+H"股上市的证券公司,第一大股东为中国中信金融控股有限公司。中信证券业务范围涵盖证券、基金、期货、外汇和大宗商品等多个领域,通过全牌照综合金融服务,全方位支持实体经济发展,为国内外企业客户、机构客户、高净值客户、零售客户提供各类金融服务解决方案。目前拥有7家主要一级控股子公司,分支机构遍布全球13个国家,中国境内分支机构和网点400余家,华夏基金、中信期货、金石投资等主要控股子公司均在各自领域中保持领先地位。

中信证券营业部主要为客户提供证券投资咨询(仅限证券投资顾问业务,经营业务区域与中信证券股份有限公司《经营证券业务许可证》一致)、证券产品的买卖服务、股票发行等融资服务。

📍 实训目标

1. 了解智能投顾的基本业务流程。
2. 熟悉人工智能在投资理财中应用相关知识。
3. 熟悉智能投顾的风险管理知识。
4. 掌握智能投顾业务流程实践能力。

📍 实训准备

根据案例实训背景及规则和投资风险偏好分类建立客户标签。读者可根据自我感觉完成风险偏好设置,可以循环完成,以便确定一种风险类型。

📍 实训步骤

案例涉及9个实训环节,将分为五个阶段进行,第一阶段:个人提交投资调研报告;第二阶段:投顾公司推出投资者类型、股票推荐以及根据个人偏好勾选股票;第三阶段:投顾公司预测股票收益、预测投资风险、建议投资组合;第四阶段:个人根据投资组合建议,向证券公司下单买卖股票;第五阶段:个人查看股票投资收益情况。实训流程如图4-20所示。

1.投资者投资偏好调研

(1)阅读投资者须知,完成投资风险偏好调研,后台收集风险偏好数据。

(2)用户完成投资偏好调研(图4-21),通过调研问卷调查评价客户的风险承受能力与投资目标。

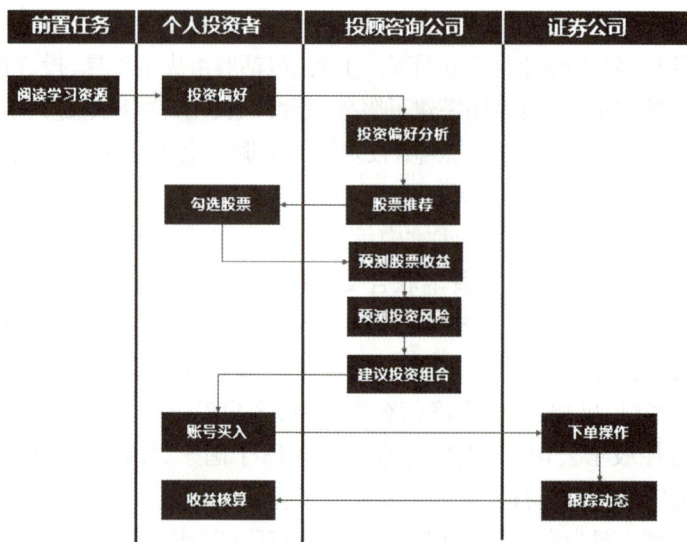

图4-20　实训流程图

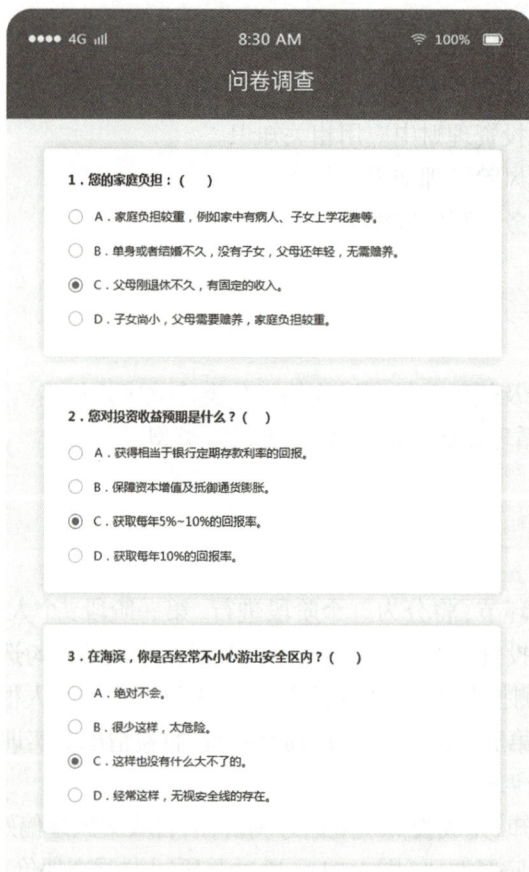

图4-21　投资者投资风险测评

2. 分析用户投资类型（整理用户投资偏好数据）

（1）投顾公司判断投资者类型，投资者风险偏好分析如图4-22所示。

投资偏好分析与股票池

投资偏好分析

保守型投资者	中庸型投资者	进取型投资者
对于保守型投资者来说，资金的安全性是处于绝对的第一位，宁愿没有收益也不愿意让资金出现任何一点风险，可以说是极度的风险厌恶者。	稳定是重要的考虑因素，希望投资在保证本金安全的基础上有增值收入，希望投资有一定的收益，但往往因为规避风险，最终不会采取任何行动。	高度追求资金的附加价值，接受可能发生的大幅度变动，交换资金成长的可行性。为了最大限度地获得资金增值，大部分资金往往投入风险高的品种。

我的资产			
目前开始状态：	开市	开市时间：	上午：09：00至12：55 下午：13：00至23：30
代理商人数：	6人	会员人数：	456

图4-22　投资者风险偏好分析

（2）领取投资额50万元，然后投顾公司推荐投资股，投资者投资资金管理如图4-23所示。

会员基本资料			
会员账号	12321232123	账号类型	正式账号
保证金	¥988.68	可用保证金	¥988.68
提现冻结金额	¥0.00	可买股票资金	¥9886.80
买入手续费	12321232123	卖出手续费	2.8‰
留仓费	12321232123	最大留仓天数	10天
姓名	12321232123	手机号码	1232345678
取款密码	**********	QQ	584401855
修改			

图4-23　投资者投资资金管理

（3）股票池数据6只待选股票及股票数据。投顾公司推荐股票如图4-24所示。

选择	代码	名称	最新股	成交量(手)	涨跌	涨跌%	买价	卖价	开盘价	最高价
☐	0000001	平安银行	23.290	5619821	-0.3	-1.29	23.280	23.290	23.350	23.490
☐	0000002	万科A	23.290	5619821	-0.3	-1.29	23.280	23.290	23.350	23.490
☐	0000003	恒大	23.290	5619821	-0.3	-1.29	23.280	23.290	23.350	23.490
☐	0000004	世纪星源	23.290	5619821	-0.3	-1.29	23.280	23.290	23.350	23.490
☐	0000005	AT全新	23.290	5619821	-0.3	-1.29	23.280	23.290	23.350	23.490
☐	0000006	中国宝安	23.290	5619821	-0.3	-1.29	23.280	23.290	23.350	23.490
☐	0000007	深物业A	23.290	5619821	-0.3	-1.29	23.280	23.290	23.350	23.490

图4-24　投顾公司推荐股票

3. 根据个人勾选股票,投顾公司提供预测股票模型

投顾公司出具相应的智能投顾模型,根据投顾模型说明完成模型调参与调优,如图4-25所示。

图4-25 投资模型调参与模型调优

4. 预测股价(Python算法),完成收益率分析与风险分析

利用Python数据完成模型的收益率分析与风险分析,完成Python的关键变量设置和设计。模型的收益率分析与风险计算如图4-26所示。

图4-26 模型的收益率分析与风险计算

5. 预测股票收益，出具投资组合建议

投资数据收集，进行数据分析，从备选资产池中推荐个性化的投资组合，如图4-27所示。

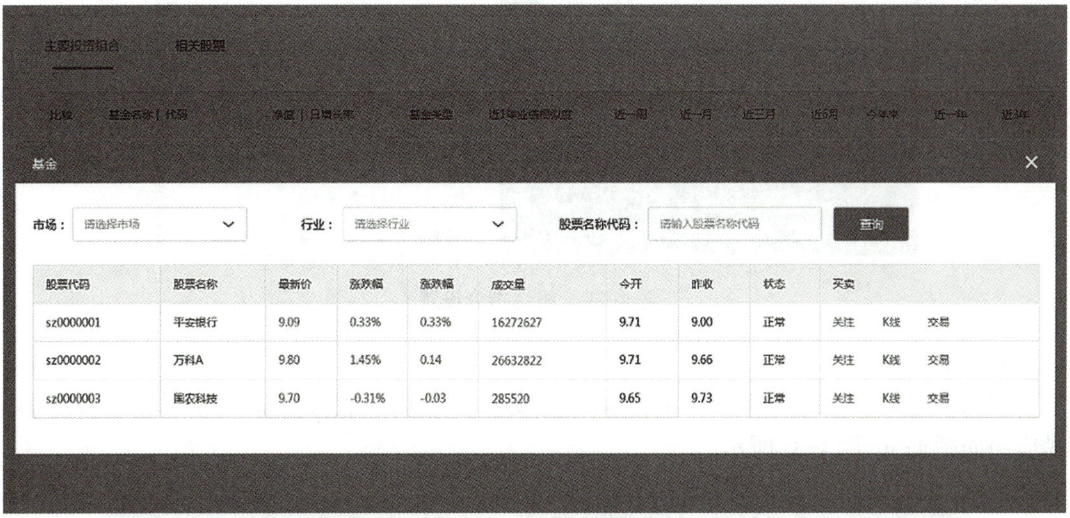

股票代码	股票名称	最新价	涨跌幅	涨跌幅	成交量	今开	昨收	状态	买卖
sz0000001	平安银行	9.09	0.33%	0.33%	16272627	9.71	9.00	正常	关注 K线 交易
sz0000002	万科A	9.80	1.45%	0.14	26632822	9.71	9.66	正常	关注 K线 交易
sz0000003	国农科技	9.70	-0.31%	-0.03	285520	9.65	9.73	正常	关注 K线 交易

图4-27 投资组合建模

6. 开始进行买卖操作

动态监测买卖趋势，客户资金托管，客户资金被转入第三方托管。交易买卖委托操作如图4-28所示。

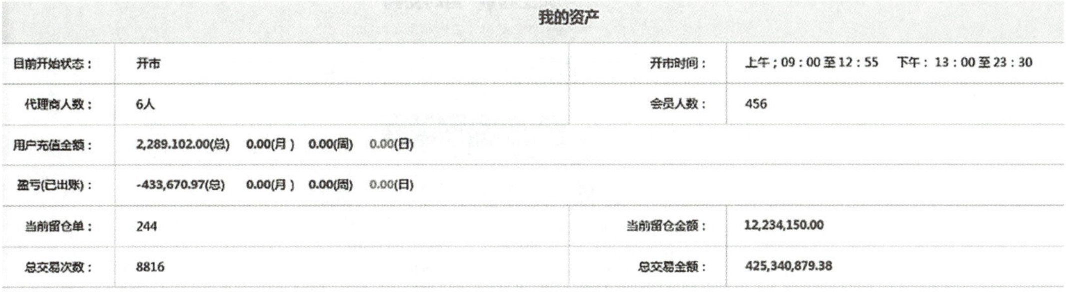

我的资产			
目前开始状态：	开市	开市时间：	上午：09：00至12：55 下午：13：00至23：30
代理商人数：	6人	会员人数：	456
用户充值金额：	2,289.102.00(总) 0.00(月) 0.00(周) 0.00(日)		
盈亏(已出账)：	-433,670.97(总) 0.00(月) 0.00(周) 0.00(日)		
当前留仓单：	244	当前留仓金额：	12,234,150.00
总交易次数：	8816	总交易金额：	425,340,879.38

图4-28 交易买卖委托操作

7. 完成自动化买卖设置

系统代理客户发出交易指令，买卖资产，投资指令设置等交易执行活动如图4-29所示。

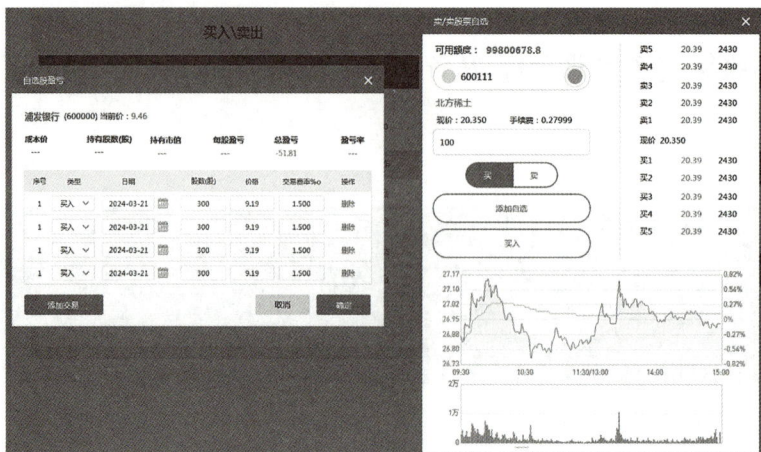

图4-29 投资指令设置

8. 股票自动化交易

根据现有资产及投资组合策略,自动化完成股票交易,设置好资金规划。完成自动化交易应用如图4-30、图4-31所示。

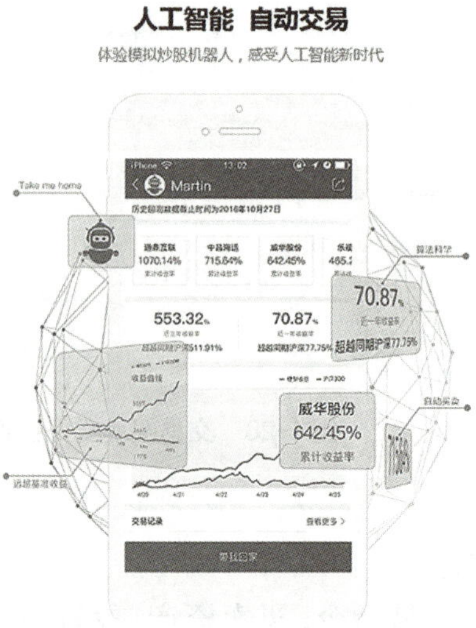

图4-30 完成自动化交易应用(a)

图4-31 完成自动化交易应用(b)

9. 投资收益与投资分析报告

根据自动化交易,完成投资收益分析与分析报告,回顾投资策略,完成投资策略,调整投资战略。投资结果分析如图4-32所示。

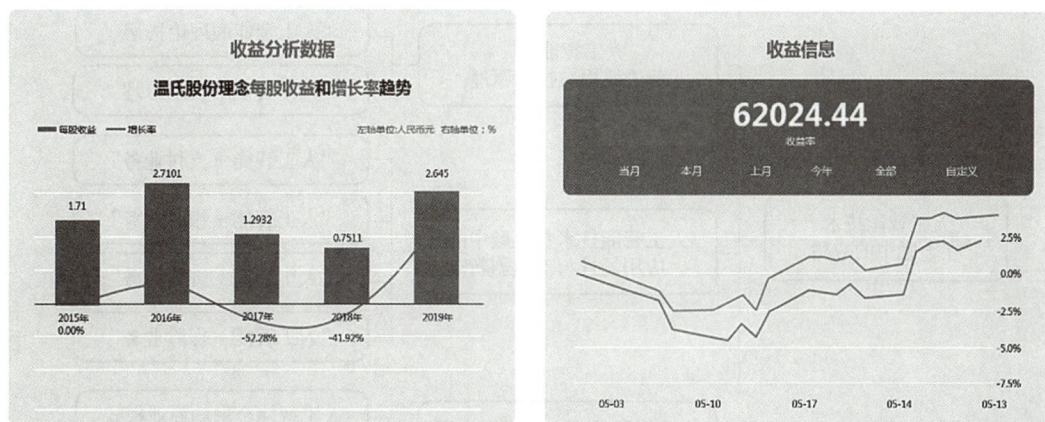

图4-32 投资结果分析

📍 实训小结

本节引入智能投顾金融的应用场景,采用人工智能技术,为不同类型的投资风险偏好者制定不同的投资策略,设置投资模型,并对投资模型进行调优、回测,并对收益情况及投资策略进行分析。针对客户的风险偏好及投资期限为其个性化定制最佳投资组合。智能投顾在用户主动提供或测评得到风险偏好及投资期限之后,为其个性化定制最佳投资组合。智能投顾主要从数据准备、风险偏好分析、模型调参、策略代码编程运行、回测结果与效益分析五个步骤进行实训,掌握智能投顾的金融数据处理、算法模型及投资回报智能分析,理解智能投顾核心技术要素,掌握智能投顾基础应用技能。

拓展训练

由于智能投顾具备较高的专业化程度和技术元素,给出的资产配置方案多数是基于经典的资产配置理论,并且有固定的阈值设置,达到止损、止盈边际会自动操作,能够有效克服人性弱点也不需要用户进行操作,从而实现风险有效分散化,做到以最小的风险获得最大的投资收益。

本章要点

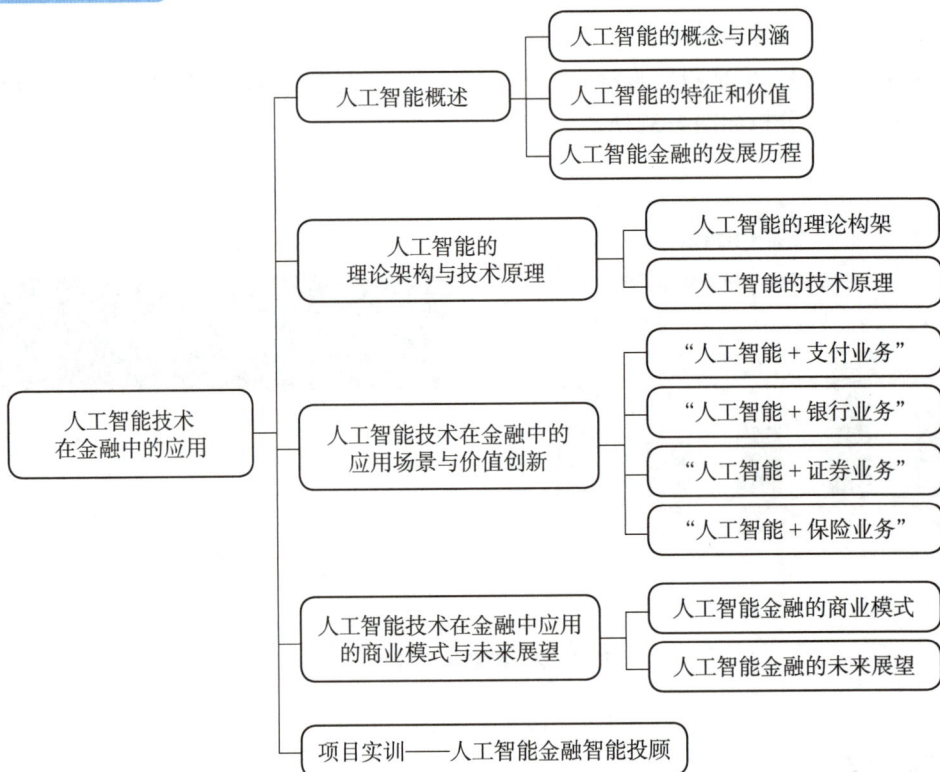

问题讨论

1. 人工智能技术在金融领域有哪些应用场景?

2. 人工智能在金融应用场景下的发展趋势如何?

3. 人工智能在金融领域的应用存在哪些未知风险?应该如何防范?

1. 如何利用人工智能技术提升金融服务的智能化水平,提高客户满意度?

2. 人工智能在量化投资策略中扮演着怎样的角色? 它如何帮助投资者发现新的投资机会?

3. 人工智能如何协助金融机构提高合规性,降低因违规操作带来的风险?

4. 人工智能将对金融行业的竞争格局和业态产生怎样的影响?

5. 在人工智能时代,金融机构应如何调整战略和业务模式以适应未来的变化?

第五章
云计算技术在金融中的应用

知识目标：掌握云计算的概念与内涵；掌握云计算的特征与类型；了解目前国内外云平台的发展现状；熟悉云计算的服务模式与关键技术；了解国内外金融机构云计算的商业模式及发展现状。

技能目标：能够对Iaas、Paas与Saas三种服务模式进行对比分析；能够分析银行、证券、保险行业云计算的创新应用价值；能够搭建银行的小微企业贷款云基础服务。

素养目标：通过学习云计算的概念和关键技术培养新时代下的数字化思维；通过了解国内云平台的发展现状，培养深厚的爱国情感、国家认同感。

导入案例

打造"云上银行"，破解金融业数字化痛点

2022年8月10日，"2022世界5G大会"在哈尔滨召开（图5-1）。会上，2022年"5G十大应用案例"在大会开幕式上正式发布。交通银行联合上海电信及华为共同建设的全国首个"5G全域智能金融云专网"成为唯一入选的金融领域案例。该项目是三家公司联合在金融行业首次做出的全国范围"5G+金融探索与创新"，利用电信5G切片、后端路由、SD-WAN、AI大数据、云计算和区块链等新型技术，助力交通银行加快推进数字化转型、建设安全泛在的新型金融基础设施，充分激发普惠金融、产业金融等业务经营潜能，形成多元融通的金融服务智慧再造。

图5-1　2022年世界5G大会

5G在交通银行的一系列应用场景的落地不仅满足了金融行业解决痛点问题的需求，也将5G在金融行业的使用从预热阶段推进至行业适配阶段，为后续规模推广提供了实践依据。项目团队也在推进《5G金融云专网技术及应用白皮书》，真正挖掘金融行业5G网络价值，树立金融行业5G技术创新标杆。

（资料来源：搜狐网）

想一想

什么是云计算？云计算在金融行业中的应用场景有哪些？

第一节 云计算概述

一 云计算的概念与内涵

（一）云计算的概念

2006年8月9日，谷歌首席执行官埃里克·施密特在搜索引擎大会（SES San Jose 2006）首次提出"云计算"（cloud computing）的概念。这是云计算发展史上第一次正式地提出这一概念，有着巨大的历史意义。

云计算是一种基于互联网的新型服务模式，它通过互联网提供动态、可扩展且经常是虚拟化的资源。其核心在于实现服务的增加、使用与交付的便捷性，从而满足用户多样化的计算需求。在这个框架中，"云"作为服务的接收端，象征着云端环境，它使得用户无论身处何时何地，都能无缝地享受到云计算所带来的各项服务。"云"不仅是对网络、互联网的一种形象化的比喻，更是对底层基础设施和核心服务能力的抽象化表达。它代表了计算资源的集中管理与按需分配，实现了计算力的弹性扩展与高效利用。通过这种抽象化的方式，云计算可以屏蔽底层硬件和软件的复杂性，为用户提供统一、标准的计算服务接口。云计算的强大计算能力使其能够支持各种复杂的计算任务，包括模拟核爆炸、预测气候变化和市场发展趋势等。用户可以通过电脑、笔记本、手机等终端设备接入数据中心，根据自身的需求进行运算。这种按需使用的服务模式不仅提高了资源的利用率，还降低了用户的成本，推动了各行各业的创新发展。

对云计算的定义有多种说法。当前比较公认的是美国国家标准与技术研究院（NIST）的定义：云计算是一种按使用量付费的模式，这种模式提供可用的、便捷的、按需的网络访问，进入可配置的计算资源共享池（资源包括网络，服务器，存储，应用软件，服务），这些资源能够被快速提供，只需投入很少的管理工作，或与服务供应商进行很少的交互[1]。根据NIST的定义，云计算具有自助按需服务、虚拟资源池、可度量服务、高速弹性架构和高宽带网络等五个关键特征。其实质是将原本运行在单个计算机或服务器的数据储存、数据处理与数据分析转移到互联网上的大量分布式计算机资源池中，使用者可以按照需要获取相应的计算能力、存储空间和部署软件的一种计算资源的新型利用模式。

---

[1] Mell, P. and Grance, T. The NIST Definition of Cloud Computing. NIST Special Publication 800-145, National Institute of Standards and Technology, Gaithersburg, 2011.

（二）云计算的内涵

"云"实质上就是一个网络，狭义上，云计算就是一种提供资源的网络，使用者可以随时获取"云"上的资源，按需求量使用，并且可以看成是无限扩展的，只要按使用量付费就可以。"云"就像自来水厂一样，我们可以随时接水，并且不限量，按照自己家的用水量，付费给自来水厂，如图5-2所示。

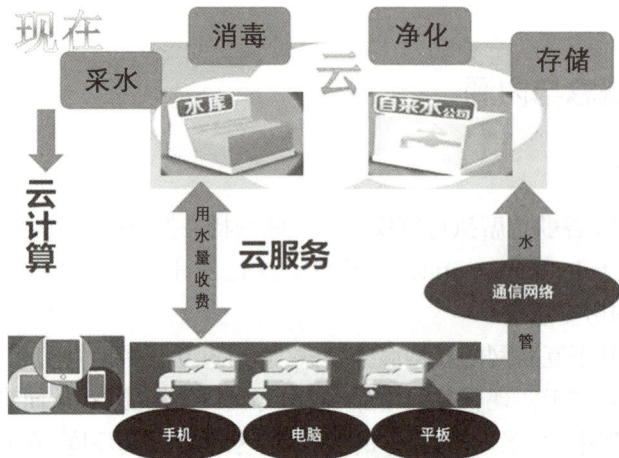

图5-2　云计算的付费方式

广义上，云计算是与信息技术、软件、互联网相关的一种服务，这种计算资源共享池叫作"云"，云计算把许多计算资源集合起来，通过软件实现自动化管理，只需要很少的人参与，就能让资源被快速提供。也就是说，计算能力作为一种商品，可以在互联网上流通，就像水、电、煤气一样，可以方便地取用，且价格较为低廉。根据中国信息通信研究院发布的《云计算白皮书（2023年）》，2022年全球云计算市场规模为4 910亿美元，增速达到19%。同时，白皮书预测，在大模型、算力等需求的刺激下，市场仍将保持稳定增长，并预计到2026年全球云计算市场将突破万亿美元。

现阶段所说的云服务已经不单单是一种分布式计算，而是网格计算、分布式计算、并行计算、效用计算、网络存储、虚拟化、负载均衡等传统计算机技术和网络技术发展融合的产物。

案例分析 🔍

华为：加速数智跃迁　为政企新质生产力蓄势赋能

新质生产力是以数字技术为代表的新一轮技术革命引致的生产力跃迁。近年来，以AI、大数据、云计算为代表的数字技术的一系列革命性突破，引发了传统生产要素以及以数据为代表的新生产要素的融合与创新配置。智能化驱动从"量变"转为"质变",实现了数智生产力的跃迁。

抢抓大模型战略机遇,加速智能化进程

华为一直坚持"AI for Industries",于业界率先推出华为云Stack大模型混合云,提供算力平台、云服务、开发套件和专业服务等业界最完整的AI生产链,并携手多家头部客户共同探索企业研发、生产、消费等全流程面临的复杂难题。

2022年初起,华为与山东能源集团一起成立联合创新中心,成功搭建了煤炭行业全球首个矿山大模型"盘古矿山大模型",目前已在煤矿领域9个专业40多个场景开展应用实践,推进了人工智能大规模"下井"。

数据要素可信流通,充分释放数据价值

新质生产力的新生产要素范畴不仅包括传统生产要素的"质量升级",更重要的是以数据要素为代表的新生产要素的嵌入和融合。作为一家全球性企业,华为拥有18年数据治理的经验,同时也持续在数据空间建设领域开展探索,帮助内外部数据跨主体可控交换、高效连接、协同创新。华为基于自身实践经验联合生态伙伴共同打造的政务数据要素流通方案,将助力数据要素可信流通的场景创新。

在上海,华为与上海数据集团联合打造了城市级数据空间基础设施——"天机·智信"平台,能够实现公共数据与行业数据、企业数据等不同数据之间的有效整合,提供高质量数据资源,为普惠金融、跨境贸易、医疗健康等场景创新提效,充分赋能城市数字化转型。

以工业互联网为核心,加速产业深度升级

华为云推出以混合云和大模型为核心的工业互联网参考架构,提供工业云边协同、工业数据采集、工业数据融合、工业智能中枢和工业应用开发5大核心能力,可灵活组合满足复杂场景的差异化需求,提供从数据采集到智能化应用的全链路能力。长安汽车渝北新工厂,依托华为云Stack打造集团+工厂的云边端协同架构,赋能工厂智能化应用,推动长安汽车率先驶入智造快车道。

想一想

云计算与本地计算有什么区别?

(三) 云计算的产生

现如今,云计算被视为计算机网络领域的一次革命。追溯云计算的根源,它的产生和发展与并行计算、分布式计算等计算机技术密切相关。但追溯云计算的历史,可以追溯到1956年,斯特雷奇发表了一篇有关虚拟化的论文,正式提出了虚拟化的概念。虚拟化是今天云计算基础架构的核心,是云计算发展的基础。之后随着网络技术的发展,逐渐孕育了云计算的萌芽。

在20世纪90年代,计算机网络领域经历了一次空前的"大爆炸",这一时期网络技术得到了飞速的发展,也出现了以思科(Cisco)为代表的一系列公司。然而,这种快速的发展也带来了一系列问题,尤其是网络泡沫时代的出现。在2004年,Web2.0会议举行,Web2.0成为当时的热点,这也标志着互联网泡沫的破灭。计算机网络发展进入了一个新的阶段。在这一阶段,让更多的用户方便快捷地使用网络服务成为互联网发展亟待解决的问题,与此同时,一些大型公司也开始致力于开发大型计算能力的技术,为用户提供了更加强大的计算处理服务。

在2006年8月9日,谷歌的首席执行官埃里克·施密特在搜索引擎大会(SES San Jose 2006)上首次提出了"云计算"的概念。这一概念的提出,标志着互联网发展进入了一个新的里程碑,它预示着数据处理、存储和访问方式将发生根本性的变革。

自2007年以来,"云计算"迅速成为计算机领域最令人关注的话题之一。大型企业、互联网建设以及其他各个行业都纷纷将云计算作为重点研究方向,积极探索其在各自领域的应用和潜力。因为云计算的提出,互联网技术和IT服务出现了新的模式,引发了一场变革。在2008年,微软发布其公共云计算平台(Windows Azure Platform),由此拉开了微软的云计算大幕。同样,云计算在国内也掀起一场风波,许多大型网络公司纷纷加入云计算的阵列。2009年1月,阿里软件在江苏南京建立首个"电子商务云计算中心"。同年11月,中国移动云计算平台"大云"计划启动。到现阶段,云计算已经发展到较为成熟的阶段。2019年8月17日,北京互联网法院发布《互联网技术司法应用白皮书》。发布会上,北京互联网法院互联网技术司法应用中心揭牌成立。

2020年我国云计算市场规模达到1 781亿元,增速为33.6%。其中,公有云市场规模达到990.6亿元,同比增长43.7%,私有云市场规模达791.2亿元,同比增长22.6%。

二　云计算的特征及类型

(一) 云计算的主要特征

云计算使计算分布在大量的分布式计算机上,而非本地计算机或远程服务器中。云计算使各种计算、存储和数据服务等信息技术能力实现按需分配、弹性供应。这就好比是从古老的单台发电机模式转向了电厂集中供电的模式。它意味着计算能力也可以作为一种商品进行流通,像煤气、水、电一样,取用方便,费用低廉。最大的不同在于,煤气、水、电等为有形物质,是通过管道、电线网络传输;而云计算,是通过互联网进行传输,且传输对象为无形的数字信息及信息服务应用。云计算的一个核心理念就是通过不断提高"云"的处理能力,进而减少用户终端的处理负担,最终使用户终端简化成一个单纯的输入输出设备,并能按需享受"云"的强大计算处理能力。

通常,云计算服务具备的特征有:基于虚拟化技术快速部署资源或获得服务,实现动态的、可伸缩的扩展,按需求提供资源,按使用量付费,通过互联网提供面向海量的信息处理,用户可以方便地参与,形态灵活,聚散自如,减少用户终端的处理负担,降低了用户对于IT

专业知识的依赖。其具有如下优势与特点。

1. 虚拟化技术

虚拟化突破了时间、空间的界限，是云计算最为显著的特点，虚拟化技术包括应用虚拟和资源虚拟两种（图5-3）。众所周知，物理平台与应用部署的环境在空间上是没有任何联系的，正是通过虚拟平台对相应终端操作完成数据备份、迁移和扩展等。因此，借助云计算，用户不需要信息所在的具体位置，只需要通过电脑或移动终端借助网络服务实现自己需要的一切，甚至是超级计算任务。

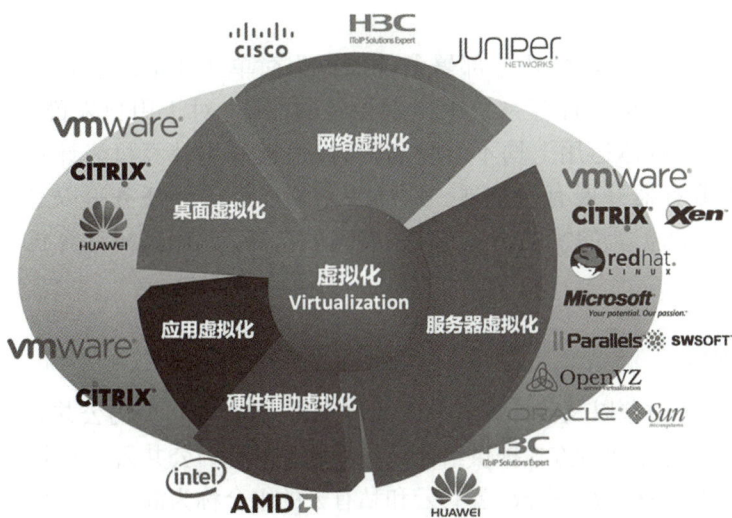

图5-3 虚拟化的技术流派
（资料来源：和讯网）

2. 动态可扩展

云计算具有高效的运算能力，在原有服务器基础上增加云计算功能，能够使计算速度迅速提高，最终实现动态扩展虚拟化的层次达到对应用进行扩展的目的。"云"的规模可以动态伸缩，满足应用和用户规模增长的需要。

3. 按需部署

计算机包含了许多应用、程序软件等，不同的应用对应的数据资源库不同，所以用户运行不同的应用需要较强的计算能力对资源进行部署，而云计算平台能够根据用户的需求快速配备计算能力及资源。"云"是一个庞大的资源池，按需购买，可以像自来水、电、煤气那样计费。

4. 灵活性高

目前市场上大多数IT资源、软件、硬件都支持虚拟化，比如存储网络、操作系统和开发软件、硬件等。虚拟化要素统一放在云系统资源虚拟池当中进行管理，可见云计算的兼容性非常强，不仅可以兼容低配置机器、不同厂商的硬件产品，还能够外设获得更高性能计算。

5. 可靠性高

倘若服务器故障,也不影响计算与应用的正常运行,因为单点服务器出现故障可以通过虚拟化技术将分布在不同物理服务器上面的应用进行恢复或利用动态扩展功能部署新的服务器进行计算。

6. 性价比高

将资源放在虚拟资源池中统一管理在一定程度上优化了物理资源,用户不再需要昂贵、存储空间大的主机,可以选择相对廉价的 PC 组成云,一方面减少费用,另一方面计算性能不逊于大型主机。

7. 可扩展性

用户可以利用应用软件的快速部署条件来更为简单快捷地对已有业务以及新业务进行扩展。例如,计算机云计算系统中出现设备的故障,对于用户来说,无论是在计算机层面上,抑或是在具体运用上均不会受到阻碍,可以利用计算机云计算具有的动态扩展功能来对其他服务器开展有效扩展。这样一来就能够确保任务得以有序完成。在对虚拟化资源进行动态扩展的情况下,同时能够高效扩展应用,提高计算机云计算的操作水平。

(二) 云计算的类型

按照不同的服务对象以及云计算资源的部署方式,云计算可分为公共云、私有云、混合云、行业云四种。以即用即付方式提供给公众计算服务的称为公共云,而不对公众开放的组织内部数据中心的资源称为私有云,公共云和私有云的组合称为混合云,面向某个行业内部提供金融服务的为行业云。

1. 公有云

公有云通常指第三方提供商提供给用户能够使用的云。公有云由云提供商完全承载和管理,用户无须购买硬件、软件或支持基础架构,只需要为其使用的资源付费即可,云提供商为用户提供价格合理的计算资源(如服务器和存储空间)和快速访问等云服务。一般可通过因特网使用,可能是免费或成本低廉的。这种"云"有许多实例,可在当今整个开放的公有网络中提供服务。

公有云的最大意义是能够以低廉的价格,提供有吸引力的服务给最终用户,创造新的业务价值。公有云作为一个支撑平台,还能够整合上游的服务(如增值业务,广告)提供者和下游最终用户,打造新的价值链和生态系统。它使用户能够访问和共享基本的计算机基础设备资源,包括但不限于硬件、存储和带宽等。

公共云的优点是:用户无须支付硬件带宽费用,投入成本低;免费使用或者按照使用服务付费,减少资源浪费;满足需求的扩展性;公用云作为解决方案,既有弹性,又具备成本效益。公共云的主要缺点是:存在一定数据安全性隐患。

代表性的公有云包括亚马逊的 AWS 与 Amazon S3、微软的 Microsoft Azure、谷歌的 Google Apps 与 Google App Engine、Rackspace 的 Rackspace Cloud 和国内世纪互联的 CloudEx 云快线等。

公有云市场变局：华为云排名中国公有云市场第二，
TOP云厂商增速最快

国际权威行业研究机构IDC和中商产业研究院2022年的一份报告显示：2022上半年中国公有云服务市场整体规模（IaaS/PaaS/SaaS）达到165.8亿美元，其中IaaS市场同比增长27.3%，PaaS市场同比增速为45.4%。2022年第二季度，华为云在中国Top3云厂商中保持增速最快，位列中国公有云市场（IaaS+PaaS）第二位，其中IaaS市场份额上升至11.7%，IaaS+PaaS市场份额上升至11.2%，如图5-4所示。

IDC 中国Top5公有云IaaS厂商份额占比，2022Q2

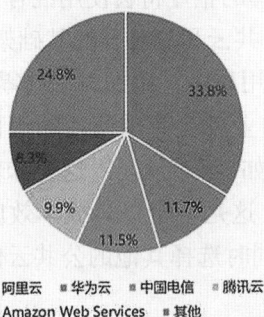

33.8%
24.8%
8.3%
9.9%
11.5%
11.7%

■阿里云 ■华为云 ■中国电信 ■腾讯云
■Amazon Web Services ■其他

IDC 中国Top5公有云IaaS+PaaS厂商份额占比，2022Q2

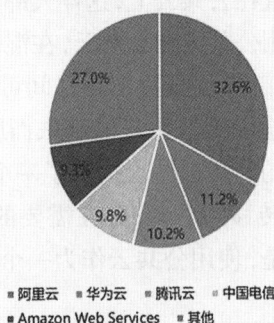

32.6%
27.0%
9.3%
9.8%
10.2%
11.2%

■阿里云 ■华为云 ■腾讯云 ■中国电信
■Amazon Web Services ■其他

图5-4　2022年第二季度中国公有云市场占比结构

在基础设施服务方面，华为云持续构建"全球一张网"，打造全球一致体验的高质量云服务。目前，华为云正在全球规划部署更多绿色智能的云数据中心。截至2023年底，华为云将布局全球29个区域、75个可用区，覆盖170多个国家和地区。在技术服务方面，华为云持续突破技术创新。企业无须再大量投入通用技术研发，即可通过华为云构建的软件开发、AI开发、数据治理、数字内容四大生产线，在云上轻松获取前沿的技术云服务，让企业创新得心应手。在经验服务方面，华为云将华为自身30多年的数字化转型经验及全球伙伴的最佳实践沉淀在云端，共享卓越，助力企业数字发展行稳致远。

截至目前，华为云已上线240多个云服务，聚合全球超过38 000家合作伙伴，发展302万名开发者，云市场上架应用超过7 400个。未来，华为云将持续创新，携手客户、合作伙伴和开发者，让"云"无处不在，让智能无所不及，共建智能世界云底座。

（资料来源：金融界公众号）

2. 私有云

私有云是为一个客户单独使用而构建的，因而提供对数据、安全性和服务质量的最有效控制。该公司拥有基础设施，并可以控制在此基础设施上部署应用程序的方式。该云的建设、运营和使用都在企业内部完成，私有云可部署在企业数据中心的防火墙内，也可以将它们部署在一个安全的主机托管场所。私有云一般不会受到网络不稳定或黑客攻击的影响，因此数据安全性极高，特别适合有众多分支机构的企业内部或政府内部。目前有些企业已经开始构建自己的私有云。

私有云的优点是：数据与程序皆在组织内管理，不会受到网络带宽、安全疑虑、法规限制影响；保障虚拟化私有网络的安全；充分利用现有硬件资源和软件资源。私有云的缺点是：投入成本较高，特别是建立数据中心的初始投入成本较大；用户更能掌控云基础架构、改善安全与弹性，因为用户与网络都受到特殊限制。

私有云的典型代表有，IBM蓝云和IBM云爆。

3. 混合云

混合云是公共云和私有云两种服务方式的结合。由于安全和控制原因，并非所有的企业信息都能放置在公共云上，这样大部分已经应用云计算的企业将会使用混合云模式。很多将选择同时使用公共云和私有云，在混合云的配置中，公共云和私有云的基础架构彼此运营，但通过加密连接进行通信，二者之间可以共享数据和应用程序。比如对一些零售商来说，他们的操作需求会随着节假日的到来而剧增，或者是有些业务会有季节性的增长。同时混合云也为其他目的的弹性需求提供了一个很好的基础，比如，灾难恢复。这意味着私有云把公共云作为灾难转移的平台，并在需要的时候去使用它。这是一个极具成本效应的理念。另一个好的理念是，使用公共云作为一个选择性的平台，同时选择其他的公共云作为灾难转移平台。

混合云既可以实现私有的数据安全性，也可以使用公有云的海量资源。有的企业为了能够控制自身数据的安全性和私密性，希望将数据存储在私有云，但同时企业又希望可以获得公有云中的资源，因此企业可以选择使用混合云。

4. 行业云

行业云是由行业内或某个区域内起主导作用或者掌握关键资源的组织建立和维护，以公开或者半公开的方式，向行业内部或相关组织和公众提供有偿或无偿服务的云平台，如金融云、政务云、医疗云、卫生云等。

行业云的优势，是能为行业的业务作专门的优化。和其他的云计算模式相比，这不仅能进一步方便用户，而且能进一步降低成本。劣势是，支持的范围较小，只支持某个行业，同时建设成本较高。

第二节　云计算的理论架构与技术原理

一　云平台的基础架构

云平台，是指基于硬件资源和软件资源的服务，提供计算、网络和存储能力硬件的服务。

云计算平台可以划分为三类：以数据存储为主的存储型云平台，以数据处理为主的计算型云平台以及计算和数据存储处理兼顾的综合云计算平台。

云计算通过虚拟化技术将传统IT部署模式中的计算、存储和网络虚拟化，建立相应的资源池，形成云计算架构，这种架构克服了传统架构的限制，可以极大地提高计算资源的利用效率。云平台的体系架构可分为四层三横一纵，三横为应用层、中间层和基础架构层，一纵是管理层，为了更好地维护和管理其他三层而存在的，如图5-5所示。

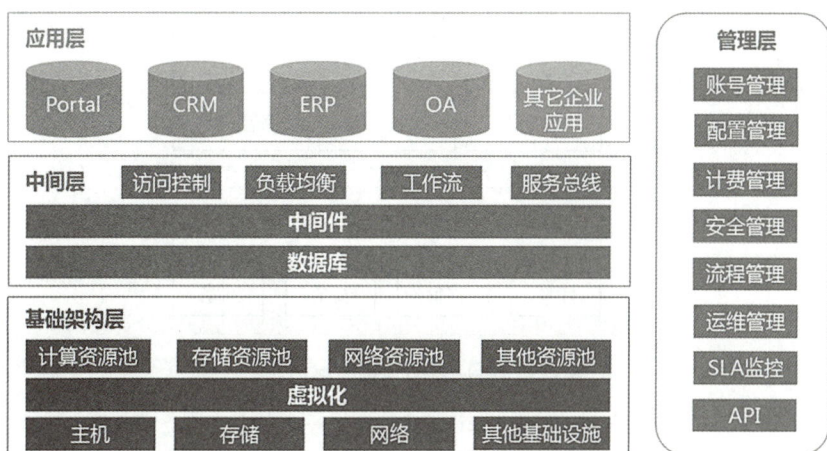

图5-5 云平台的体系架构

（1）**基础架构层**。主要由服务器、存储设备、网络设备等真实的基础设施硬件结合虚拟化手段，从而构建虚拟化的云计算的资源池，主要包括了计算资源池、存储资源池、网络资源池和其他资源池。

（2）**中间层**。在基础架构层的基础上，不同的厂商通过中间件、数据库、访问控制、负载均衡等手段，根据自己的云计算解决方案，构建云计算的平台，因此中间层又称为云平台层，搭建用于部署云上层应用的基础平台。

（3）**应用层**。该层次是在搭建好云计算平台的基础上，部署企业相关应用，比如企业的CRM、ERP、OA等企业应用系统。

（4）**管理层**。提供统一的平台化系统软件支撑服务，包括账号管理、配置管理、计费管理、安全管理、流程管理、运维管理、SLA监控管理和API接口等诸多功能。

它们之间的关系如下：基础架构层是为中间层或者用户提供其所需要的计算和存储等资源，并通过虚拟化等技术将资源池化，以实现资源的按需分配和快速部署；中间层是承上启下的一层，它在基础架构层所提供资源的基础上为用户提供服务；应用层是以友好的用户界面，直接面向客户需求，为用户提供所需要的各项应用软件和服务；而管理层是纵向的，是为了更好地管理和维护横向的三层而存在，同时提供统一的API接口和开发工具包，为合作伙伴和客户提供二次开发和定制化开发支持。

二 云计算的服务模式

云计算的服务模式,可以分为基础设施服务(infrastructure as a service,简称IaaS)、平台服务(platform as a service,简称PaaS)和软件服务(software as a service,简称SaaS),如图5-6所示。

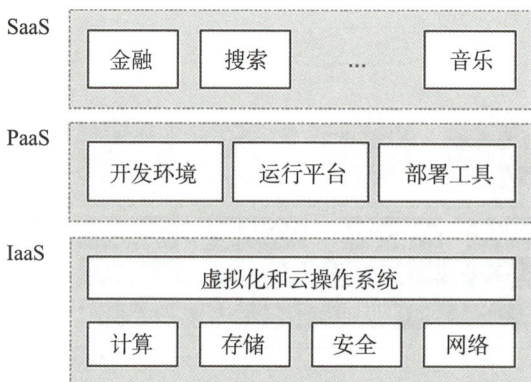

图5-6 云计算的三种服务模式

1. 基础设施服务

Iaas,即把IT系统的基础架构层作为服务出租出去。由云服务提供商把IT系统的基础设施建设好,并对计算设备进行池化,然后直接对外出租硬件服务器、虚拟主机、存储或网络设施(负载均衡器、防火墙、公网IP地址及诸如DNS等基础服务)等。

IaaS,即把由多台服务器组成的"云端"基础设施,作为计量服务提供给客户。它将内存、I/O设备、存储和计算能力整合成一个虚拟的资源池为整个业界提供所需要的存储资源和虚拟化服务器等服务。

金融行业中,IaaS层为企业用户提供的产品或服务中,数据存储以及灾难备份功能,占比最高,达到54%,其次为云虚拟主机、云服务器,占比为34%。在实践中,金融业用户放缓了部署应用的步伐,转而强化云平台的基础能力,为下一轮升级部署做准备。

2. 平台服务

PaaS,即把IT系统的平台软件层作为服务出租出去。具体是指云计算服务,它们可以按需提供开发、测试、交付和管理软件应用程序所需要的环境,它把平台和开发环境作为一种服务来提供。企业文件共享这是一种分布式平台服务,厂商提供开发环境、服务器平台、硬件资源等服务给客户,用户在其平台基础上定制开发自己的应用程序,并通过其服务器和互联网传递给其他客户。PaaS为开发、测试和管理软件应用程序提供按需开发环境。

当前金融业用户的PaaS需求主要围绕保障相关业务运营维护,支撑云计算应用部署展开。PaaS层产品或服务方面,金融业用户期望通过进一步部署巩固强化云平台的应用支撑能力。

3. 软件服务

SaaS，即软件部署在云端，让用户通过因特网来使用它，云服务提供商把IT系统的应用软件层作为服务出租出去，而消费者可以使用任何云终端设备接入计算机网络，然后通过网页浏览器或者编程接口使用云端的软件。这进一步降低了租户的技术门槛，应用软件也无须自己安装了，而是直接使用软件。使用SaaS时，云提供商托管并管理软件应用程序和基础结构，并负责软件升级和安全修补等维护工作。

金融业对SaaS层需求主要集中在营销、服务环节，金融资产管理系统与客户关系管理类SaaS应用部署相对较多。细分到具体SaaS层产品或服务方面，金融业用户调低了多数SaaS产品或服务的需求，其中客户关系管理、企业通信服务是需求削减幅度最大的两个领域。

这三种服务模式之间的区别，可以用云计算的三层模型图来解析，如图5-7所示。

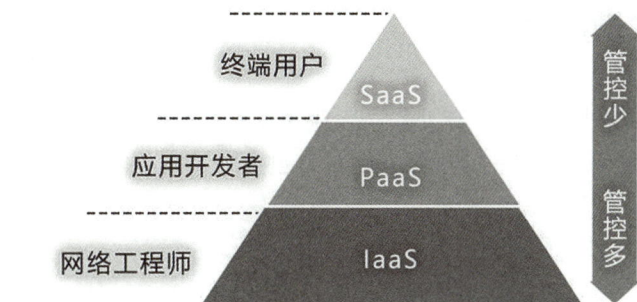

图5-7 Iaas、Paas与Saas模型图

IaaS让用户可以通过网络直接获取虚拟机或者其他资源等服务；PaaS让服务商给用户提供一个开发平台以及相应的配套服务；SaaS把应用直接作为服务提供给用户使用。

三种服务模式之间的对比，如图5-8所示。

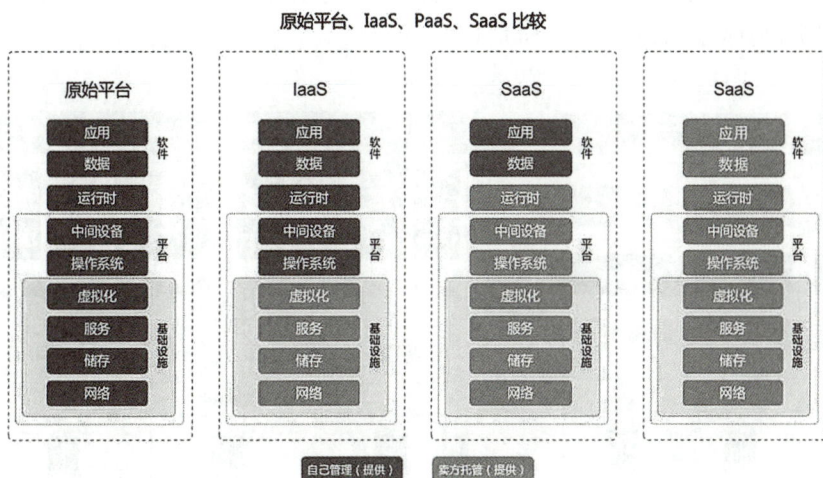

图5-8 原始平台与Iaas、Paas与Saas模型对比
（资料来源：华为培训学堂）

IaaS 位于底层,把计算基础(服务器、网络技术、存储和数据中心空间)作为一项服务提供给客户,在服务层次上是最底层服务,是最接近服务器硬件资源,这样用户自然能以最大的自由度接入网络本身,通过因特网从完善的计算机基础设施获得服务。

PaaS 在服务层次上比 IaaS 更高一层,供应商提供一个作为软件开发和运行环境的整套解决方案,向用户隐藏了底层的网络、存储、操作系统等技术问题,而向用户开放的是软件本身的开发和运行环境,实际上是将软件研发的平台作为一种服务,以 SaaS 的模式提交给用户。因此,PaaS 也是 SaaS 模式的一种应用。

SaaS 属于最上层的服务,是一种交付模式,大部分用户会用简单客户端的方式调用该层级的服务。用户可以根据自己的需求,通过网络向供应商订制商业模型,帮助客户更好地管理它们的 IT 项目和服务,确保它们 IT 应用的质量和性能,监控它们的在线业务。

三　云计算的关键技术

云计算的技术实质是计算、存储、服务器、应用软件等软硬件资源的虚拟化,云计算在虚拟化、数据存储、数据管理、编程模式等方面具有自身独特的技术。云金融的关键技术包括以下几个方面。

(一)虚拟化技术

虚拟化是一种部署计算资源的方法,也是云计算区别于传统计算模式的关键技术。虚拟化是一种资源管理技术,是将计算机的各种实体资源(CPU、内存、磁盘空间、网络适配器等),予以抽象、转换后呈现出来并可供分区、组合为一个或多个电脑配置环境。

简单来说,虚拟化就是在一台物理服务器上,运行多台"虚拟服务器"。这种虚拟服务器,也叫虚拟机(virtual machine,VM)。从表面来看,这些虚拟机都是独立的服务器,但实际上,它们共享物理服务器的 CPU、内存、硬件、网卡等资源。物理机,通常称为"宿主机(host)"。虚拟机,则称为"客户机(guest)"(图 5-9)。

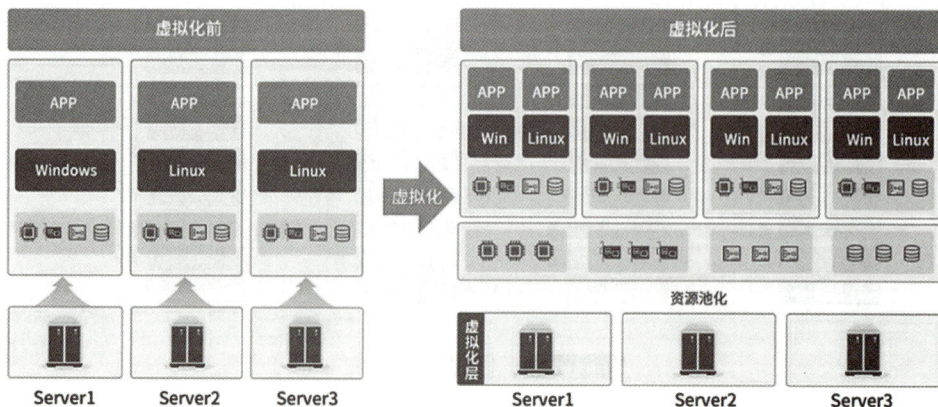

图 5-9　虚拟化前后的服务器资源结构

虚拟化技术,它分离了应用系统的不同层次,包括硬件、软件、数据、网络、存储等,打破了数据中心、服务器、存储、网络、数据和物理设备之间的划分,实现了动态架构,实现了物理资源和虚拟资源的集中管理和动态使用,提高了系统的灵活性,降低了成本,改进了服务,降低了管理风险。

在云计算环境中,所有虚拟化解决方案都是系统集成解决方案,包括服务器、存储系统、网络设备、软件和服务。它们包括多层虚拟化技术,如硬件虚拟化、网络基础设施虚拟化、应用程序虚拟化和桌面虚拟化,并根据应用环境灵活组合多层,以实现不同的虚拟化解决方案模型。

虚拟化按照对象的不同,分为硬件虚拟化和软件虚拟化。对于硬件虚拟化,硬件是实现虚拟化的基础,硬件(主要是CPU)会为虚拟化软件提供支持,从而实现硬件资源的虚拟化。比如说让一个CPU工作起来像多个CPU在并行运行,从而使得在一部电脑内同时运行多个操作系统成为可能。而软件虚拟化就是利用软件技术,在现有的物理平台上实现对物理平台访问的截获和模拟。在软件虚拟化技术中,有些技术不需要硬件支持,例如,QEMU;而有些软件虚拟化技术,则依赖硬件支持,例如,VMware、KVM。

(二) 大容量分布式存储

为了保证高可靠性和经济性,云计算采用分布式存储来保存数据,使用冗余存储来确保存储数据的可靠性,使用高可靠性软件来弥补硬件的不可靠性,从而提供了廉价可靠的大容量分布式储存和计算系统,实现动态负载均衡、故障节点自动接管、具有高可靠性,高可用性、高可扩展。

云计算的数据存储系统,多数采用谷歌文件系统(GFS)和Hadoop团队开发的Hadoop分布式文件系统(HDFS)。

拓展阅读

GFS 与 HDFS

一、GFS

GFS是一个面向大规模数据密集型应用的、可伸缩的分布式文件系统,虽然运行在多台普通硬件设备上,但是它提供了灾难冗余的能力,为大量客户机提供了高性能的服务。它用于需要访问海量数据的大型分布式应用程序。GFS的设计思想不同于传统的文件系统,后者是为处理大规模数据和谷歌的应用特性而设计的。它运行在廉价的普通硬件上,但可以提供容错功能。它可以为大量用户提供高性能的服务。

二、HDFS

HDFS是一种分布式文件系统,适用于在商品硬件上运行。它与现有的分布式文件系统非常相似,但也有显著区别,例如,HDFS具有高度的容错性,可以在廉价的硬件上运行;HDFS能够提供高吞吐量的数据访问,因此适用于大规模数据集的应用程序。

　　HDFS采用主/从架构,HDFS集群由一个名称节点和多个数据节点组成。Namenode是一个中心服务器,负责管理文件系统名称空间和客户端对文件的访问。通常,节点有一个datanode,负责管理节点的存储。

　　HDFS是一个高度容错性的系统,能够提供高吞吐量的数据访问,非常适合大规模数据集的应用。HDFS采用Master/Slave架构(图5-10),一个HDFS集群由一个Namenode和一定数目的Datanodes组成。Namenode是一个中心服务器,负责管理文件系统的命名空间以及客户端对文件的访问,集群中的Datanode一般是每个节点有一个,负责管理它所在节点上的存储。一个文件被分成一个或多个数据块,这些块存储在一组Datanode上,Namenode执行文件系统的命名空间操作并确定数据块到具体Datanode节点的映射,Datanode在Namenode的统一调度下负责处理文件系统客户端的读写请求。

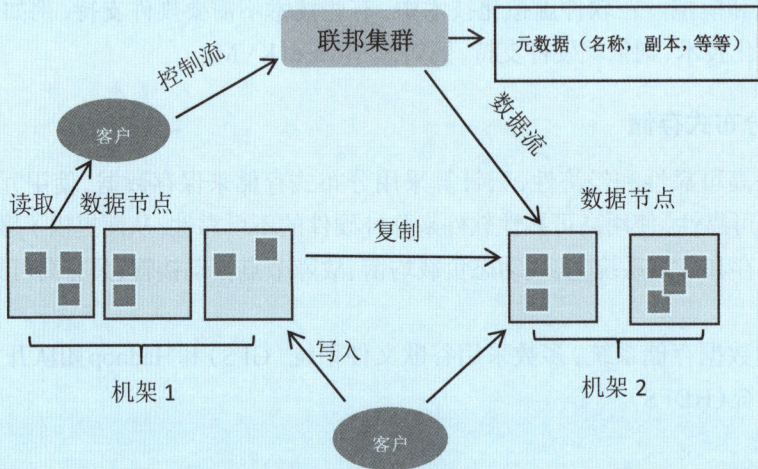

图5-10　HDFS的组成架构

(三)并行计算

　　并行计算、分布式计算是在串行计算的基础上发展起来的。

　　并行计算也叫平行计算,是相对于串行计算来说的。要理解并行计算,首先需要了解串行计算。串行计算是不将任务进行拆分,一个任务占用一块处理资源。并行计算,则是指多个任务可以在同一时刻执行,比较大的任务还可以被分割成小任务,这些小任务可以被分配到不同的处理器上,如图5-11所示。

图5-11　并行计算

并行计算的主要思想是将复杂问题分解成若干个部分,将每一个部分交给独立的处理器(计算资源)进行计算,以提高效率;针对不同的问题,并行计算需要专用的并行架构,架构既可以是专门设计的,含有多个处理器的单一硬件或超级计算机,也可以是以某种方式互连的若干台的独立计算机构成的集群。但并没有一个统一的并行计算架构适用于每一个问题,如果使用了错误的架构,并行计算甚至会导致性能下降。

(四) 海量数据管理技术

处理海量数据是云计算的一大优势。以互联网为计算平台的云计算能够对分布的、海量的数据进行有效可靠的处理和分析。因此,数据管理技术必须能够高效地管理大量数据,通常数据规模达到TB甚至PB级。

云计算系统中的数据管理技术主要是谷歌的BT(bigtable)数据管理技术,以及Hadoop团队开发的开源数据管理模块HBase和Hive。BT是把所有数据都作为对象来处理,用来分布存储大规模结构化数据,而HBase是一个适合于非结构化数据存储的数据库。

(五) 云平台管理技术

云计算资源规模庞大,一个系统服务器数量众多、结构不同并且分布在不同物理地点的数据中心,同时还运行着成千上万种应用。如何有效地管理云环境中的这些服务器,保证整个系统提供不间断服务是一个巨大挑战。云计算平台管理系统可以看作是云计算的"指挥中心",通过云计算系统的平台管理技术能够使大量的服务器协同工作,方便地进行业务部署和开通,快速发现和恢复系统故障,通过自动化、智能化的手段实现大规模系统的可靠运营和管理。

云管理平台(cloud management platform,CMP),是提供对公有云、私有云和混合云整合管理的产品,是运行云计算服务的控制台,是云计算服务监控、管理、分析和优化云计算服务的重要工具,是支撑和保障云计算服务的信息化架构。

(六) 云安全保护技术

云环境面临着资源隔离、安全事件管理和数据保护方面的严峻挑战(包括虚拟机隔离、安全虚拟机迁移、虚拟网络隔离及安全事件和访问监控),因此对于安全保护提出了全新的要求。

云计算安全涉及很多层面,包括网络安全、服务器安全、软件安全、系统安全等等。在云环境中,工作负载通常与物理硬件相分离并通过资源池结构进行交付,云计算安全性必须要适应这种环境。同时,安全特性必须保护网络边缘的物理边界。因此,云安全需要把传统安全技术提高到一个新的水平。现在,不管是软件安全厂商还是硬件安全厂商都在积极研发云计算安全产品和方案。

平 安 云

平安云——金融行业最大的综合性云平台，平安云隶属于平安集团，是由平安科技自主研发金融行业最大的云平台，涵盖平安集团95%以上的业务公司，并以金融为起点，拓展到更广泛的医疗健康和智慧城市领域，作为平安服务的综合输出平台为全行业提供IaaS、PaaS、SaaS整套云服务。

从内部云到构建"云生态"，平安云发展经历了四个阶段，如图5-12所示。

图5-12　平安云的发展阶段

第一阶段，内部云阶段。从2013年到2014年初，随着集团专业子公司快速发展，对IT架构的灵活弹性要求越来越高，加之云技术的快速发展和广泛应用，催生了平安云的诞生。在初期，平安云的任务就是支撑集团内部业务，满足弹性伸缩、业务高峰等需求，是完全的"内部云"，到2015年底，"内部云"任务基本完成，平安云的规模、架构都比较完备，云平台上的应用也越来越多。

第二阶段，金融云阶段。从2016年初，平安集团开始考虑，既然平安云在平安内部推广和应用得相当成功，为集团那么多子公司的金融业务提供稳定支撑，为什么不能将这个平台介绍给更多的客户，对外部客户也开放？因此，2016年，平安集团开始探索平安云从对内服务转变为对外服务，聚焦点即为金融云。

第三阶段，公有云阶段。2016年，平安集团推出的金融云为很多银行业务提供了技术支撑，2017年年中，平安集团对外发布了平安公有云。2017年底，平安集团进一步加大对于科技的投入，在医疗和智慧城市等多个方向发力，平安云也成为最重要的支撑。

第四阶段，生态云阶段。2018年，平安云成为平安集团两大重要战略之一，平安云不仅作为底层的IT技术支撑，更是整合了科技和集团内部最先进的技术和产品，包括AI、大数据、区块链等技术和集团内部专业子公司所研发的行业定制化的特色应用。这些产品和能力在云端开放，提供从IDC基础设施到SaaS的全栈云服务，赋能全行业。依托平安集团在金融、医疗、智慧城市、房产、汽车构建的五大生态，向内外部持续发力，构建"云生态"。

从产品角度看，平安云有计算、存储、网络、数据库等，这个角度上平安云跟一般的云平台类似。与其他平台不同的是，平安云具有很强的业务属性，从业务角度看，目前平安云已广泛赋能五大生态圈,分别是金融服务、医疗健康、汽车服务、房产服务、智慧城市。其中,在金融生态圈,平安云赋能金融壹账通搭建起全球最大的金融科技SaaS云平台,已形成银行云、投资云、保险云,互金云等,服务近3 000家金融机构客户。

从银行业应用场景来看,平安云通过业务风控、智能网点服务、展业营销、智慧办公等业务场景,帮助银行实现场景化、数字化、规制化、智能化,完成数字银行转型。

第三节　云计算技术在金融中的应用场景与价值创新

一 "云计算+银行业务"

云计算在银行业务上的应用称为银行业务云化。云计算为现代银行业务的发展带来了巨大的变革,而实际上,得益于云计算这种创新的计算资源使用方式以及基于互联网标准的连接方式,商业银行可以利用云计算,将依赖计算资源运作业务,以一种更便捷、灵活的方式聚合,并按需分享,实现更高效、紧密的多方协同。而基于云计算技术的云业务模式,可以通过资源聚合、共享和重新分配,实现资源的按需索取。

对于银行而言,35%的现有工作负载是适合应用云计算的(图5-13)。对于银行前台管理、品牌及产品管理、风险控制管理的大部分业务,都是非常适合上云的,而对于银行后台业务处理,诸如支票处理、现金库存、事务执行及授权、现金管理、贸易融资等特定业务处理,是不建议上云的。

(一) 云计算在银行业的应用

银行业云计算的应用,具体体现在零售业务、中小微企业服务、供应链金融、风险控制、信息自动化管理等。

1. 零售业务
云计算创新了银行产品销售、网点服务、账户信息等业务。

(1) 在产品销售方面。目前,云计算已经应用于一站式产品营销。客户可通过统一的界面,在不同渠道,例如,网银、手机App等渠道,查询到所有银行及其他金融机构发布的所有可购买的金融产品,并用任何一张持有的银行卡购买所需要的任何金融产品。与此同时,客户还可以建立圈子,加强和同行之间的理财交流,可向银行提交产品创新建议,由银行收集同类创意后针对这类客户群专门设计产品并定向销售。

(2) 在网点服务方面。在网点服务业务上,可以通过云计算实现不同银行之间的网点

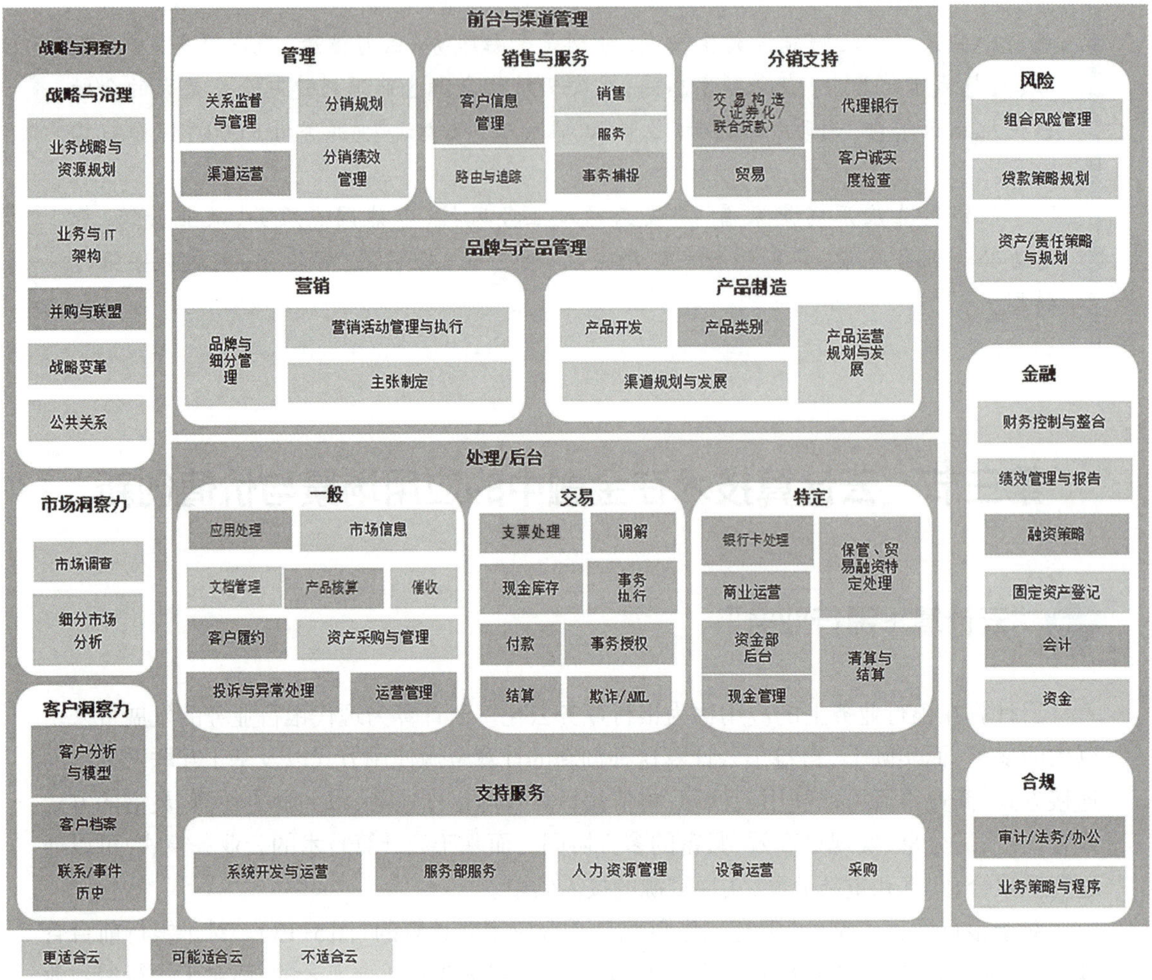

图5-13 银行业金融云结构图

服务资源共享。客户可根据所要办理的业务品种,通过个人笔记本电脑、手机等联网设备实时查询离他最近、预计排队时间最少的网点,并实时了解网点业务资源。除此之外,客户还可以通过联网设备进入网点排队系统,进行某些业务的预填单。

(3)在账户信息应用方面。客户可通过一个界面获得其名下所有银行、基金或者保险账户的实时信息,包括整合的资产、交易明细等。客户还可以获得基于对其本身以及同类的消费与理财行为智能分析得出的针对性的消费建议、理财建议,甚至相应的产品推荐等。

(4)在个人委托贷款方面。云计算为客户建立贷款自助服务平台,借款方与出借方基于金额、期限、利率、贷款用途、风险等级等条件进行撮合,并提供贷款审批、发放、归还、催收全流程自助服务。利用"云"的多方协同特点,与征信系统等进行实时协同,协助客户自主完成服务。而银行收入模式可以从原有的贷款利息收入转变为提供贷款服务平台的中间业务收入。

招行全面上云,"零售业务"迈向新阶段

2022年6月23日,随着最后50 000名客户数据的顺利迁移,中国招商银行近1.8亿名零售客户全面迁入自主研发的金融交易云(financial transaction cloud, FTC),标志着其全面"上云"工作取得阶段性重大进展。历经282天、503个批次,在新旧系统相互穿透的无感切换中,中国招商银行完成全部零售客户的数据迁移。中国招商银行零售"大客群"云端服务时代正式到来。

"招行云"共有两朵,原生云(ACS)和金融交易云(FTC)。原生云主要承载渠道类、零售信贷等业务处理类、客户经营类等敏态业务,能使中国招商银行金融科技取得先发优势;金融交易云主要承载中国招商银行借记卡、信用卡核心、零售转账、快捷支付、数字人民币等稳态业务,保障核心交易稳定运行。两朵云是招行面向未来的数字化新基建。

在信用卡领域,中国招商银行设计了"跟账机制":新系统开发完成后,旧系统还在运行。那么中国招商银行就会将旧系统的交易输入新系统,让新系统也运行一遍,然后检验账务结果是否一致。跟账结束后,中国招商银行确认处理账务的逻辑没有问题,才会用灰度方式发布。信用卡核心系统从主机平台向分布式平台下移后,基础设施成本减少约60%,但系统业务负载和算力是过去的10倍。

2. 中小微企业服务

(1) 在资金管理方面。基于云计算的商业银行中小微企业金融服务模式,通过云计算将银行结算服务渠道融入中小企业客户和中小企业集群客户的资金管理和交易网络内。从商业银行的角度看,商业银行关心的重点是目标客户交易背景的真实性、交易信息的实时可查性、交易资金流向的可控性,以及能否按照商业银行的要求提供所需要的信息和服务。从企业客户角度看,引入云计算平台,可以极大降低中小企业IaaS的建设和运维成本,最快捷地匹配交易数据,减少资金占压,降低资金的在途时间,提高资金周转率和使用效率,满足中小企业对高质量金融服务的需求。

(2) 在融资模式方面。借助云计算平台,可以实现商业银行和中小企业的无缝对接。商业银行可通过云计算平台获取"核心"企业与其上下游小企业的交易信息,从而为小企业提供融资等全面金融服务。这种中小企业金融服务模式,既能满足中小企业的融资需求,又能提供商业银行批量开发小企业客户的平台,还能改善"核心"企业的营销管理模式,形成了银行、核心供应商(生产商、行业协会和商会)和众多小企业三方共赢、各方互利、共同发展的良好局面。

(3) 在运营成本方面。❶ 云计算的低成本优势不仅能够为中小企业节省IT投资投入,减少中小企业运营维护成本,还可以有效地克服中小企业在开展信息化过程中所面临的企业规模小、信息化技术性强与人员缺乏等诸多矛盾;❷ 云计算能让中小企业享受到丰富的

IT应用、先进的大型系统平台及重要的信息资源;❸ 云计算能使中小企业通过简单的网络门户"一站式"地实现既定目标,而不是繁复的IT采购、审批、部署和维护,来配置各种应用与服务;❹ 云计算能为小企业提供多样化的软件服务,实现与商业银行信贷核心系统的有效无缝对接。

（4）在信用评级方面。对于中小企业信用评级来讲,增加非财务指标的比重无疑是非常重要的,商业银行可通过云计算掌握中小企业的交易行为的数据,只要交易真实、数据可靠,并且在商业银行中小企业信用评级系统里相应加大非财务指标的权重,这样既能够使得更多的中小企业"脱颖而出",又能从海量的中小企业存量客户中甄别出潜在的目标客户,获得贷款的信用评级,还能够达到中小企业信贷业务的批量化开发,适应中小企业融资"短、小、急、频"的特点,真正体现中小企业金融服务模式"小、快、灵"的特质。

3. 供应链金融

在供应链核心企业及其上下游企业之间,通过云平台实现上下游企业在采购、销售、物流等环节的流程协同,实现整个交易链条的信息实时传输与共享,实现高效的端到端供应链协同。银行根据"云"提供的端到端供应链信息,为上下游企业在采购到付款的各环节提供各种融资服务,以及支付结算、现金管理、保险代理、税务管理等解决方案。基于"云"对实时信息的聚合与智能分析,银行不再静态关注事后的企业财务报表,也不再单独评估单个企业的状况,而能够动态掌握企业状况,实时关注其交易对象和合作伙伴,分析其所处的产业链是否稳固以及企业所在的市场地位和供应链管理水平。

4. 风险控制

使用云计算的银行,一方面依托数字生态系统内的平台,积累、收集、整合众多真实的交易数据、经营数据和财务数据,提高客户调查、反欺诈识别、贷款审批、贷中批量监控等环节的效率。另一方面,通过业务感知、规划以及针对性措施将智能化分析和自动化运营相结合,例如,搭建知识图谱风控,使用结构化和非结构化数据治理工具,高效治理和整合全维度数据,构造知识图谱数据模型,并通过智能分析与计算,实现更加有效的风险评估。

5. 信息自动化管理

基于开放平台的云自动化管理系统,是云计算技术在银行数据中心开放平台的应用,是将"云"的理念与银行现有IT基础环境有机结合。通过云计算服务、虚拟化技术、自动化技术整合数据中心IT资源、优化基础架构、加快部署速度、简化管理流程、统一运维管理,提升数据中心的资源使用效率、资源管理水平、项目部署能力,降低物理及人力资源成本,减轻运维人员劳动强度。

云自动化管理系统旨在测试环境打造一个一键式的云计算服务平台,服务内容涵盖信息中心基础环境部署、资源管理、系统运维、环境监控、报表生成等各类日常工作,通过统一管理门户将这些功能提供给用户使用。利用这一平台,用户可以完成其日常系统搭建、资源配置、系统监控、数据统计、报表生成及系统备份等各方面工作。

拓展阅读

第一资本银行（Capital One）数据泄露事件

2019年7月29日，据美国媒体报道，第一资本银行（Capital One）当天发布声明称数据库遭黑客攻击，约1.06亿名银行卡用户及申请人信息泄露。遭到泄露的数据主要是2005年至2019年初期间，个人客户以及小型企业在申请信用卡时提交的各项信息，其中包括约14万个社会安全号码和约8万个银行账户号码，以及一部分用户的信用评分和交易记录。

犯罪嫌疑人名为佩奇·汤姆森，曾经在亚马逊公司担任网络服务工程师。美国检察机构称，汤姆森利用银行系统防火墙的漏洞，通过攻击该银行租借的云计算服务器进入数据库。据美国有线电视新闻网（CNN）报道，汤姆森曾在美国代码存放网站和开源社区Github上放出她窃取的数据。据《华尔街日报》称，此次泄漏事件可能给该银行带来1亿至1.5亿美元的损失。

（二）银行业金融云规划

随着金融数字化转型的不断加速，银行业务正呈现"双态化"发展趋势，即稳态业务与敏态业务并行，且不同类型的业务对云计算的要求并不相同，需要分别进行规划。此外，稳态业务和敏态业务在开发、测试环境和生产环境中对云计算的要求不同，规划时需要分别考虑。

1. 生产环境云计算

稳态业务通常采用成熟、稳定的传统IT架构，例如小型机、X86服务器等物理计算资源，PowerVm、VMware等虚拟化平台，传统SAN存储与传统网络，以及Oracle、DB2、MySQL等传统关系型数据库和中间件。开发上多采用瀑布式开发模型，运维方面采用开发与运维分离的传统运维模式。在此情形下，银行在稳态业务中引入IaaS技术，将有助于实现基础资源（计算、存储、网络）的快速交付，提升服务交付效率与资源利用率，并实现精细化的成本核算。稳态业务在建设IaaS平台时，可尝试在资源层使用传统资源池，并采用云管方式，将存储、网络、计算等资源池通过API统一纳入云平台，集中进行调度管理。

相比之下，敏态业务旨在通过线上化、场景化、智能化服务来不断提升客户体验，因此通常需要能够支持快速响应与海量并发，并可以应对突发的业务访问。面向上述需求，中小银行在敏态业务中引入PaaS技术，重点是为了实现资源的弹性伸缩、应用的快速发布、系统故障的隔离和自愈，以及构建系统在线升级、灰度发布等能力。敏态业务在构建PaaS平台时，可尝试以X86服务器为基础物理资源、以Kubernets为集群管理和资源编排工具，使用Kubernets API对基础资源（如容器、虚拟机、分布式存储等）和云原生技术平台（如云原生数据库、分布式中间件等）进行统一管理。在基础设施层面，因银行业务对系统和数据的安全性要求较高，实践中通常以自建双中心架构的私有云为主，并可引入两家金融云作为私有云能力的补充。

2. 开发、测试云计算

根据监管要求,开发、测试环境和生产环境必须实现隔离,且开发、测试环境和生产环境对云计算的要求也不尽相同,因此两者需要各自规划。与生产环境相比,稳态业务在开发、测试环境中除了需要关注云计算的自动化部署、资源的生命周期管理和计费计量功能外,还要更加注重云计算的自助服务能力。此外,敏态业务除了需要关注自助式服务、自动化部署、资源生命周期管理、计费计量和运行环境解耦外,还需要关注应用的持续集成能力,而生产环境则更为关注灰度发布功能。在基础设施层面,因开发、测试环境的安全性和高可用性要求相对较低,开发、测试私有云可部署在单个中心,并引入两家金融云作为补充。

拓展阅读

厦门银行的云管平台

截至2022年,厦门银行股份有限公司(以下简称"厦门银行")已经在开发、测试环境搭建云管平台,并纳管了VMware和Power虚拟化平台,涉及6 000多台虚机、150多个自服务用户,日均可完成50多个自服务订单,且当前已上架云主机、中间件、数据库等多款自服务产品。实践中,厦门银行通过云管功能回收了5 000多台虚拟机资源,大大提高了开发、测试环境的资源利用率。在资源交付效率方面,单一资源交付由原来手工的2～3天缩短到目前的1～2个小时,大批量环境交付由原来的2周时间缩短到目前的1～2天,极大地提高了资源交付效率,使用效果良好。

为了解决分布式系统的问题,厦门银行基于PaaS平台可以创建任何形式的应用程序,让业务创新不受任何约束;而采用SaaS平台可以满足业务需要快速响应客户的需求,快速发布应用程序,基于微服务开发,采用领域建模的方法构建应用程序;基于SaaS构建的应用服务平台可以满足业务需要"短平快"上线诉求,通过应用发布机制可以向导式构建应用入口,同时根据应用使用情况,在不改动任何代码及部署配置的情况下实现应用上下架,让业务服务客户的便捷性大大提升。展望未来,厦门银行将继续在开发、测试环境建设以容器平台为基础的PaaS平台,力争为开发、运维人员提供良好的学习验证环境,同时为下一步的生产上云打下坚实基础。

---

3. 云计算规划全景视图

现阶段,容器被视为微服务的最佳载体,因此敏态业务通常具有采用微服务架构、使用分布式技术、以PaaS平台为依托、运用DevOps运维理念、快速响应业务需求等显著特点。换言之,容器、微服务、DevOps作为金融科技实现敏捷开发的三大支柱,共同构成了云原生运行环境的基础。此外,在云管平台和PaaS平台规划时,还可考虑一云多芯架构,以更好地实现信息技术应用创新目标。银行云计算规划全景视图,如图5-14所示。

云服务能力

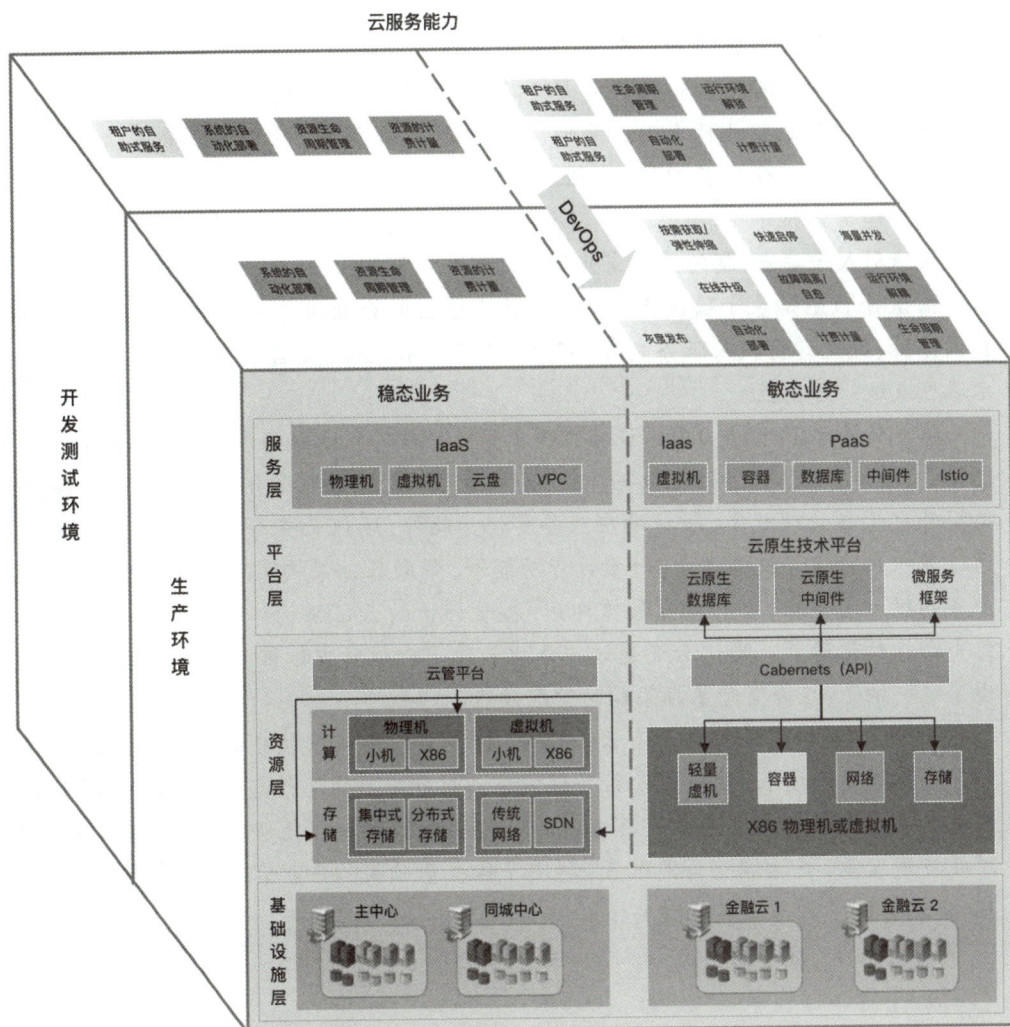

图5-14 银行云计算规划全景视图

二 "云计算+证券业务"

5分钟内构建基础资源——腾讯云助力中银证券打造首个券商全栈私有云

中银证券私有云平台目前已经正式投产,已经支撑中银证券官网、零售、资管、投行、研究等多个应用系统的运行。该平台基于腾讯云TCE打造,是国内首个落地投产的券商机构全栈私有云平台。借助私有云自动化以及易用性的优势，中银证券将基础资源构建的时长缩短至5分钟，大大提高了业务扩容的敏捷度。

券商传统基础架构技术面临着响应速度慢、运维繁复、管理成本高等诸多挑战，部分券商虽然开始尝试云端架构，但往往只具备基础IaaS和部分PaaS能力。券商基础架构普遍灵活性不足、扩容周期漫长、交付难度大、自动化水平低以及先进技术栈无法快速引入等痛点，制约着券商业务的创新和发展。

腾讯云TCE是基于腾讯云产品成熟体系输出的企业级专有云平台，能够为企业提供弹性、稳定的全栈云服务能力，可满足企业私有化部署、自主可控的需求，降低技术难度及运维复杂性。

腾讯云基于TCE助力中银证券打造了稳定可靠的IaaS服务和丰富先进的PaaS生态体系，将计算、存储、网络、数据库、中间件等基础资源以服务化方式一站式提供，显著提升交付与管理效率，敏捷响应业务变化。此外，腾讯云充分发挥运营能力优势，通过多租户的账号权限体系、计量计费功能等，帮助基础架构团队准确统计评估不同业务的投入与产出，助力构建按需即用、按量评估的云化架构体系，实现从传统的运维走向精细化运营。腾讯云还通过一体化云管平台帮助中银证券对异构基础设施实现了统一纳管，显著提升基础架构的管理效能。

未来，中银证券还将在私有云平台中，持续引入腾讯云领先的大数据、人工智能和区块链等前沿技术，积极探索新兴科技在证券行业内的场景与应用，全面引领业务快速发展。中银证券也充分发挥全栈私有云的功能和管理优势，跟随业务需求快速扩展应用容量，灵活调整资源配置，解决了传统基础架构中扩容繁琐、资源单一的不足，实现了IT资源与业务同频共振。

（资料来源：环球网）

由于证券行业的特殊性，行情往往决定了券商IT系统的承压情况，一方面来自高并发行情源数据块流速的压力；另一方面来自客户高速阅览及频繁交易。随着行情的跌宕起伏，传统采用物理服务器设备IT模式会存在以下问题：扩容周期长、硬件容量不能按需伸缩、设备资源浪费、不能按所用计费。证券公司拥有广泛的网点和多种业务。随着证券公司创新业务的不断扩大，需要部署和维护越来越多的信息系统，信息系统建设的相应时间也越来越短。这种情况最后导致的是相应硬件、软件、场地、人力的投入也越来越大。凭借云计算平台的低成本和实用性，它为证券业带来了前所未有的机遇。

证券行业与银行、保险行业有所不同，监管部门对证券行业上云有着非常严格的要求，特别是对其时延要求非常高（证券对交易系统响应速度要求极高），交易系统在数据库、操作系统和小型机等方面对传统部署方式依赖较大，目前其核心交易系统尚未上云。云计算与大数据应用相结合的，诸如行情分析等对时延不敏感的业务，已经逐渐采用云计算架构或服务。

证券云平台的核心理念是屏蔽软件的系统异构性,将其与"大数据流处理"相结合,扩展到投资决策、实时交易、盈亏清算领域后,可以对证券市场的全流程提供完整的服务。

(一) 行情、资讯上云

证券行情、资讯正在面临的业务挑战包括,传统架构集中建设,难以应对峰值冲击或造成资源过剩;证券信息暴露在互联网,受安全攻击的风险系数高;数据时效性要求高,行情时延需要在毫秒级以内;业务系统需要稳定可靠,满足证券行业监管要求。

阿里金融构建的证券公司行情、资讯云服务业务架构,如图5-15所示。该云部署架构特征如下:部署架构相对简单;市场和转码服务器部署在金融云中,使用负载平衡提供各种因特网访问;架构稳定可靠,支持多地域、分机房部署,可以全部部署于金融云异地区域中。以阿里金融云为例,基于阿里巴巴BGP网络,一个公网IP地址即可实现服务于所有运营商链路,及所有地域的用户;同时使用CDN技术,确保可加速资讯类信息的分发速度,同时也成倍地降低了网络成本;快速扩容的云服务器,不限制公网带宽;直接利用云行情源为主(交易所或软件集成商),备用行情源利用最近的营业部来获取(互联网方式)。

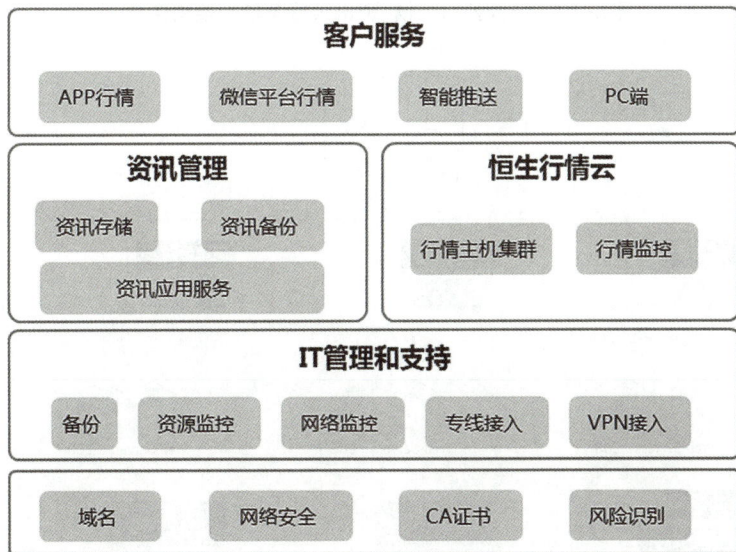

图5-15　证券公司行情、资讯云服务业务架构图1

上证云行情,如图5-16所示。上证所信息网络有限公司承建的面向证券公司开展的互联网行情服务云平台,于2014年4月1日起正式商业运作,其目标是为使用该服务的投资者带来更高品质、更高保障的实时行情数据服务,也为证券公司提供了传统方式部署行情服务之外的另一种选择。

阿里云服务证券行情上云解决方案,如图5-17所示。

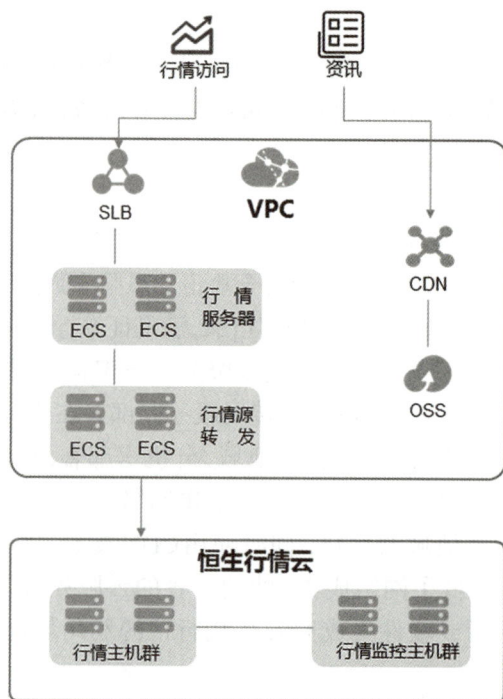

图5-16 证券公司行情、资讯云服务技术架构图2

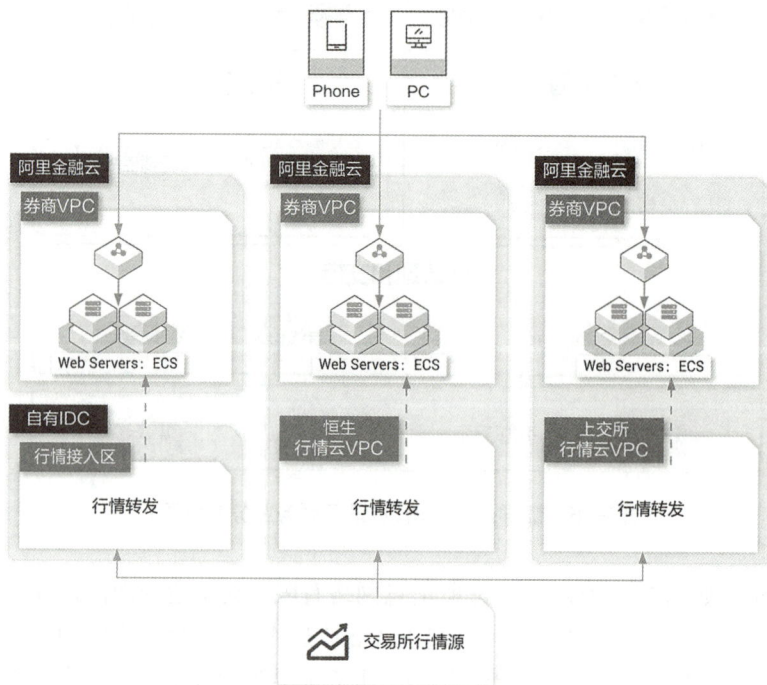

图5-17 阿里云服务证券行情上云解决方案
（资料来源：阿里云）

华为云服务证券行情上云解决方案,如图5-18所示。

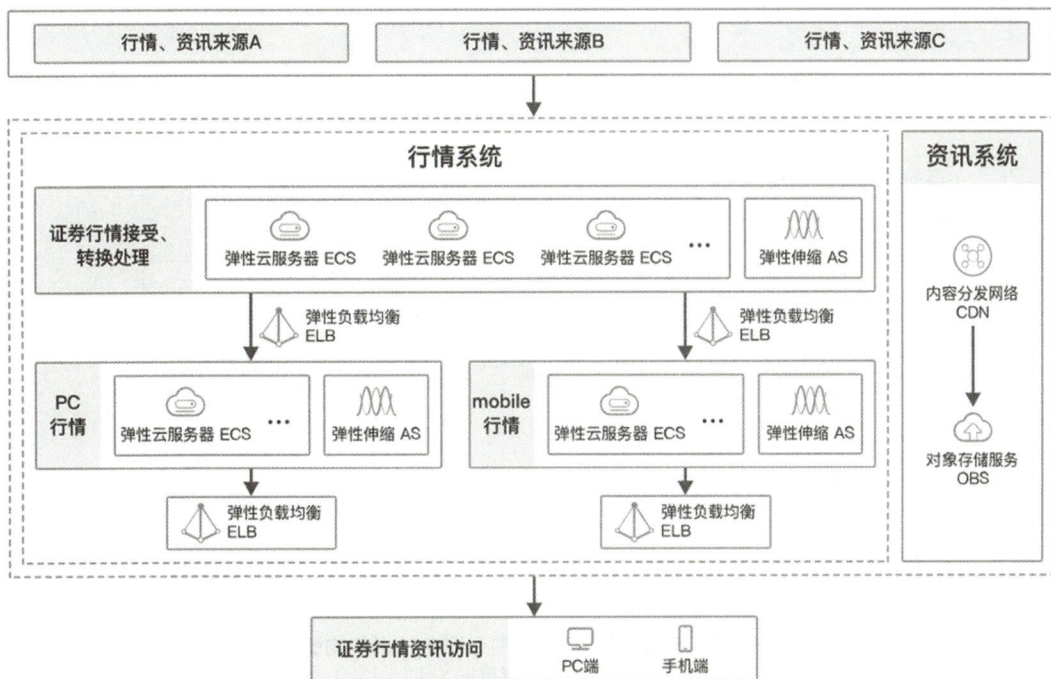

图5-18 华为云服务证券行情上云解决方案
(资料来源:华为云)

(二)委托交易上云

证券公司一般涉及证券经纪,投资咨询,证券交易,证券投资和其他相关财务顾问。但委托/交易是证券公司最核心且基础的服务,对于交易核心系统及基础网络质量的要求非常高,必须保证交易时间内的可靠性、安全性和稳定性。

阿里云证券委托交易部署架构,如图5-19、图5-20所示。

该云部署架构的特征如下:把交易接入服务器和事务处理机部署于金融云,同时使用负载均衡(SLB)接入互联网访问,提供低延迟、高稳定性的交易委托网络服务。客户端通过云上的交易接入服务和融资融券接入服务对接交易公司内网的集中交易业务和融资融券业务系统。交易或委托指令通过双运营商专线到达核

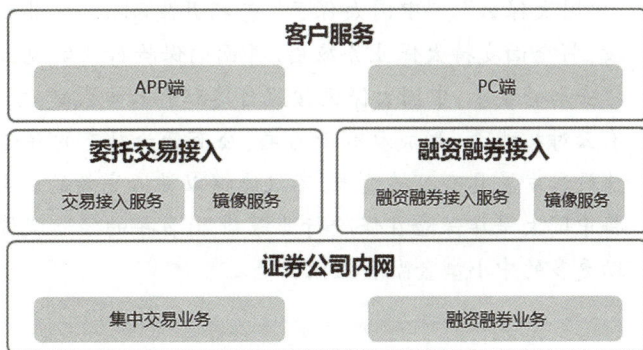

图5-19 阿里云证券委托交易部署架构

215

心交易机房,满足监管要求。通过云计算的方式部署,降低计算/存储成本、通过运营商骨干网络分发,降低访问延时,增加访问稳定性。

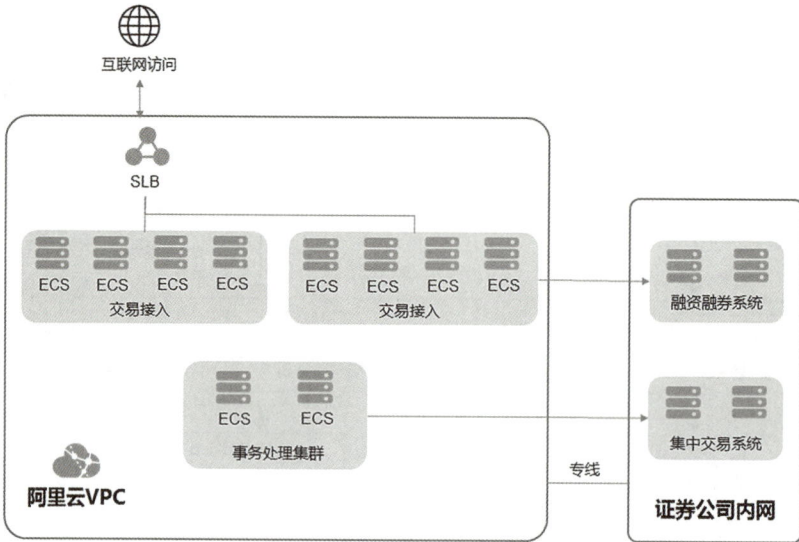

图5-20　证券公司委托、交易云服务技术架构图
（资料来源：阿里云）

三 "云计算+保险业务"

中国太保云

中国太保云,中国太平洋保险联合新华三集团启动了核心生产云建设项目,双方采用"联合开发"模式,对标业界领先的云服务能力标准,打造具有自主知识产权的"中国太保云"。"中国太保云"包括开发测试云、非核心生产云和核心生产云三个阶段,将全面支持太保业务应用,并面向保险行业实现云服务输出。目前,由于监管和数据安全的要求,中国太保云按照自建私有云方式建设,但太保云在建设模式上保留了公有云对接能力,形成私有云为主、公有云为补充的混合云,确保中国太保云计算平台的建设和发展具有可持续性,不仅能够以灵活高效的云架构承载自身业务需求,未来更可将中国太平洋保险在保险行业深耕20多年的经验沉淀,打造成若干行业SaaS应用,帮助更多的中小型金融企业上云。

近年来,保险行业与云计算的结合正在逐步加深,众多保险机构积极部署企业上云实践。在当前金融科技"重构"保险业态的阶段,发展云计算是保险公司实现数字化转型及科技驱动的第一步。保险行业全面上云,可以有效解决系统转型过程中的痛点问题,加快保险机构新一代IT系统构建的步伐,促进行业自身业务和服务水平的提升,实现创新发展。同时,保险科技的蓬勃发展,互联网保险产品的快速迭代,使得保险行业传统IT基础架构已无法满足其发展,构建新的云架构迫在眉睫。

云计算在保险行业的主要应用是保险核心业务系统,因此,云计算对保险业务环节的赋能,即是保险核心业务系统等云平台对保险公司业务流程的赋能。通过云计算海量、高并发的数据处理能力,保险机构可以在产品定价、承保理赔、数据基础设施建设等多个业务维度实现运营效率的提升,赋能保险业务价值链。

(一)云投保

云投保是应用云计算移动展业模式创新。它将移动展业场景与智能手机、远程电子签名技术创新融合,通过浏览器签名、升级版加密算法及影像合成等新技术应用,打造移动投保新流程。投保者通过PAD端的一键触发和智能手机端的四个简单步骤,即可交互完成远程投保。

(二)云理赔

借助云平台,保险公司就能快速反应或主动采取行动,提高业务敏捷性。例如,当发生自然灾害时,保险公司将能够在云平台上迅速开展后台理赔流程,通过移动员工现场满足客户需求、处理理赔诉求。如泰康集团的泰康云,其利用"公有云+私有云"的混合云基础架构,实现弹性扩展,具有在交易峰值时的快速响应能力,其高并发能力达到超1 000单/秒的承保速度,轻松应对同一时点1 800万单/秒的双十一日峰值,其水平扩展能力达到单集群最多1 000组服务器,可多集群同时运行。同时,依托云平台和云计算能力,在保险公司内部能有效提高信息的实时交互性,可以构建标准化工作流程,加快保险的审核、理赔环节的速度。云理赔流程,如图5-21所示。

电话/在线申请理赔　　　　提交理赔资料　　　　理赔审核　　　　理赔款到账

图5-21　云理赔流程
(资料来源:京东车险)

(三)个性化定价与销售

在产品设计与定价上,云计算可以缩短产品上线周期,提高生产效率,实现产品快速发布、快速迭代;基于大数据和云计算,实现保险产品定价的动态化、差异化与精确化。通过云计算技术的强大计算能力和大数据技术提供的海量数据支持,按需提取和分析用户与交易数据,实时计算,提供更精准的风险管控方案和定价模型,评估和防控风险,打破传统保险产品定价模式,推动保险精算水平和精算效率的提升。保险领域,定制化云软件能够快速分析客户实时数据,提供个性化定价,还能够通过社交媒体为目标客户提供专门的保险服务。

四　云计算在金融领域的创新价值

(一)有效降低金融机构IT成本

在性能上,云计算通过虚拟化技术将物理IT设备虚拟 IT能力资源池,以整个资源池的能力来满足金融机构算力和存储的需求。在物理设备上,云计算采用X86服务器和磁盘阵列作为基础设施。此外,通过云操作系统可以实现IT设备的负载均衡,提高单位IT设备的使用效率,降低单位信息化成本。因此,在IT能相同的情况下,云计算架构的性价比远高于以大型机和小型机作为基础设施的传统金融架构。

(二)提高金融服务的可靠性和可扩展性

传统金融架构强调稳定性,扩展能力相对较差。在基础资源上,大型机或小型机只能纵向扩展提升能力,不能实现更加灵活的横向扩展。因此,随着业务需求增加,服务器越来越大,且交付时间越来越长。传统应用架构强调单体应用,数据库强调数据强一致性,可扩展性差。在可靠性上,云计算可以通过数据多副本容错、计算节点同构可互换等措施,有效保障金融企业服务的可靠性。在可扩展性上,云计算支持通过添加服务器和存储等IT设备实现性能提升,快速满足金融企业应用规模上升和用户高速增长的需求。

(三)提供金融服务的运维自动化

目前,主流的云计算操作系统都设有监控模块。云计算操作系统通过统一的平台管理金融企业内服务器、存储和网络设备。通过设备的集中管控,可以显著提升企业对IT设备的管理能力,有助于实现精益管理。此外,通过标签技术可以精准定位出现故障的物理设备,通过现场设备更换可以快速实现故障排除。而传统金融架构下,若设备发生故障,基本每次都需要联系厂家进行维修,缺少自主维护能力。

拓展阅读:华为云——保险智能理赔解决方案

(四)支撑大数据和人工智能的广泛运用

云计算技术可以帮助金融机构通过统一平台,承载或管理内部所有的信息系统,消除信息孤岛。此外,信息系统的联通可以将保存在各系统的数据集中到一起,形成"数据仓库",从而实现内部数据的集中化管理。如果说大数据是金矿,金融云则可被看作是矿井。矿井的安全性、可靠性直接决定了金矿的开采效率。此外,云计算还可为大数据和人工智能技术提供便利且可扩展的算力和存储能力。

第四节　云计算技术在金融中应用的商业模式与未来展望

一　云计算在金融中应用的商业模式

从金融云行业全产业来看，行业主要分为云应用解决方案、云平台解决方案和云厂商。其中，头部金融机构对自主可控及底层技术能力建设的要求较为严苛，中小型金融机构相对更加注重金融云解决方案带来的增益，往往以解决方案为切入点布局云计算技术实践；金融科技企业对公有云的接受度相对较高，基于公有云搭建的渠道管理及营销获客系统的应用效能也逐步扩大。

（一）金融云服务的SaaS购买模式

2020年后传统企业加快了向数字化转型的步伐，如云办公、云课堂、云游戏、云商贸、云签约和云讲坛等，大大提高了产业转型速度，促使用户大规模地向线上化迁移。传统产业和企业进行技术转型的同时，金融行业也必须要积极借助数字技术的力量，通过创新驱动向新型金融业态演进。

企业在数字技术助力下更加强调通过信息交互和资源共享达到整个产业的协同化，这就为行业云化带来了广阔的发展空间。而移动互联网、云计算、区块链、人工智能、物联网、5G等数字技术的突飞猛进，更是助推了国内行业SaaS的快速成长。国内金融科技公司的迅速发展，以及国家多次出台鼓励银行业金融机构强化金融科技运用的政策，都为银行数字金融创新创造了有利的发展条件，银行金融机构在弥补传统金融服务短板的同时，开始向"非接触式"开放金融服务升级。

城市银行因自身资金与技术限制，更多通过购买服务的方式与云厂商深度合作。银行探索其业务线上化、数字化、场景化与生态化的新模式。从底层的金融服务内容来看，云银行本质上提供的依然是存款、贷款、支付、理财等传统服务，但是基于这些底层服务与技术的融合搭设了各种金融云，比如支付云、贷款云、财富云与资管云。这些金融云可与外部各个行业SaaS平台进行连接、协同发展，辐射至各个细分场景，从而赋能生态，由此构建出基于"行业云＋金融云"的数字生态系统。云银行模式下，"行业云＋金融云"作为链接器可实现整个生态里的数据透明与开放共享，金融服务能够渗透至企业的各个交易场景中，以至于达到整个生态上的全产业链管理。从能力构建来说，云银行的构建需要具备数据工厂能力、客户旅程能力、生态构建能力和技术应用能力等各个方面的能力。

目前银行是"聚合流量＋聚合服务＋聚合数据"的新金融范式，搭建了与ISV之间的"链接器"，提供丰富的API接口，覆盖各类支付、数据等场景，全方位开放金融、技术、数据、风控、营销等领域。云银行改变了传统线下获客方式，获客战场转移到云上，通过金融云与行业云连接的方式实现流量聚合、快速获客，获客边际成本大幅降低。面对巨大的客户体量,优化云服务体验,聚焦云旅程,用"极致体验"发掘"极致价值"成为云银行运营的关键。首先,云银行不再是简单地销售金融产品,而是秉承"客户成功",具备互联网创新基因的一站式金融服务平台。其次,在渠道运营能力方面的创新和提升更加依托数据的支撑和经营。通过打造数据框架,实现数据和业务的结合,积累大量的结构化信息、非结构化信息以及半结构化信息,借助数字技术将这些数据不断地进行处理、解析、衍生并应用,最终反哺业务发展,实现业务更好地理解客户、触达客户以及风险防控。

(二)"行业云+金融云"场景模式

随着企业在新经济模式下呈现出云化、智能化、数字化的新特点,金融服务也将围绕着企业进化衍生的新需求进行转型。总体来看,商业银行新金融服务的发展方向经历了从线上银行(e-bank)、直销银行(d-bank)到开放银行(o-bank),未来将迈向云银行(c-bank)。

e-bank:线上银行,线上金融。线上银行围绕全系统业务构建一个全行层面的数字化线上银行,支持包括零售网金、公司网金、金融市场、网络支付和数据银行等在内的各类应用。

d-bank:直销银行,网络金融。直销银行实现了渠道服务的个性化,产品体系围绕"存投汇贷"构建,为用户提供一站式直达的全金融服务。同时,在这个过程中衍生出了金融云的应用机会。

o-bank:开放银行,敏捷智慧。从开放银行的构建逻辑出发,其本质是"交易+金融"的服务。从企业视角来看,在开放银行模式下,数据的共享、业务的渗透和服务已经拓展到供应链、产业链上的合作伙伴,进一步提升了开放性;在金融连接上,银行和企业之间通过API开放接口实现连接。

c-Bank:云银行,生态系统。云银行是未来商业银行新金融服务的重要发展方向。从底层的金融服务内容来看,云银行提供的还是存款、贷款、投资、支付等传统服务,但是基于这些底层服务搭建了包括财富云、网贷云、支付云、数据云等金融云。这些金融云与外部各个行业SaaS平台进行连接、协同发展,辐射至各个细分场景,从而赋能生态,由此构建了基于"行业云+金融云"的数字生态系统。

金融服务布局"行业云+金融云"的新生态。我国金融行业已经基本完成数字化进程,步入大规模社会化连接驱动的技术渗透和生产转型阶段。金融机构上云,可以将银行、保险、证券、互联网金融的丰富业态实现资源聚合、共享和重新分配。借助云上通道,更加弹性、广泛存在、轻量的金融服务将触达产业链上下游的参与者,使实体经济层面产业数字化升级催生的金融服务需求更好地得到满足。

拓展阅读

太 保 新 云

中国太平洋保险(集团)股份有限公司已联合阿里云建成新一代云平台——"太保新云",将支持人寿保险、财产保险、养老保险、健康保险、农业保险和资产管理在内的各项业务。除了集团数据中台外,首批业务已平稳迁移上云,上线首日总请求量累计1 300万次,请求峰值25 800 tpmC,这一数据展现了极高的用户活跃度和系统处理能力。"太保新云"平台采用云原生IaaS/PaaS一体化技术架构,拥有全栈云服务能力,支持多地多中心单元化部署,具备行业领先的业务连续性水平和资源伸缩能力。同时,该平台支持多种不同指令级的服务器和网络设备的混合部署,具备经过验证的"一云多芯"能力。

尤其是银行云,银行云是传统银行与金融科技融合的新产物。它不是传统银行简单地运用技术实现线下业务的线上化和场景化,又与直销银行、互联网银行有所不同。直销银行的核心是依托银行电子账户体系和独立的App应用,将银行业务和服务进行互联网线上化。互联网银行主要是指2014年以来中国银保监会批准试点的民营银行中的一类,如微众银行、网商银行等,以"轻资产"为主要特点、依靠互联网运作的金融组织。而云银行是依托SaaS平台搭建的一个互联互通的金融生态平台,它将业务的前中后台设置在云端,使得银行业务流程、经营模式、风险控制、管理成本等发生颠覆性变革,从而实现金融云化、服务无限、即想即用的新范式。

金融云是帮助银行实现场景化、数字化、智能化、聚合化,从而完成数字化转型的一块基石。在技术的发展与推动下,各行各业都将形成SaaS化服务,并且对生态进行整合、协同发展,致力于构建"云+开放平台+链接器"的综合金融服务平台。

拓展阅读

民生直销银行的创新服务

中国民生银行股份有限公司(以下简称"民生银行")携手宇通集团实现平台产业开放式金融。宇通集团现有员工4万余人,每年工资发放总额达到20余亿元,每月工资卡中有大量的沉淀资金。通过与民生直销银行合作,开展基于"电子账户+如意宝+支付结算功能"的定制化企业钱包服务。宇通向集团员工推行"工资宝"产品,为集团员工的工资余额进行理财。同时,宇通集团一卡通与电子账户相关联,帮助员工在公司园区或者合作企业中进行小额生活服务类的支付结算,实现无卡支付。民生直销银行通过三大体系深度服务核心企业:一是员工福利体系,二是会员营销体系,三是分销生态场景。

首先,从一家企业的运营来看,民生直销银行服务嵌入生产运营和内部管理各个场景中,包括企业的高管和员工。民生直销银行的服务从三个方面赋能:一是帮助企业生产经营业务线上化;二是帮助企业盘活会员用户,做大直营业务;三是帮助企业实施员工金融服务线上化。

其次,分销生态是民生直销银行一直深耕的领域。分销领域体量比较大,企业主要分为四类:供应链上下游企业、连锁品牌企业、行业客户企业和中小企业。它们往往具有收款对象多、相对固定、频繁收款等特点,存在分账难、认证难、回款难的痛点。

为此，民生直销银行不断创新和优化分销生态产品，实现从1.0到2.0的升级，形成以银联信用卡分期、订货贷、乐商贷、分销e贷、小微普惠卡、采购E在内的产品体系，以分销体系业务办理门户作为基础，打造资金连接器，构建闭环生态。

（三）共同研发混合云

在金融机构研发团队与云服务商团队共同建设混合云模式下，云部署在金融机构，双方研发团队确定云计算底层架构，签订技术保密协议，联合基于混合云架构的新一代分布式核心系统。例如，中华联合财产保险股份有限公司（简称"中华财险"）与阿里云合作，新核心系统基于"大中台，小前台"架构最佳实践，构建了业务中台和数据中台的双中台体系，前台业务系统实现模块化功能组件配置。新系统实现了以客户为中心的流程再造，前台业务系统的开发时间能缩短50%以上，微服务平均性能达到单计算节点每秒处理超过1 000笔保险业务的能力，底层算力可实现秒级弹性扩展。

前沿的行业实践源自持续的技术创新。技术厂商近年来坚持自主创新、建设新一代的基础设施，面向全社会提供更高性能、更低价格的服务，并致力于在金融机构数字化转型的不同路径中提供安全可靠、先进的技术支撑。

在数据治理价值驱动转型路径中，阿里云可提供MaxCompute、DataWorks、DataPhin、ADB等核心产品，通过构建数据中台来帮助金融机构进一步发掘数据价值。

在核心系统云原生分布式改造路径中，较多的云厂商提供"金融级云原生工场"，支撑金融机构建设面向未来的新一代分布式智能化核心系统。

在全面一体化云敏捷驱动技术架构升级路径中，云厂商不仅提供混合云、公共云、云原生底层引擎等基础产品，更在服务金融机构的过程中沉淀了更敏捷、高可用、云原生化的分布式技术架构，支持金融机构通过技术创新超越传统的集中化架构的限制，再造云上新金融。

二　云计算在金融中的未来展望

（一）云原生成为重要趋势

云原生作为一套先进架构理念与管理方法的集合，已被越来越多的金融机构作为下一代核心技术架构的重点方向。伴随实践应用的逐渐成熟，企业对云原生的运用呈现出从容器、服务网格、无服务器环环相扣的阶梯式发展。云原生将云端资源层层抽象，将通用技术能力模块化下沉至云平台，使云服务的重心更加聚焦于上层业务的逻辑实现，使业务开发人员可以更加专注于高价值的业务开发。云原生轻量化、松耦合、强韧性等特点，大幅降低了金融机构上云、用云的心智负担，极大地释放云端的发展红利，使未来应用可以更多地在云上进行开发。

在近几年产业数字化转型的浪潮之中，云计算的加速发展更多被视为一场基础设施的变革，它是企业发展动能切换、实现智能化转型升级这项长期性、系统性工程的重要基石。但由于不同行业的应用水平参差不齐、客观条件千差万别，他们对于云服务的需求也有着显著差异。即便同为基础设施，他们也需要截然不同的施工图纸。典型如金融行业，从中国人民银行等机构发布的《金融科技发展规划（2022—2025年）》《金融标准化"十四五"发展规划》，以及银保监会发布的《关于银行业保险业数字化转型的指导意见》等金融科技纲领性文件的要求中不难发现，金融机构对于云服务的需求已经不止于"量"，更在于"质"。

金融行业已然进入云计算基础设施再升级阶段。而在这一阶段，对于云服务商来说，随着金融机构需求更加清晰，准入门槛也随之提升。一方面，金融行业的特殊性决定了其必须具备"稳态"的特征，即高并发、高可靠的处理能力；另一方面，随着金融业重构与客户的连接方式，需要更高效、及时和精准地捕捉客户需求，提供解决方案和实现产品服务创新，金融机构也致力于构建更强大的敏捷能力。

此外，一个不可忽视的趋势在于随着国际形势日益复杂，金融安全与信息技术安全问题日益突出，基础设施重构也是中国打破外资厂商长期主导市场的局面、加快国产化替代脚步的一次机会。技术自主可控成为金融数字化的重要推手，信息技术应用创新在金融行业进入应用爆发增长阶段，金融信创生态产业链也日渐成熟，安全稳定、自主可控、创新突破的数字金融图景逐步显现。

（二）多云战略部署成为趋势

单一云平台往往无法满足金融机构的所有业务需求，多云战略部署以及跨云生态连接已经逐渐成为行业共识。一方面，金融机构内部公有云、私有云、专有云等部署模式的多云互联，以及不同厂商云平台的统一纳管，有助于金融机构动态调整上云、用云策略，并提高对优质云端资源的使用效率；金融行业内部的云生态聚合，可以扩大金融云服务的集群效应，使更多中小金融机构也可以享受云端发展红利。另一方面，金融机构对于金融云的期盼将不再仅仅局限于底层的能力支撑，而是希望依托金融云为触手，联结产业链上下游生态，在挖掘细分场景市场机会的同时，消除金融机构与实体经济间的信息鸿沟。未来，伴随政策指引、标准保障、技术能力的不断完善，金融行业内外部的跨云协同壁垒将被逐渐打破，以"金融生态云"为中心的多层级协同互联体系有望建成。

（三）风险管理云服务成热门方向

风险管理和控制是金融机构的生命线，金融云作为产业场景和金融机构的连接器，通过提供产业金融风险控制方案，完整覆盖贷前、贷中、贷后等各个环节，有效助力金融机构提升风险管理水平。金融云助力加强风控体系建设，支持金融机构构建统一的风险控制平台，通过风险控制服务不同场景下的作业模式和流程策略，加强企业信息核验，支持金融企业有效识别客户，涵盖企业基础信息核验、企业活跃度评级、企业准入评估、企业信息校准等核心服务。

同时，通过反欺诈、多头借贷预警和置信评分等能力，帮助金融企业识别其客户的欺诈风险，并包含模型定制服务，支持企业根据特定业务场景定制开发模型。帮助进行企业图谱分析，通过建立基于企业、自然人和业务等为主体，关联关系为边界的知识图谱，挖掘企业集团关系网络，发现关联风险。基于金融云的产业风险控制解决方案，构建了统一风险控制平台，实现了决策流、规则、模型、策略和外部数据调用的一体化、可视化管理，并实现预授信白名单策略、自动化审批策略、欺诈风险管理、信用风险评分评级、外部数据接口管理等能力。

（四）金融新基建成战略支点

金融云业务战略不断升级，聚焦"金融新基建""数字新连接"和"场景新服务"，形成体系化、全面数字化转型整体解决方案，助力金融机构打造面向未来金融场景的技术底座，支撑业务持续创新。以金融新基建推动应用创新的架构模式、跨云管理以及从局部智能向全局智能的持续演进；以数字新连接全面提升金融机构获客、获客与留客能力；以场景新服务促进金融机构将自身融入客户的各类场景之中，不断重构金融的业务模式，开创新的业务模式。

金融云将充分发挥云计算、大数据、人工智能、区块链以及物联网等金融科技能力，推动金融科技在更多金融场景、行业场景运用落地，助力打造涵盖传统生产贸易制造、大宗商品交易、产业园区、物流仓储等产业互联网金融新业态模式的综合服务解决方案，助力产业数字化转型升级，以科技之力践行普惠金融。比如建设以"区块链＋贸易金融"为特色的供应链金融体系，可以实现统一门户、统一产品服务、统一内外连接、统一基础应用、统一基础资源，打造具有产业链上下游特色的"区块链＋贸易金融"生态，即打通物流大数据平台、物流联盟链、合同存证链和供应链金融联盟链，实现可信链上存证、可信资产流转，构建多机构、分布式可信的产业金融生态圈。

第五节　项目实训——银行上云与运维

进入云计算应用实训平台，单击【金融云基础】按钮，则可以进入任务界面，如图5-22所示。

图5-22　云计算应用实训平台

📍 案例背景

西关城市银行高层根据中小企业网络信贷的需求量增大的发展要求，正有条不紊地分步建设云平台。在云计算平台实施和建设上,城市银行组织信息科技部及业务部门组成调研团队走访较为知名的商业银行云服务中心。经过调研,决定由城商行信息科技部及业务主管团队成立业务上云小组,安排核心业务骨干员工张新城和信息科技部王经理共同完成基于阿里云实施业务上云。项目要求按照统一规划、分步实施,持续改进的原则,业务上"先简后繁",技术上先易后难,持续推进分布式架构转型。同时要求基于信息科技部现有服务器等实施基础设施池化、云化,再推动应用上云,提升应用敏捷性,最后推动信创的使用。对于区域银行机构而言,其总体思路是,搭建阿里云业务及同城灾备云,异地灾备云,推动新老应用上云。

此外,项目小组安排新招聘大学生(3～4人)参与到项目需求及银行云的基础运维中。

案例涉及银行的四类角色分别是:信贷业务部、信息科技部、云服务商、财务管理部,如图5-23所示。实训主要考核如何设计信贷云服务流程,现场运维工程师根据需求完成搭建云服务,完成日常云服务监测和处理存储资源不足等核心问题,使得云服务能够持续有效进行。

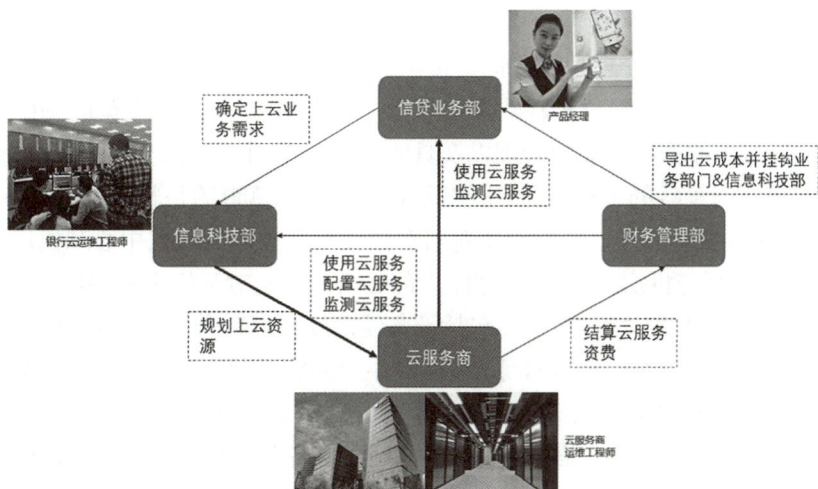

图5-23 银行上云环境

📍 案例角色

1. 银行信息科技部

该城市银行股份有限公司始建于1998年6月6日。作为小微金融领域的特色银行之一,该行始终坚持以市场为导向,客户为中心,在小微金融领域精耕细作,秉承"通过让小企业得到一流的金融服务,以改进中国的金融市场"的企业使命。该行现已实现省内分行机构全覆盖,并先后在浙江、深圳、北京、江西、重庆发起设立了5家银座村镇银行,集团员工一万余名。近年来,该行加快了金融科技化、信息化转型,推进了以枢纽系统为核心的金融服务智慧平台建设,辅之以大数据风控与云计算,建成了"线上、线下融合"的"数据驱动、线上流程、行业专家、现场交叉"的小微金融服务模式。

银行信息科技部的组织架构通常会划分为需求管理、系统规划管理、系统运维(运营)管理这几个部分,这基本上和IT领域工作职责的划分是一致的。

225

（1）**需求管理**。这是从需求角度来进行规划管理，主要是对需求的整个生命周期进行管理监控，包括从提出直至上线。随着银行事业部制的改革，同时也为了便于对需求进行管理，需求规划人员各司其职，分别与对应事业部条线的部门进行对接，例如，有负责对接零售条线部门的，有负责对接公司条线部门的，以此类推。首先会和需求提出部门进行对接访谈，收集业务需求并做大致了解，然后和对应的科技人员进行初步沟通，从IT角度评估是否能实现，明确实现方案及相应的周期、成本、排期等情况；如果都已明确并进入开发阶段，则定期跟进需求状态。

（2）**系统规划管理**。这是从系统角度来进行规划管理。一是对IT系统进行整体管理，明确系统的相关属性，包括人员、部门、状态、平台情况、供应商等，如果后续在项目建设或系统搭建过程中，需提供系统信息作为参考的，原则上以系统规划人员提供的数据为准；二是系统规划人员对银行IT系统的整体情况比较了解，所以某个系统在建设过程中，系统规划人员可以从整体宏观角度给予建议和意见；三是系统规划人员还需要制定相关的标准和规范，后续IT系统在建设过程中须遵循这些标准和规范。

（3）**系统运维（运营）管理**。科技运营按照运营对象所属领域可以划分为：基础架构中心、机房管理中心、运维中心。❶基础架构中心。主要包括主机、网络等IT基础类资源；主机部分涉及服务器、数据库方面的管理以及具体实施工作；网络部分则主要保障网络、线路的连通性，网络访问策略的可用性等；所以基础架构中心负责的是整个IT体系中较为底层的一些事务。❷机房管理中心。银行中都有存放大量服务器的数据中心和机房，机房管理中心负责的对象包括与机房有关的人、物；人的层面主要是对与机房有接触的人员的管理，物的层面主要是针对机房设备的管理，包括设备的摆放、迁移、维护等。❸运维中心。运维中心做的事情比较杂，一类是负责IT系统故障、生产问题的跟进解决，运维人员需要对故障问题及时响应，如果自身无法及时解决的则需要及时分派给相应的开发人员；另一类是负责提供IT服务和资源的，例如，需要申请账号、设备或者开通权限的，还有一类是负责系统生产环境版本发布的，但这里的发布是指运维人员有往生产环境发版本的权限，只负责执行版本发布这一动作，具体版本的打包工作还是由测试人员、开发人员来做。

2. 云服务商

阿里云创立于2009年，是全球领先的云计算及人工智能科技公司，为200多个国家和地区的企业、开发者和政府机构提供服务。阿里云致力于以在线公共服务的方式，提供安全、可靠的计算和数据处理能力，让计算和人工智能成为普惠科技。2017年1月阿里云成为奥运会全球指定云服务商。

阿里云基于国家级云计算技术，构建于阿里云飞天平台之上，提供稳定、高性能的计算、存储服务，为数字化、智能化建设提供基础能力支撑。实现数据资产运营，提升数据质量，通过运营不断沉淀数据资产，支撑业务的快速发展，让数据产生业务价值。

3. 银行云现场运维工程师

银行云现场运维工程师负责的工作有：银行云项目的测试质量保证工作，包括需求分析、用例设计和评审、测试执行等；负责测试执行，缺陷上报与跟踪，测试过程记录；负责项目风险识别、预警与应对；负责撰写阶段性和总结性测试报告，项目总结等。

银行云现场运维工程师必须具有银行核心(存款、贷款、支付、卡)业务测试经验,有良好的团队协作精神、工作认真负责的态度和快速学习的能力。

实训目标

(1)了解银行云计算的基本出发点。
(2)熟悉金融云基本架构。
(3)掌握云计算资源调试基本方法。
(4)熟悉金融云业务运维。

实训准备

根据案例实训背景及规则,编辑银行信息科技部的工作职能,明确银行信息科技部与业务相关的职责,如表5-1所示。

表5-1　银行信息科技部的业务职责

参与部门	需求管理(产品经理)
业务部门牵头、银行信息科技部落实	从需求角度来进行规划管理,主要是对需求的整个生命周期进行管理监控,包括从提出直至上线。随着银行事业部制的改革,同时也为了便于对需求进行管理,需求规划人员会各司其职,分别与对应事业部条线的部门进行对接,例如,有负责对接零售条线部门的,有负责对接公司条线部门的,以此类推。首先会和需求提出部门信贷业务部进行对接访谈,收集信贷与反欺诈业务需求并作大致了解,然后由银行信息科技部的人员与信贷业务部进行初步沟通,从云计算角度评估是否能实现,明确实现方案及相应的周期、成本、排期等情况;如果都已明确并进入开发阶段,则定期跟进需求状态
参与部门	**系统规划管理(部门主管)**
银行信息科技部牵头、业务部门协同	从系统角度来进行规划管理。❶ 由银行信息科技部主管,对IT系统进行整体管理,明确系统的相关属性,包括人员、部门、状态、平台情况、供应商等,如果后续在项目建设或系统搭建过程中,需提供系统信息作为参考的,原则上以系统规划人员提供的数据为准;❷ 系统规划人员对银行IT系统的整体情况进行深入摸底,整个业务系统在建设过程中,作为系统规划人员可以从整体宏观角度给予建议和意见;❸ 系统规划人员还需要制定相关的标准和规范,后续在混合云建设过程中需要遵循这些标准和规范
参与部门	**银行云现场运维工程师**
云服务商和银行信息科技部	云服务商与银行信息科技部的银行云现场运维工程师需要负责的工作有:负责银行云项目的测试质量保证工作,包括需求分析、用例设计和评审、测试执行等;负责测试执行,缺陷上报与跟踪,测试过程记录;负责项目风险识别、预警与应对;负责撰写阶段性和总结性测试报告,项目总结等。银行云现场运维工程师必须具有银行核心信贷业务测试经验,有良好的团队协作精神、认真负责的工作态度和快速学习的能力

实训步骤

案例涉及11个实训环节(图5-24),将分为五个阶段进行。第一阶段:阅读学习资源,对上云价值开展业务分析;第二阶段:梳理上云需求、规划云资源配置方案;第三阶段:在云服务商处开通服务并搭建云架构;第四阶段:完成测试、配置、监测云服务业务;第五阶段:根据云配置及运行服务过程导出云成本,完成成本分析。

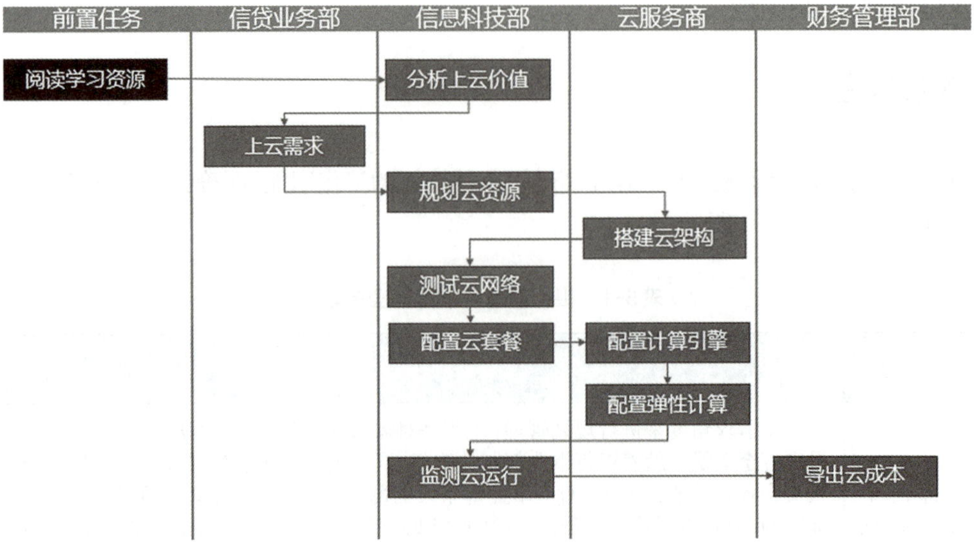

图5-24　实训流程图

1. 分析业务上云优势与选型

近年来,"非接触"金融服务逐渐成为客户的刚需。由于疫情在一定程度上改变了公众的观念和行为,由此催生的"非接触"银行服务理念和需求,不会随着疫情平复而消失,反而可能进一步深化。这给银行提出更高要求的同时也带来了新的机遇。

需要根据这一情况,完成上云优势分析画布与上云平台选型分析画布如图5-25、图5-26所示。

2. 收集上云需求与规划云资源

西关银行正式宣布启动"上云"工程,将为中心企业信贷及信贷风控业务上云,将对公账户以及信贷业务所有应用系统全部迁移至云上。这使得西关城市银行成为国内城市银行中实现全面上云的银行。虽然上云对商业银行而言,因为需要兼顾IT系统的稳定,存在处理全栈云运维成本较高等问题,但上云后的成本效益也是明显的,由此使得商业银行上云的路径有所不同。

与业务部门产品经理沟通,明确上云需求。因此,本任务是要明确上云具体需求,按照案例要求,完成上云内容。根据上云需求,后续可计算上云的成本。

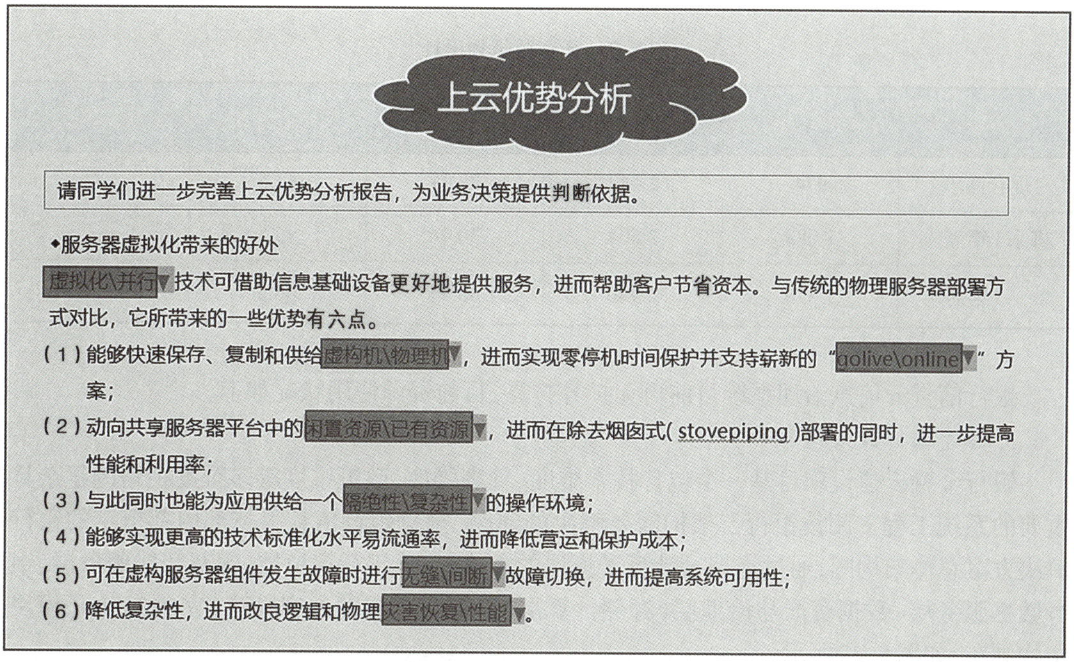

上云优势分析

请同学们进一步完善上云优势分析报告，为业务决策提供判断依据。

◆服务器虚拟化带来的好处

虚拟化\并行▼ 技术可借助信息基础设备更好地提供服务，进而帮助客户节省资本。与传统的物理服务器部署方式对比，它所带来的一些优势有六点。

（1）能够快速保存、复制和供给 虚构机\物理机▼ ，进而实现零停机时间保护并支持崭新的"golive\online▼"方案；

（2）动向共享服务器平台中的 闲置资源\已有资源▼ ，进而在除去烟囱式（stovepiping）部署的同时，进一步提高性能和利用率；

（3）与此同时也能为应用供给一个 隔绝性\复杂性▼ 的操作环境；

（4）能够实现更高的技术标准化水平易流通率，进而降低营运和保护成本；

（5）可在虚构服务器组件发生故障时进行 无缝\间断▼ 故障切换，进而提高系统可用性；

（6）降低复杂性，进而改良逻辑和物理 灾害恢复\性能▼ 。

图5-25 上云优势分析报告画布

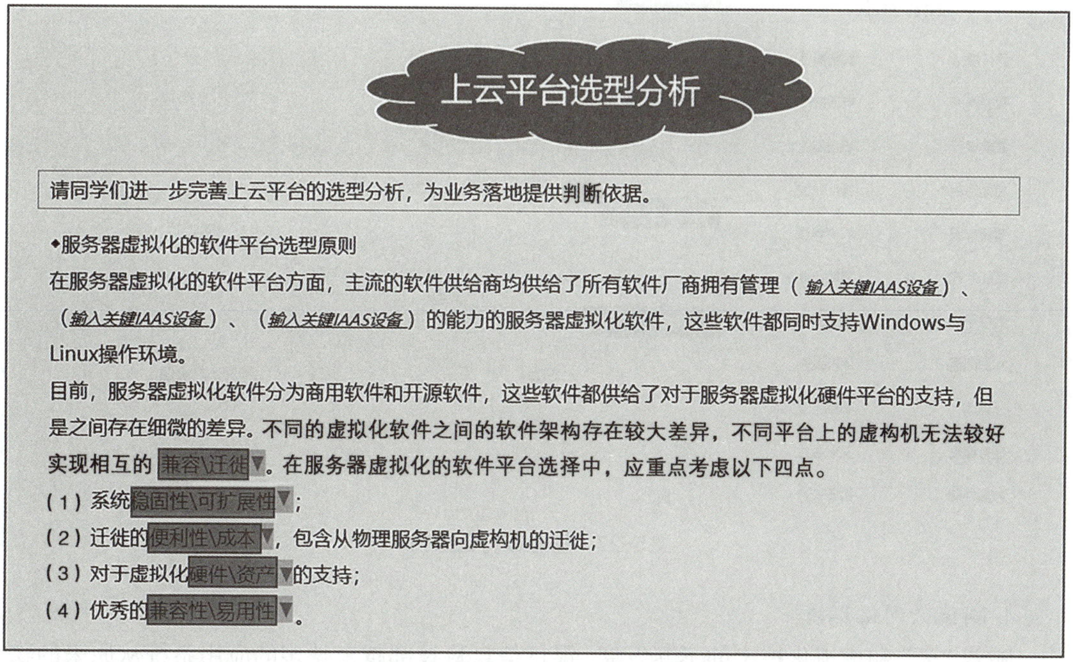

上云平台选型分析

请同学们进一步完善上云平台的选型分析，为业务落地提供判断依据。

◆服务器虚拟化的软件平台选型原则

在服务器虚拟化的软件平台方面，主流的软件供给商均供给了所有软件厂商拥有管理（*输入关键IAAS设备*）、（*输入关键IAAS设备*）、（*输入关键IAAS设备*）的能力的服务器虚拟化软件，这些软件都同时支持Windows与Linux操作环境。

目前，服务器虚拟化软件分为商用软件和开源软件，这些软件都供给了对于服务器虚拟化硬件平台的支持，但是之间存在细微的差异。不同的虚拟化软件之间的软件架构存在较大差异，不同平台上的虚构机无法较好实现相互的 兼容\迁徙▼ 。在服务器虚拟化的软件平台选择中，应重点考虑以下四点。

（1）系统 稳固性\可扩展性▼ ；

（2）迁徙的 便利性\成本▼ ，包含从物理服务器向虚构机的迁徙；

（3）对于虚拟化 硬件\资产▼ 的支持；

（4）优秀的 兼容性\易用性▼ 。

图5-26 上云平台选型分析画布

银行信贷云系统依据现有需求、将来1年需求,2～3年需求状况如表5-2所示。

表5-2 云资源规划设计

阶段	CPU(核)	内存(GB)	磁盘(TB)	存储(TB)	互联网IP
现有需求	974	2 448	22.19	43.5	8
将来1年需求	1 088	2 604	30.46	43.5	
2～3年需求	1 376	2 940	33.46	66.5	

银行信贷云信息治理系统目前再无扩容打算,目前资源使用状况如上。

3.搭建银行云架构

银行金融云建设项目是一个包含技术维度、管理维度、政策维度等多维度视角的复杂且重要的系统工程。阅读银行云架构需要解决的问题,根据银行信息科技部内部拟定的银行解决方案总体架构图,通过拖拽云计算子模块的方式,完成银行渠道层、银行智能服务层、银行数据服务层、数据资产与治理层、存储计算层、基础设施层的内容搭建,完成33个子模块结构画布,如图5-27所示。

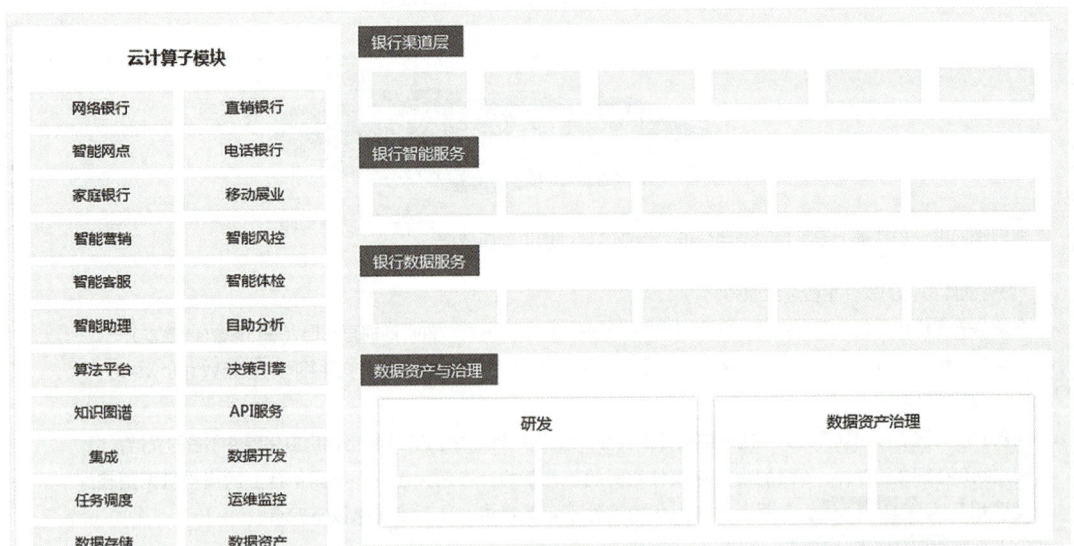

图5-27 搭建银行云架构

4.测试云网络环境

随着"云"和虚拟化技术的不断发展,银行信息科技部越来越多的应用系统从原来的物理机迁移至云平台,银行云环境流量呈显著增长。但是传统物理流量采集网络无法对云环境的流量进行直接采集,会导致云环境中的业务成为盲区。

选择云环境测试项,输入关键测试脚本,进行逐项测试。测试根据每项的消耗资源按照进度不同进行相应的资源测试，测试完成后进度条会显示“100%”，如果该项部署或环境存在问题，则该项测试没有完成，没有完成的测试需要提交测试报告。只有全部测试完成后，才能显示测试完成。

所有测试环境为虚拟机统一部署，虚拟机的资源和开销决定了测试的进度和完成度，较快的测试才能为成本控制提供依据。云平台的测试操作，如图5-28所示。

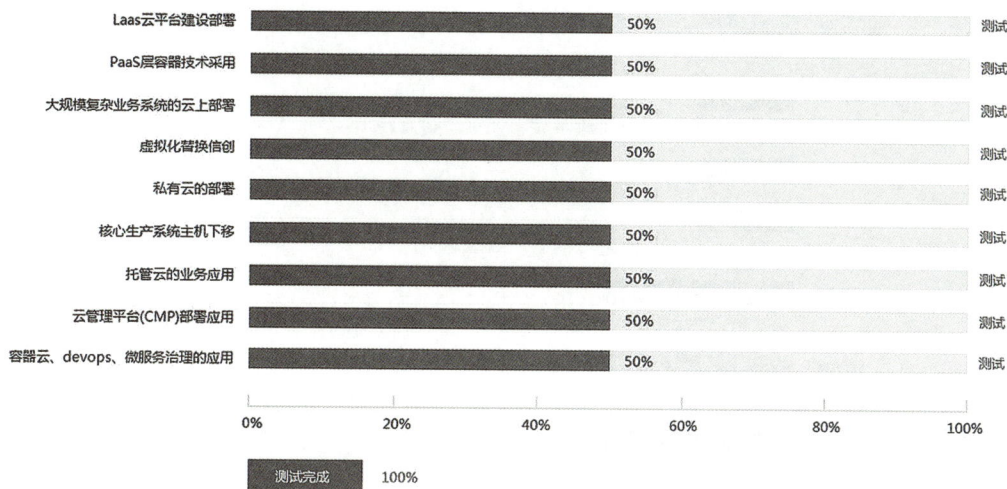

图5-28　云平台测试操作

5. 配置云套餐

可以根据下图，整理未来1～3年企业上云需求，决策采购基础版或高配版，完成IaaS的弹性计算的成本分析与配置。如果在配置计算引擎处填写的配置需求过高，选择基础版则不能支撑上云需求，配置云套餐不成功，需要重新购买云套餐（图5-29）并在规定成本内完成云资源使用。

套餐选择 ^

	基础版 费用预估：-	高配版 费用预估：-
TiKV实例规格	ecs.i3.2xlarge（本地SSD型 i3，8 vCPU，64 GiB）	ecs.i3.8xlarge（本地SSD型 i3，32 vCPU，256 GiB）
PD实例规格	ecs.c6.large（计算型 c6，2 vCPU，4 GiB）	ecs.c6.2xlarge（计算型 c6，8 vCPU，16 GiB）
TiDB负载均衡规格	slb.s3.small（高阶型I）	slb.s3.small（高阶型I）
TiDB实例规格	ecs.c6.2xlarge（计算型 c6，8 vCPU，16 GiB）	ecs.c6.4xlarge（计算型 c6，16 vCPU，32 GiB）
ControlServer实例规格	ecs.c6.large（计算型 c6，2 vCPU，4 GiB）	ecs.c6.large（计算型 c6，2 vCPU，4 GiB）

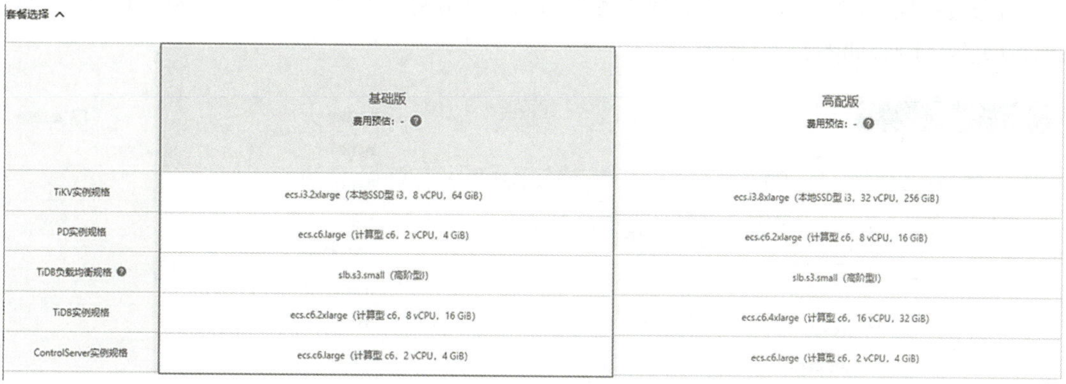

图5-29　模拟云套餐选配

6. 配置计算引擎

依靠强大的计算引擎构建全方位的金融信息服务及智能处理系统，以统一平台方式支撑风控业务场景。

本任务需要在反欺诈审核环节引入基于近线计算引擎,在单机Local模式下创建反欺诈计算引擎,实现与金融微服务无缝融合。但是对于实时性要求较高的授信以及订单准入场景,传统大数据处理性能达不到要求,需要构建一个实时的高性能的SQL计算引擎,并且增强其兼容性进行计算,如图5-30所示。

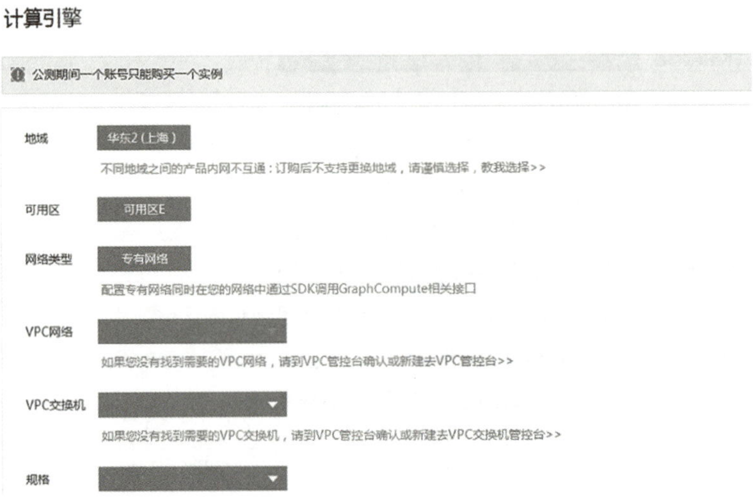

图5-30　配置计算引擎

7. 配置弹性计算

弹性计算可快速扩展或缩减计算机处理、内存和存储资源以满足不断变化的需求,而无须担忧用量高峰的容量计划和工程设计。弹性计算通常由系统监控工具控制,无须中断操作即可使分配的资源量与实际所需资源量相匹配。通过"云"灵活性,银行可以避免对未用容量或闲置资源付费,且不必担心需要投入资金购买或维护额外的资源和设备。

系统会提示资源超载,通过配置服务器数量、控制调整方式及分析实际资源情况,完成弹性扩缩容计划,如图5-31所示。

图5-31　配置弹性计算方案

8. 核算上云成本

通过监测贷款云SaaS性能,明确费用的透明化基础上,需要根据云服务商提供的价格,进行完整的费用预估。系统上线2～4日出现高峰,因此需要在云资源创建之后,通过账单分析功能直接看到资源的费用信息,同时过滤出跟当前服务相关的账单,完成网络费用核算,进行云计算网络费用监测成本管理,如图5-32所示。

图5-32 监测贷款云SaaS性能

根据费用结构调整支出项,导出成本预估,提交运维报告,如图5-33所示。

序号	资源名称	资源类型	地域	数量	时长	原价	优惠
1	EcsInstanceGroup	ECS实例(ECS)	华东1(杭州)	1	按量付费	¥1.34/小时	省¥1.33/小时

软件费用:¥**10000** 资源按量费用:¥**0.01**/小时 资源流量费用:**1**个 ⓘ

您当前账户余额为 ¥0.00,可用额度为 ¥9,392,311.70,信控余额为 ¥10,000,000.00

图5-33 导出上云成本预估费用明细

📍 实训小结

本节引入银行金融云搭建场景,通过银行云工作场景,分析上云需求、完成模拟云平台接入金融云场景,利用金融IaaS/PaaS/SaaS不同服务职能搭建银行云架构,支持金融机构完成信贷业务部署。为方便对云计算有整体感知,金融云实训主要从需求、网络环境配置、IaaS弹性计算、PaaS平台性能、SaaS业务监测5个主要内容进行实训,熟悉金融云体系结构,掌握云计算资源配置、分析云计算性能与金融云业务监测,理解云计算对金融机构的价值,掌握金融云应用技能。

拓展训练

　　由于云计算具备较高的专业化程度和技术背景,更容易理解云计算,进一步了解金融云架构,设置两类国内主流金融云厂商案例,从金融机构及金融科技企业的角度,进一步开展金融云运营、运维及云计算技术云服务分析。

　　请同学们根据本项目实训的实训步骤完成银行信息科技部关于金融云计算的运维代码编辑,提取服务器性能数据及推断运维瓶颈。

本章要点

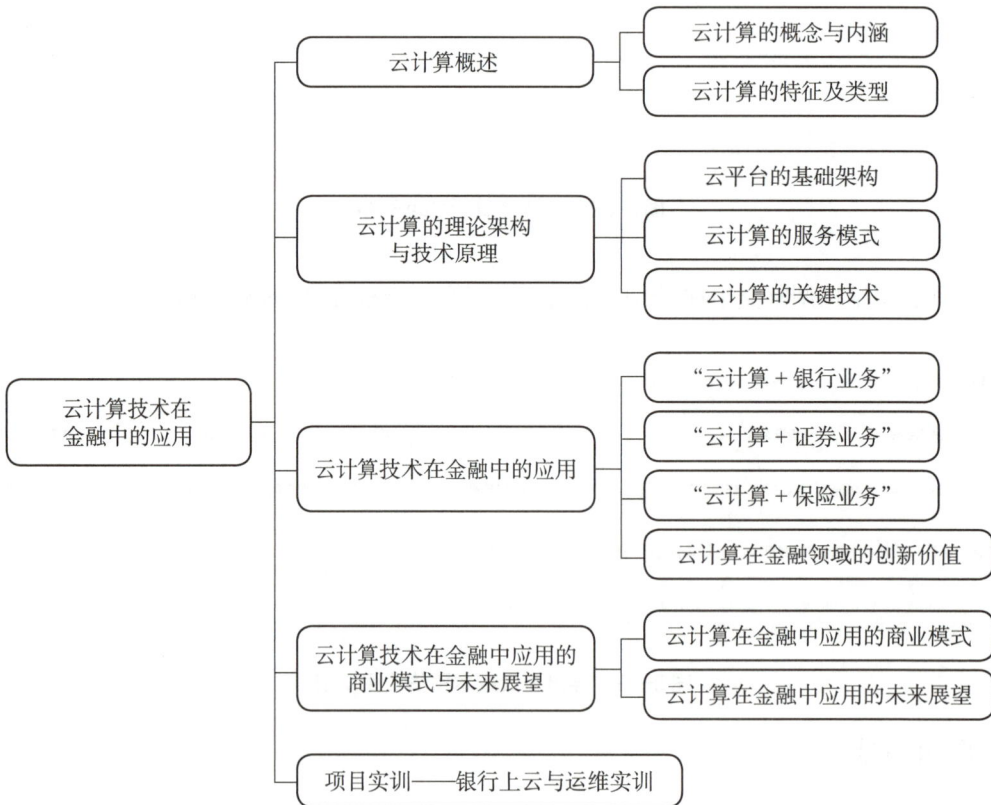

问题讨论

1. 云金融有哪些服务模式？

2. 云计算在银行、证券和保险行业中的应用场景具体体现在哪些业务中？请详细描述。

3. 云计算金融的商业模式有哪些？

思考与练习

1. 云计算与本地计算有何区别？

2. 云计算的关键技术有哪些？

3. 云计算的三种服务模式IaaS、PaaS、SaaS之间有何关联？

4. 云计算在银行业中的应用场景有哪些？

5. 云原生有何优势？

第六章
数字人民币

知识目标：了解数字人民币的基础知识；了解数字货币的界定、数字人民币与微信、支付宝的区别；了解数字人民币的发行和流通方式；熟悉数字人民币的理论构架、技术原理及商业模式。

技能目标：能够对数字人民币发行机制、特点和意义进行解读和分析；能够灵活运用数字人民币的基础知识，解决现实生活中数字人民币硬钱包和软钱包的开通、获取、使用等实际问题。

素养目标：通过数字人民币应用场景试点的学习，培养科技强国思想，激发民族自豪感和使命感。

导入案例

2022北京冬奥会场景

2020年的冬天，数字人民币冬奥试点应用正式启动。试点覆盖冬奥会全场景40.3万个，围绕食、住、行、游、购、娱、医七大重点领域的支付服务需求，打造特色鲜明的产品，保障境内外消费者使用数字人民币的支付体验，交易金额达96亿元。

为了迎接冬奥并配合冬奥应用场景，北京市倾力打造数字人民币的使用场景，在交通出行、购物消费、医疗卫生、文化旅游等方面，完成了数字人民币使用环境建设。张家口赛区，数字人民币应用已覆盖场馆、酒店、餐饮、商户、邮政、交通、医疗等5万余个场景，共计开立对公、对私钱包700万个，为冬奥相关人员及当地民众提供了支付便利。

根据冬奥品牌权益方面规定，冬奥场馆内支持维萨卡（VISA）、人民币实物现金和数字人民币支付。与支付宝和微信支付不同，数字人民币在场内信号不好的条件下也可以使用，通过"碰一碰"、扫码付等方式，可便捷实现非接触支付，充分满足冬奥的防疫要求，助力安全奥运。

（资料来源：国际商报）

想一想

什么是数字人民币？它和微信、支付宝有什么区别？它是如何发行和流通的？

货币的发展史

货币发展史的五个阶段是以物换物阶段、金银条块阶段、铸币阶段、纸币阶段、电子货币阶段,现在正处于纸币阶段和电子货币阶段的交界处。纸币阶段又被称为信用货币阶段,在这一阶段纸币的发行都是靠着国家的主权信用支撑的。

数字货币的变迁史经历以下五个阶段。

第一阶段:传统卡支付时代,以银联成立为关键标志(2005年之前);

第二阶段:支付宝破局时代,以支付宝独立运营为开始标志(2005—2012年);

第三阶段:移动支付两强时代,以条码支付推出为开始标志(2012—2017年);

第四阶段:"断直连"时代,以系列监管加码为标志(2017—2020年);

第五阶段:数字货币新时代,以DCEP加速落地为开始标志(2020年及以后)。

(资料来源:知链)

第一节　数字人民币概述

一　数字货币的产生

(一) 数字货币概述

数字货币(digital currency, DC)是对货币进行数字化,目前数字货币并没有统一的定义,随着虚拟货币的演进、区块链技术的发展、稳定币和央行数字货币的陆续面世,数字货币的内涵在不断延伸和扩展。

狭义的数字货币是指以比特币为样本的虚拟"货币",狭义的定义要求数字货币不依靠特定货币机构发行,依据数字加密算法,通过大量的计算产生,同时交易过程需要分布式数据库的认可,而满足上述定义的区块链技术是在数字货币中应用最为广泛的技术,因而数字货币与区块链在一段时间内几乎成为"孪生词"。

随着区块链技术的发展,使用区块链技术公开发行虚拟"货币"是近来金融市场上的焦点,并诞生了莱特币、以太坊等虚拟"货币",这些虚拟"货币"受比特币的启发,技术上具有类似的实现原理,并改进了比特币的一些缺点。至此,数字货币不再仅以比特币为范本,在上述技术特征上有所放松,可以拥有发行主体,发行总量基于某些可增加的资产而不固定。美国监管机构认可的1∶1挂钩美元的USDT,是由Facebook公司主导并设立专门协会管理发行的数字货币libera。我国央行也拟发行数字货币(digital currency electronic payment, DCEP)。数字货币的定义再一次得到延伸,数字货币不再与区块链技术、去中心化完全绑定。

广义上, 数字货币是以数字形式表示的资产, 可以包含以数字方式表示价值的任何东西。数字货币不像人民币钞票、硬币或黄金那样具有物理形式, 而是以电子方式存在的, 可以使用计算机或互联网等技术在用户和实体之间传输, 以电子的形式实现价值尺度、流通手段、储藏手段、支付手段等货币职能。

（二）中央银行的数字货币

根据国际货币基金组织的定义, 中央银行数字货币（central bank digital currency, CBDC）是指由中央银行发行, 被广泛接受的电子化的法定货币。最近几年各国央行纷纷参与数字货币的探索与实践：新加坡在2016年启动了Ubin项目；加拿大在2017年开启了Jasper项目；瑞典是货币无纸化程度相当高的国家, 在2017年实施了E-krona的CBDC项目；美国、英国、俄罗斯则发布了一系列与CBDC相关的报告, 但在推行CBDC上进展稍慢。部分国家在CBDC上的探索较为激进, 委内瑞拉于2017年12月宣布发行Petro石油币, 是一种以石油为抵押的数字加密货币。突尼斯于2019年11月11日宣布推出数字货币数字化法币"E-Dinna", 成为首个宣布发行央行数字货币的国家。

早在2014年, 中国就成立法定数字货币专门研究小组, 研究和发行央行数字货币, 其动因主要有三个：第一, 为保护人民币的货币主权和法币地位, 需要未雨绸缪；第二, 当前纸钞、硬币的发行、印制、回笼、储藏各个环节成本都很高, 而人们生活中需要使用现金的情形越来越少；第三, 公众有匿名支付的需求, 但现有的支付工具都与传统银行账户体系紧紧绑定, 满足不了消费者的匿名支付需求, 而央行数字货币既能保持现钞的属性和主要价值特征, 又能满足便携和匿名的诉求。

二　数字人民币的界定

数字人民币是人民币的数字形式, 是我国的法定货币, 二者具有等价的法偿性与价值特性。数字人民币以科技创新赋能人民币, 使人民币的内涵与面貌焕然一新, 在法定性、价值、技术、实现路径与应用场景等方面有所突破。

就法定性而言, 数字人民币是中国人民银行发行的、数字形式的法定货币, 具备价值尺度、储藏手段、流通手段、支付功能等基本职能。就价值而言, 数字人民币仍由央行信用担保, 与实物人民币无异。数字人民币可谓数字时代央行信用的尝试, 是一种新型信用货币。从技术、实现路径与应用场景来看, 数字人民币由指定运营机构参与运营, 采用可变面额设计, 具有编程性, 以加密币串形式实现价值转移, 不计付利息。以加密安全技术、央行算法、大数据分析、智能合约等技术为保障, 以广义账户体系为基础, 支持银行账户松耦合功能, 可适用于零售支付、水电煤气缴费等多场景, 其应用不仅将改善数字时代的金融监管与资金监测, 还将在数字经济中发挥日益重要的作用。

从这三个维度来看, 数字人民币是加密货币、算法货币与智能货币, 突破了法定货币的传统内涵, 又不会完全超越法定货币的范畴。总之, 数字人民币有利于促进买卖双方的交易匹配, 有利于推动数字时代商品流通, 有助于数据与资本的市场化配置。

关于CBDC、DC/EP和e-CNY

CBDC,全称为central bank digital currency,译为中央银行数字货币。中央银行数字货币是指由中央银行发行,被广泛接受的电子化的法定货币,是中央银行货币的电子形式,家庭和企业都可以使用它来进行付款和储值。

DC/EP,全称为digital currency electronic payment,中国版数字货币项目,即数字货币和电子支付工具,是中国人民银行研究中的法定数字货币,是DIGICCY(数字货币)的一种。

e-CNY:即数字人民币,字母缩写按照国际使用惯例暂定为"e-CNY",是由中国人民银行发行的数字形式的法定货币,由指定运营机构参与运营并向公众兑换,以广义账户体系为基础,支持银行账户松耦合功能,与纸钞硬币等价,具有价值特征和法偿性,支持可控匿名。数字人民币的概念有两个重点,一个是数字人民币是数字形式的法定货币;二是数字人民币、纸钞和硬币等价,主要定位于M0,也就是流通中的现钞和硬币。

(资料来源:知链)

三　数字人民币的应用价值

在我国多个城市的试点过程中,数字人民币表现出多方面的应用价值,它用起来和微信支付、支付宝一样方便,不会危害金融系统的安全性和稳定性,其可控匿名性也减少了洗钱、恐怖融资等违法犯罪行为,未来还可通过不影响货币功能的智能合约进行优化,其应用价值主要体现在以下四个方面。

(1)便利性。数字人民币可以给消费者和商家带来很多便利,消费者不用随身携带现金,也不用专门用钱包存放现金,商家也不用在收款时验钞,免去了找零的步骤,提高了人民币使用的便利性。对于央行(货币发行方),也免去了实物人民币的调运、存取、鉴别、清分、回笼、销毁、防伪、反假等环节。

(2)安全性。数字人民币以国家信用为担保,避免了网民信用或企业信用的不确定性。借助于加密技术、分布式账本等技术,在流通过程中能够及时全面记录交易信息,杜绝了伪造、篡改交易数据的可能,减少了交易双方的信息不对称,也减少了支付等交易过程中的逆向选择和道德风险。监管机构还可依法对数字人民币追踪溯源,减少洗钱、制售假币等违法犯罪行为。数字人民币具有松耦合、双离线、匿名可控等特点,其数字钱包可绑定或脱离银行账户,能有效保护社会公众的隐私,降低货币防伪成本。

(3)普惠性。普惠性一般是指普遍惠及,大众都可以使用。数字人民币的普惠性要求其能够被运用在很多不使用第三方支付的地方,比如涉及政府的支付场景。在政策的支撑下,很多商业性场所也会加快数字人民币基础设施建设,以保障在商业场景上数字人民币支付的金融普惠性。

(4) 创新性。人民币的创新性主要体现在其载体上。除数字人民币钱包外，还有卡片、手表、手套、手环、徽章等多种硬钱包，这些载体可通过近场通信（near field communication，NFC）手段帮助用户顺利完成支付。人们可以直接将数字人民币转到这些载体中进行支付，转换的效率与将数字人民币转入数字人民币钱包几乎没有区别。而数字人民币具有法偿性，转入此类载体中的数字人民币，其他机构同样不能拒绝。值得注意的是，数字人民币的创新性还体现在其可以帮助老年人、残障人士等特定群体实现无现金消费。为解决这些群体操作智能手机可能存在的困难，可以在老年人的手表、老花镜甚至手杖，或者残障人士使用的物件上安装特定芯片，使其成为载体，实现数字人民币的使用。

拓展阅读

数字人民币和微信、支付宝的区别

虽然在使用方式上，数字人民币与微信和支付宝等常用的第三方支付平台类似。可以选择扫码付款，或上滑展示付款码让商户扫描，但是，数字人民币的流通属性是M0属性，等同于现金，高于M2属性的微信和支付宝，意味着包含了未来可以在所有线上支付平台上流通，甚至能打通不同平台之间的支付壁垒，实现微信和支付宝的相互转账。

简单地说，支付宝和微信，充其量只是钱包，他们是存钱的工具。这笔钱终究还是存在于银行或者其他金融机构当中，它们是金融基础设施的一部分。而数字人民币不同，数字人民币是支付的工具，是钱，是钱包里的内容。如果离开网络，支付宝、微信这种钱包就失去了作用。而数字人民币因为具有金钱的属性，可以正常流通，这就是数字人民币与支付宝、微信最大的不同。

从使用数字人民币的大众体验而言，数字人民币和以往的移动支付（如微信支付、支付宝支付）区别不大。但数字人民币属于法定货币，具有无限法偿性，任何机构或个人都不能拒绝接受数字人民币。在那些只认现金的商户，数字人民币的体验可能就要优于微信和支付宝了。

（资料来源：知链）

四 数字人民币的发展进程

2014年，中国人民银行就已着手探讨数字人民币的原型架构与运作原理，并为此组建了许多专门机构，一起为数字人民币的诞生保驾护航。

2014年，央行成立法定数字货币专门研究小组，探讨法定数字货币业务框架、关键技术、流通环境、国际经验等，形成第一阶段理论成果。

2015年，央行对发行法定数字货币的原型方案进行了两轮修订。

2016年，成立数字货币研究所，搭建中国第一代法定数字货币概念原型，将数字票据交易平台作为法定数字货币试点应用场景，启动数字票据交易平台封闭开发工作。

2017年，中国人民银行数字货币研究所正式挂牌，选择大型商业银行、电信运营商、互联网企业参与研发。

2018年，数字货币研究所全资控股的深圳金融科技有限公司成立，南京金融科技研究创新中心和中国央行数字货币研究所（南京）应用示范基地成立，开启了数字货币高端研发、科技成果孵化、科技交流合作、数字化货币加密算法和区块链底层核心技术研发。

2019年，我国DC/EP的"闭环测试"开始启动。模拟测试涉及一些商业和非政府机构的支付方案，同年长三角金融科技有限公司成立，开启法定数字货币基础设施建设、试点场景技术支持、配套研发与测试。

2020年1月，央行表示已经基本完成数字人民币的顶层设计、标准制定、功能研发、联调测试等工作。数字人民币先行在深圳、苏州、雄安、成都及未来的冬奥场景进行内部闭环试点测试。

2021年7月，中国人民银行数字人民币研发工作组发布了《中国数字人民币的研发进展》白皮书，为当下数字人民币发展研究提供了最新指导。六大国有银行（工、农、中、建、交、邮储）开始推广数字人民币货币钱包，同年，数字人民币接入支付宝。

拓展阅读

数字人民币的试点建设

2020年4月，中国人民行宣布首批"4+1"数字人民币试点，在深圳、苏州、雄安新区、成都以及冬奥场景进行内部封闭试点测试。

2020年8月，商务部印发《全面深化服务贸易创新发展试点总体方案》，在"全面深化服务贸易创新发展试点任务、具体举措及责任分工"部分提出，在京津冀、长三角、粤港澳大湾区及中西部具备条件的试点地区开展数字人民币试点。

2020年10月，增加了上海、海南、长沙、西安、青岛、大连六个试点测试地区。海南作为全国唯一全省范围试点数字人民币的地区，在C端（consumer，消费者）与B端（business，工业或企业）场景上均有诸多应用落地。

2020年10月8日，中国广东省深圳市互联网信息办发布信息称，为推进粤港澳大湾地区建设，结合本地促进消费政策，深圳市人民政府联合中国人民银行开展数字人民币红包试点。

2020年12月5日，苏州市人民政府新闻办公室官方微信公众号"苏州发布"消息，苏州市政府联合中国人民银行开展的数字人民币红包试点工作当日正式启动预案。

2020年12月29日，北京市首个数字人民币应用场景在丰台丽泽落地。

2021年，数字人民币试点区由原来的"4+1"扩大到成都、北京、上海、海南、长沙、西安、青岛、大连等地，形成了"10+1"的试点新格局。

　　2021年4月1日，中国人民银行研究局局长王信在国信办举行的新闻发布会上介绍，数字人民币将主要用于国内零售支付。

　　截至2021年12月31日，我国的数字人民币试点场景已超过808.51万个，增速迅猛，较6个月前增加了670多万个，增幅超过510%，覆盖了生活缴费、餐饮服务、交通出行、购物消费、政府服务等各个领域。

　　2022年，我国在此前"10+1"试点的基础上，增加了张家口、天津、重庆、广州、福州、厦门、杭州、宁波、温州、金华、绍兴、广州等12个试点城市，形成了23地试点的新格局。

　　（资料来源：陈耿宣，景欣，李红黎.数字人民币［M］.北京：中国经济出版社，2022：62-65.）

第二节　数字人民币的理论架构与技术原理

　　从2014年央行组织研发以来，我国数字人民币的发展与数字经济同频共振，与金融行业的数字化转型同向而行。全球数字货币的加速发展也间接推动着中国数字人民币的发展。同时，中国各城市试点场景遍地开花，对国内移动支付、商业银行以及人民币国际化等方面均产生了巨大影响。

一　数字人民币的理论构架

　　数字人民币是由中国人民银行发行以数字形式、具有国家信用背书、具有价值特征和法偿性的法定货币，其实质是数字化的人民币，可以作为一般支付工具使用的法币。数字人民币是由央行主导，在保持实物现金发行的同时发行以加密算法为基础的数字货币，M0的一部分由数字货币构成。根据中国人民银行数字人民币研发工作组发布的《中国数字人民币的研发进展白皮书》，数字人民币运营框架采用的是双层运营模式。数字人民币双层运营体系如图6-1所示。

（一）第一层：中央银行（发行层）

　　负责数字人民币额度管理、发行和注销、跨机构互联互通和钱包生态管理，对数字人民币兑换流通服务进行监督管理。中国人民银行在数字人民币运营体系中处于中心地位，负责向作为指定运营机构的商业银行发行数字人民币并进行全生命周期管理。

（二）第二层：运营机构（流通层）

　　提供数字人民币兑换和流通服务，向央行100%缴纳准备金。截至2021年11月30日，

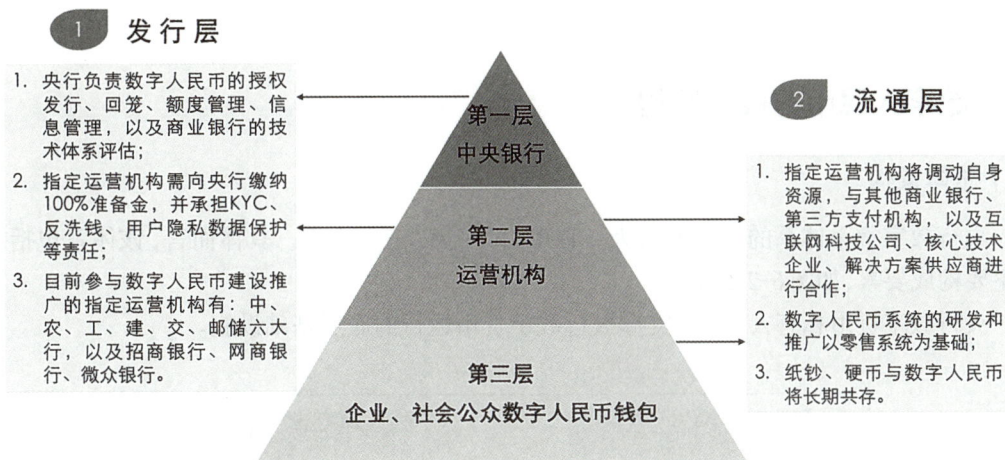

图6-1　数字人民币双层运营体系下的发行和流通
（资料来源：艾瑞咨询研究院）

运营机构已由6家增加到9家。其中，招商银行、微众银行、网商银行均已开通支持数字人民币。

（三）"2.5层"：受理服务机构（流通层）

2.5层机构（即数研所[①]指定受理服务机构）协助商户接入，赋予商户接入并开通数币对公钱包的能力。由数研所指定，受理服务机构须与数研所签订战略合作协议，共分3批。第一批资和信[②]；第二批银行、拉卡拉、连连支付、中石油和中石化；第三批有快钱等第三方支付机构。受理服务机构为商户受理提供数字人民币交易技术与信息服务。一般会选择智慧城市或交通出行作为首选合作场景。

（四）商业银行（流通层）

商业银行积极参与数字人民币试点和业务筹备，通过开拓多种场景实现数字人民币落地。例如，截至2021年7月底，工商银行已与试点地区的50余家商业银行签署了数字人民币战略合作协议，合作方包括了农信银等全国性清算组织，以及全国股份制银行、城商行、农商行等各类型银行。

双层运营体系在设计上主要有三方面考量：❶ 中心化管理，巩固央行在数字人民币发行的中心管理地位，为数字货币提供无差别的信用担保，为数字人民币的流通提供基础支持；❷ 防止金融脱媒，避免央行直接面向C端，促进商业银行发挥金融中介的作用；❸ 避免基础设施重复建设，利用商业银行的服务体系和人才储备，充分调动商业银行积极参与数字

---

① 央行数字货币研究所，以下简称"数研所"。
② 资和信集团于2011年获得中国人民银行颁发的《支付业务许可证》，是全国第一批获此牌照的非银行支付机构，业务范围包括网络支付、银行卡收单、预付卡发行与受理等。旗下资和信电子支付有限公司是北京2008年奥运会和北京2022年冬奥会的双奥支付服务商。

人民币发行、流通环节的研发推广工作。

二　数字人民币的技术原理

（一）总体架构

央行数字货币体系的核心要素为一种币、两个库、三个中心。具体而言，该体系包括以下主要构成要素，如图6-2所示。

央行数字货币私有云：用于支撑央行数字货币运行的底层基础设施。

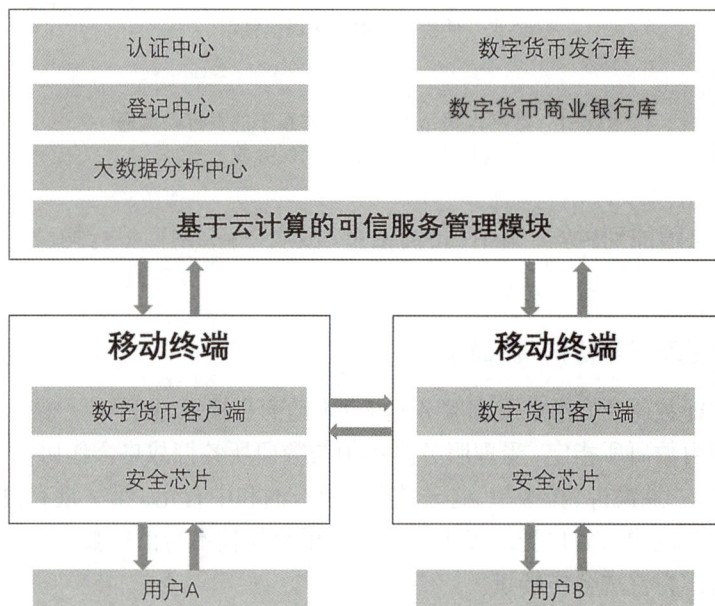

图6-2　"一币两库三中心"框架图
（资料来源：《中国金融》）

数字货币：由央行担保并签名发行的代表具体金额的加密数字串。

数字货币发行库：央行在央行数字货币私有云上存放央行数字货币发行基金的数据库。

数字货币商业银行库：商业银行存放央行数字货币的数据库，可以在本地也可以在央行数字货币私有云上。

数字货币数字钱包：指在流通市场上个人或单位用户使用央行数字货币的客户端，此钱包可以基于硬件也可以基于软件。

认证中心：央行对央行数字货币机构及用户身份信息进行集中管理，它是系统安全的基础组件，也是可控匿名设计的重要环节。

登记中心：记录央行数字货币及对应用户身份，完成权属登记；记录流水，完成央行数字货币产生、流通、清点核对及消亡全过程登记。

大数据分析中心：反洗钱、支付行为分析、监管调控指标分析等。

在双层运营模式下,数字货币的发行不会对商业银行的传统经营模式构成竞争,还能充分发挥商业银行和其他机构在技术创新方面的积极性,避免央行直接面向C端,同时也避免了商业银行金融脱媒现象。央行数字货币发行层系统总体架构如图6-3所示。

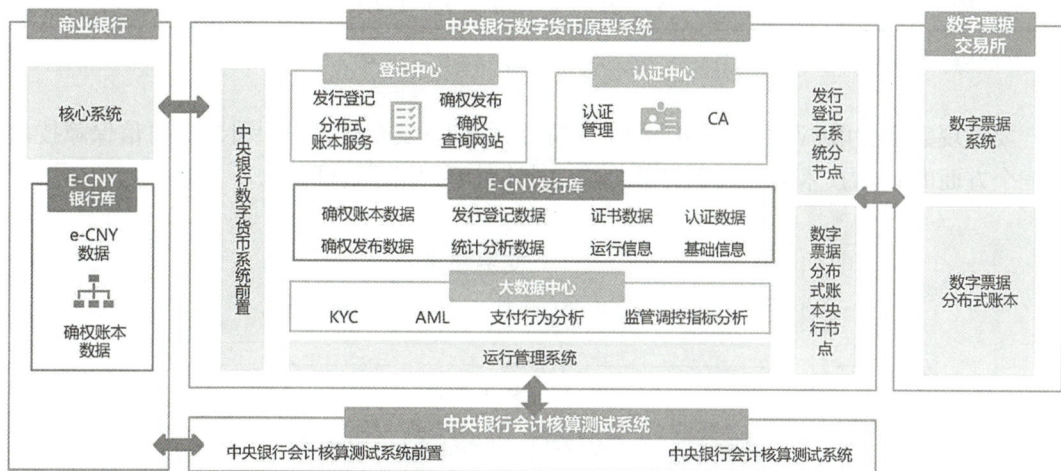

图6-3 央行数字货币发行层系统总体架构

(二) 核心技术

作为具有法定地位的货币并有效替代M0,数字货币须满足代表国家信用、可以安全存储、能够安全交易、进行匿名流通等目标。其中,货币当局可以通过国家立法的形式实现数字货币代表国家信用。若要实现能够安全存储、安全交易、进行匿名流通等目标,数字货币应具备可流通性、可存储性、可离线交易性、可控匿名性、不可伪造性、不可重复交易性、不可抵赖性七个特性,如表6-1所示。

表6-1 数字货币主要特性及其主要内容

主要特性	主要内容
可流通性	数字货币可作为流通和支付的手段在经济活动中进行持续的价值运动
可存储性	数字货币以电子数据的形式安全储存在机构或用户的电子设备中,可供查询、交易和管理
可离线交易性	数字货币通过电子设备进行交易时可以不与主机或系统发生直接联系,不通过有线或无线等通信方式与其他设备或系统交换信息
可控匿名性	数字货币相关流通信息除货币当局外,任何参与方不知拥有者或者以往使用者的身份信息,确保交易过程中的匿名性与不可追踪。可采用"前台自愿、后台实名"的形式,可控匿名性兼顾了反洗钱、反恐怖融资等监管要求
不可伪造性	数字货币在制造和发行过程中通过多种安全技术手段保障货币不能被非法复制和伪造

续　表

主要特性	主　要　内　容
不可重复交易性	数字货币拥有者不可将数字货币先后或同时支付给一个以上的其他用户或商户
不可抵赖性	数字货币交易双方在交易后不可否认交易行为及行为发生的各类要素

（资料来源：《中国金融》）

要实现数字货币"四可三不可"的主要特性,须依托安全技术、交易技术、可信保障技术这三个方面的11项技术构建数字货币的核心技术体系,如图6-4所示。

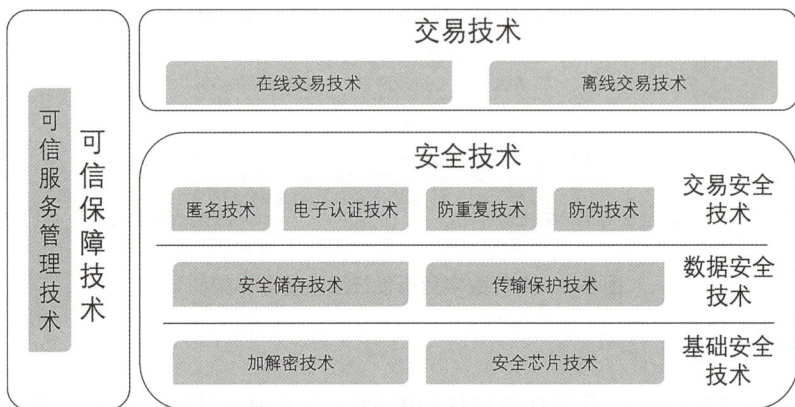

图6-4　数字货币核心技术体系
（资料来源：《中国金融》）

基础安全技术包括加解密技术与安全芯片技术。加解密技术主要应用于数字货币的币值生成、保密传输、身份验证等方面,建立完善的加密算法体系是数字货币体系的核心与基础,需要由国家密码管理机构定制与设计。安全芯片技术主要分为终端安全模块技术和智能卡芯片技术,数字货币可基于终端安全模块采用移动终端的形式实现交易,终端安全模块作为安全存储和加解密运算的载体,能够为数字货币提供有效的基础性安全保护。

数据安全技术包括数据安全传输技术与数据安全存储技术。数据安全传输技术通过"密文+MAC/密文+HASH"方式传输数字货币信息,以确保数据信息的保密性、安全性、不可篡改性。数据安全存储技术通过加密存储、访问控制、安全监测等方式储存数字货币信息,确保数据信息的完整性、保密性、可控性。交易安全技术包括匿名技术、身份认证技术、防重复交易技术与防伪技术。匿名技术通过盲签名、零知识证明等方式实现数字货币的可控匿名性;身份认证技术通过认证中心对用户身份进行验证,确保数字货币交易者身份的有效性;防重复交易技术通过数字签名、流水号、时间戳等方式确保数字货币不被重复使用;防伪技术通过加解密、数字签名、身份认证等方式确保数字货币真实性与交易真实性。

数字货币交易技术主要包括在线交易技术与离线交易技术两个方面。数字货币作为具有法定地位的货币,任何单位或个人不得拒收,要求数字货币在线或离线的情况下均可进行交易。在线交易技术通过在线设备交互技术、在线数据传输技术与在线交易处理等实现数字货币的在线交易业务;离线交易技术通过脱机设备交互技术、脱机数据传输技术与脱机交易处理等实现数字货币的离线交易业务。

以可信保障技术为数字货币发行、流通、交易提供安全、可信的应用环境。数字货币可信保障技术主要指可信服务管理技术,基于可信服务管理平台(TSM)保障数字货币安全模块与应用数据的安全可信,为数字货币参与方提供安全芯片(SE)与应用生命周期管理功能。可信服务管理技术能够为数字货币提供应用注册、应用下载、安全认证、鉴别管理、安全评估、可信加载等各项服务,能够有效确保数字货币系统的安全可信。

在数字人民币的技术应用上,总体上央行保持技术中性方针,技术路线持续探索中。央行表示数字人民币的研发将不预设技术路线,对商业银行与用户间的钱包开立、存取、转账、交易等环节持技术中性态度。秉承运营系统满足高安全性、高可用性、高可扩展性、高并发性、业务连续性等要求,采用赛马模式鼓励商业银行创新。

拓展阅读

数字人民币的设计特性

数字人民币的设计兼顾了实物人民币和电子支付工具的支付,既具有实物人民币的支付即结算、匿名性等特点,又具有电子支付工具成本低、便携性强、效率高、不易伪造等特点,设计需要考虑以下特性:

(1) 兼具账户和价值特征。数字人民币兼容基于账户(account-based)、基于准账户(quasi-account-based)和基于价值(value-based)等三种方式,采用可变面额设计,以加密币串形式实现价值转移。

(2) 不计付利息。数字人民币定位于M0,与同属M0范畴的实物人民币一致,不对其计付利息。

(3) 低成本。与实物人民币管理方式一致,中国人民银行不向指定运营机构收取兑换流通服务费用,指定运营机构也不向个人客户收取数字人民币的兑出、兑回服务费。

(4) 支付即结算。从结算最终性的角度看,数字人民币与银行账户松耦合,基于数字人民币钱包进行资金转移,可实现支付即结算。

(5) 匿名性(可控匿名)。数字人民币遵循"小额匿名、大额依法可溯"的原则,高度重视个人信息与隐私保护,充分考虑现有电子支付体系下业务风险特征及信息处理逻辑,满足公众对小额匿名支付服务需求。同时,防范数字人民币被用于电信诈骗、网络赌博、洗钱、逃税等违法犯罪行为,确保相关交易遵守反洗钱、反恐怖融资等要求。

　　（6）安全性。数字人民币综合使用数字证书体系、数字签名、安全加密存储等技术，实现不可重复花费、不可非法复制伪造、交易不可篡改及抗抵赖等特性，并已初步建成多层次安全防护体系，保障数字人民币全生命周期安全和风险可控。

　　（7）可编程性。数字人民币通过加载不影响货币功能的智能合约实现可编程性，使数字人民币在确保安全与合规的前提下，可根据交易双方商定的条件、规则进行自动支付交易，促进业务模式创新。

　　（资料来源：《中国数字人民币的研发进展白皮书》）

第三节　数字人民币的应用场景与价值创新

　　我国地域辽阔、人口众多、不同地区之间发展存在较大差异，为了使数字人民币充分普惠、可得，需要构建开放型数字人民币生态，让数字人民币尽快融入百姓的日常生活之中。因此，进一步建设和拓展数字人民币的应用场景便显得尤为重要。从数字人民币的落地试点情况来看，其应用已囊括日常出行、外卖餐饮、生活缴费、文化旅游、税费征收、校园支付、"三农"帮扶等场景，几乎覆盖了人们生活的方方面面。截至2022年7月20日，采用数字人民币的交易累计约2.64亿笔。当前，数字人民币的应用场景建设显示出以下趋势：❶ 从之前侧重C端，向B端和G端拓展；❷ 逐步在产业互联网、跨境贸易、智慧城市、公共服务等领域推广；❸ 从小额零售向大额支付、跨境支付等领域延伸。

一　数字人民币的应用场景

　　2022年北京冬奥会上，数字人民币精彩亮相。全新升级的数字人民币App在各大应用市场正式上架，软硬件钱包成功落地，智能合约、无障碍适老化产品等取得重大进展，多层次产品体系初步形成，有力支撑了试点地区的场景探索。数字人民币应用场景不断扩大，逐渐融入日常生活、商务经营和行政管理的过程。目前，数字人民币的应用虽以零售支付场景为主，却也在不断拓展适用场景。

　　从目前的试点经验看，数字人民币主要适用于支付场景。数字人民币支付场景，就是将数字人民币支付融入人们日常衣食住行和社交活动中。搭建丰富的数字人民币应用场景，不仅可以促进消费，还能增进人们对数字人民币的认知，还能检验数字人民币系统的稳定性、产品易用性等，为将来数字人民币在更多试点地区推广、复制经验做更多的准备。

　　数字人民币的支付场景如图6-5所示。

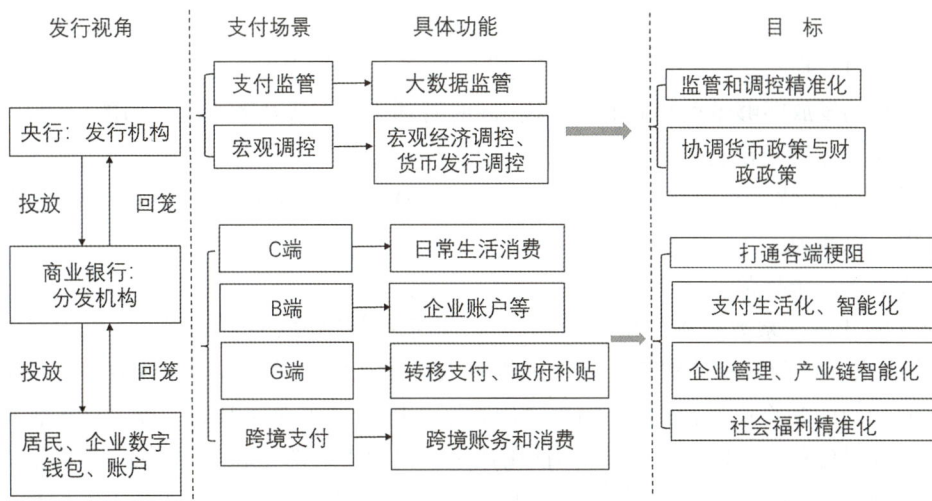

图6-5　数字人民币的支付场景

（资料来源：景欣.法定数字货币的支付场景前瞻及对策建议［J］.经济体制改革,2021(2):161-166.）

（一）数字人民币的宏观场景

宏观场景下,数字人民币可促进零售支付系统与批发支付系统的融合,促使央行不断提升监管和调控效率。首先,央行等监管机构可依法实施穿透监管,以大数据手段采集数字钱包或账户中的数据,从而提升反洗钱和反假币的效率,更精准地监测和追踪货币的流向与使用情况。一旦发现有可疑交易,即可采取冻结交易等措施。其次,央行建立以大数据为支撑的货币投放、回笼和应用的宏观调控政策,提升央行的宏观调控能力。

（二）数字人民币的微观场景

在微观场景下,C端场景主要是指满足消费者的资金流转需求,促使日常支付便捷化。B端场景主要解决企业银行账户限额、财务规则约束等难题,实现支付、资金管理和财务管理的数字化,促进企业资金流和供应链金融数字化。在G端,数字人民币将成为政府转移支付的新型支付工具,有利于更好地实施财政政策。在跨境支付中,数字人民币将提升跨境支付结算的速度和安全性,提升CIPS的运转效率,解决SWIFT、CIPS等系统耗时长及价格昂贵等弊端。各端都将随着数字支付系统的优化实现交互操作,形成多场景融合发展趋势。数字人民币可以促进C端、B端、G端和跨境支付等的交互操作,同时覆盖生活缴费、餐饮服务、交通出行、购物消费、政务服务等多个领域,给企业、消费者提供支付便利,提升企业和政府的数字化管理水平。

《中国数字人民币的研发进展白皮书》指出:"数字人民币是一种零售型央行数字货币,主要用于满足国内零售支付需求。"因此在前几轮数字人民币的试点投放过程中,最先覆盖的就是零售消费场景。

1.消费端应用场景

对于C端来说,数字人民币正逐步渗透到人们生活场景中,消费者能够充分享受数字人民币给日常生活带来的便利。比如人们在日常购物、缴纳水电气等费用时,可以使用数字人民币进行支付。在"数字人民币+公共交通"的模式下,C端消费者享受出行支付便利,数字人民币红包的发放能够带动B端市场发展,同时有利于G端普及数字人民币的应用,利用试点引导市民加入绿色出行的行列之中。而对于老年人或者残障人士,出于安全性与方便性考虑,数字人民币优于其他支付选项。无论是养老服务、文化旅游、还是就医看诊等,都有数字人民币试点落地。

2. 企业端应用场景

企业也开始探索数字人民币的应用场景,如企业间结算、普惠金融等。2021年3月15日,辽宁省大连市两家燃油贸易企业通过数字人民币支付方式在航运产业数字平台上完成一笔燃油交易的结算业务,这是中国首笔用数字人民币来实现B2B的结算。过去企业对公转账须通过银行对公窗口或者网银,而使用数字人民币支付即结算实时到账,不再受时间限制,而企业财务系统与数字人民币系统账单无时间差,无须查、修正等操作,大大提高了企业结算效率。例如,京东正在积极探索数字人民币在企业支付场景的应用,目前已实现第三方商家接入数字人民币系统,成为全国首批支持"自营+第三方商家"使用数字人民币的企业。

3. 政府端应用场景

对于公务、政务而言,数字人民币应用前景广阔。过去由于收费系统等原因,很多G端场景的收费只接受现金,在如今移动支付的主流背景下,这种"只收现金"的传统给人们带来诸多不便。数字人民币的出现一方面保证了法偿性,另一方面更加符合公众的支付需求。如今,数字人民币频繁落地政务场景,主要应用范围包括单位或个人缴纳税费、缴纳社会保险、缴纳住房公积金、发放财政补贴等。数字人民币G端场景的迅速拓展,能够简化操作流程,降低G端业务交易成本,提升体验感,提高了效率。基于数字人民币"小额匿名、大额依法可溯"的特征,G端缴费的资金流向能被征管系统依法依规进行记录和监管,为"精细服务、精确执法、精准监管"提供了技术支持。

数字人民币的应用场景不仅涉及不同系统对接、高频交易处理等问题,也涉及基础设施建设和跨国、跨法律问题。我国现已成功试验了冬奥、全运会等场景,在跨境支付和自贸区等场景中也开展了试点。因此,进一步完善数字人民币在不同场景中的应用、建设数字人民币生态系统具有重要意义。

二 数字人民币的价值创新

数字人民币是我国央行顺应数字经济变革进行的货币创新,它的出现符合数字时代金融业发展的现实需要。自2014年以来,数字人民币第一代原型系统已经搭建完成,并开始在国内部分有代表性的地区开展试点测试。下面从当前数字人民币试点的具体情况出发,梳理数字人民币的发行给金融行业带来的影响。

(一)数字人民币推动国内支付格局的演变

在数字技术驱动下,人民币在形态上发生了转变,由纸质货币或者硬币形式转化为数字形式,支付行业也随之转型。这意味着数字人民币的出现,会对原支付生态系统产生渐进式影响。

1. 支付格局的演变

数字人民币的优点,如提升资金结算效率和资金周转效率、不依赖银行账户进行资金转移、减少清算结算过程中的信用风险和流动性风险、有效杜绝假币、支持离线使用等,使其在支付格局中占有一席之地。可以预见,随着生活应用场景不断被开拓,数字人民币必将改变支付行业的格局。

2. 支付行业的演变

（1）在C端市场的演变。C端市场即消费者市场,消费者是数字人民币最主要的客户群体,其支付业务具有高频、小额的特点。数字人民币的应用场景增多,有望助推支付C端市场升级转型。商业银行与第三方支付机构将围绕便捷性、可靠性、低成本等方面展开竞争,在竞争中促进科技进步和效率提升。例如,商业银行可以脱离传统账户束缚,通过数字钱包App提供近场支付、双离线支付等特色服务;而第三方支付将新增数字人民币支付功能,提供个性化服务,开展新一轮产品创新。

（2）B端市场的演变。B端市场是企业支付市场,具有金额大、流动性强等特点,但支付频率不如C端市场。数字人民币在B端市场的场景拓展,有助于打通企业级支付,贯穿企业运营各环节,借助于现金流运行沉淀出足够的数据。基于这些信息资源,加速实现商户的数字化,对企业资金、产品等进行综合管理和记录。不仅如此,还能帮助企业构建完善的上下游供应链等各细分场景,实现传统商户、企业的互联网化,降本增效。

（3）G端市场的演变。G端市场主要是财政支付渠道,具有公共物品的特性。数字人民币有助于政府更好地履行给付行政职能,实现财政转移支付、财政扶持的数字化,是未来支付行业发展的新方向。国外已开始探索社会福利的非现金支付方式,例如,美国探索通过"数字美元"账户向个人和企业发放补贴。数字人民币可以优化补贴发放、丰富补贴品种,也可以监测财政扶持政策执行情况,提升财政补贴及转移支付的精准度。此外,数字人民币的使用还将促使政府实现数字化转型,优化数字经济中政府与市场主体的关系。

3. 商业银行管理体制的演变

随着数字人民币的发行与运营,商业银行中与现金管理、反洗钱工作等相关的人力和物力将逐步得到释放。因为数字人民币会替代一部分纸币现金,相关业务将逐步减少,相关的运营支出也将降低。此外,随着共享信息集散能力、大数据分析能力、资金交易追踪能力的进一步提高,商业银行一部分人力和物力将逐步从繁琐低效的传统反洗钱、反恐怖融资等工作中释放出来,从而降低商业银行相关的支出负担。而释放的人力资源、减少的成本可更多地投入服务板块,不断增强客户体验。

商业银行无须对数字人民币付息,数字人民币的普及将"挤出"一部分银行存款货币,因此会减少很大一部分利息支出的成本。由此可知,在数字人民币的生态系统中,商业银行能够依靠数字人民币来降低运营成本,助推商业银行由重资产高负债经营向轻资产化转型。随着央行人民币试点的有序开展,数字人民币应用场景和试点范围逐步扩大,技术路线、发行框架和运行逻辑基本形成,作为划时代的人民币"数字化"革命,必将对传统商业银行经营管理体制带来深刻变革。

（二）数字人民币助力金融业转型

数字人民币的发展为金融科技类公司带来创新的土壤和重要的基础设施，也为商业银行和其他金融机构带来更多的商业机会，尤其是在数字化转型方面。

1. 推动金融产业数字化转型

从技术角度来看，数字人民币把"钱"从根本上进行了数字化，人民币的发行、流通、存储、投资、跨境流动等所有环节都可以变成"数据"，这为金融科技公司利用大数据、区块链、人工智能、云计算，甚至物联网技术来连接和处理这些数据打通了"最后一公里"。因此，已经处于全球领先地位的中国金融科技领域，在数字人民币正式推出之后或将迎来崭新的历史发展机遇。

从商业银行等金融机构来看，"数据"也可能为它们带来革命性的创新。数字人民币将推动大数据在商业银行中的应用。随着数字人民币的使用和流通，在支付场景中产生的维度丰富的大数据能为银行所用。一是能够优化代签审核流程，降低银企信息不对称程度，为小微企业提供必要的资金支持。二是贷中贷后的风控，监控贷款使用流向，及时发现企业经营中的问题，降低贷款违约风险。三是运用交易数据流对客户进行精准画像和行为分析，判断客户的真实信用水平和还款意愿，提高审贷、批贷的效率和精准度。

从长远来看，商业银行可能变成"信贷数据管理公司"，利用区块链、大数据等技术，集中管理客户的财务资料。未来，商业银行和金融科技公司的边界可能更加模糊，两者整合将是大趋势。数字人民币基于前瞻性顶层规划设计和系统性优化，通过金融系统和信息系统联合设计、联合创新、联合优化，以数据驱动并实现数据资产化和资产数字化。在数字金融发展大势下，数字人民币将大力助推金融创新，转变金融机构服务方式。数字支付、数字信贷、数字理财等金融新业态将会更加成熟和普及。

2. 助力普惠金融的发展

数字人民币将推进我国普惠金融发展，让更多民众分享金融科技进步的红利。数字人民币可以为小微企业及个人贷款的发放提供便捷途径，能够切实降低企业交易支付成本。商业银行可依据数字人民币大数据了解借款人的金融资产和负债偿还能力，从而准确地判断贷款风险状况，提高个人贷款的审批速度和效率。同时，人民币数字化运营可以在很大程度上缓解银企信息不对称，对企业生产经营情况作出更加准确的分析和判断，更精准的企业画像为信贷决策提供参考。另外，可以配合贷后检查，了解资金去向，避免挪用信贷资金问题，更有利于信贷风险防控。

"数字人民币（试点版）"App也可为偏僻地区农民提供基础性金融服务。首先，通过改变过去传统的逐级下发模式，提高政府专项补贴资金到位的及时性和精准度。其次，能够进行精准追踪，掌握各项专用资金的发放进度及使用情况，可为政府扶贫款、救济款、农林牧渔业等各项补贴的发放提供直达到户的政策工具。

3. 保障金融安全

数字人民币的发展有利于完善央行监管体系。数字人民币方便央行追踪和监控资金流,实时采集流通过程中的详细数据,有效测量货币流通、周转速度,统计货币总量和货币结构等。利用大数据、人工智能、云计算等技术赋能金融监管手段,可以提高央行公开市场操作和利率调节的精确性。同时,数字人民币还可以与人工智能技术相结合,实现精细化投放、结构化管理,从而优化资源配置,加强政策预期管理,使货币政策的实施更加精准有效。另外,数字人民币能够提供可追溯的完整账本,简化统计工作流程,提升数据质量。在央行的引导下,商业银行也会参与到维护我国金融体系安全的工作中。为防止不法分子利用新技术开展违规业务,一切与数字人民币相关的新技术和新业务都要纳入监管体系,在规定范围内合规经营。由此可见,数字人民币是金融监管的有力技术手段,在保障金融安全方面发挥重大作用。

第四节　数字人民币的商业模式与未来展望

2022年10月21日,中国人民银行对外宣布,数字人民币在批发零售、餐饮文旅、教育医疗、公共服务等领域已形成一大批涵盖线上线下、可复制可推广的应用模式。未来,数字人民币的发展有赖于第三方支付体系的技术和市场,而第三方支付体系亦能够借助数字人民币的发展转变商业模式,进行技术迁移,通过打造坚实的数字人民币系统,快速拓展合作场景以及铺设基础设施,探寻数字人民币产业盈利模式。

数字人民币有哪些商业模式?未来的发展如何?

一　数字人民币的五种商业模式

(一)"银银合作"模式

"银银合作"模式指定运营商业银行与非指定运营商业银行间的合作既可以使非运营合作银行接入数字人民币服务,还可以帮助运营银行实现用户覆盖与服务下沉。目前,试点过程中主要有直连模式、间连模式、混合模式三种"银银合作"渠道。截至2022年8月12日,已确认24家城商行通过城银清算接入互联互通平台,另有94家银行(76家城商行、15家民营银行和3家外资银行)有意向通过城银清算接入互联互通平台。农信银清算正全力推进第一批另外6家成员单位顺利完成业务上线,并有序推进其他试点地区成员单位"一点接入"数字人民币系统,如图6-6所示。

数字人民币成为商业银行的重要获客途径,推动业务数字化转型升级,催生同业竞争协作新机会。指定运营商业银行作为数字人民币的直接入口,将有望依托数字人民币生态场景建设,使被第三方支付机构占据的C端用户流量重回银行体系。数字人民币也将提升银行线上业务规模的占比,虽然会对银行网点的传统业务带来冲击,但同时也将节省大量的现金运营管理成本,并衍生出新的盈利增长点。此外,数字人民币降低了资金跨行转移的成本,使银行间的同业竞争与协作更加回归到服务的本质,不仅仅是数字钱包的设计与管理,

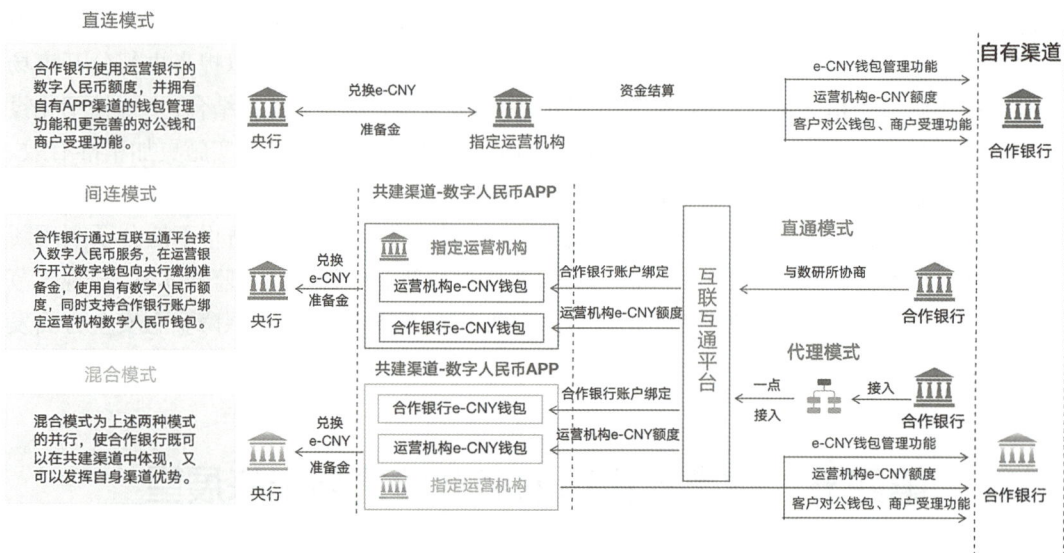

图6-6　"银银合作"主要模式实现路径

还包括存款产品的丰富性、收益性,以及客户关系的维系能力与服务能力。同时,数字人民币钱包与银行传统业务的联合运营也将催化出新的业务模式,并从数据安全、风险管理的角度对商业银行的数字治理能力提出更高的要求。

(二) 与第三方支付机构合作模式

数字人民币助力拓展C端、B端业务范围,场景建设为关键核心,第三方支付机构机遇与挑战共存。虽然数字人民币与第三方支付在概念上不属于同一维度,但实际推广中支付终端与支付体验上的重合,将使数字人民币为第三方支付机构带来诸多机会与影响。数字人民币交易的服务费用目前尚不明晰,具体分配比例要通过市场化机制决定。

1. C端支付业务

(1)用户留存:第三方支付机构在场景拓展和用户习惯培养方面已积累优势,通过差异化竞争,将电子支付的技术积累和成功经验迁移,可以放大自身优势获取更多用户,并将用户引流至其他核心业务获得盈利机会。

(2)服务费用:数字人民币不收取提现手续费,将使用户更有动力使用数字人民币交易,若未来数字人民币政策力度和推广速度加大、支付场景逐渐完善,可能会对第三方支付造成流量挤出,导致第三方支付机构的服务费用收入下降。

2. B端收单业务

(1)商户拓展。第三方支付机构通过接入数字人民币服务可以拓展到此前未覆盖的商户,尤其是大中型企业,并通过数字人民币和其他渠道的收单业务获取利润。此外,第三方支付机构还可以围绕数字人民币提供"支付+"的全链式、多元化服务。

(2)服务费用。数字人民币支付资金流与信息流统一,或将释放清算侧占据的收益,为收单业务预留更多盈利伸展的空间,如图6-7所示。

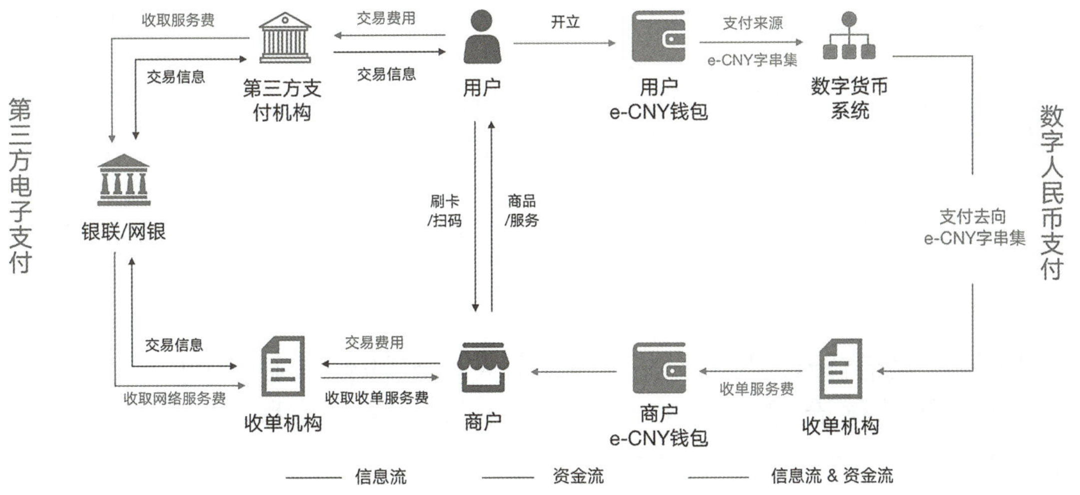

图6-7　第三方支付与数字人民币支付交易流程对比

此外，二维码支付作为当前最主流的支付方式，其推广成本低、商户侧布设广泛、用户接受度高等特性，将助力数字人民币的应用普及。但由于编码规则与标准的不统一，不同支付机构的条码标识无法互认互扫。场景垄断和聚合支付码的涌现，倒逼市场加快条码统一的步伐。中国人民银行印发《金融科技发展规划（2022—2025年）》（以下简称《规划》）。《规划》依据《中华人民共和国国民经济和社会发展第十四个五年规划和2035年远景目标纲要》制定，提出新时期金融科技发展指导意见，明确金融数字化转型的总体思路、发展目标、重点任务和实施保障。《规划》指出，要坚持"数字驱动、智慧为民、绿色低碳、公平普惠"的发展原则，以加强金融数据要素应用为基础，以深化金融供给侧结构性改革为目标，以加快金融机构数字化转型、强化金融科技审慎监管为主线，将数字元素注入金融服务全流程，将数字思维贯穿业务运营全链条，注重金融创新的科技驱动和数据赋能，推动我国金融科技从"立柱架梁"全面迈入"积厚成势"新阶段，力争到2025年实现整体水平与核心竞争力跨越式提升。数字人民币的运营机构包括银行和第三方支付机构，可以串联各支付平台应用场景，拉平不同平台受理范围，从而打破零售支付壁垒和市场分割。作为国家推动的基础设施，数字人民币或可成为条码互联互通的突破口，带给顾客和商家更加便捷的收付款体验、创造公平开放的市场环境。同时，条码互联互通还可以进一步降低数字人民币推广难度，节省前期铺设的资金成本和人力成本。

（三）与清算机构合作模式

电子支付的信息流与资金流不统一，资金划转需清算机构与CNAPS共同完成。而数字人民币支付即结算的特性，使债权转移直接在商户和消费者之间完成，打破了原有支付产业链的清算逻辑。短期来看，数字人民币不会对现有的基于账户的清结算体系带来较大冲击，电子支付仍为主流方式。数字人民币钱包间的跨行转移，先由央行数字货币系统做一做：打开数字人民币钱包，进行跨行转账。

作废来源币，并生成去向币，再经央行会计核算系统向指定银行发送数字人民币，该过程不涉及清算机构的参与；银行账户与数字人民币钱包间的跨行转移，可能会先基于传统账户体系下的清结算系统完成账户端电子货币资金的跨行转移，然后由商业银行数字货币系统提交数字人民币的请领申请，经央行数字货币系统完成存款准备金的扣减后，央行会计核算系统负责通知发行去向币，反之亦然，如图6-8所示。

图6-8　数字人民币钱包间和账户间的跨行转移流程

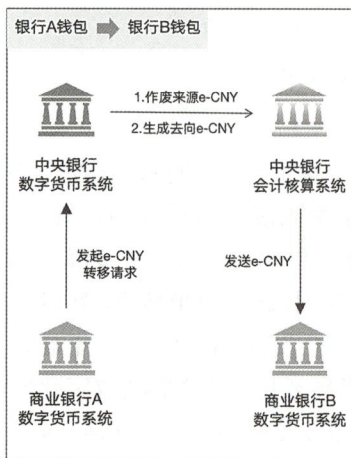

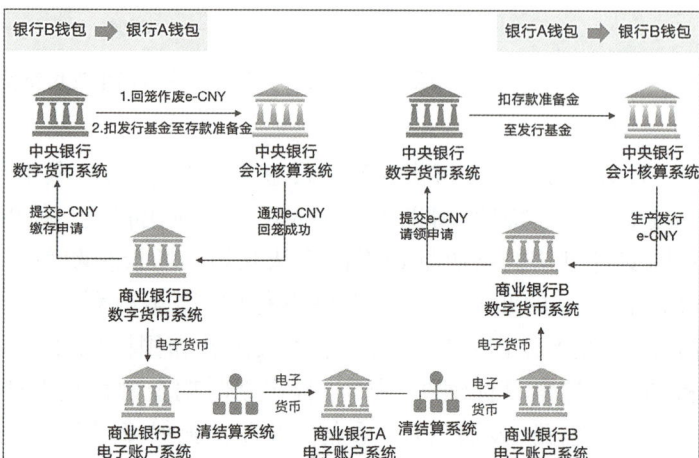

（四）企业B端支付业务模式

当前数字人民币在B端尚未形成完整的商业模式，但随着试点推进，B端支付业务作为C端零售场景的延伸与拓展将产生更大的效能。目前，京东科技已联合中国银行与交通银行完成了数字人民币在企业支付场景的试点工作。相较于传统的采购支付方式，数字人民币兑出兑回的零费率模式将得到众多企业的青睐。此外，具备数字化支付结算能力的B2B交易平台可以成为数字人民币赋能企业支付的载体，通过将采购流程中下单、支付、认款、发货等操作来实现线上化与自动化，配合数字人民币的支付即结算特性，可以实现订单实时核销、资金实时到账，在不改变原有企业支付流程的情况下压缩履约周期，提高企业采购效率，提升产业链、供应端的生产效能。同时，数字人民币带来的诸多优势也将推动企业支付流程的线上化，加速企业支付配套基础设施的数字化升级，构建基于上下游企业的数字化产融生态，如图6-9所示。

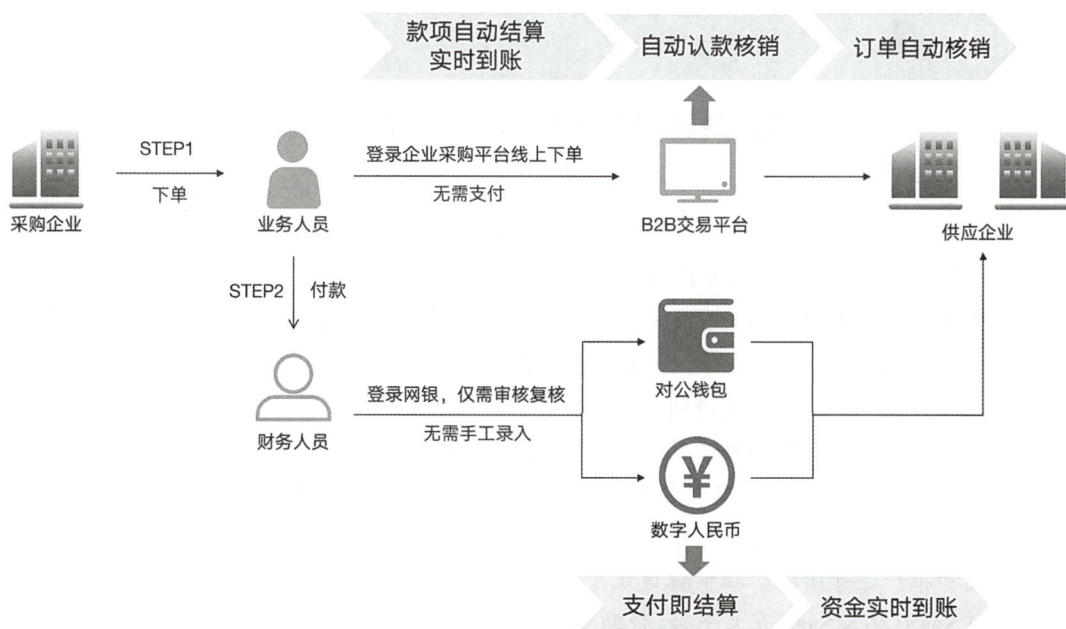

图6-9　数字人民币企业支付解决方案

（五）与相关技术服务商合作模式

数字人民币的发行流通牵引参与机构软硬件系统改造需求，核心技术企业将迎来重大利好。数字人民币的推行将持续刺激相关的 IT 解决方案需求增长，包括业务类的解决方案、管理类的解决方案、渠道类的解决方案等，同时支付系统也需设置运营商接口，产生软硬件基础设施升级改造需求。智能手机、POS 机、ATM 机等支付终端设备将新增数字人民币支付功能，并基于双离线支付进行改造升级。多种可穿戴硬件设备的研发改造有助于针对满足不同群体的需求，避免出现"数字鸿沟"。同时，NFC 支付、生物识别支付有望借助数字人民币的推广流通迎来新的商机，实现对用户习惯的再培养，如图6-10所示。

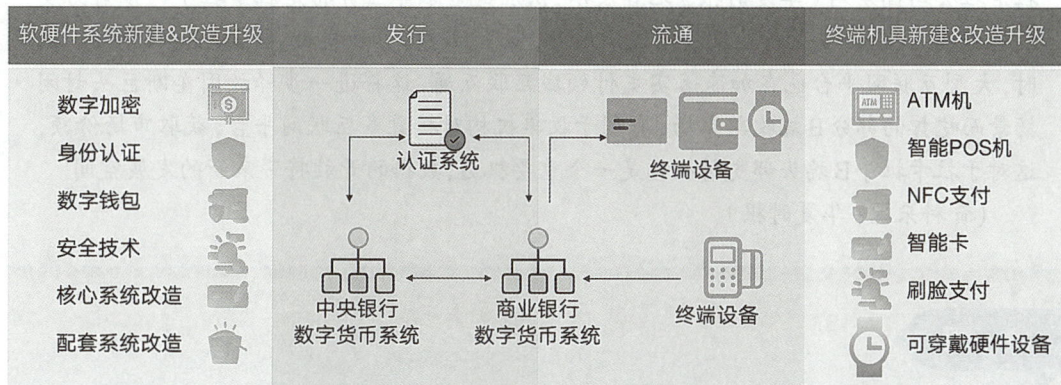

图6-10　数字人民币在发行、流通中的改造升级需求

拉卡拉探索数字人民币商业模式

拉卡拉支付股份有限公司（以下简称"拉卡拉"）成立于2005年，是国内领先的第三方支付公司，公司定位为"商户数字化经营服务商"。2011年，拉卡拉成为首批获得中国人民银行颁发《支付业务许可证》的公司。

公司主要业务分为两类：商户支付类业务和商户科技服务类业务。支付业务服务于商户侧，为商户提供全币种、全场景的收款服务，包括国内国际银行卡支付、扫码支付、数字人民币支付等，并支持超过100个国家的跨境支付。

拉卡拉在数字人民币业务上公司拥有明显的先发优势和技术优势，是中国人民银行数字人民币首批15家战略合作伙伴中仅有的两家支付机构之一，全面、深入配合国家推进法定数字货币研发、试点及未来的流通服务工作，并组建了专门的技术研发、产品开发和推广运营团队。拉卡拉建设了支付科技SaaS、金融科技SaaS、跨境科技SaaS、供应链SaaS、拓客SaaS五大平台，帮助商户实现数字化经营。

在跨境服务领域，拉卡拉投资亚马逊首批认证的跨境电商服务公司，成立跨境科技平台。截至目前，拉卡拉服务跨境电商已接近1万家。值得关注的是，拉卡拉今年重点拓展KA商户和腰部商户，而数字人民币成为拉卡拉拓展KA商户的敲门砖。拉卡拉是央行数研所的首批战略合作机构，也通过数字人民币与百联、物美等大型商超以及圆明园等景区建立了合作关系。在投资者交流会上，拉卡拉副总裁表示，数字人民币对拉卡拉业务拉动效应明显，前三季度扫码笔数约70亿笔，扫码金额约7 300亿元，分别增长29%和39%，扫码的交易金额增长超出了整体业务增速。

关于数字人民币未来商业模式的问题，公司高层表示，数字人民币的免费只是在商业银行兑换层面，市场化与商家提供服务等方面是收费的，收费方案正在技术层面做讨论。

另外，拉卡拉还借助数字人民币进入B2B业务，整体交易规模达到50万亿元以上。拉卡拉公司高层对《华夏时报》记者表示，供应链金融等业务将是拉卡拉下一步着力发展的方向。当前，支付行业反垄断逐步展开，监管打破账户侧垄断，将会利好收单侧。同时，大型互联网平台也在加速落实支付领域互联互通，这将进一步释放因垄断巨头封闭场景而吃掉的部分B端收单市场，有利于收单机构对接更多互联网平台，获取市场份额，这对于拉卡拉等B端头部支付机构是一个重要机遇，数据的开放将带来新的发展空间。

（资料来源：华夏时报）

想一想

拉卡拉的数字人民币商业模式属于哪一种？它是如何实现的？

二　数字人民币的未来展望

数字人民币作为以国家信用为支撑的法定货币,具备一般电子支付工具所不具备的特点和优势,将形成我国数字支付的新格局,同时为我国货币政策和财政政策的精准施策打开一个全新的空间,也将助力我国人民币国际化。

(一) 数字人民币有利于人民币的国际化

近几年,世界各国央行积极开展央行数字货币的研究和开发,根据国际清算银行(BIS)的报告,2022年7月,至少有56家央行开展相关研究,有6家央行已经发行数字货币,有3家明确反对央行数字货币。央行数字货币的发行尚未达成共识,利弊需要进一步研究。数字人民币的推出对国际社会以及国际货币体系将产生较大影响,这主要是因为以下两个原因。

(1) 我国的经济实力进一步加强。一方面,2022年我国经济总量达到1 143 670亿元,人均GDP达到80 976元,按年平均汇率折算达到12 551美元,意味着我国开始迈入中高收入国家行列,未来的市场需求巨大;另一方面,从2013年开始,我国就已经成为世界上最大的贸易国家,2022年,我国全年货物进出口达到39.1万亿元,增长21.4%,这进一步增强了数字人民币对国际支付的影响。随着我国经济实力的增强,人民币在国际支付体系和储备体系中的地位不断提高,这使得数字人民币的推出受到更加广泛的关注。从国际支付来看,在2022年主要货币的支付金额排名中,人民币国际支付份额升至2.70%,取代日元成为排名第四的货币;从国际储备来看,人民币的份额一直在稳步增长,2022年第三季度,人民币在全球外汇储备中的占比升至2.66%,位居全球第五位。

(2) 我国有全世界最大的应用场景。截至2022年2月末,三家基础电信企业的移动电话用户数达16.51亿户,5G手机终端连接数达5.2亿户,这为数字货币提供了更多的试验场景。

(二) 数字人民币将推动我国支付新格局

数字人民币是对现有支付手段的重要补充,虽然目前试点的数字人民币只有870多亿元,是非现金支付业务中非常小的一部分,但是数字人民币将推动我国形成支付新格局。

(1) 数字人民币更加具有法律保障。从理论上讲,商业银行可能出现破产,存款保险对用户的财产有一定的保障;支付宝和微信使用商业银行结算,没有存款保险,因此,一旦出现风险会导致用户出现巨大的财产损失;数字人民币是国家的法定货币,由国家信用担保,更加具有法律保障。

(2) 数字人民币的支付更加便捷,节省成本。❶ 数字人民币可以实时到账,这提高了资金的使用效率,也提升了货币政策的传导效率;❷ 数字人民币更加节省成本,一方面,数字人民币的发行成本比现在的纸币、硬币的发行成本低很多。另一方面,用银联卡需要支付0.6%的手续费,二维码支付(微信、支付宝等)需要支付0.38%的手续费,而数字人民币不同于银联卡和第三方支付,是非营利性的。

（3）数字人民币更加安全，对用户的保护更加完善。一方面，数字人民币的挂失功能和实名制可以使用户持有数字人民币更加安全；另一方面，政府可以更好地保护消费者、商户等在数字人民币交易过程中产生的大数据信息，同时，商业银行受到中国人民银行和中国银行保险监督管理委员会的双重监管，这有利于改善我国数据治理环境，提升消费者个人数据的安全性。

（4）数字人民币更具普惠性，也有利于打破支付垄断。数字人民币支持离线支付，类似纸币，可以满足网络覆盖不到的地区以及特定场所的使用；第三方机构为了竞争，往往会设置交易壁垒（微信和支付宝在各自的应用场景中屏蔽对方的支付方式），增加用户额外的支付成本和使用负担（用户需要同时拥有微信、支付宝等多个应用），而数字人民币更有利于打破支付垄断。

（5）数字人民币更加便于金融监管和防范金融风险。数字人民币的可追溯性使央行可以监控交易双方的姓名、金额等完整信息，有助于提升我国金融监管效率，助力政府打击洗钱、逃税、贪污腐败以及电信网络诈骗等违法犯罪行为。

（三）数字人民币对我国宏观政策的实施将产生重大影响

数字人民币的推出不仅对我国支付新格局产生影响，而且作为国家的法定货币，将对我国宏观政策，特别是货币政策、财政政策产生积极作用。

（1）数字人民币的应用会使我国货币政策的传导更加顺畅与灵活。2021年中央经济工作会议提出"宏观政策要稳健有效"，"稳健的货币政策要灵活适度，保持流动性合理充裕"。过去我国货币政策的传导机制不畅，货币政策的实施需要从中国人民银行到商业银行等金融机构，传导链太长，而数字货币将改变这一传导途径，缩短传导链，甚至可以直达企业，这将大大提升货币政策的灵活性。从理论上讲这是因为中国人民银行可以监控数字人民币代理人的投资组合，并在代理人之间进行交叉补贴，但如果代理人使用现金，这是不可能的。

（2）数字人民币可以使我国结构性的货币政策得以实施，进一步解决我国发展不平衡不充分的问题。一方面，货币政策原来是作用于总量，对结构性的问题主要采用财政政策，但是货币政策对我国经济具有明显的结构性影响，包括货币政策的地区差异性、行业差异性，为了解决货币政策影响的结构性差异问题，需要对应结构性的货币政策，数字人民币为结构性的货币政策出台提供了手段。另一方面，我国经济发展进入新阶段，发展不平衡不充分问题还很突出，出台结构性的货币政策可以更好地解决我国经济发展的不平衡问题。

（3）数字人民币将大大地提升我国金融的普惠性，推进共同富裕。数字技术极大地促进了技术进步和经济增长，但是数字技术的广泛应用会产生收入分配不平等的问题，这不利于我国促进共同富裕取得实质性进展。数字人民币便于针对特定行业、特定地区、特定人群出台政策，更加便于解决发展不平衡的问题，进而弥补数字技术对一些地区产生的不利影响，促进共同富裕取得实质性进展。

（4）数字人民币增强了货币政策与财政政策的协调性。数字人民币的推出对财政政策产生了重大影响，如财政直达可以使得直达的速度更快，方式更加灵活；数字人民币在扶贫、结构性的减税降费等领域都可以发挥其积极作用。

（5）数字人民币有利于我国扩大内需政策的落实和新发展格局的加快构建。一是数字人民币有利于改善营商环境，提升民营企业的投资。一方面，数字人民币没有手续费，使得企业特别是中小企业的运营成本降低，对减税降费起到关键作用；另一方面，数字人民币有资金直达功能，这为央行设计结构性货币政策支持中小企业发展提供了重要手段。二是数字人民币可以降低公众在交易过程中的成本，提振消费。数字人民币的推出可以直接降低消费成本，国家也可以通过数字人民币出台更多的补贴措施，精准施策。

（6）数字人民币在国际支付中将发挥重要作用，助力人民币国际化，保证我国金融安全。当前的跨境支付体系是以SWIFT与CHIPS为核心建立的全球网络，存在效率低、价格高、安全性差的问题。特别是现有跨境支付体系的核心均是美国公司，美国可以将跨境支付作为金融制裁的工具，限制被制裁国家的企业进行跨境经营活动，威胁国家金融主权。数字人民币为推进人民币跨境使用提供了更加便利的条件，为人民币国际化做好准备。

（四）数字人民币发展存在诸多亟待解决的问题

虽然数字人民币具有别的支付工具不具有的优势，但是数字人民币在我国还处于试点阶段，存在诸多亟待解决的问题：一是我国学术界对数字货币的研究还不够多。特别是针对引入数字货币对现有的货币经济学理论和货币政策影响效果的研究还不够。二是数字人民币国际上的影响力还不够强。虽然人民币国际地位不断提升，但是人民币在国际支付和储备中占的份额还是很低，与我国在世界上的经济总量的地位和国际贸易中的地位是不匹配的。三是我国数字人民币的规模还很小。目前我国数字人民币还处于小规模的试点阶段，总量只有870亿元左右，与我国超过1 000万亿元的支付总量相比还远不够。四是我国数据安全、支付安全还需要进一步加强。数字人民币在使用过程中如何保障数据安全是数字人民币实施过程中的重要问题，也是影响公众对数字人民币认可与使用的关键。我国对数据安全、数字人民币的防伪已经进行了非常具体的研究，但是在试点过程中，就已经发现市场上出现了假冒的数字人民币钱包，因此数字人民币的安全性问题需要进一步关注。五是数字人民币的相关法律还需要完善。数字人民币是不同于纸币和硬币的形式，它可以被赋予如实名、追溯等更多的功能，这也是数字人民币的优势，如何在发挥数字人民币的优势下从制度层面保障公众的信息安全需要进一步思考。

第五节　项目实训——数字人民币投融资

进入数字人民币实践教学平台，单击央行数字货币实验模块的【进入学习】按钮，则可以进入本次实操模拟的任务界面，如图6-11所示。

图6-11　数字人民币实践教学平台

📍 案例背景

数字人民币是新技术背景下的结算工具之一,通过数字人民币可以保证资金的可追溯、信息安全等。本实验以数字货币的投资融资的交易为背景,案例中利用数字货币为平台提供投资融资资金划拨的支付结算途径,包含筹资人和投资人角色,通过开通相应的数字货币钱包来完成投资行为和筹资行为。

本实训预设置10位投资人和一位筹资人,其中筹资人的筹资需求为3 000万元,同时出让公司20%的股份用于融资。筹资人根据投资人的投资金额所在的比重,划分相应的股份份额,并完成相应的工商局变更。

📍 案例角色

筹资人信息、法人信息、股权信息、股东信息如表6-2至表6-5所示。

表6-2　筹资人和企业信息

法定代表人	王　鹏	经营状态	开业
注册资本	1 000万（元）	实缴资本	—
曾用名	—	所属行业	制造业
统一社会信用代码	91120110MA05J7848F	纳税人识别号	91120110MA05J7848F
工商注册号	110148055436760	组织机构代码	MA05J784-8
登记机关	北京市海淀区市场监督管理局	成立日期	2007-04-15

企业类型	有限责任公司（自然人投资或控股）	营业期限	2017-04-15至2038-04-15
行政区划	北京市海淀区	审核/年检日期	2019-09-27
注册地址	北京市海淀区西二旗工业园		
经营范围	经营范围包括电风扇、加湿器、台灯等各类家用电器		

表6-3　法人信息

姓　名	王　鹏	性　别	男
身份证号	1102401986112031010	联系方式	18914560001
年　龄	35岁	民　族	汉
国　籍	中国		

表6-4　股权信息

序　号	发起人/股东	持股比例	认缴出资额	实际出资额
1	王　鹏	40%	400万（元）	—
2	余一丰	30%	300万（元）	—
3	张　木	30%	300万（元）	—

表6-5　股东信息

序　号	姓名	性别	身份证号	联系方式
1	王　鹏	男	340128197912012598	13617802180
2	余一丰	男	210314198011031717	17710697183
3	张　木	男	410178198206132103	18910281730

📍 实训目标

（1）通过银行账户与数字人民币完成兑换的机制，了解数字人民币账户关联机制。

（2）通过个人身份来支付数字人民币，熟悉数字人民币支付流程。

（3）通过央行视角下完成数字人民币从单一字段到可花费的加密信息，掌握数字人民币生成流程。

（4）通过数字人民币钱包的开通流程，掌握数字人民币钱包开通过程。

实训准备

根据案例实训背景及规则,判断10位投资人的投资金额的大小,完成全流程的任务数据、单据填写以及数字人民币的支付。投资人信息表如表6-6所示。

表6-6 投资人信息表

投资人:王小亮				
现金资产	股 票	期 货	基 金	信 托
1 050万元	150万元	50万元	300万元	0万元

过去一年购买金融产品种类数量共8个
年交易额:100万元

投资人:赵蓉				
现金资产	股 票	期 货	基 金	信 托
730万元	100万元	20万元	200万元	0万元

过去一年购买金融产品种类数量共7个
年交易额:100万元

投资人:马一郎				
现金资产	股 票	期 货	基 金	信 托
2 690万元	700万元	300万元	500万元	300万元

过去一年购买金融产品种类数量共12个
年交易额:200万元

投资人:赵玉胜				
现金资产	股 票	期 货	基 金	信 托
800万元	300万元	200万元	160万元	200万元

过去一年购买金融产品种类数量共16个
年交易额:500万元

投资人:李林				
现金资产	股 票	期 货	基 金	信 托
1 900万元	500万元	200万元	460万元	200万元

过去一年购买金融产品种类数量共9个
年交易额:240万元

续　表

投资人：李广文				
现金资产	股　票	期　货	基　金	信　托
1 150万元	620万元	500万元	140万元	500万元

过去一年购买金融产品种类数量共16个
年交易额：1 800万元

投资人：许峰				
现金资产	股　票	期　货	基　金	信　托
850万元	100万元	0万元	100万元	0万元

过去一年购买金融产品种类数量共3个
年交易额：80万元

投资人：范红				
现金资产	股　票	期　货	基　金	信　托
650万元	200万元	100万元	120万元	100万元

过去一年购买金融产品种类数量共7个
年交易额：150万元

投资人：范杰				
现金资产	股　票	期　货	基　金	信　托
5 000万元	600万元	0万元	600万元	0万元

过去一年购买金融产品种类数量共3个
年交易额：100万元

投资人：孙丹				
现金资产	股　票	期　货	基　金	信　托
11 500万元	4 300万元	3 000万元	2 000万元	2 400万元

过去一年购买金融产品种类数量共13个
年交易额：1 800万元

实训步骤

　　案例涉及7个实训环节（表6-7），将分为五个阶段进行。第一阶段：中国人民银行生成数字人民币；第二阶段：投资者和筹资者开通数字人民币钱包；第三阶段：投资者和筹资者向商业银行兑换数字人民币；第四阶段：投资者和筹资者达成合作意向和投资额度；第五阶段：投资者向筹资者支付数字人民币。

表6-7 实验环节

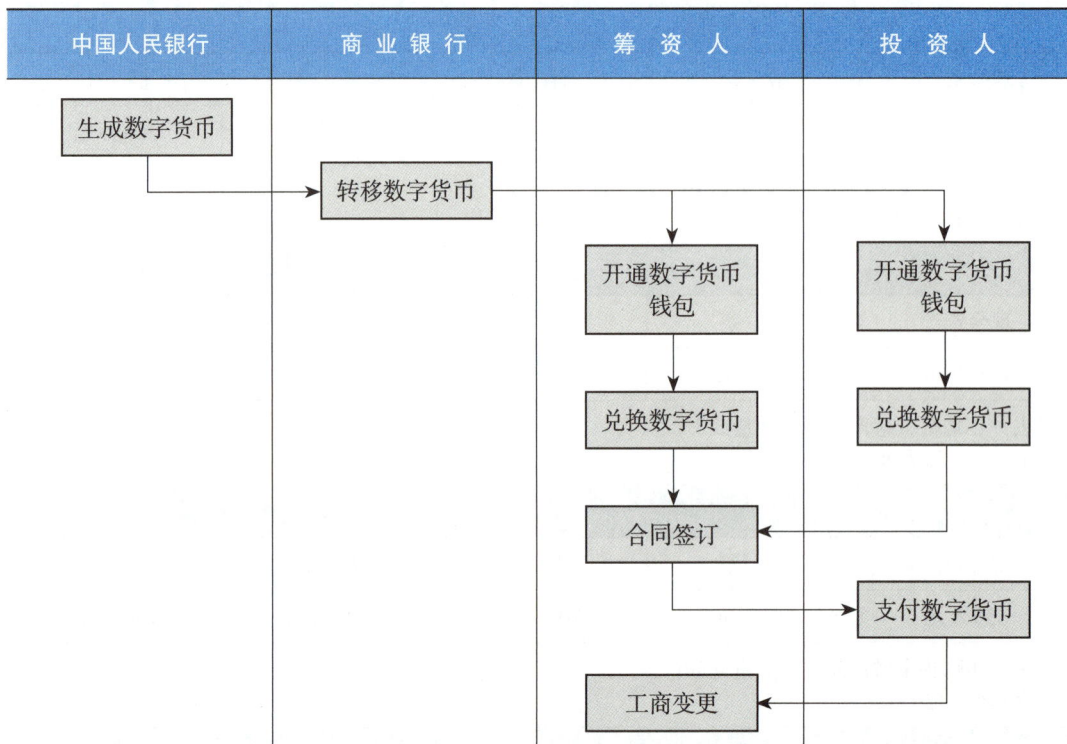

中国人民银行	商业银行	筹 资 人	投 资 人
生成数字货币	转移数字货币	开通数字货币钱包	开通数字货币钱包
		兑换数字货币	兑换数字货币
		合同签订	
			支付数字货币
		工商变更	

1. 生成数字人民币

投资人如果要获取到数字人民币,首先是央行已经将数字人民币生成,生成数字人民币的核心是为数字人民币添加一个数字化的发行方,这样就可以知道数字人民币是由谁来发行的,接着是生成一个可花费的加密字段,这个字段就是额度控制位,也就是数字人民币的雏形,最终才能生成一个完整的数字人民币。

利用SM3算法对投放系统的第一私钥进行处理,生成标识信息。这一步使用到的是SM3算法,将私钥信息进行摘要计算。生成数字货币投放系统标识信息如图6-12所示。

❶ 使用SM3国密算法生成数字货币投放系统的标识信息

在此输入内容 ● 1. 在此粘贴投放系统的第一私钥

清除

2. 点击SM3生成 SM3生成

输出内容 ● 3. 在此输出表示信息内容

图6-12 生成数字货币投放系统标识信息

额度控制位是一个经过签名的字符串,是生成数字人民币的核心,额度控制位包含了加密唯一编号、数字货币投放系统的标识信息、货币生成金额、交易标识、额度控制系统签名信息。生成生成额度控制位如图6-13所示,额度控制位提示信息如图6-14所示。

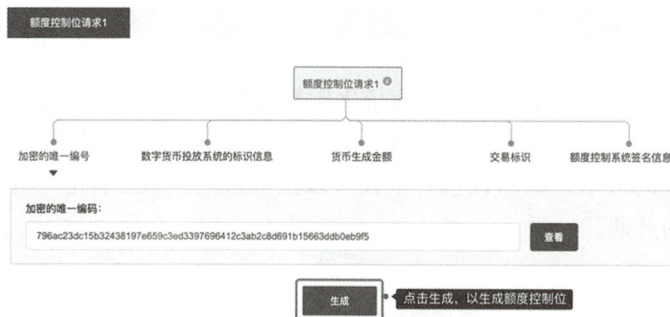

图6-13 生成额度控制位

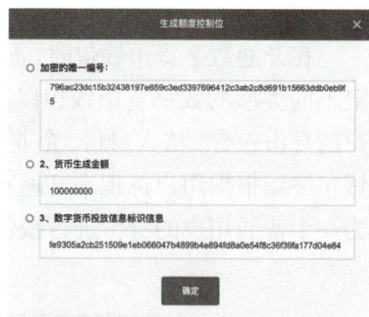

图6-14 额度控制位提示信息

生成的数字货币是一个加密的字符串,具有与实际流通中的面值一样的币值意义。其包含额度控制位、所有者标识、数字货币投放系统签名信息。其中,额度控制位用于标明数字货币金额的大小;所有者标识用于标明当前数字货币的归属人;数字货币投放系统签名信息用于验证数字货币的真假。

数字人民币(图6-15)包含:数字货币归属人、额度控制位、数字货币名、数字货币投放系统签名信息。数字货币归属人表示当前数字人民币的所有者;额度控制位表示当前数字人民币的面值;数字货币名表示当前数字人民币的编号和唯一性;数字货币投放系统的签名信息表示当前数字人民币发行方。

图6-15 数字人民币

2. 用户开通数字人民币钱包

该实训的用户是投资者和筹资者,他们如果要使用数字货币进行投资和筹资,须先开通数字人民币货币钱包(图6-16),数字货币钱包相当于保管箱。银行根据与客户的约定权限管理保管箱,从而保留数字货币作为加密货币的所有属性,将来也可以利用这些属性灵活定制应用。

在开通数字货币钱包时,需要先进行身份的认证(图6-17),根据注册用户的身份,来判定不同类型的数字货币钱包以提供不同的服务,发送开通请求中携带有用户标识。这里用户的身份包含:法人身份、企业身份、普通用户身份等,不同的用户身份对应不同的用标识,钱包终端根据用户标识来开通对应的数字人民币钱包。本任务以投资人用户"王小亮",作为一个普通用户的身份进行钱包的开通。

图6-16　创建钱包　　　　　图6-17　身份认证

数字货币发行登记机构为投资人"王小亮"生成数字证书,将公钥和钱包标识放入数字证书的目的在于之后的身份验证和信息篡改验证,生成摘要信息如图6-18所示。数字证书的生成目的是标识用户的身份,也是验证身份的关键文件。生成数字证书如图6-19所示。

数字证书具体包含:证书序列号、颁发者公钥、证书有效期等信息。通过SM3国密算法进行运算所得。其中用户公钥为当前申请者的公钥;钱包标识为通过公钥计算得来的;颁发者公钥即当前登记机构的公钥。

图6-18　生成摘要信息

图6-19　生成数字证书

　　数字货币发行登记机构生成数字证书构成了数字货币钱包安装的基本条件,生成了证书就代表获取了登记机构的同意,接下来钱包服务商即可安装数字人民币钱包。

　　数字货币钱包服务商利用双方的公钥验证签名信息的真实性和对身份进行确权。根据包括双方签名钱包合约属性信息创建数字货币钱包。由此可见,创建数字货币钱包需要得到钱包服务商和钱包终端双方的签名同意才能进行创建。验证签名如图6-20所示。

钱包合约属性信息	数字货币钱包服务商签名	数字货币钱包终端签名	操作
▼ 钱包编号：5071099602702141 钱包类型：三类钱包 余额上限：2000.00元 单笔支付上限：2000.00元 日累计支付限额：2000.00元 年累计支付限额：50000.00万元	验证签名	验证签名	创建

图 6-20 验证签名

钱包的创建,对于用户来说看似是一个下载安装的简单过程,但这背后涉及了多重签名的技术思想、合约代码的业务参数传递、钱包安全协议等原理。每一个原理的过后和具体的业务优化、业务方案、流程设计等密切相关,也和相应的岗位密切相关。

3. 用户兑换数字货币

投资者和筹资者在前面的任务中,开通了数字人民币钱包,并获取了自己的钱包账户,此时的钱包账户余额为0元。需要向商业银行兑换一定额度的数字货币。那么,你首先要将该商业银行的银行卡绑定到数字货币钱包,通过银行卡向商业银行办理数字货币的兑换业务。

本任务以其中一个投资人的身份来完成绑定银行卡的业务操作。

进入数字人民币钱包中,通过钱包中的【绑定账户】来完成银行卡的绑定操作,点击【绑定账户】-【添加银行账户】输入银行账号、银行预留手机号等信息完成银行卡绑定的操作,步骤如图6-21、图6-22、图6-23所示。

图 6-21 绑定账户入口　　　图 6-22 添加银行账户　　　图 6-23 输入账户相关信息

实验中的用户如果兑换数字人民币,就需要扣减关联账户余额资金。从绑定的银行账户中扣减相应的取币金额。点击【扣减】(图6-24)从商业银行(本案例中的商业银行是北京科技银行)的账户中扣减相应的金额(图6-25)。

序号	取币指令					扣减账户余额资金	操作
1	OP	取币金额	钱包标识	账户信息	显示	—	扣减

图6-24　点击扣减

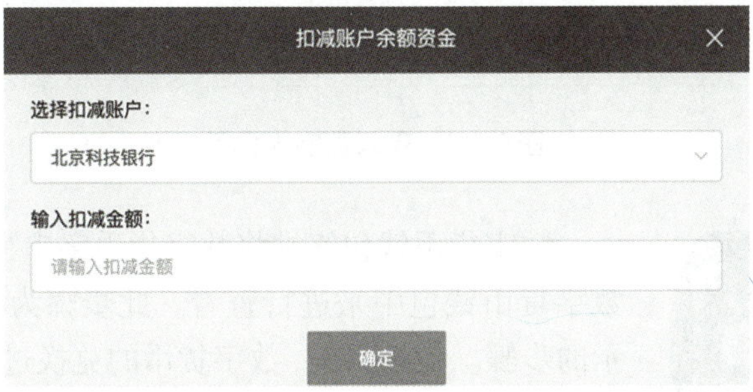

图6-25　扣减取币金额

从银行账户中完成了资金扣减之后,数字人民币钱包就开始执行兑换数字人民币的操作(图6-26)。数据库会根据转移策略生成对应的待转移金额。

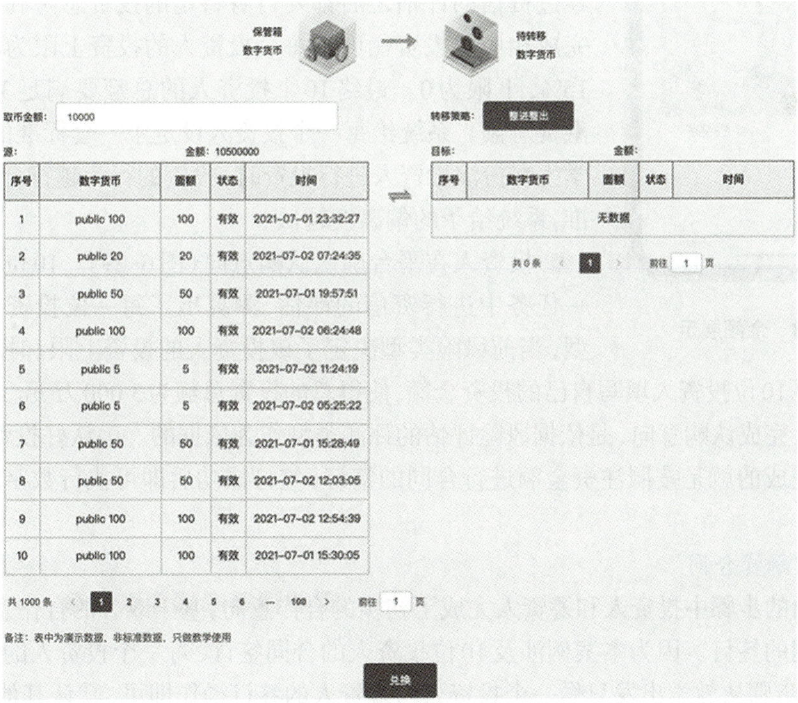

图6-26　兑换数字人民币

将兑换后的数字人民币存入数字货币钱包,存入的过程实际上是钱包终端将实际转移金额的数据,写入用户的数字货币钱包中,这样用户才可以通过钱包客户端看到兑换的数字人民币。由此可以看出数字人民币的存在形式是以加密字串的形态存在,而且每一个字串都有相应的货币面值,和传统的纸币形式比较类似。

数字货币钱包终端确认实际转移金额的属主为取币用户,将币串列表存入数字货币钱包中,如图6-27所示。

序号	实际转移金额	属主	操作
1	10000	王小亮	已存入

图6-27　存入数字人民币

图6-28　余额展示

数字货币钱包终端将数字货币字串写入了钱包中,可以在数字货币钱包中来进行查看。此步骤为数字货币钱包余额展示的步骤。截至目前,数字货币的兑换过程全部实验完成。余额展示如图6-28所示。

4. 确认认购意向

本实验一共是10个投资人,当前学生需要选择一个投资人为主投资人,其他9个投资人是投资团队。每一个投资人经过资信的评估之后都要自身特定的投资思考和投资需求来完成相应的投资额度。每个投资人的投资上限为融资金额的15%,下限为0。最终10个投资人的总额要满足3 000万元的融资总额。系统给每一个投资人设定了一套标准的投资模型,学生在扮演投资人进行投资时,投资的行为越符合其自身的标准,系统给予的偏离度越低。

投资人在平台确认认购意向(图6-29)。10位投资人在上一任务中进行资信的评估,测算出了每一位投资人的风险类型,当前风险类型决定了该投资人的投资上限和投资下限,本任务是需要10位投资人填写自己的投资金额,使得总的投资总额为3 000万元。

投资人完成认购意向,是依据风险评估的评测类型作为依据的。确认好投资金额之后,接下来要完成的就是按照注资金额进行合同的签订,签订成功后即可执行数字人民币的在线支付。

5. 签订融资合同

在前面的步骤中投资人和筹资人完成了初步的合作意向,基于双方的合作意向,在本步骤完成合同的签订。因为本案例涉及10位投资人的合同签订,每一个投资人的签订动作是一致的,本步骤从教学出发只做一个投资人与筹资人的签订操作即可,默认其他9位投资人的合同也签订完毕。

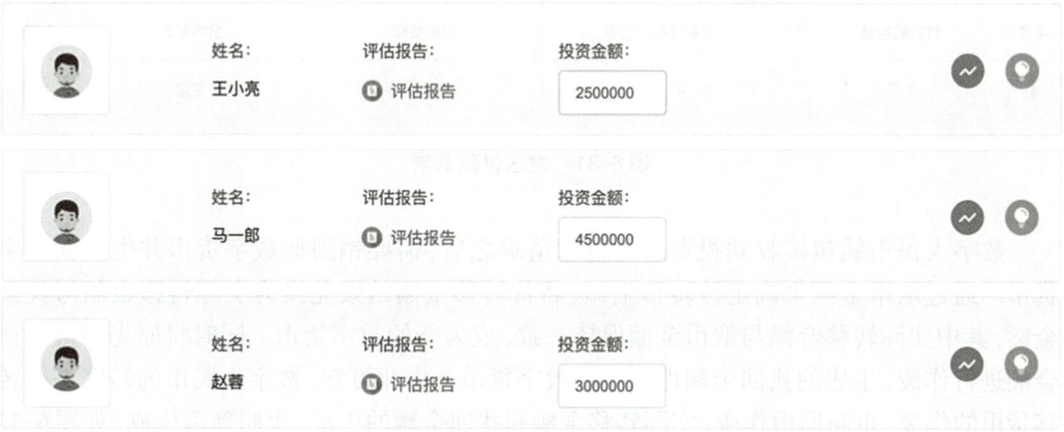

图6-29　确认认购意向

投资人与筹资人签订融资合同。本步骤是完成《股权投资协议》的签订，使其投资行为产生法律效力。主要包括甲方基本信息、股权投资、注资期限、责任与保证、违约责任等合同条款。股权投资协议如图6-30所示。

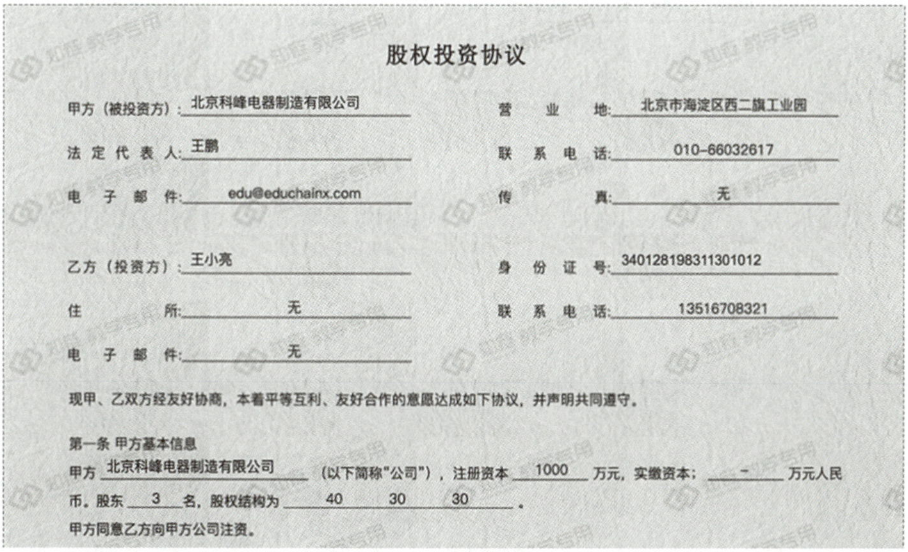

股权投资协议

甲方（被投资方）：北京科峰电器制造有限公司　　营　业　地：北京市海淀区西二旗工业园

法 定 代 表 人：王鹏　　联 系 电 话：010-66032617

电 子 邮 件：edu@educhainx.com　　传　　真：无

乙方（投资方）：王小亮　　身 份 证 号：340128198311301012

住　　所：无　　联 系 电 话：13516708321

电 子 邮 件：无

现甲、乙双方经友好协商，本着平等互利、友好合作的意愿达成如下协议，并声明共同遵守。

第一条 甲方基本信息

甲方 北京科峰电器制造有限公司 （以下简称“公司”），注册资本 1000 万元，实缴资本： - 万元人民币。股东 3 名，股权结构为 40　30　30 。

甲方同意乙方向甲方公司注资。

图6-30　股权投资协议

6. 投资者支付数字货币

在前面确定了投资意向和投资金额以后，投资人就需要将数字人民币支付给筹资者。涉及投资人钱包客户端向服务端发送付款的过程，其中由客户端接收付款需求，由服务端执行付款操作。以其中一个投资人为例来完成付款请求的发送（图6-31），将该投资人的付款钱包编号、付款金额以及收款方发送的临时口令发送到钱包的服务端。

序号	付款钱包编号	收款方临时口令	付款金额	合约状态	操作
1	请输入	421277	请输入	生效	发送

图6-31　发送付款请求

　　数字人民币钱包接收到投资者的付款请求之后,需要销毁原数字货币并生成新数字货币。通过取币金额来确定待转移金额,将待转移金额销毁兑换为实际转移金额与找回金额,其中实际转移金额与取币金额保持一致,成为新的数字货币。同时将原先的待转移金额进行作废,生成的找回金额也是新的数字货币。由此可知,数字人民币的转账是待转移货币的作废,也叫旧币作废,实际转移金额和找回金额的生成,也叫新币生成,如图6-32所示。

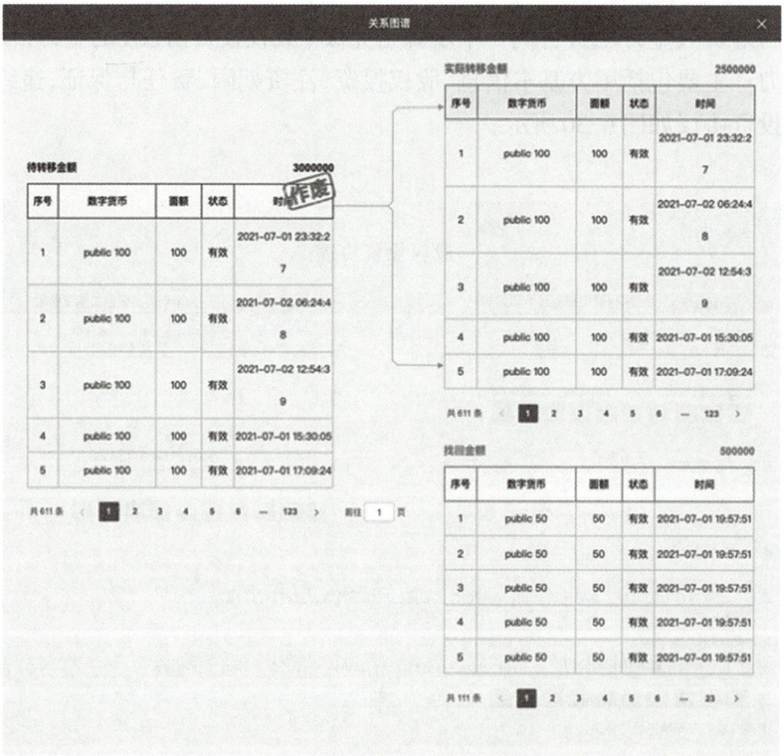

图6-32　旧币作废新币生成

　　这里面就有了两种数字人民币,一种是支付的去向数字人民币,一种是找回的数字人民币,接下来数字人民币钱包对这两种数字人民币进行变更数字货币的属主。将实际转移金额的属主变更为收款方,将找回金额的数字货币属主变更为付款方,如图6-33所示。对于本案例来说去向币就是筹资人(北京科峰电器制造有限公司),找零币的归属人是当前的投资人。

实际转移金额				2500000

属主： 北京科峰电器制造有限公司 ∨

序号	数字货币	面额	状态	时间
1	public 100	100	有效	2021-07-01 23:32:27
2	public 100	100	有效	2021-07-02 06:24:48
3	public 100	100	有效	2021-07-02 12:54:39
4	public 100	100	有效	2021-07-01 15:30:05
5	public 100	100	有效	2021-07-01 17:09:24

共 611 条　‹ **1** 2 3 4 5 6 … 123 ›

找回金额				500000

属主： 王小亮 ∨

序号	数字货币	面额	状态	时间
1	public 50	50	有效	2021-07-01 19:57:51
2	public 50	50	有效	2021-07-01 19:57:51
3	public 50	50	有效	2021-07-01 19:57:51
4	public 50	50	有效	2021-07-01 19:57:51
5	public 50	50	有效	2021-07-01 19:57:51

前往 1 页 ‹ **1** 2 3 4 5 6 … 23 ›

图6-33　变更数字货币的属主

数字人民币的属主变更完成之后，需要对旧币和新币的登记，实质上是数据库中字段的变更。本步骤会涉及对数据库操作的知识点，从计算机的角度来看待数字货币登记，只有对数字货币的状态和属主进行登记之后，才能满足货币的流通。付款登记包括"旧币的作废登记"（图6-34）和"新币的状态登记"（图6-35）。

id	digital_id	quota	wallet_id	owner	state
1	Pcd544840…	100	7317644883339442	王小亮	0
2	Pcd544841…	100	7317644883339442	王小亮	0
3	Pcd544842…	100	7317644883339442	王小亮	0
4	Pcd544843…	100	7317644883339442	王小亮	0

图6-34　旧币作废登记

id	digital_id	quota	wallet_id	owner	state
1	Pcd544840…	100	1723291516986663	北京科峰电器制造有限公司	1
2	Pcd544841…	100	1723291516986663	北京科峰电器制造有限公司	1
3	Pcd544842…	100	1723291516986663	北京科峰电器制造有限公司	1
4	Pcd544843…	100	1723291516986663	北京科峰电器制造有限公司	1

图6-35　新币登记

将数字货币付款结果通过前置机发送给付款方和收款方,这只是一个消息通知的步骤。随后将付款结果发送数字货币交易付款登记系统的接收模块,如图6-36所示。

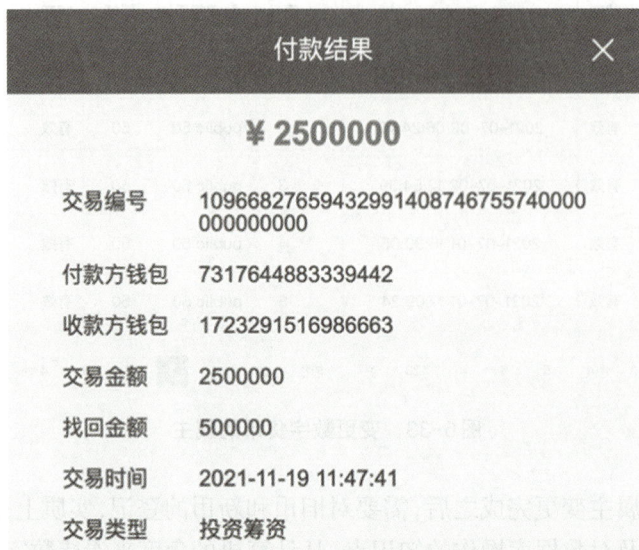

图6-36　发送付款结果

图6-37　展示查询结果

本实验是用一个投资人为例进行的操作,其他的投资人同样也是一致的操作来完成数字货币支付。所以,本步骤查询账户余额为所有已签协议的投资人发来的数字货币,筹资人接收付款人发送的数字货币,以筹资人的身份查看投资方支付的所有的数字人民币。查询结果如图6-37所示。

7. 工商局完成公司变更

公司变更登记是指公司改变名称、住所、法定代表人、经营范围、企业类型、注册资本、营业期限、有限责任公司股东或者股份有限公司发起人的登记。

筹资人在投资平台集资完成,按照合同的条款规定,需进行企业股权变更。企业变更入口如图6-38所示。

筹资人完成工商局变更。进入北京市市场监督管理局界面(仅作为学习使用),点击【企业变更】通过【法人服务】完成相关企业变更的流程。具体流程为:经办人信息登录(本案例为北京科峰电器制造有限公司的法人),登录后对【股东/注册资本】进行变更,将注册资本由原来的1 000万元变更为4 000万元,同时将10位投资人的股权,添加到股东栏中。股权变更如图6-39所示。

图6-38 企业变更入口

图6-39 股权变更

📍 实训总结

　　本实训通过基于数字人民币的投融资实训完整展示了数字人民币的生成、发行、兑换、支付、流通等多环节。可以看到数字人民币数字化、可编程化后，可以定制使用场景，可以追踪其支付流程，可以监控其支付行为。而且，智能合约与数字人民币的结合让企业间的业务行为更加智能化、规范化等。

截至2021年11月,数字人民币已经有132万个使用场景、2 000多万个人钱包、300多万个对公钱包、1.2亿笔交易笔数,等等,由此可以看到数字人民币时代已经来临,而且就在我们生活的周边。未来,数字人民币在政务、金融、财会等领域将发挥巨大的价值。

拓展训练

随着数字人民币的试点推广,数字人民币融入了越来越多的使用场景中,如:保险、社保、理财等。那么,这些使用场景中多以支付场景最为普遍,尤其是在保险行业,数字人民币与保险结合后实现了线上购买、线上理赔、电子保单等多种环节。请你根据上面投融资的业务场景的学习,将数字人民币在车险中的使用流程以流程图的形式构建出来,需要包含数字人民币的生成、账户开通、兑换、选单、支付等全流程。

本章要点

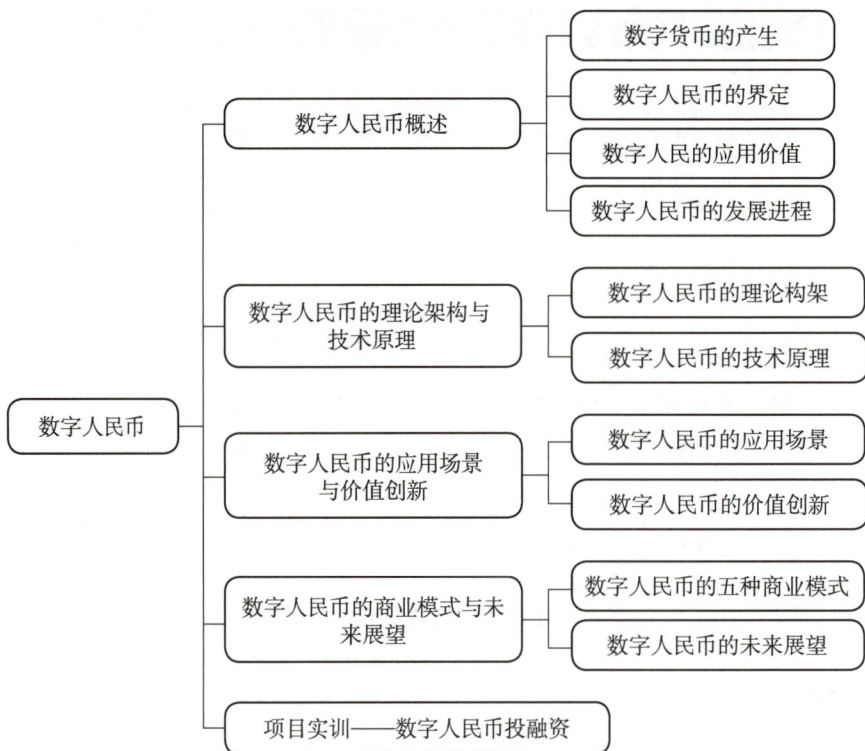

问题讨论

1. 请同学们查阅新闻资料，了解目前数字人民币的持续创新应用场景有哪些，并思考数字人民币的发行给金融行业带来的影响。

2. 针对数字人民币的五种商业模式，请同学们找出对应的案例，并进行分析。

思考与练习

1. 数字人民币的应用价值体现在哪几个方面？

2. 数字货币的特性是什么？

3. 数字人民币的有哪五种商业模式？针对数字人民币的五种商业模式，请找出对应的案例进行分析。

4. 数字人民币的现状和未来展望如何？

5. 请列举数字人民的指定运营机构。

第七章
金融科技监管政策
与监管技术

知识目标：了解国际金融科技监管政策与经验；熟悉我国金融科技监管政策和现状；熟悉金融科技监管技术；掌握金融监管科技原理；掌握金融监管沙盒原理；了解金融科技监管的发展历程与发展方向；掌握我国金融监管沙盒试点推广最新进展及其意义。

技能目标：能够分析国内外的监管政策并加以对比、总结，得到一定的启示；能够分析在不同场景下金融科技监管技术的应用情况。

素养目标：培养对国家金融科技监管政策的自觉贯彻意识；树立金融科技监管的基本法律意识和观念，遵循相关政策法规，维护行业秩序；强化数字化思维，锻炼利用数字技术分析问题、解决问题的能力；拓展国际化视野，培养创新意识与创新能力。

导入案例

央行印发《金融科技发展规划（2022—2025年）》强化金融科技治理

2022年，中国人民银行印发《金融科技发展规划（2022—2025年）》（以下简称《规划》）。《规划》依据《中华人民共和国国民经济和社会发展第十四个五年规划和2035年远景目标纲要》制定，提出新时期金融科技发展指导意见，明确金融数字化转型的总体思路、发展目标、重点任务和实施保障。

《规划》指出，要坚持"数字驱动、智慧为民、绿色低碳、公平普惠"的发展原则，以加强金融数据要素应用为基础，以深化金融供给侧结构性改革为目标，以加快金融机构数字化转型、强化金融科技审慎监管为主线，将数字元素注入金融服务全流程，将数字思维贯穿业务运营全链条，注重金融创新的科技驱动和数据赋能，推动我国金融科技从"立柱架梁"全面迈入"积厚成势"新阶段，力争到2025年实现整体水平与核心竞争力跨越式提升。

《规划》提出八个方面的重点任务：

一是强化金融科技治理，全面塑造数字化能力，健全多方参与、协同共治的金融科技伦理规范体系，构建互促共进的数字生态。

二是全面加强数据能力建设，在保障安全和隐私前提下推动数据有序共享与综合应用，充分激活数据要素潜能，有力提升金融服务质效。

三是建设绿色高可用数据中心，架设安全泛在的金融网络，布局先进高效的算力体系,进一步夯实金融创新发展的"数字底座"。

四是深化数字技术金融应用,健全安全与效率并重的科技成果应用体制机制,不断壮大开放创新、合作共赢的产业生态,打通科技成果转化"最后一公里"。

五是健全安全高效的金融科技创新体系,搭建业务、技术、数据融合联动的一体化运营中台,建立智能化风控机制,全面激活数字化经营新动能。

六是深化金融服务智慧再造,搭建多元融通的服务渠道,着力打造无障碍服务体系,为人民群众提供更加普惠、绿色、人性化的数字金融服务。

七是加快监管科技的全方位应用,强化数字化监管能力建设,对金融科技创新实施穿透式监管,筑牢金融与科技的风险防火墙。

八是扎实做好金融科技人才培养,持续推动标准规则体系建设,强化法律法规制度执行,护航金融科技行稳致远。

《规划》要求各方加强组织统筹、加大投入力度,做好规划实施监测评估,确保各项任务落到实处、取得实效。

（资料来源：央广网）

想一想

金融技术对金融生态环境的变革产生了深远的影响,并对金融行业产生了新的风险,使得传统的金融风险更易发生、更严重。那么,究竟金融科技风险的"新"体现在哪里呢?

第一节　金融科技监管政策

当前,全球新一轮科技革命和产业变革下,金融创新与技术变革融合演进,人工智能、大数据、云计算、区块链技术等为代表的计算机信息技术,推动了金融业的蓬勃发展,极大提高了金融业务的效率和金融机构服务实体经济的能力。金融科技已经成为金融行业和金融业务的重要组成部分,转型与变革也带给金融监管巨大的挑战。如何紧跟金融科技创新的步伐,如何应对并平衡金融科技的创新与风险,我国与世界其他各国都在对金融科技的监管进行积极的探索与实践。

金融科技风险的种类

一、数据风险

第一，数据隐私问题是金融科技领域最重要的问题。更多的数据有助于改进信用评估的效率，但大技术公司过度采集客户数据，有可能侵犯客户隐私。比如，Facebook的数据泄密事件就显示了这种可能性，中国在2016—2017年现金贷高速增长期间，出现了借款人信息买卖的情况。第二，数据的反竞争和数据垄断风险值得关注。科技公司不但可以依靠社交、游戏等采集大量数据，还能不断拓展新的数据来源，利用大数据技术分析客户偏好、习惯和需求，进而提供定制化的金融产品。一旦科技公司在数据领域确立了主导和垄断地位，将客户个人信息用于信用评估，他们就可以进行价格歧视，影响信贷的公平性。

二、技术风险

第一，安全技术并未跟上金融科技快速发展的步伐。虽然新技术的快速迭代和发展，为大数据时代金融提供了先进的技术服务，但移动通信技术的发展与普及使伪基站、伪造银行服务信息、信息"拖库""撞库"等事件频发。由于现阶段金融科技在安全技术上仍未取得有效突破，因此金融科技本身在技术上的缺陷，以及对信息系统的依赖性，会导致金融科技安全性能的降低和安全问题范围的扩大。第二，新技术应用并未得到必要的风险评估。有的机构在未经过严密测试和风险评估的情况下，盲目地追求所谓颠覆式技术，拔苗助长，急于求成，导致技术选型错位、资源浪费、安全事件频发等问题。特别是对部分尚处于发展初期的新兴技术，通过舆论和资本的过度炒作，可能会沦为市场操纵、投机、诈骗的工具。

三、运营风险

第一，全天候金融服务可能会增加金融机构受到外部冲击的时间和概率，对实时监测和突发事件管理能力形成挑战。同时，金融科技将加深金融业、科技企业和市场基础设施运营企业的融合，增加金融行业的复杂性，如果风险管理不到位，面临市场冲击时可能会强化"羊群效应"和市场共振，进而增加风险波动和顺周期性。第二，金融科技公司的进入可能造成更高程度的市场集中，在云服务高度集中的情况下，一旦受到网络攻击，也可能形成金融风险。另外，如果采用相似的风险指标和交易策略，可能在金融市场中导致更多的"同买同卖、同涨同跌"现象，加剧市场的波动和共振。

四、信用风险

第一，金融机构开展网上贷款业务容易引发信用风险。传统金融机构纷纷布局金融科技业务，但是由于我国征信体制的不健全、信用录入数据不完整、征信监管环境不完善等原因极易引发信用风险。第二，传统金融机构容易受到金融科技公司风险的波及。金融机构在不断加强与第三方支付、P2P网贷、众筹等机构的合作时，由于合作不规范、违规行为以及监管不完善所带来的连锁反应,极易引发对传统金融机构的责任追究,导致信用风险爆发。

五、政策风险

第一,金融科技发展将影响货币政策的制定和实施。金融科技发展将加剧金融业的竞争,使市场对利率的反应更加灵敏,从而提高货币政策的有效性。但是随着技术进步,无形资产占公司资产比重不断上升,可能会削弱货币政策的实施效果。在货币政策目标方面,金融科技也可能通过算法技术及时调整商品和服务的价格,使价格变化更加频繁,从而对通胀带来一定的影响。第二,快速扩张能力带来的市场垄断和歧视问题。由于科技行业天生具有赢者通吃的属性,伴随着其不断壮大,可能会形成寡头垄断,不利于竞争,导致行业的效力下降,财富会越来越集中于少数人或少数公司的手中,从而带来潜在的社会和政策的风险。

一 国际金融科技监管政策

(一)英国:以"监管沙盒"为代表的主动性监管

1. "双峰模式"下的监管框架

英国金融科技公司在2021年取得了创纪录的116亿美元投资,2022年上半年获得了91亿美元的资金,成为仅次于美国金融科技公司的金融科技投资热土。在监管方面,2013年的英国金融改革,在英格兰银行暨央行之外确立了以审慎监管局(Prudential Regulation Authority, PRA)和金融行为监管局(Financial Conduct Authority, FCA)为支柱的"双峰监管"(twin-peaks regulation)框架。其中,PRA负责实施宏观审慎监管职能,主要对象是系统性重要金融机构,包括存款机构、保险公司和大型复杂投资公司。FCA负责所有金融机构的行为监管,通过促进消费者保护、健全金融体系和提高金融市场服务效率,增强社会公众对金融体系的信心。英国金融监管框架如图7-1所示。

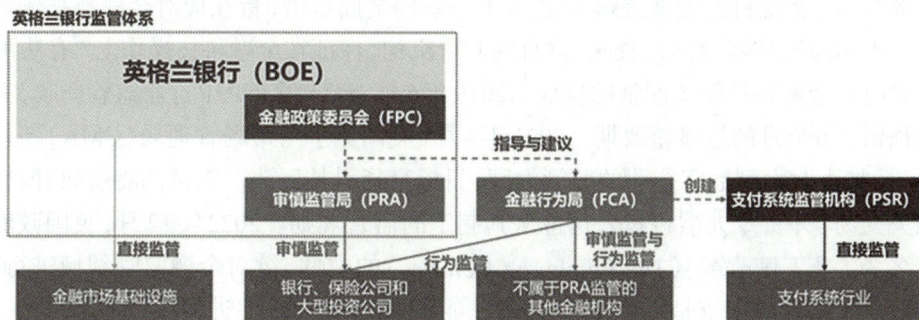

图7-1 英国金融监管框架
(资料来源:汉坤律师事务所)

为了更好地对金融科技类企业进行监管，英国FCA于2014年10月设立了创新项目（project innovate），并增设创新中心（innovation hub），目的是基于消费者的利益鼓励创新。FCA认为，金融创新一方面可以强有力地推动符合消费者利益的充分竞争，另一方面也有助于帮助监管者了解市场情况，以保持适度监管，实现监管与创新的平衡。英国FCA于2016年5月9日首次正式启动"监管沙盒"项目，按照FCA的定义，监管沙盒是一个"安全空间"，在这个安全空间内，金融科技企业可以测试其创新的金融产品、服务、商业模式和营销方式，而不用在相关活动碰到问题时立即受到监管规则的约束。即从事金融创新的机构在确保消费者权益的前提下，按FCA特定简化的审批程序，提交申请并取得有限授权后，允许金融科技创新机构在适用范围内测试，FCA会对测试过程进行监控，并对情况进行评估，以判定是否给予正式的监管授权，在沙盒之外予以推广。近年来，英国对监管沙盒制度进行了不断升级和创新。FCA于2021年4月筹划建立一个基于大数据、人工智能等技术的风险监督预警系统——监管托儿所（regulatory nursery）。经过三个月的努力，该系统最终在同年7月正式上线。监管托儿所能够自动搜集整合金融科技创新试点企业的相关数据信息，并通过系统内部的企业风险识别模型快速甄别标的企业可能存在的风险隐患，为监管当局能够及时制止"监管沙盒"中企业的高风险活动提供了有力保障。2021年8月将监管沙盒的申请窗口期转变为可随时申请，为更多金融科技企业进入监管沙盒提供便利，并陆续推出针对支持ESG数据和披露领域的数字沙盒（digital sandbox）。

面对金融创新，监管不力会导致风险积累；而监管过度又会制约创新。只有金融监管与金融创新协调，才是理想状态。监管沙盒就是实现创新和监管有机统一的契机。英国推出的监管沙盒对于控制金融科技领域新型风险，持续鼓励技术创新，具有巨大价值与参考意义。

2. 英国主要监管政策

英国政府为了保持金融科技的创新力和竞争力，不断推出创新的监管政策。自2013年起，英国金融服务管理局（FSA）的监管职责被金融行为监管局（FCA）和审慎监管局（PRA）所取代，其中，FCA是FSA法律实体的延续，既负责银行、证券、保险公司等金融机构的行为监管，也负责不受PRA监管的金融服务公司的行为监管和审慎监管；2014年8月，英国财政部提出金融科技振兴策略；2017年，英国财政部提出"监管创新计划"，此计划探讨了监管如何适应并鼓励变革性的业务模式，并利用新技术来减少业务的监管负担。2018年3月，英国财政部发布《金融科技发展战略》，宣布了一系列全面举措，旨在应对金融科技领域面临的挑战。英国通过具体、有效、透明、垂直的监管机构，保证在金融科技操作上"有法可依"，并能及时应对金融科技领域面临的挑战。2019年6月，FCA发布P2P行业监管新政，并为相关企业预留了6个月的过渡整改期。2021年4月，英国竞争与市场管理局（CMA）新建数字市场部门，加大对大型数字企业的监管力度，目标直指科技巨头。新部门将有权开具罚单，阻止相关交易，并责令大型科技公司遵从其制定的监管规则。2022年12月，英国政府发布了一份名为《爱丁堡改革》（The Edinburgh Reforms）的文件，欲对金融监管领域进行改革。英国政府确保监管框架支持新兴金融领域的创新和领导地位，促进尖端技术的采用。改革措施建立在《金融服务和市场法案》的基础上，将为数字货币（可用于支付）建立一个安全的监管环境。英国主要政策如表7-1所示。

表 7-1　英国主要政策时间表

时　间	机　构	政　策
2014年7月	英国金融行为管理局	发布"创新工程：征求意见"（Project Innovate：Call for Input）
2015年11月	英国金融行为管理局	制定"监管沙盒"文件
2017年4月	英国财政部	发布《金融科技监管白皮书》
2017年12月	英国金融行为管理局	发布《2017—2018年商业计划》
2018年3月	英国财政部	《金融科技发展战略》
2019年6月	英国金融行为管理局	《PS19-14：基于信贷（P2P）和投资的众筹平台：CP18-20的反馈和最终规则》
2021年4月	英国竞争与市场管理局	新建数字市场部门
2022年12月	英国财政部	《爱丁堡改革》

（二）美国："功能区分"的限制性监管

1."功能区分"下的监管框架

2008年美国次贷危机引发了全球的金融危机，也影响了此后近十年的世界经济。为了避免系统性金融风险的再次发生，美国开始着手实施一系列"严监管、强管控"的监管措施，包括对金融体系进行改革。而且，从20世纪二三十年代的金融危机开始，美国经历了长达数十年的分业监管模式。

美国实施功能监管，即根据公司具备的金融功能进行监管。不论金融科技以何种形态出现，抓住金融科技的金融本质，把金融科技所涉及的金融业务，按照其功能纳入现有金融监管体系。例如，具有资产证券化功能的网贷被认定为投资业务，交由证券交易委员会监管；具有货币功能的第三方支付则由货币监理署监管；向虚拟货币交易所等货币服务提供开立账户的金融存款机构的反洗钱监管由美国联邦储备委员会、美国信用社管理理署等部门负责；与虚拟货币有关的证券交易和投资顾问行为由美国证监会负责监管。面对全新业务模式对传统监管方式的挑战，监管当局尽量以沿袭原有法律为原则。这种"限制严苛型"监管意味着，无论金融科技呈现何种不同形态，总是受到功能所对应法律法规的约束。

美国在联邦层面，各监管机构对于金融科技企业持审慎监管和鼓励创新并重的监管态度，监管机构主要分为银行业监管机构、消费者保护机构以及证券监管机构三类。其中，银行业监管机构无法直接监管未持牌的金融科技企业，通常是通过监管银行和信用合作社等银行业机构以及其与金融科技企业的合作关系实现间接监管；消费者保护机构拥有更广泛的管辖权，可以直接监管金融科技企业，例如，通过合规协助沙盒（compliance assistance sandbox）等措施规范金融科技企业；证券监管机构对金融科技企业的监管侧重于确认金融科技企业发行的金融产品根据豪威测试（Howey Test）是否属于证券，并视具体情况以判断是否对发行活动豁免注册要求，确保相关发行符合《证券法》的要求。各机构监管职责划分如表7-2所示。

表7-2　各机构监管职责划分

机　　构	职　　责
美国货币监理署（Office of the Comptroller of the Currency, OCC）	美国财政部下辖的独立机构，由《国民银行法》赋予监管美国联邦层面的国民银行的职能，负责监管所有联邦注册的银行、储蓄协会和信用合作社。
美联储（Federal Reserve Board, FED）	作为联邦储备系统的核心机构，对成员银行进行监管，确保其符合资本、流动性和风险管理的监管标准，同时监测金融科技对银行系统的影响。
金融犯罪执法网络（Financial Crimes Enforcement Network, FinCEN）	负责受理货币服务提供方（Money Service Business, MSB）注册申请、对其进行监管，并执行反洗钱/反恐怖融资监管义务。
美国联邦存款保险公司（Federal Deposit Insurance Corporation, FDIC）	为美国存款机构提供存款保险的两大机构之一，负责颁发、监管工业贷款公司（ILC）牌照，并为持牌主体提供存款保险。此外，FDIC还负责对非FRS成员的州银行进行监管。
美国国家信贷联盟管理局（National Credit Union Administration, NUCA）	负责对信贷联盟（Credit Union：非营利性、合作的金融机构，为成员提供安全的存款和以合理利率的借款服务）进行特许和监管，以及通过联邦信用合作共享基金为信贷联盟提供存款保险。
美国消费者金融保护局（Consumer Financial Protection Bureau, CFPB）	负责金融部门的消费者保护，对资产超过100亿美元的存款机构及其他非银行金融机构进行监管。
美国证券交易委员会（Securities and Exchange Commission, SEC）	负责美国的证券监督和管理工作，是美国证券行业的最高机构。在金融科技领域负责对智能投顾等业务的监管。

（资料来源：腾讯金融研究院《从牌照演进看美国金融科技企业监管发展趋势》）

2. 美国主要监管法规及政策

理性监管是美国在金融科技竞赛中的竞争力的关键。理性监管为数字科技与金融领域的融合带来了金融科技创新和市场机遇。美国政府的理性监管，一方面为金融科技创新创造充分的施展空间，另一方面也让市场在充分竞争中迸发活力、产生效益，同时也要让监管立法跟上时代的步伐，为消费者提供足够的保护。

2016年3月，美国货币监理署成立了创新办公室，作为处理与金融创新相关事项的中心联络点和信息交换中心，举办与金融创新相关的会议、发布指南和白皮书，在其办公时间内定期与行业参与者会面。2016年，美国证券交易委员会建立了综合审计追踪系统，要求自律委员会和所有交易所增强自身信息技术能力，将数据提交范围扩大到每个交易订单的发起、修改、执行、消除等所有交易记录，构建包括美国股票和期权市场所有交易活动信息的中央数据库。

2017年,美国商品期货交易委员会正式批准成立创新实验室,促进金融科技创新。通过创新实验室,加强监管当局与金融科技企业的联系,完善金融科技监管体系,通过金融科技和监管科技企业的合作来提升金融科技的监管效率。2022年,美国商品期货交易委员会根据国会两党法案的提议,将其创新实验室重组为技术创新办公室,将获得对数字资产的更大权力,以更好地与加密货币创新者建立联系。2018年,美国证券交易委员会成立创新和金融科技战略中心,为国内外监管机构和公众参与金融科技治理提供了平台,将金融科技提升至战略高度。

美国众议院2019年通过《金融科技保护法案》,设立"打击恐怖主义和非法融资独立金融科技工作组",创建金融创新办公室和金融科技董事顾问委员会,加强对金融科技初创公司的监管。2019年提交美国国会审议的《金融科技法案》,建议专门设立管理金融科技初创公司的机构,并规定金融科技初创公司诸如技术创新、改善产品或服务的可得性、不对消费者保护构成风险、不产生金融系统性风险等证明要件;要求监管机构在采取行动时需要沟通协调;设立向监管机构提供有关优化监管、执法失误等非强制性建议的咨询委员会等。2019年9月,美国消费者金融保护局提出合规协助沙盒政策,允许企业在监管不确定性的情况下测试金融产品,对遵守相关批准条款的已批准申请人在测试期内提供"安全港"。

2020年1月29日,美国众议院以表决方式通过了《2020年全面信用报告增强、披露、创新和透明度法案》(简称《全面信用法案》)。美国的《全面信用法案》中提到了诸如当消费者对自身信用报告提出质疑时,信用报告机构和信息提供者分别负有信息披露和真实性证明责任;当提供者在规定的时间内提供特定负面信息时必须让消费者知悉;要求信用报告机构删除或缩短部分不良信息在信用报告停留的时间等内容。

2022年3月28日,美国众议院公布《电子货币和安全硬件法案》,该法案要求美国财政部开发和试点一种电子版本的美元,着眼于保护交易中的隐私和匿名性。2022年5月24日,美国消费者金融保护局宣布成立"竞争与创新办公室",取代2018年设立的"创新办公室"和2014年推出的"催化剂项目"。新成立的办公室将为美国消费者金融保护局的一系列行动提供支持,包括明确创新市场发展障碍、了解科技巨头垄断行为对小微企业的业务影响、举办各类创新孵化器项目以及帮助普通消费者灵活选择金融服务等。

2022年6月3日,美国众议院和参议院发布了《美国数据隐私和保护法案》讨论稿,这是一份全面的有关国家数据隐私和数据安全框架的讨论草案,也是第一个获得美国两党两院支持的美国联邦全面隐私提案。该法案旨在要求公司报告涉及敏感个人身份信息的数据违规行为,并在发现此类违规行为后30天内发出通知。

(三) 新加坡:"紧跟创新"的动态性监管

1. "金管局"为核心的监管框架

新加坡金融管理局(Monetary Authority of Singapore, MAS, 以下简称"金管局")是新加坡的中央银行和综合金融监管机构。金管局成立于1971年,全面行使一般中央银行的职权,包括指导金融业、监督银行的各项经营行为。新加坡金管局对金融科技的监管原则是

"平衡金融监管与发展",一方面鼓励企业走出舒适区,敢于尝试新事物,实现竞争和进步,这意味着拥抱风险和不确定性;另一方面,也要求监管机构确保市场不会发生重大错误、守住风险底线、保持金融安全与稳定。作为综合金融监管机构,金管局采用分业监管、持牌经营的监管思路,将金融机构分为银行业、证券业、保险业和支付业四类,并制定针对性的牌照准入门槛和具体监管要求。

以金管局为主体的金融科技监管框架始终坚持"平衡金融监管与发展"的监管理念,具体内容涵盖监管原则、监管方式、监管范围、监管程序以及监管工具。一是监管原则,始终坚持技术中立原则,采取针对性与中立性并存的监管原则,监管权重取决于技术风险高低,并且根据不同的风险系数进行监管干预。二是监管方式,试点监管沙盒,实行分类监管、独立监管,坚持透明监管原则,构建穿透式监管。三是监管范围,涵盖银行、保险、证券、支付等领域,具体包括营销获客、移动支付、财富管理、智能风控等广泛的金融行为,并将金融科技公司纳入监管范畴。四是监管程序,已形成评估、授权经营、监管沙盒以及行业治理等链条式的监管程序。五是监管工具,发展监管科技,利用技术提升对金融科技的监管,以完善整体监管措施。

新加坡对于金融科技持鼓励、支持态度,创新是金融科技发展的基础,过早、过严的监管均会阻碍金融科技的发展。新加坡研究了全球金融业快速发展的趋势,认为监管过严不利于本国金融市场的进一步发展,继而选择在审慎的基础上放松监管。因此,新加坡的金融科技监管是一种动态性的监管方式,紧跟创新的过程中,紧盯金融风险的发生,从而能够有效地预防与治理金融科技带来的系统性风险。

2. 新加坡创新监管政策

成立专门机构是新加坡监管金融科技的一项重要手段。2015年6月,新加坡启动了"智慧金融中心"创建计划。2015年8月,为了推动金融科技企业、行业和生态圈的发展,并将新加坡打造成智能金融中心,金管局成立了新的下属机构金融科技与创新团,支持金融科技在新加坡的发展。2016年,新加坡还成立了金融科技署,管理金融科技相关业务,为企业提供一站式服务,提升金融服务的发展。

在监管方式上新加坡紧跟英国,于2016年6月6日推出了《金融科技监管沙箱指南》,其内容包括引入金融技术监管沙箱、目标群体、沙箱监管对象和原则、评价标准等,以鼓励并尝试进行创新性利用技术来提供金融产品或服务的解决方案。新加坡的监管沙箱相比于其他国家的监管沙盒,其独特之处在于允许任何感兴趣的金融机构或者公司申请进行沙箱测试。在退出机制方面,也规定了更为细致的条款。

在具体领域,新加坡MAS推动设立一个全球性的开放架构平台,以支持东盟及世界范围内的金融创新和包容性发展。在全球开放架构平台市场上,金融机构和金融科技公司可以轻松、经济高效地建立联系。2016年,新加坡推出乌宾计划,其研究目标是探索区块链技术在数字货币、银行间交易、券款兑付、跨境跨币支付、多生态商业应用等领域中的应用,最终目标是构建基于区块链的新型清算结算基础设施生态系统。目前在探索区块链和分布式账本技术进行支付和证券的清算和结算取得了较不错的成就。

2018年11月,新加坡金管局发布《数字代币发行指南(2018年版)》(A Guide to Digital

Token Offerings)，着重对首次代币发行(ICO)行为作出监管指引。2020年5月，又发布了名为"数字代币发行指南"的修订指南，详细介绍了围绕数字代币的法规及其对证券、集体投资、衍生合约的适用性，以及确定代币是否属于"资本市场产品"类型。2020年1月28日，新加坡金管局宣布，《支付服务法案》(Payment Services Act, PS Act)正式生效。新的《支付服务法案》将改善新加坡支付服务的监管框架，加强消费者保护，并增强人们对使用电子支付的信心。此外，《支付服务法》还扩大了金管局的监管范围，将数字支付令牌服务等新型支付服务也纳入其中。在《支付服务法案》制定过程中，金管局通过对话和公众咨询与业界进行了紧密沟通。为了支持支付服务公司向新的《支付服务法案》过渡，金管局已启动了支付监管评估计划，以帮助他们与法律服务提供商建立联系。新加坡对于数字银行的发展同样持鼓励态度，金管局于2019年8月正式启动数字银行项目，2020年12月4日，金管局公布4家获得数字银行牌照的获得者，其中2家获得数字银行牌照，另外两家获得数字批发银行牌照。就监管要求而言，数字银行除需满足传统银行监管框架以外，还受限于金管局提出的额外限制。2021年4月，金管局拨出1 200万新加坡元设立一个新的"监管科技补助计划"(regulatory technology grant scheme)，并增资3 000万新加坡元提升现有的"数字加速资助计划"(digital acceleration grant)，鼓励企业在网络安全、运营效率等方面进行更多数字化尝试。2022年2月4日，新加坡金管局联合27个金融行业组成的联盟发布五份白皮书，详细介绍了公平、道德、负责和透明度原则的评估方法，以指导金融机构负责任地使用人工智能。

拓展阅读：绿联国际银行开业，成为首批新加坡金管局批准开业的数字银行

（四）澳大利亚：以"许可豁免"为特色的积极型监管

1."双主体"的监管框架

在金融科技的监管方面，澳大利亚审慎监管局和澳大利亚证券和投资委员会发挥着监管主体的作用。澳大利亚审慎监管局是澳大利亚审慎的监管机构，随着金融科技和监管科技行业的发展和成熟，澳大利亚审慎监管局采取的是适应金融科技和监管科技快速发展的可持续、开放和技术中立的政策，重点监管金融科技和监管科技给金融机构和系统带来的风险。

澳大利亚证券投资委员会是澳大利亚信贷和金融产品的主要监管机构，也是制定与金融科技相关监管细则的机构。2015年3月，澳大利亚证券投资委员会建立了创新中心，"创新中心"的设立是为正在开发创新金融产品或服务的金融科技企业提供非正式引导的一项重要举措，以帮助金融科技企业适应澳大利亚的监管体系。其总体目标是在创新与不良的消费者风险和市场诚信成果之间提供适当的平衡，同时提供在数字环境中专业、公平的金融服务和市场。作为监管者的ASIC通过创新中心与金融科技企业家进行互动，这使金融科技企业能够了解监管框架及监管方法，同样也能使其监视市场的发展。

2.澳大利亚主要监管政策

澳大利亚行业监管层一方面鼓励创新，另一方面使市场保持稳定。通过采用灵活的政策，使政府在创新和竞争的同时能够平衡消费者需求，并形成更广泛的金融包容性和市场保护。除此之外透明的监管框架、浮动汇率、开放的资本账户和活跃在国际市场的高端金融机构都对澳大利亚的以市场为主导的金融服务行业具有积极作用。

2016年3月，创新中心发布了《监管指南254》等文件，为澳大利亚版的监管沙盒奠定了基础。五个月之后，该创新中心又正式发布《监管规则257》，描绘了金融科技监管沙盒的基本框架。2016年12月，ASIC相继发布了《公司法概念验证牌照豁免》和《消费信贷保护法概念验证牌照豁免》，允许合格的公司不需要获得牌照，便可以在12个月的期限内，测试指定类型的金融产品顾问和信贷中介服务。2017年2月，发布《监管指南257：在未持有澳大利亚金融服务和信贷执照的情况下测试金融产品和服务》，完整地建构了澳大利亚的金融监管沙盒制度。2017年8月，ASIC在以往的基础上对"监管沙盒"基本框架进行了更新。2017年11月，澳大利亚政府出台了一系列有关金融科技的监管草案，主要包括《2017年财政法修正案（后续措施）法案：金融科技沙盒监管许可证豁免（草案）》《2017年（金融科技沙盒澳大利亚金融服务许可证豁免）条例（草案）》（简称《AFSL豁免条例草案》）和《2017年国家消费者信贷保护（金融科技沙盒澳大利亚信贷许可证豁免）条例（草案）》（简称《ACL豁免条例草案》），致力于创建一个具有强化效果的增强型"监管沙盒"，加大力度支持金融科技领域的创新，从而进一步巩固澳大利亚作为亚太地区领先的金融科技中心的地位。

2018年年底澳大利亚审慎监管局（APRA）推出限制性银行牌照，使得一部分符合要求的金融科技企业可以从事数字银行业务，与传统银行展开竞争。此政策的推出实质上是降低了存款业务机构的进入门槛，两年的缓冲时间可以让新生企业发展其能力和资源，进而提高其达到审慎监管要求的可能性。

2018年澳大利亚数字化改造办公室发布了"可信数字身份框架"（trusted digital identity framework），旨在建立全国统一的线上身份认证体系。"可信数字身份框架"是澳大利亚政府的数字身份验证标准。框架规定了数字身份生态系统的参与方须满足的要求，以及服务提供商在此身份下可以拥有个各种信任等级。目前已经将验证标准用于认证"数字化转局"（digital transformation agency）联邦数字身份平台中的不同参与者。该框架展示了在区块链系统中交易确保数字身份信用所需的标准类型。

2020年2月6日起，澳大利亚《消费者数据权利规则》正式生效，被视为《消费者数据权利法案》的具体实施细则，主要对银行业的开放银行数据分享进行了规定。该法案允许消费者以标准化的形式获取自身的数据，并将其安全传输第三方；进而允许消费者货比三家，降低服务供应方的时间和成本。同时消费者数据权也将在未来可以成为一种数字身份，催生出新的分析工具，取代传统的信用评鉴。目前，消费者数据权制度扩展到保险业，其目的是让消费者在企业访问和使用其个人信息时拥有更大的发言权，并可能允许消费者访问保险公司持有的关于他们的特定数据，并授权进行安全披露数据发送给第三方。

2020年2月10日，澳大利亚联邦议会审议通过《2019年财务法修正案》，为澳大利亚金融科技发展提供了更加宽松的监管空间。这一修正案规定，澳大利亚金融科技监管沙盒时长扩展到24个月。在此期间，入选沙盒的创企可直接在安全环境下进行产品或服务测试,不需要获得澳大利亚证券与投资委员会的金融服务许可证或信贷许可证。为保证无牌测试不会对消费者构成风险,相关部门还会采取一系列强有力的消费者保护措施,包括对可测试产品和服务的限制以及对零售客户财务风险的限制。此举将减少准入壁垒,并进一步推动澳大利亚的金融科技生态系统的发展。

> **做一做：**请查找资料,了解日本、泰国等其他亚洲国家或地区的金融科技监管框架及最新的监管政策。

二　我国金融科技监管政策

（一）我国金融科技监管框架

金融科技正在从多种角度助推金融市场的发展运行,重塑金融机构、金融行业形态和生态体系。一方面,金融科技有助于提升金融服务的效率,提高金融的普惠性；另一方面,金融科技亦会产生诸多负面效应,催生新的金融风险。因此,对金融科技进行监管不能仅采用传统方式,金融技术作为新型金融工具,具备不同于普通金融产品的特征,它的出现给金融创新、金融监管和金融安全带来了新的挑战。

随着国家"互联网+"战略实施,互联网金融新业务呈几何式增长,由于缺乏严密的监管规则,风险隐患逐步暴露。以2015年中国人民银行等十部委发布的《关于促进互联网金融健康发展的指导意见》为标志,国家开始对互联网金融业态进行界定,对监管职责进行划分。随后,各监管部门开始针对各自管辖范围内监管对象制定专项监管规定,金融科技监管治理架构开始建立。如果说2016年,国务院办公厅发布的《互联网金融风险专项整治工作实施方案的通知》开启了互联网金融监管"元年",那么2017年则是监管全面强化的一年。2017年5月,中国人民银行成立了金融科技委员会,提出要强化监管科技,识别和防范新型金融风险；2017年11月,国家级层面的国务院金融稳定发展委员会(2023年10月撤销,职责划入中央金融委员会办公室)正式成立,标志着金融科技行业从此进入强监管周期,强化监管和稳妥发展的态度更加明确。2018年中央经济工作会议要求打好防范化解重大金融风险攻坚战。在当前科技与金融深度融合、金融科技迅猛发展的形势下,必须更加重视金融业务风险与技术风险叠加后产生的扩散效应,平衡行业发展与风险监管间的关系,通过建设多层次、全方位监管治理体系,确保金融科技发展过程中的风险可监测、可管控、可承受,促进金融科技行业为服务实体经济与普惠金融发挥更大作用。2019年8月,中国人民银行印发《金融科技(FinTech)发展规划(2019—2021年)》。这份纲领性文件的出台,构建金融科技"四梁八柱"的顶层设计,明确了方向和任务、路径和边界,推动参与主体良性有序发展；金融科技的融合与开放,顺应了新技术创新与赋能应用,加快了工业互联、产业互联、万物互联,进一步助力服务实体经济与改善民生；监管体系的丰富完善,强化金融科技的规范应用,加强个人金融信息和数据保护,助推我国金融科技健康领跑。2020年10月,中国人民银行正式发布三项金融科技标准,分别是《金融科技创新应用测试规范》《金融科技创新安全通用规范》和《金融科技创新风险监控规范》,从三个不同的角度对金融科技创新进行监管,三项标准都对金融科技创新的交易安全、交易监控、风险防控、风控机制、内控安全等作出了明确的要求。2021年的政府工作报告明确提出要"强化金融控股公司和金融科技监管,确保金融创新在审慎监管的前提下进行"。同时,在"十四五"规划纲要中,也提出"探索建立金融科技监管框架,稳妥发展金融科技,加快金融机构数字化转型。强化监管科技运用和金融创新风险评估,探索建立创新产品纠偏和暂停机制"。从政府工作报告重点工作表述的转变以及"十四五"规划纲要的部署中可以看到,规范、审慎、稳妥发展将成为金融科技的监管共识。2022年1月,中国人民银行印发《金融科技发展规划(2022—2025年)》(以下简称《规划》),《规划》依据《中华人民共和国国民经济和社会发展第十四个五年规划和2035年远景目标纲要》制定,提出新时期金融科技发展指导意见,明确金融数字化转型的总体思路、发展目标、重点任务和实施保障。在监管方面,提出从"强化金融科技监管"到"强化数字化监管能力建设,对金融科技创新实施穿透式监管"的目标。2022年,习近平总书记在党的二十大报告中指出:"深化金融体制改革,建设现代中央银行制度,加强和完善现代金融监管,强化金融稳定保障体系,依法将各类金融活动全部纳入监管,守住不发生系统性风险底线。"2015—2023年金融科技监管重要事件如表7-3所示。

表7-3　2015—2023年金融科技监管重要事件

年份	机　构	事　件	内　容
2015年	中国人民银行等十部委	《关于促进互联网金融健康发展的指导意见》	金融科技监管治理架构开始建立
2016年	国务院办公厅	《关于印发互联网金融风险专项整治工作实施方案的通知》	专项整治重点从P2P网贷借贷、股权众筹业务、互联网保险、通过互联网开展资产管理及跨界从事金融业务、第三方支付业务、互联网金融广告和信息业务等方面开展
2017年	中国人民银行	成立金融科技委员会	强化监管科技,识别和防范新型金融风险
2018年	中共中央政治局	中央经济工作会议	建设多层次、全方位监管治理体系
2019年	中国人民银行	印发《金融科技(FinTech)发展规划(2019—2021年)》	监管体系的丰富完善,强化金融科技的规范应用
2020年	中国人民银行	《金融科技创新应用测试规范》《金融科技创新安全通用规范》和《金融科技创新风险监控规范》	对金融科技创新的交易安全、交易监控、风险防控、风控机制、内控安全等作出了明确的要求
2021年	国务院	政府工作报告及"十四五"规划纲要	强化金融控股公司和金融科技监管,确保金融创新在审慎监管的前提下进行;探索建立金融科技监管框架
2022年	中国人民银行	《金融科技发展规划(2022—2025年)》	强化数字化监管能力建设,对金融科技创新实施穿透式监管

年份	机 构	事 件	内 容
2023年	国家金融监督管理总局、中国人民银行、中国证券监督管理委员会	《关于金融消费者反映事项办理工作安排的公告》	聚焦金融消费者权益保护，明确了金融消费者反映事项办理工作安排，以做好人民银行有关金融消费者保护职责以及证监会投资者保护职责的划转衔接工作，切实保护金融消费者合法权益
2023年	中共中央政治局	中央金融工作会议	会议提出了中国特色金融发展之路，加快建设金融强国。金融监管方面，强调行为监管、功能监管与机构改革相辅相成，明晰央地金融监管关系

2018年，十三届全国人大一次会议通过的国务院机构改革方案显示，为深化金融监管体制改革，逐步建立符合现代金融特点、统筹协调监管、有力有效的现代金融监管框架，将不再保留中国银行业监督管理委员会和中国保险监督管理委员会，将其职能整合，组建中国银行保险监督管理委员会作为国务院直属事业单位。同时，将中国银行业监督管理委员会和中国保险监督管理委员会拟订银行业、保险业重要法律法规草案和审慎监管基本制度的职责划入中国人民银行，形成"一委一行两会"的中国新时期金融监管体系。2023年5月18日，国家金融监督管理总局在北京金融街15号正式揭牌，这意味着历时5年的银保监会正式退出历史舞台，我国金融监管体系迈入"一行一总局一会"新格局。其中，央行主要负责货币政策执行和宏观审慎监管，国家金融监督管理总局主要负责微观审慎监管和消费者权益保护，证监会主要负责资本市场监管。本次金融监管体制改革赋予了国家金融监督管理总局相较于银保监会更全面的职责，统一负责除证券业之外的金融业监管。让所有金融领域均处于统一监管之下，有利于消除监管盲区和监管差异，进一步提升监管效率和质量。"一行一总局一会"监管体系如图7-2所示。

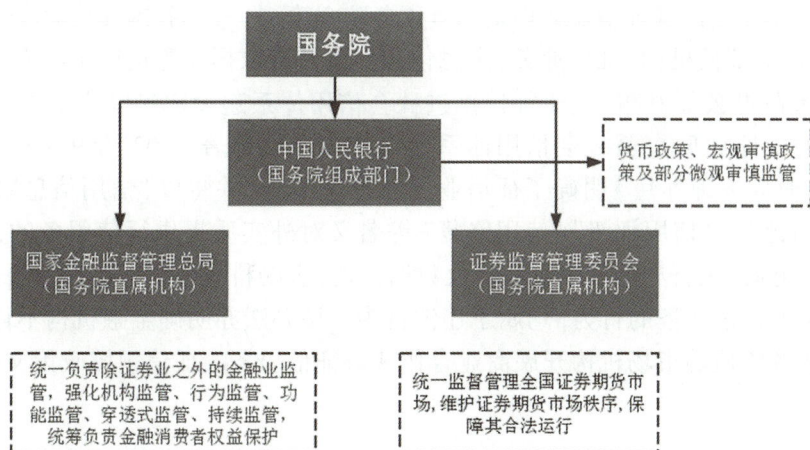

图7-2 "一行一总局一会"监管体系

在监管范畴方面,由于金融科技拓展了传统金融边界,使得非金融机构也具有了金融创新能力。对此,金融监管的监管主体随之拓展,还涵盖互联网金融平台、金融科技企业、众筹平台及第三方支付平台等。在监管方法方面,金融科技监管更具有弹性。相比传统金融监管的规范性规制,金融科技监管更多地取"先运行后监管"方法,即在保证金融安全的前提下,监管部门通常只做出指导意见。在监管原则方面,如果是在分业监管体制下,监管部门通常奉行"谁家孩子谁抱走"的原则,导致出现了监管盲区等问题,目前常规的监管原则包括适度监管和混业监管。然而,随着金融科技创新及应用领域范围的拓展,金融科技对经济和金融安全的影响越来越大,金融科技监管开始强调审慎监管。

2023年金融监管体制改革,总体方向是金融监管权力的集中、统一,实现金融监管的全覆盖、一致性,提升监管效率,我国"内双峰监管"的模式基本形成,也就是国家金融监督管理总局统一行使审慎监管和行为监管的职能。

(二)我国主要监管政策

2015年7月十部委联合发布的《关于促进互联网金融健康发展的指导意见》是我国互联网金融领域第一份官方纲领性文件,标志着金融科技监管政策的正式诞生。2016年是中国金融科技监管政策发生转向的分水岭,国家出台一系列互联网金融监管的政策引导和具体规范。以中国人民银行发布金融科技规划为标志,中国金融科技发展与监管的顶层规划正逐步趋于完善。2019年9月,中国人民银行印发《金融科技(FinTech)发展规划(2019—2021年)》,首次从国家层面对金融科技发展作出全局性规划;2022年1月,中国人民银行印发第二阶段发展规划,即《金融科技发展规划(2022—2025年)》,明确新时期金融数字化转型的总体思路、发展目标、重点任务和实施保障,为金融科技行业未来发展提出新的指引。下面从不同业务层面,对相关金融科技监管政策进行分析和梳理。

1. 征信领域监管

2013年,国家出台《征信业管理条例》(国务院令第631号),我国征信业步入有法可依的轨道,条例对征信机构、征信业务、金融信用信息基础数据库等进行了明文规范。2019年7月,国务院办公厅发布《关于加快推进社会信用体系建设构建以信用为基础的新型监管机制的指导意见》,就社会信用体系建设作出全面部署。2021年9月27日,央行发布的《征信业务管理办法》明确了征信业务需持牌经营,并将以"信用信息服务""信用服务""信用评分""信用评级""信用修复"等名义对外实质提供征信服务的,纳入征信业务管理的范畴,央行亦明确表示打着大数据公司、金融科技公司等旗号,未经央行批准擅自从事个人征信业务的行为,均属于违法行为。该办法亦明确金融机构不得与未取得合法征信业务资质的市场机构开展商业合作获取征信服务。征信领域政策文件如表7-4所示。

表7-4 征信领域政策文件

发布时间	发布部门(机构)	政策文件名称
2013年1月	国务院	《征信业管理条例》(国务院令第631号)
2019年7月	国务院	《关于加快推进社会信用体系建设构建以信用为基础的新型监管机制的指导意见》
2021年9月	中国人民银行	《征信业务管理办法》

2. 支付领域监管

要合规、合法地开展支付业务,首先要有牌照,也就是"支付业务许可证",它是由中国人民银行核发的非金融行业从业资格证书。从2011年起,央行陆续发放了271张支付牌照;但2016年至今,支付牌照一直处于停发状态。

2017年11月,央行发布《关于进一步加强无证经营支付业务整治工作的通知》。这一文件主要是在前期打击无证经营支付业务相关工作的基础上进一步推进相关工作,以持证机构为重点检查对象,全面检查持证机构违规为无证经营支付业务机构提供支付清算服务的行为。

2017年8月,央行发布《关于将非银行支付机构网络支付业务由直连模式迁移至网联平台处理的通知》,要求各银行和支付机构应于2017年10月15日前完成接入网联平台和业务迁移的相关准备工作。此后网联将组织开展接入工作,最终在2018年6月30日起,支付机构受理的涉及银行账户网络支付业务全部通过网联平台处理。

2018年7月,央行发布《条码支付安全技术规范(试行)》要求加强条码支付安全管理,保障人民群众财产安全和合法权益。该规范按照"统一通用、便捷友好、安全可控、兼容并蓄"原则,在切实保障用户信息与资金安全前提下,规定了条码支付互联互通的编码规则、报文要素、安全要求等内容。

2021年1月央行下发《非银行支付机构条例(征求意见稿)》(以下简称《条例》),将支付监管的部门规章升级为行政法规。值得注意的是,此次《条例》首次提出支付领域反垄断,并明确界定相关市场范围以及市场支配地位认定标准。同时,《条例》对支付业务进行重新划分定位。

2021年10月13日,中国人民银行发布关于《加强支付受理终端及相关业务管理的通知》,随着支付业务的发展和市场环境的变化,支付受理终端及相关业务的风险隐患也在不断增加。该通知围绕银行卡受理终端全生命周期管理,要求收单机构建立终端序列号与收单机构代码、特约商户编码、特约商户统一社会信用代码、特约商户收单结算账户、银行卡受理终端布放地理位置等五要素关联对应关系,并确保该关联对应关系在支付全流程的一致性和不可篡改性。围绕上述要求,立足支付市场主体不同职责,建立多层次规范机制,形成各司其职、多方共治的管理体系。

2022年6月20日《关于支持外贸新业态跨境人民币结算的通知》(以下简称《通知》)

明确要求加大对外贸新业态的支持力度,完善跨境电商等外贸新业态跨境人民币业务的相关政策,这也是人民银行就跨境人民币支付业务领域首次正式发布的监管细则。对支付机构来说,《通知》将其业务办理范围由货物贸易、服务贸易拓宽至经常项下。同时明确了境内银行可与依法取得互联网支付业务许可的非银行支付机构具有合法资质的清算机构合作,为市场交易主体及个人提供跨境人民币结算服务。支付领域政策文件如表7-5所示。

表7-5　支付领域政策文件

发布时间	发布部门(机构)	政策文件名称
2017年11月	中国人民银行	《关于进一步加强无证经营支付业务整治工作的通知》
2017年8月	中国人民银行	《关于将非银行支付机构网络支付业务由直连模式迁移至网联平台处理的通知》
2018年7月	中国人民银行	《条码支付安全技术规范(试行)》
2020年10月	中国人民银行	《中国人民银行关于规范代收业务的通知》
2021年1月	中国人民银行	《加强支付受理终端及相关业务管理的通知》
2022年6月	中国人民银行	《关于支持外贸新业态跨境人民币结算的通知》

3. 银行领域监管

2017年6月,中国人民银行印发了《中国金融业信息技术"十三五"发展规划》(以下简称《规划》),该规划涵盖了整个金融行业的信息技术发展,不仅包括银行业,还包括证券、保险等其他金融领域。规划的目标是推动金融行业的信息化建设和科技应用,促进金融创新和提升金融服务质量。

2020年2月,央行发布《商业银行应用程序接口安全管理规范》,规定了商业银行应用程序接口的类型与安全级别、安全设计、安全部署、安全集成、安全运维、服务终止与系统下线、安全管理等安全技术与安全保障要求。

2022年1月,银保监会发布《关于银行业保险业数字化转型的指导意见》(以下简称《指导意见》),明确了银行业保险业数字化转型的指导思想、基本原则和工作目标。银行业数字化转型既是顺应数字经济快速发展的必然要求,也是深化供给侧结构性改革、提升自身竞争力的内在需要,更是提升服务实体经济质效、助力数字经济发展的责任担当。

2022年7月,中国银保监会发布《关于加强商业银行互联网贷款业务管理 提升金融服务质效的通知》,该通知深入贯彻落实中央关于促进平台经济规范健康发展,强化互联网贷款业务监管的决策部署,坚持发展与规范并重,在鼓励商业银行稳妥推进数字化转型,充分发挥互联网贷款业务在助力市场主体纾困、加强新市民金融服务、优化消费重点领域金融支持等方面积极作用的同时,针对商业银行在业务开展中风控管理不到位等问题,在履行贷款管理主体责任、强化信息数据管理、完善贷款资金管理、规范合作业务管理、加强消费者权益保护等方面,进一步细化明确了商业银行贷款管理和自主风控要求。互联网银行领域政策文件如表7-6所示。

表7-6　银行领域政策文件

发布时间	发布部门(机构)	政策文件名称
2016年7月	中国银监会	《中国银行业信息科技“十三五”发展规划监管指导意见(征求意见稿)》
2020年2月	中国人民银行	《商业银行应用程序接口安全管理规范》
2020年4月	中国银保监会	《商业银行互联网贷款管理暂行办法》
2022年1月	中国银保监会	《关于银行业保险业数字化转型的指导意见》
2022年7月	中国银保监会	《关于加强商业银行互联网贷款业务管理 提升金融服务质效的通知》

4. 保险领域监管

近年来,随着互联网等技术在保险行业不断深入运用,互联网保险业务快速发展,但也出现一些问题和风险隐患,给行业和监管带来挑战。2016年4月,原保监会等14个部门联合发布了《互联网保险风险专项整治工作实施方案》,重点整治互联网高现金价值业务,保险机构依托互联网跨界开展业务以及非法经营互联网保险业务的行为三个方面。

银保监会数据显示,2019年,银保监会接到互联网保险消费投诉共1.99万件,同比增长88.59%,是2016年投诉量的7倍,销售误导和变相强制搭售等问题突出,严重影响消费者的获得感。2020年6月,银保监会发布了《关于规范互联网保险销售行为可回溯管理的通知》(以下简称《通知》),拟加强互联网保险销售行为可回溯管理,保障消费者知情权、自主选择权和公平交易权等基本权利。《通知》共包含26条,主要包括明确互联网保险销售行为可回溯管理的定义和范围,明确销售页面和销售页面管理的定义、对保险机构互联网销售过程管理作出要求,明确可回溯内控管理和明确对融合业务和自助终端业务的管理要求,以及相关法律责任和实施时间等五大方面。

为了使互联网保险市场走向规范化发展道路,2020年12月14日,中国银保监会发布《互联网保险业务监管办法》,该办法于2021年2月1日起正式实施。这意味着互联网保险监管和发展都将进入一个新阶段。办法规定,互联网保险业务应由依法设立的保险机构开展,其他机构和个人不得开展互联网保险业务。保险机构开展互联网保险业务,不得超出机构许可证(备案表)上载明的业务范围。

为加强和改进互联网人身保险业务监管,规范市场秩序、防范经营风险,促进公平竞争,切实保护保险消费者合法权益,银保监会于2021年10月印发了《关于进一步规范保险机构互联网人身保险业务有关事项的通知》。该通知作为配套规范性文件,着力规范互联网人身保险领域的风险和乱象,旨在支持有实力、有能力、重合规、重服务的保险公司,应用互联网、大数据等科技手段,为社会公众提供优质便捷的保险服务。

2021年12月,中国银保监会发布了《关于印发银行保险机构信息科技外包风险监管办法的通知》(银保监办发〔2021〕141号)。该办法强调了金融机构的主体责任,在实施原则中明确不得将信息科技管理责任、网络安全主体责任外包,强调事前控制和事中监督,持续改进外包策略和风险管理措施。该办法中明确了分级分类标准,要求针对不同类型外包活动建立相适应的管理和风险策略,对于重要外包和一般外包采取差异化的管控措施。同时,在风险管理中提出针对重要外包的审计要求。保险领域政策文件如表7-7所示。

表7-7 保险领域政策文件

发布时间	发布机构(部门)	政策文件名称
2016年4月	原保监会等14个部门联合	《互联网保险风险专项整治工作实施方案》
2020年6月	中国银保监会	《关于规范互联网保险销售行为可回溯管理的通知》
2020年12月	中国银保监会	《互联网保险业务监管办法》
2021年10月	中国银保监会	《关于进一步规范保险机构互联网人身保险业务有关事项的通知》
2021年12月	中国银保监会	《关于印发银行保险机构信息科技外包风险监管办法的通知》

5. 虚拟货币与代币领域监管

2017年9月,中国人民银行、中国银行业监督管理委员会、中国证券监督管理委员会、中国保险监督管理委员会、网信办、工信部、工商总局联合发布《关于防范代币发行融资风险的公告》。代币发行融资是指融资主体通过代币的违规发售、流通,向投资者筹集比特币、以太币等所谓"虚拟货币",本质上是一种未经批准非法公开融资的行为,涉嫌非法发售代币票券、非法发行证券以及非法集资、金融诈骗、传销等违法犯罪活动。公告发布之日起,任何所谓的代币融资交易平台不得从事法定货币与代币、"虚拟货币"相互之间的兑换业务,不得买卖或作为中央对手方买卖代币或"虚拟货币",不得为代币或"虚拟货币"提供定价、信息中介等服务。2020年10月,《中华人民共和国中国人民银行法(修订草案征求意见稿)》明确,人民币包括实物形式和数字形式;为防范虚拟货币风险,明确任何单位和个人禁止制作和发售数字代币,为发行数字货币提供法律依据。2021年9月,中国人民银行、中央网信办、最高人民法院等十部门发布的《关于进一步防范和处置虚拟货币交易炒作风险的通知》中明确,"虚拟货币相关业务活动属于非法金融活动"。该通知对虚拟货币业务的界定更加明确,相关措施也更加坚决。虚拟货币与代币领域政策文件如表7-8所示。

表7-8　虚拟货币与代币领域政策文件

发布时间	发布机构(部门)	政策文件名称
2017年9月	中国人民银行、中国银行业监督管理委员会、中国证券监督管理委员会、中国保险监督管理委员会、网信办、工信部、工商总局	《关于防范代币发行融资风险的公告》
2020年10月	中国人民银行	《中华人民共和国中国人民银行法(修订草案征求意见稿)》
2021年9月	人民银行、中央网信办、最高人民法院等十部门	《关于进一步防范和处置虚拟货币交易炒作风险的通知》

6.数据治理领域监管

2019年12月,国家网信办秘书局等四部门联合印发《App违法违规收集使用个人信息行为认定方法》,为App运营者自查自纠和网民社会监督提供指引,明确9种行为可被认定为"未经用户同意收集使用个人信息"。

2020年为数据保护大年,相关立法生态正在走向完善,金融机构对个人信息的保护同步进入严监管时代。2020年2月,央行发布《个人金融信息保护技术规范》(JR/T 0171—2020),规定了个人金融信息在收集、传输、存储、使用、删除、销毁等生命周期各环节的安全防护要求,从安全技术和安全管理两个方面,对个人金融信息保护提出了规范性要求。2020年5月,《中华人民共和国民法典》从民事基本法的高度,在人格权编中明确规定了个人信息保护的基本原则、个人信息处理者的义务和责任,并且针对新技术对个人信息保护带来的挑战进行了初步回应。2020年9月,人民银行分别发布《个人金融信息保护技术规范》和经修订的《金融消费者权益保护实施办法》,后者在2016年版本的基础上进行了修订,新增"法律责任"章节,对违法机构和人员实行"双罚制",大幅提高了违法成本。

拓展阅读:多银行App因违规采集信息被点名,个人金融信息保护为何屡次"中招"?

2020年12月的中央经济工作会议提出依法规范发展,健全数字规则。要完善平台企业垄断认定、数据收集使用管理、消费者权益保护等方面的法律规范。要加强规制,提升监管能力,坚决反对垄断和不正当竞争行为,金融创新必须在审慎监管的前提下进行。

长期以来,数据治理、个人信息保护的政策要求,通过法律文本的形式予以明确和强化。2021年6月10日,《中华人民共和国数据安全法》作为数据安全领域的基础性法律正式出台,建立了数据分类分级保护制度,对关系国家安全、国民经济命脉、重要民生、重大公共利益等国家核心数据,实行更加严格的管理。监管部门陆续颁布了数据安全相关法律的实施配套细则。2021年8月20日《中华人民共和国个人信息保护法》的出台显示个人信息保护的基础法律框架已搭建成型。

2022年1月,中国银保监会印发《银行业金融机构监管数据标准化规范(2021版)》(即EAST5.0版)的通知。EAST5.0正式发布,标志着EAST制度从最初以浙江5家试点银行系

统数据结构用以辅助现场检查,发展为防范金融风险、促进银行数据治理和合规发展的核心监管科技能力。

2023年1月,中国银保监会发布《银行保险监管统计管理办法》(以下简称《办法》),自2023年2月1日起施行。《办法》明确要求银行保险机构应将本单位监管统计工作纳入数据治理范畴;明确提出监管统计数据分析应用相关要求,引导银行保险机构充分运用数据分析手段,开展数据分析和挖掘应用,充分发挥监管统计资料价值。

2023年7月,中国人民银行为落实《中华人民共和国数据安全法》有关要求,加强中国人民银行业务领域数据安全管理,起草了《中国人民银行业务领域数据安全管理办法(征求意见稿)》,对规范数据分类分级要求、压实数据处理活动全流程安全合规底线、非法获取数据等行为的处理等多个问题指明了方向。

2023年8月,国家金融监督管理总局、中国人民银行、证监会、国家网信办、国家外汇管理局等五部门联合发布《关于规范货币经纪公司数据服务有关事项的通知》(以下简称《通知》)。《通知》指出,要加强数据治理,确保数据安全;要规范提供数据标准,提高数据服务质量;要明确可接受数据服务的机构范围,加强合作管理;要签订服务协议,规范数据使用。数据治理领域政策文件如表7-9所示。

表7-9 数据治理领域政策文件

发布时间	发布机构(部门)	政策文件名称
2019年12月	国家网信办秘书局等	《App违法违规收集使用个人信息行为认定方法》
2020年2月	中国人民银行	《个人金融信息保护技术规范》
2021年6月	全国人民代表大会	《中华人民共和国数据安全法》
2021年8月	全国人民代表大会	《中华人民共和国个人信息保护法》
2022年1月	中国银保监会	《银行业金融机构监管数据标准化规范(2021版)》
2023年1月	中国银保监会	《银行保险监管统计管理办法》
2023年7月	中国人民银行	《中国人民银行业务领域数据安全管理办法(征求意见稿)》
2023年8月	国家金融监督管理总局等五部门	《关于规范货币经纪公司数据服务有关事项的通知》

7. 其他领域监管

2018年9月29日,中国人民银行、银保监会、证监会联合印发《互联网金融从业机构反洗钱和反恐怖融资管理办法(试行)》(银发〔2018〕230号)(以下简称《管理办法》),《管理办法》明确了互联网金融领域监管与自律管理相结合的反洗钱工作机制,根据行业特点细化了各类互联网金融从业机构及从业人员履行法定反洗钱义务的相关工作要求,并要求互联网金融协会牵头制定并发布各类从业机构所适用的行业规则。2021年2月，国务院反垄断委员会发布《关于平台经济领域的反垄断指南》，该指南作为我国首部专门针对平台经济领域的反垄断指南，以《反垄断法》为依据，充分考虑平台经济的动态性、系统性和复杂性等特点，明确了平台经济领域反垄断执法的基本原则和分析思路，尽管不具有严格的法律约束力，但在现阶段为平台经济领域经营者依法合规经营提供了明确的指引，有利于提升监管的针对性、规范性和科学性，开启了我国平台经济反垄断监管的新篇章。2021年10月，公开征求意见的《中华人民共和国反垄断法（修正草案）》增加了数字平台反垄断规则，规定"经营者不得滥用数据和算法、技术、资本优势以及平台规则等排除、限制竞争"。2022年6月，十三届全国人大常委会第三十五次会议表决通过关于修改反垄断法的决定，自2022年8月1日起施行。反垄断领域政策文件如表7-10所示。

表7-10 反垄断领域政策文件

发布时间	发布部门（机构）	政策文件名称
2018年9月	中国人民银行、银保监会、证监会	《互联网金融从业机构反洗钱和反恐怖融资管理办法（试行）》
2021年2月	国务院反垄断委员会	《关于平台经济领域的反垄断指南》
2022年6月	全国人民代表大会常务委员会	《中华人民共和国反垄断法》

2020年9月，央行发布《金融控股公司监督管理试行办法》（中国人民银行令〔2020〕4号，以下简称《金控办法》），自2020年11月1日起施行。满足条件，拟设立金融控股公司应在《金控办法》正式实施后的12个月内向人民银行提出设立申请。《金控办法》可以从企业的角度实施监管，在企业层面将科技与金融分离，有利于风险隔离和金融监管。

2020年5月，中国人民银行金融科技委员会2020年第1次会议强调要强化监管科技应用实践，积极运用大数据、人工智能、云计算、区块链等技术加强数字监管能力建设，不断增强金融风险技防能力，提升监管专业性、统一性和穿透性，为坚决打赢金融风险防控攻坚战和复工复产工作贡献科技力量。2022年3月，市场监管总局印发《"十四五"市场监管科技发展规划》（以下简称《规划》），《规划》的总体目标是较为完善的市场监管科技创新体系基本建立，市场监管战略科技力量进一步加强，市场监管科技创新发展环境不断优化，科技创新支撑市场监管现代化成效显著的发展目标。

拓展阅读：警惕披着"金融外衣"伪创新

2020年9月，人民银行、银保监会等八部委联合发布《关于规范发展供应链金融支持供应链产业链稳定循环和优化升级的意见》，防范金融科技应用风险。供应链金融各参与方应合理运用区块链、大数据、人工智能等新一代信息技术，持续加强供应链金融服务平台、信息系统等的安全保障、运行监控与应急处置能力，切实防范信息安全、网络安全等风险。

2022年10月，中国人民银行正式发布《金融领域科技伦理指引》(JR/T0258-2022)，该文件提供了在金融领域开展科技活动需要遵循的守正创新、数据安全、包容普惠、公开透明、公平竞争、风险防控、绿色低碳等七个方面的价值理念和行为规范；并适用于指导金融领域从业机构开展科技伦理治理工作，预防和化解金融科技活动伦理风险。金融科技其他领域政策文件如表7-11所示。

表7-11 金融科技其他领域政策文件

发布时间	发布部门（机构）	政策文件名称
2020年9月	中国人民银行	《金融控股公司监督管理试行办法》
2020年9月	中国人民银行、银保监会等八部委	《关于规范发展供应链金融支持供应链产业链稳定循环和优化升级的意见》
2022年3月	市场监管总局	《"十四五"市场监管科技发展规划》
2022年10月	中国人民银行	《金融领域科技伦理指引》

第二节 金融科技监管技术

党的二十大报告提出"以新安全格局保障新发展格局"。传统金融监管在面临具有创造性破坏特点的金融科技时，明显陷入了"刚性制度陷阱"，亟须行动态监管理念，增强其与金融科技间的匹配。"十四五"纲要进一步强调，要在审慎监管前提下有序推进金融创新，健全互联网金融监管长效机制。2022年的《金融科技发展规划（2022—2025年）》，特别指出要"强化数字化监管能力建设，对金融科技实施穿透式监管"。

近年来，科技与金融的有机结合在为金融服务提质增效的同时也带来诸多风险。金融科技作为一种"破坏性创新"，不仅加剧了传统金融风险的衍生发展，使得流动性风险更大、风险识别更难、传播速度更快、影响范围更广；金融科技也使得跨界业务和交叉性创新产品不断涌现，不同业务之间彼此关联渗透，风险的传染性更强、传播速度更快、波及面更广，且一旦爆发可能引发系统性金融风险。其次，金融科技在优化资源配置效率的同时，模糊了传统金融业务的边界，带来一定的"外溢风险"。同时，金融科技本身也存在技术风险。金融科技目前高度依赖生物特征识别、自然语言处理、深度神经网络等前沿人工智能技术，但这些技术本身处于早期发展阶段，模型的机理和可解释性仍有待探索。一旦技术使用不当，将引发信用欺诈、客户隐私泄露等问题。在此背景下，必须加大监管介入金融科技发展的力度，强化监管顶层设计和整体布局，提高监管标准，创新监管工具，着力打造包容审慎的新型创新监管机制，保障金融科技在发展过程中业务合规、技术安全、风险可控，将创新稳定固化为成熟业态。

一 金融科技监管技术概述

金融科技以技术依托,创造了新的金融业态,推动了金融业务的多元化、灵活化和交易方式的虚拟化、数字化。其在提升金融服务的惠普性、可获得性的同时,也增加了金融业务复杂性,使得金融市场具有了新的风险特征,不仅存在数据安全、算法缺陷、技术失控等技术风险,还可能引发系统性金融风险。为了在金融变革的新时期继续维护金融系统的安全和稳定,监管需求正在不断衍生变化。

因此,如何在鼓励金融科技创新的同时有效防范金融风险,是各国金融监管机构面临的重要主题和共性难题。对此,各国纷纷从机制和技术层面对金融科技监管展开研究与探索,"监管科技"和"监管沙盒"便是其中的典型代表。

(一)金融监管科技概述

1.金融监管科技的定义

金融监管科技最早的定义出自巴塞尔委员会2017年10月发布的《金融科技发展对银行和银行监管者的启示》(Implications of Fintech Developments for Banks and Bank Supervisors)。在该文件中,巴塞尔委员会将金融监管科技定义为"监管机构对创新技术的使用",强调金融监管科技的重点不是协助遵守法律法规,而是通过引入新的技术和方法支持监管机构评估合规性,让监管者更有效地进行监督工作。2018年,由国际清算银行和巴塞尔委员会共同创建的金融稳定研究院(Financial Stability Institute, SI)发布了名为《金融监管中的创新技术——早期使用者的经验》研究报告。在该报告中,金融稳定研究院将金融监管科技定义为"监管机构为监管活动提供支持所采用的创新技术"。2019年,金融稳定研究院又发布了名为《金融监管科技的发展阶段》的报告,对全球39个金融监管机构的金融监管科技举措进行了分析。该报告将金融监管科技重新定义为"金融监管机构使用创新技术以支持其监管工作",并明确了所使用的技术类型包括大数据和人工智能两项新兴技术。

综合来看,金融监管科技是指通过信息技术的运用以达到高效、最小成本化的金融安全,从而满足监管机构对金融创新模式的需求,为维护金融体系的正常运转,监管机构应对金融科技发展带来的挑战而产生的监管理念、监管方式与技术手段等一系列的变革。这不仅需要金融监管机构为金融市场的正常运行制定金融业务法规和监管准则,以提高监管效率和能力,堵住监管套利漏洞,亦需要金融机构在其自身层面作出相应努力,依法稳健合规经营,合理健康协调发展,提升自我风险的防控能力。

监管科技与金融科技具有相同的底层技术,是目前防范金融科技风险,促进金融体系健康平稳发展的有效方式,受到了学界与监管机构的青睐。中国人民银行印发《金融科技(FinTech)发展规划(2019—2021年)》,提出要建立健全数字化监管规则库,推动金融监管模式由事后监管向事前、事中监管转变。中国人民银行金融科技委员会2020年第1次会议进一步强调,要强化监管科技应用实践,积极运用大数据、云计算、区块链、人工智能等技术加强数字监管能力建设,提升监管专业性、穿透性和统一性,不断增强金融风险技防能力。

在传统金融监管维度之外增加科技维度是金融科技监管的必然趋势,科技赋能监管是未来提升金融治理能力的必然选择。同时,全球各监管机构也正在积极探索监管科技应用,英国金融行为监管局(Financial Conduct Authority, FCA)先后发布了《监管创新计划》和《2019—2020年商业计划》,明确提出金融监管的重头戏就是发展监管科技,要积极利用科技手段提升监管效率,减轻监管压力。美国众议院金融服务委员会于2019年5月成立了金融科技工作组和人工智能组,主要关注机器学习、大数据、人工智能、数字识别等信息技术在金融科技监管中的作用。

2. 金融监管科技的特征

监管科技主要运用在数据分析与处理、市场行为主体监管、客户身份识别、金融机构压力测试等领域,与传统的金融监管手段相比具有明显的优势。监管科技具体特征如下:

(1)智能化。借助于信息技术的发展实现能动性监管,通过人工机器的充分应用提升监管水平。

(2)联动性。在与其他技术相融合的前提下,能掌握各种监管指标。

(3)共享性。共享各种监管数据与实时的信息,以促使形成统一规范的准则,继而实现宏观金融环境的监管与微观金融机构的监管相结合。

(4)数字化。基于报告数字化和合规流程的自动化,能精准、高效地搜集所需数据并进行相应的数据分析处理,实现从"了解客户"到"了解数据"的转变。

金融科技可被界定为金融与科技的结合,可被视为将科技运用到金融领域当中,以实现金融领域的突飞猛进,从而推动金融体系模式变革。将物联网、人工智能、大数据、区块链等金融科技应用其中,并在此基础上推动金融体系创新,拓宽金融"边疆",提升金融监管效率。但金融科技的另一面则会带来全新挑战,新的隐形风险因子会改变风险分布,促使产生金融领域的"黑天鹅"问题。监管科技可采用有效手段,对金融领域中出现的风险予以识别和处理,从而在降低金融体系风险的同时,推动金融科技发展,具体如表7-12所示。

表7-12　监管科技运用的主要领域和主要优势

主要领域	工具和底层技术	主 要 应 用	主 要 优 势
数据处理	云计算 数字加密技术	数据处理、分析、共享等	获取、处理结构化数据 创建数据报告,拓宽数据获取渠道 通过加密技术实现数据安全
客户身份识别	生物识别 行为检验等技术	身份识别、获客渠道	提高客户身份识别效率 为客户提供高效的金融服务
金融机构压力测试	大数据技术 云计算 人工智能	场景模拟、快速响应	快速处理大规模数据 处理风险 减少压力测试成本
市场行为监控	知识图谱 大数据处理等技术	自动捕捉分析、自动上报	挖掘主体关系、深层信息 提炼信息

主要领域	工具和底层技术	主　要　应　用	主　要　优　势
法律法规跟踪	人工智能	案例推理、全局化计算、评估风险	学习最新法律法规,降低金融机构法律合规风险 研究国家监管文件的差异性

3. 金融监管科技的发展历程

信息技术进步会推动监管科技发展,从而使得监管机构在安全、有效的环境中进行信息共享,这可防止信息泄露,继而提高监管效率与水平,增强不同监管主体间的协调性。信息共享机制对于促进国际金融监管合作也发挥着重大作用,有利于减少国际金融风险,预防金融犯罪。从金融监管发展历史来看,各国金融发展的实践在宏观层面表现为,从初始的自由放任导致金融危机的产生,到危机后的加强金融监管与协调,周而复始。金融不断发展、监管制度变革、信息技术进步三者的相互作用推动监管科技实现高端跨越。根据监管科技发展的时间历程可将其分为监管科技1.0阶段、监管科技2.0阶段和监管科技3.0阶段。

(1) **监管科技1.0阶段**。从运用于金融市场电子化到2008年国际金融危机这一时期的监管技术。全球金融市场的发展处于扩张阶段,金融机构加速实现规模性扩张,并在全球"开疆拓土",实现金融业务的全球化,与此同时监管层面亦制定相应规则与制度,成立专门机构进行监督,进行国际监管合作。量化分析模型与金融工程技术发展是支撑监管科技不断进步的主要因素,一方面可促进全球金融市场的发展,推动全球性金融市场的实现,减少跨境支付与结算风险;另一方面可量化管理从实体经济中分离出来的风险,满足监管需求在信息技术大发展的背景下,发达国家借助信息技术的优势实现金融电子化,在结算与支付领域"独占鳌头",但信息技术的快速发展亦给监管机构、金融机构带来强有力的挑战,甚至导致监管科技并未跟上金融发展的步伐,产生2008年国际金融危机等。这期间,监管技术的应用主要在工具层面,处于尚未深入促使监管与科技的紧密结合阶段。

(2) **监管科技2.0阶段**。从运用于2008年国际金融危机后到金融科技产生前的这段时期的监管技术。2008年国际金融危机所带来的影响,迫使众多市场参与者和监管机构重视"谨慎监管",并采取诸多措施来进行调整。监管科技实现合规技术与义务的融合,从而建立一整套金融数据信息整合与收集系统,能实现数据报送的精准化、高频化、完善化,以满足不同市场主体需求,继而实现监管科技的"面面俱到",提高监管合规能力。

(3) **监管科技3.0阶段**。应用于金融科技之后的监管技术。智能化、物联网、大数据、人工智能等技术全面融入监管科技之中,不仅能降低监管成本,实现有效监管,并能加速实现监管技术、方式的变革。在此阶段,监管是以数据为中心,核心是数据主权和算法监管。监管科技3.0借助于新型技术,不断强化风险管理意识,以实现审慎监管为目标,防范和化解金融风险。

4. 金融监管科技的重要作用

(1) 监管科技赋能金融科技监管。

❶ **监管科技赋能监管流程智能化。**传统监管的最大特点是过度依赖人力执行,受限于个人的能力、精力、知识、偏好等内生因素异质性,往往会出现执行效率低、行为失误多、政策落实不到位等监管缺陷。监管科技发挥技术优势,通过引入机器可读、智能合约、人工智能等先进科技,能够实现对监管规则的统一化、标准化解读,对监管程序的自动化执行,有利于缓解监管机构的人力资源压力、提高监管流程的执行力和运行效率,实现政策预期效果。同时,以人力为基础的监管流程由于存在较高的流程优化成本,比如流程变更后的重新培训成本、磨合成本等,往往会出现程序僵化,而基于算法和模型的监管科技则可以随着金融创新的发展持续不断地进行迭代升级,从而更好地适应瞬息万变的市场环境,维护金融市场秩序。

❷ **监管科技赋能信息处理高效化。**面对金融科技高交易、快变化的特征,对金融市场的监管不再单纯依靠数字、报表等结构化的数据,以音频、视频、图片为代表的各类非结构化信息在金融监管中发挥了越来越重要的作用。传统监管通过人工手段和简单的电子工具对这些信息进行整合不仅耗时长,而且也无法保障处理结果的准确性,信息处理能力受到了巨大的挑战。监管科技依托大数据、云计算、自然语言处理、深度学习、主题建模等现代信息技术,能够对非结构化数据进行转换和处理,对结构化数据进行高速运算,从而提高数据的可用性。在数据的分析过程中,监管科技可以实现对不同来源渠道信息的对比验证和关联分析,发现其中的逻辑关系和信息网络,帮助刻画清晰、完整的金融市场图像。在数据结果呈现中,通过可视化技术既可以实现简单、直观的表现形式,为信息的快速使用提供条件,也可以对信息进行多维度的展示,为信息使用者提供不同的思维视角。

❸ **监管科技赋能风险防控科学化。**金融科技的兴起模糊了金融细分市场的界线,分业监管的监管机构难以正确把握金融交易实质,导致重复监管、差别监管甚至是监管盲区,造成监管资源浪费、不公平竞争和风险积聚。监管科技应用容量大、速度快、高智能的大数据、云计算、区块链等数字技术,可以实现对金融产品和服务的精确分析识别、金融交易行为的实时跟踪记录,帮助监管机构明确金融业务的本质属性和技术特性,确定监管主体和监管边界,从而采取针对性的监管措施,提高风险防控的专业性。同时,还可以通过应用编程接口(Application Programming Interface, API)和高级数据分析模型建立实时风控平台,直接从金融从业机构后台数据系统中进行实时数据提取并通过模型运算得出实时风险级别,提高对金融市场风险水平的整体把控,有利于及时发现风险、缩短风险应对的反应时间。

(2)监管科技重构金融监管框架体系。

❶ **监管科技推动监管理念从被动应变转向主动求变。**传统监管的主要信息来源是依靠被监管主体的信息披露,监管机构是被动的信息接收方。这种客观的被动状态导致了我国监管体系形成了事后应对型风险管理的主观被动逻辑。监管科技应用有助于改变传统的数据收集、存储和处理方式,使数据来源更加广泛、多样,数据基础更加实时、全面,对数据的分析也由简单的因果关系推导转变为多方面的相关关系探索,从而提高监管机构获取信息、运用信息和提前感知风险的能力。这种能力的提高一方面为监管机构的制度优化和体系变革提供了现实的路径,另一方面也给监管部门带来了必须转变理念以更好地发挥信息效用的压力,从而激发监管机构的主观能动性,推动金融科技监管从被动的风险识别和风险响应

转向主动的风险预测和风险防范。

❷ 监管科技推动监管双方从对立互损走向和谐共荣。过去，技术的落后和手段的匮乏导致了金融科技监管专业性不足，为了维护金融系统安全和金融市场稳定，监管机构不得不采取严格、繁琐但表述笼统的监管程序，不仅增加了监管成本，也使得被监管企业合规程序复杂、合规成本过高。另一方面，过大的合规压力和存在的监管"灰色空间"也会诱导被监管主体采取隐瞒风险、虚假报告等行为来应对合规要求，增加了有效监管的难度。通过对监管科技的研发应用，监管机构可以深化对新型科技的了解，从而有助于克服对创新事物的"未知恐惧"，制定适合金融科技发展、张弛有度、具体详细的监管政策，引导被监管者明确监管要求，减少不必要的合规支出。此外，由于金融科技从业主体具有更先进的科技发展经验，监管机构可以采取与其合作开发监管科技的做法，并以此为契机强化双方的沟通交流，打造良好的政企关系，营造良性的金融创新生态环境。

❸ 监管科技推动监管主体从独立分散趋向协同合作。金融科技加速了金融对行业壁垒和地理行政界限的突破，使得现代金融有了更强的混业经营和跨境经营属性。但在国内，"一行两会"的分业监管模式下中国人民银行、证监会、银保监会的信息系统相互独立，形成"数据孤岛"，并且"一行两会"的省级派出机构与地方金融监管总局之间也存在信息共享空白，导致了国内金融科技监管缺乏全面性和一致性。国际上，不同辖区间的监管衔接较弱，监管差异较大，给金融科技从业主体留下了巨大的监管套利空间，增加了全球经济成本。监管科技应用可以在我国不同监管部门乃至全世界各个监管机构之间搭建信息共享平台，促进监管信息的融合共用。例如，区块链技术可用于跨境数据传输，其可溯源、可追踪、不可篡改和不可伪造的特点保证了共享数据的真实性和完整性，同时其分布式记账的数据存储方式还可以提高系统的安全层级和承受攻击的能力。尽管要建立互联互通的全球监管系统除了要考虑技术因素之外，还存在着政治、经济、文化等多方面的问题，但在经济全球化和金融国际化的发展大趋势下，协同合作监管是未来全球金融监管的必然走向，而监管科技在技术上的先行会加速这一模式的形成。

（二）金融科技"监管沙盒"概述

1. 金融科技"监管沙盒"的定义

为平衡金融创新与风险防范，英国金融行为监管局（Financial Conduct Authority, FCA）于2015年率先提出"监管沙盒"理念。"沙盒"（sandbox）一词源自计算机领域，是指在受控的安全环境中，通过限制程序的访问权限，为一些来源不可信、具备破坏力或无法判定意图的计算机程序提供试验环境。沙盒中进行的测试大多是在真实数据环境中进行的，但因为有预设的安全隔离措施，所以不会对真实系统产生破坏性影响。FCA将"沙盒"理念推广到金融监管领域，旨在为金融创新提供安全的测试环境。按照FCA的定义，"监管沙盒"是指监管部门在法律授权范围内，根据业务风险程度和影响面，按照适度简化的准入标准和流程，允许金融机构、金融科技公司等在有限牌照下，利用真实或虚拟的市场环境开展业务测试。通过测试后，金融机构、金融科技公司依照现行法律法规获得相关资质和牌照，并被纳入正常监管范围。不同于传统的、依赖于金融机构报表的金融监管工具，如资本充足率、流动性覆盖率、杠杆率等，"监管沙盒"是一种金融产品创新测试机制，提供了一种真实但是受到限制的测试环境，即一个真实"缩小版"金融市场和适度"宽松版"监管环境。监管机构在该环境中实现对金融科技新产品、新服务、新商业模式的测试，在综合评估其风险和收益后，决定被测试项目能否被大面积推广应用。同时，"监管沙盒"还可帮助监管机构判断现行监管规则是否需要优化和调整，据此采取措施，以达到在风险可控的前提下，促进金融创新的目的。

2. 金融科技"监管沙盒"的特征

与传统金融监管方式相比，"监管沙盒"具有时限性、包容性与主动性。

时限性是指"监管沙盒"能够利用测试期间的有限时间，最大限度地调动测试企业的积极性，准确高效地筛选出不合格的金融科技企业，避免测试企业因竞争而导致资源错配，最终出现"劣币驱逐良币"的现象。包容性主要体现在"监管沙盒"的审核标准上，因为"监管沙盒"属于适应性监管，监管机构不仅可以对现行有效的监管规则的内容进行创新，还可以基于自由裁量权根据金融市场的变化灵活调整其监管策略，以确保测试企业所测项目能顺利通过入盒测试审核。主动性主要体现在监管理念上，与传统基于身份统治关系的刚性监管方式相比，"监管沙盒"的适应性监管加强了监管机构的监管主动性，将传统的事后监管、结果监管转化为事前监管，塑造了一种新型灵活有效的事前柔性监管模式，使金融监管更具主动性。此外，"监管沙盒"是弹性监管在小范围内的试点，灵活性强且风险可控，更利于保护金融消费者权益，降低监管成本，促进金融创新。

"监管沙盒"的诞生是英国对未来金融顶层设计的反映之一，透射出英国应时而变的新监管理念，并辅之以监管体系和监管规制的变革。因此"监管沙盒"一经推出，便引发各国（地区）金融监管机构的密切关注和广泛跟进。目前，新加坡、澳大利亚、日本等国和中国香港地区已不同程度地采纳了"监管沙盒"理念，并相继推出了诸如"创新指导窗口""创新加速器""金融科技监管聊天室"等工具，意在增强监管机构与创新主体间的双向互动，提前介入并全流程掌控金融科技创新产品和服务的应用情况，对其施以政策和合规性辅导。

3. 金融科技"监管沙盒"的作用机制

从作用机理来看，国际典型的"监管沙盒"在规则设计上有共通之处，如表7-13所示，即设计事前、事中、事后的信息交流规则，严格的消费者保护制度以及为监管者保留一定的自由裁量权。在上述规则的共同作用下，"监管沙盒"形成了试错学习和多元协商的作用机制，有效支撑监管者实践适应性监管的理念。

（1）试错学习机制。试错学习机制为"监管沙盒"提供了应对技术不确定性的试错机制，在鼓励创新、包容失败的制度下，能够激励各参与主体投入创新过程，充分把握前沿技术带来的发展机遇；同时，监管者能够在动态学习的过程中总结经验、吸取教训，实现监管政策的有益迭代。也就是说，"监管沙盒"提供了一个摸索式的实验工具，监管者可以基于实践经验主动应对创新的不确定性。以英国的"监管沙盒"为例，第一期测试中有75%的项目通过，其中90%的项目准备推向市场。同时，"监管沙盒"设置消费者保护机制使得监管者能够放心推动突破性技术的试验。换言之，安全的测试空间为监管者提供了在不确定性中寻求发展的契机，形成与被监管者相称的企业家精神，主动参与并引导金融科技的创新发

表7-13　国内外沙盒的共性规则设计

国家及部门	事前准入机制	事中沟通机制	事后披露机制	自由裁量权	消费者保护机制
英国金融行为管理局	申请机构填报测试申请,FCA派专人与申请通过的企业共同确定项目的测试方案,包括测试要求,适用范围、成功标准等	1. 正式沟通:企业每周进行书面报告,内容涉及企业经营现状、测试进展、量化指标等 2. 非正式沟通:设立沙盒联络专员、圆桌会议、非正式会谈	申请公司向FCA提交总结报告,FCA根据测试结果予以正式评估,并与受测试企业共同商议未来发展计划	1. FCA与测试公司共同确定测试工具,即基于FCA权利范围及现有市场监管法律和秩序为参与测试企业提供的弹性政策 2. 利用沙盒伞、虚拟沙盒等工具进一步强化政策灵活性	1. 通过信息披露使消费者了解潜在风险和可能获得的赔偿 2. 对每个项目设置特定保护方案 3. 参与测试的消费者与一般消费者享有同等权利 4. 测试企业承诺并有能力赔偿消费者全部损失
新加坡金融管理局	申请者必须回答规定的20个问题,其中包括是否需要监管者放松某项法律条款并提供相应的证明材料,监管者根据情况予以判断	受测试者需要定时反馈测试结果,监管者既要实时跟踪发展并纠偏,还要向公众披露结果,接受公众监督	根据出盒报告评估是否推向市场	通过豁免范围的界定,明确可放松条款(资产管理要求、牌照费、管理经验)和需要坚守的条款(如客户信息的保密性、反恐怖主义和反洗钱)	1. 制定最大赔偿机制和风险化解机制 2. 建设完整的消费者信息查询、反馈、投诉渠道 3. 测试企业需要建立消费者退出和过渡机制
澳大利亚证券与投资委员会	金融科技企业均有资格申请进入监管沙盒测试,申请企业须满足客户端限制、额度限制、消费者保护、争议解决措施和信息披露要求	受测者根据发展阶段与监管机构进行动态交流,如可以提交申请扩大测试范围	测试期结束后2个月内提供详细报告:客户数量及人口统计特征;投诉;外部争议;问题及解决方案;造成障碍的监管政策;收入和费用	通过整合各种监管选项尽可能减少金融监管机构和金融科技行业合作过程中的复杂流程,为金融科技企业提供一些额外的灵活性指导	1. 信息披露 2. 制定细致的纠纷解决方案,包括消费者赔偿保险 3. 测试企业保证赔偿消费者的全部损失 4. 构建内部争议解决、外部争议解决方案,并设立金融申诉专员

国家及部门	事前准入机制	事中沟通机制	事后披露机制	自由裁量权	消费者保护机制
韩国金融服务委员会	专设创新金融审查委员会负责申请工作，申请时举办公开辩论会或听证会，征集申请人、利益相关者、相关领域专家的意见	明确测试者义务，要求测试者向FSC提交阶段性进度报告，包括初期、中期、终期报告	被测者向FSC提交在指定期间遵守相关财务规定的书面声明，FSC评估是否推向市场	构建监管机构和测试企业的合作机制，共同设计测试内容并迭代金融产品	1. 信息披露 2. 向消费者披露测试过程中的风险，同时需要获得消费者授权后才能展开测试 3. 承担对消费者损失的全部赔偿
中国中国人民银行	通过内部机构审计、外部专家评估、征求管理部门意见等方式评估项目的可行性	金融管理部门提供"一对一"专业化监管辅导，但对测试中的数据披露无显著要求	事后进行自测自评、外部评估、第三方审计、专家论证，但对于数据披露的具体标准、参数无详细界定	出现风险事件时，相关企业会得到责任免除，但如何免除、多大程度上免除等，相关标准、制度尚不明确	通过退出机制、应急预案和投诉响应等方式明确风险处置方式

展，解决"扼杀有益创新"的监管困境。

持续的试错和学习过程能够有效化解信息不确定性，解决监管真空的困境。一是解决监管对象的真空，即"监管沙盒"能够纳入多元化的创新主体，在测试过程中监管者与各类创新主体近距离接触，能够提高监管者的机敏性，对监管对象保持动态追踪与识别。二是解决监管内容的真空，即试验学习过程使得监管者能够掌握新产品和新业态的发展动态，从而灵活地添加监管内容，完成监管策略的迭代。以数字货币、加密资产为例，当前英国、澳大利亚、新加坡、加拿大等国家已经展开相关的沙盒测试，试图通过真实市场环境快速地了解数字货币等全新业态对支付体系以及经济活动的潜在风险。

（2）多元协商机制。"监管沙盒"的一个关键贡献便是提供了多元协商的交流机制，改变监管部门、金融机构、初创企业、消费者等主体的对立关系。当前已有研究充分论述了多元主体的信息交流有助于构建扁平化的共治体系，化解监管者、被监管者、消费者之间的矛盾。多元协商机制在解决新旧主体摩擦的问题上能够发挥重要作用。面临数字经济新旧部门的交替应实施短期的竞争缓冲政策，监管沙盒的信息交互机制能够有效支撑该政策实施。

首先，多元协商机制能够强化数字技术的溢出作用。在事前准入阶段，监管者便对参与主体的企业特征、资源禀赋、行为特征、商业模式等进行初步了解，并对创新产品的适用范围、数据披露标准、技术规范等进行设定。在测试过程中，监管者与创新者之间有多样化的信息交流渠道，如FCA设置沙盒联络专员、圆桌会议、非正式会谈等。测试者实时共享数据、算法和技术等信息，监管者则动态跟踪创新的阶段和程度，及时识别并纠正可能出现的风险,防止投入市场后对经济主体和金融体系造成损伤。在事后的退出阶段,企业需提交"出盒报告",当前英国、新加坡、澳大利亚和韩国均对出盒报告内容有详细的规定,如表7-13所示,其中澳大利亚对报告参数的规定最为细致,力求为同行业或使用相同技术的经济主体提供经验与指导,强化技术溢出效应。

其次,多元协商机制能够缓释竞争替代的颠覆作用。对参与者而言,监管沙盒是创新产品和市场准入之间的安全地带,能够以最低的成本获得前沿技术的经验性收益。因此,监管沙盒为传统金融机构提供了加速数字化转型的机遇,银行等传统部门能在可控的环境中测试全新的产品和服务,以最低的成本加深对创新产品和业态的理解。同时,多元协商的共治机制能够推动新旧部门之间的技术融合。在多元共治体系中,任何参与主体都具备同等的地位,在非正式的协商、谈判、交流过程中,多元主体能够沿着阻力最小的方向进行合作,形成能力互补、合作共赢的平等关系,以缓解新旧部门之间的矛盾。值得注意的是,作为一项临时性的制度安排,不会对市场竞争状态产生长期的干涉。传统部门和新兴部门的创新项目通过测试后,未来必然会在市场中展开新一轮的激烈竞争。

总的来看,监管沙盒通过试错学习机制和多元协商机制为"创造性破坏"形成缓冲地带,缓解监管者与被监管者、新进入者与后进入者之间的矛盾,在临时—正式、局部—全面的渐进过程中形成监管制度动态匹配金融科技发展特征的惯例。

小案例 🔍

中国香港金融科技监管沙盒

金融科技监管沙盒(沙盒)是中国香港金融管理局于2016年9月推出,让银行及其伙伴科技公司可在无须完全符合金管局监管规定的环境下,邀请有限数目的客户参与金融科技项目的试行。这项安排让银行及科技公司可收集数据及用户意见,以便对新科技产品作出适当修改,从而加快推出产品的速度及降低开发成本。

除沙盒2.0提供的项目试行功能,沙盒3.0亦便利合资格的研发试用项目向创新科技署(创科署)辖下"公营机构试用计划"申请高达100万港元的资助。

为提升沙盒3.0,金管局与香港数码港管理有限公司(数码港)合作推出新的资助项目试验计划沙盒3.1(沙盒3.1试验计划)。

一、金融科技监管沙盒2.0

因应运作沙盒的经验,金管局于2017年将沙盒升级,推出沙盒2.0。沙盒2.0新增以下功能。

(1)设立金融科技监管聊天室(聊天室),在金融科技项目开发初期向银行及科技公司反馈意见。

（2）科技公司无须经过银行，可直接通过聊天室与金管局沟通。

（3）金管局、证券及期货事务监察委员会（证监会）及保险业监管局（保监局）的沙盒相互协调运作，为跨界别金融科技项目提供"一点通"切入，按实际需要接通三个监管机构的沙盒。

此外，为协助金融监管和合规科技（Regtech）生态系统的建立，沙盒（包括聊天室）亦会开放予银行或科技公司所提出的金融监管和合规科技项目或概念。

二、金融科技监管沙盒3.0

沙盒3.0于2021年11月推出，旨在便利科技公司向创科署辖下的"为在香港进行研发活动的科技公司而设的公营机构试用计划"（PSTS-TC）或"为香港科技园公司及香港数码港管理有限公司的培育公司和毕业生租户而设的公营机构试用计划"（PSTS-SPC）申请资助。

三、金融科技监管沙盒3.1试验计划

沙盒3.1试验计划旨在为属于金管局监管范围的金融科技项目提供开发阶段的资助，协助机构将成果商品化，能更快在银行业界广泛使用。对象为成功参与及完成数码港"拍住上"金融科技概念验证测试资助计划（"拍住上"资助计划）的顶尖金融科技项目。沙盒3.1试验计划由数码港负责执行。

（资料来源：香港金融管理局官方网站）

二　金融科技监管技术应用

（一）金融监管科技应用

1. 外部监管识别

监管科技赋能监管流程智能化，强化监管规则的数字化。传统监管的最大特点是过度依赖人力执行，受限于个人的能力、精力、知识、偏好等内生因素异质性，往往会出现执行效率低、行为失误多、政策落实不到位等监管缺陷。监管科技发挥技术优势，通过引入机器可读、智能合约、人工智能等先进科技，能够实现对监管规则的统一化、标准化解读，对监管程序的自动化执行，有利于缓解监管机构的人力资源压力、提高监管流程的执行力和运行效率，实现政策预期效果。同时，以人力为基础的监管流程由于存在较高的流程优化成本，比如流程变更后的重新培训成本、磨合成本等，往往会出现程序僵化，而基于算法和模型的监管科技则可以随着金融创新的发展持续不断地进行迭代升级，从而更好地适应瞬息万变的市场环境，维护金融市场秩序。

监管科技赋能监管数据采集自动化，减少人工干预的不确定性。人工智能和机器学习工具被用来自动收集、识别、分析被监管机构的数据，确定"异常值"，使用算法工具监管高频交易，帮助监管当局及早发现金融风险。引入编程、机器学习和自然语言分析工具

（NLP），减轻非结构化数据（PDF、电子邮件、社交媒体等难以有效提取和分析的数据来源）处理和分析对监管资源的占用，提高监管效率，降低错误率。例如，美联储、英国央行正在开发NLP解决方案，以解析大量文档来识别趋势。欧央行正在探索使用市场情绪和知识图谱分析工具来加强风险监测。

监管科技赋能风险防控科学化，增强风控措施的及时性。 金融科技的兴起模糊了金融细分市场的界线，分业监管的监管机构难以正确把握金融交易实质，导致重复监管、差别监管甚至是监管盲区，造成监管资源浪费、不公平竞争和风险积聚。监管科技应用容量大、速度快、高智能的大数据、云计算、区块链等数字技术，可以实现对金融产品和服务的精确分析识别、金融交易行为的实时跟踪记录，帮助监管机构明确金融业务的本质属性和技术特性，确定监管主体和监管边界，从而采取针对性的监管措施，提高风险防控的专业性。同时，还可以通过应用编程接口（API）和高级数据分析模型建立实时风控平台，直接从金融从业机构后台数据系统中进行实时数据提取并通过模型运算得出实时风险级别，提高对金融市场风险水平的整体把控，有利于及时发现风险、缩短风险应对的反应时间。

2. 内部风险监管

利用人工智能和生物特征识别方式验证客户身份。 传统客户身份识别主要通过人工现场核查客户提供的资料来实现，成本高且效率低。现在监管义务机构进行客户身份识别已开始应用生物识别、行为分析、自然语言分析工具（NLP）、机器学习等新技术，提高了相关工作的效率和准确性。例如，因指纹、虹膜、脸或声音无法伪造，生物识别将成为最好的身份验证方式之一，可以保护个人数据隐私和账户安全。越来越多的金融机构通过应用人脸识别等生物特征识别技术，积极推行非柜面渠道"实人认证"，有效识别洗钱和诈骗行为，降低客户身份识别成本和欺诈风险。

利用大数据和机器学习加强可疑交易监测分析。 客户交易记录数据具有海量、多维度、非结构化等特性，监管科技可实时监控，及时获得准确数据，并通过大数据技术对交易数据进行分析和评估，有效整合有价值的可疑交易信息，挖掘分析可疑交易行为，实现交易实时预警。一些金融机构和金融科技公司运用大数据、机器学习等新技术，从资金划转时间、地点、频率、金额、交易对手等多个维度入手，对复杂交易进行关联分析，还原资金往来交易流水，分析每笔交易行为特点及意图，及时发现各类交易中的疑点。在此基础上，进一步分析和跟踪客户的细节行为，生成更加全面的客户画像，对可疑行为和可疑客户及时预警。

利用云计算和大数据技术等强化信息处理准确性。 依托大数据、云计算、自然语言处理、深度学习、主题建模等现代信息技术，能够对非结构化数据进行转换和处理，对结构化数据进行高速运算，从而提高数据的可用性。在数据的分析过程中，监管科技可以实现对不同来源渠道信息的对比验证和关联分析，发现其中的逻辑关系和信息网络，帮助刻画清晰、完整的金融市场图像。在数据结果呈现中，通过可视化技术既可以实现简单、直观的表现形式，为信息的快速使用提供条件，也可以对信息进行多维度的展示，为信息使用者提供不同的思维视角，进一步减少机构内部操作性风险。

（二）金融科技"监管沙盒"的具体应用

1. 我国金融科技"监管沙盒"的试点情况

我国金融科技"监管沙盒"的试点工作扎实推进,创新项目全面发力、多点开花。2019年8月,《金融科技(FinTech)发展规划(2019—2021年)》提出"运用信息公开、产品公示、公众参与、共同监督的柔性监管方式",为破解创新监管面临的"一管就死,一放就乱"困局,规范和引导金融科技健康有序发展,探索构建符合我国国情、与国际接轨的中国版监管沙盒。2019年12月,在中国人民银行的指导下,北京在国内率先开展了金融科技创新监管试点。2020年3月,经公示审核通过,中国工商银行的"基于物联网的物品溯源认证管理与供应链金融"、中国银联的"手机POS创新应用"、中国农业银行的"微捷贷产品"等6个创新应用正式进入北京首批创新监管试点,涵盖物联网、大数据、人工智能、区块链等前沿技术在金融领域的应用。2020年4月,中国人民银行发布公告称,将金融科技创新监管试点地区进一步扩大至上海、苏州、杭州、河北雄安新区等6个市(区),这标志着中国"金融科技创新监管工具"正在加速落地。

截至2022年4月底,金融科技创新监管试点已经进行到第四批,全国共计有156项试点项目。其中,城市(包含直辖市,下同)申报通过的试点项目共有113项(72.4%),省/自治区(不包含直辖市,下同)申报通过的试点项目共有43项(27.6%),共有7个试点项目通过测试成功"出盒"。四批金融科技创新监管试点的参与机构共计218家。其中,银行类金融机构有121家,占比55.5%;科技公司有52家,占比23.9%;其余主要有支付公司、征信公司、金融服务公司等。各类金融机构参与金融科技监管沙盒试点情况如图7-3所示。技术应用中涉及次数最多的是大数据,共110项试点涉及该数据,其次是人工智能、区块链、物联网等技术,以及安全多方计算、联邦学习、云原生等复合交叉技术应用,首批纳入监管沙盒的试点项目核心技术运用情况如表7-14所示。我国金融科技监管沙盒试点项目业务领域分布如图7-4所示,这些项目可应用于智能投顾、智能运营、智能交易、智能风控、智能营销、保险理赔等各类业务场景。

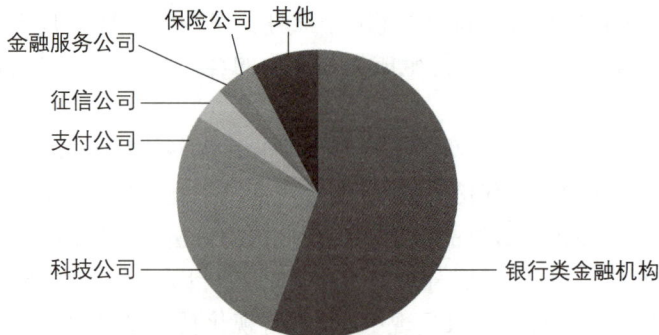

图7-3　金融科技监管沙盒试点参与机构分布
（数据来源：中国人民银行,零壹智库）

表7-14　首批纳入监管沙盒的试点项目核心技术情况分析

项　目　名　称	试　点　单　位	关　键　技　术
基于物联网的物品溯源认证管理与供应链金融	工商银行	物联网、区块链
微捷贷产品	农业银行	大数据、生物识别
中信银行股份有限公司(简称"中信银行")智令产品	中信银行/中国银联/度小满/携程	支付标记化、大数据、API技术等
AIBank Inside 产品	中信百信银行股份有限公司(以下简称"百信银行")	分布式微服务、API、大数据、AI技术
快审快贷产品	宁波银行股份有限公司(以下简称"宁波银行")	人工智能、大数据
手机POS创新应用	中国银联/小米科技/京东数科	可信支付环境(TEE)、开放API、人工智能等

(资料来源: 中国人民银行)

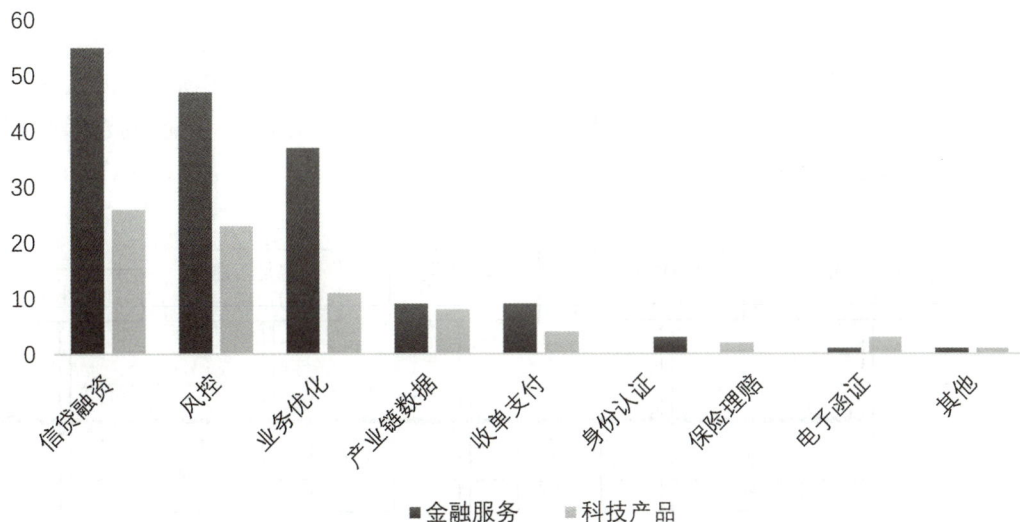

图7-4　我国金融科技监管沙盒试点项目业务领域分布
(资料来源: 中国人民银行,零壹智库)

2. 我国金融科技"监管沙盒"的总体框架

(1) 双层多头的监管主体。我国金融科技监管沙盒建立遵循分业监管逻辑的"一委一行两会+地方金融局"的双层多头监管体制。由中央金融委员会办公室带头制定统一的监管沙盒应用战略,从国家战略层面出发为监管沙盒试点提供政策指引,使其与我国现代金融监管体系的建立相融合。同时,各部门通力合作形成监管合力,通过中国人民银行及其分支机构针对各个项目所在地点的地域进行具体管理。我国监管沙盒的运作主体主要是中央监管部门的科技部门,如中国人民银行、证监会、银保监会等,参与者则包括监管部门分支机构、行业协会、地方金融监督管理部门等机构。各部门以维护国家金融安全为目标,在宏观审慎框架下制定实施了为保障金融科技创新健康发展的相关政策和措施。

(2)**多元融合的测试主体**。我国目前仅开放受理持牌金融机构申报,其他金融科技企业可与金融机构联合申报。既鼓励持牌金融机构推进科技创新发展,同时促进传统金融机构与金融科技企业合作,加强业态融合,进一步加快金融产业的科技革新。持牌金融机构在风险承担和补偿措施上与部分金融科技企业相比更具有优势,在中国版监管沙盒发展的初级阶段,能够起到降低风险、优化效果的作用。

(3)**因时因地制宜的监管思路**。金融科技监管沙盒试点项目根据我国金融科技发展现状和问题,不断完善具体规范,扩大试点范围,明确入盒条件和要求,完善相关配套机制,丰富创新应用试点项目,明确产品或服务的设计和评估标准,对个别创新主体提供一定的豁免权。各地因地制宜分类进行试点尝试,加强合作交流。

(4)**技术赋能的监管理念**。监管沙盒的设计要树立嵌入先进技术辅助金融监管的理念,利用监管科技加强监管部门、创新主体与消费者之间的联系,提高有关信息的反馈效率,构建数字化、智能化的金融科技监管沙盒模式。

3. 我国金融科技"监管沙盒"的运行流程

监管沙盒的运行流程大体分为三个阶段:准入阶段、测试阶段和退出阶段。即入盒、运行、出盒。这三个阶段也反映出监管当局事前、事中、事后的监管过程。金融科技监管沙盒试点业务流程如图7-5所示。

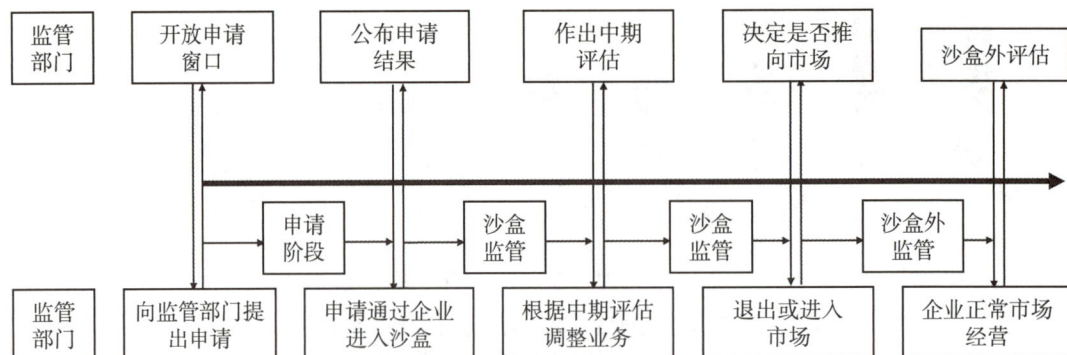

图7-5　金融科技监管沙盒试点业务流程

(1)**准入阶段**。第一,测试项目准入是指为保障监管沙盒的测试质量与效率,根据测试项目的类型差异,由监管机构为待参与测试的项目设立的进入沙盒参与测试的审核标准、审核程序等一整套监管筛选机制,是测试项目进入沙盒测试的程序性与实质性门槛条件。测试项目满足测试准入条件,经历必要审核程序后,即可进入沙盒参与正式测试,否则将面临入盒测试申请失败的风险。第二,2020年11月2日,中国人民银行正式发布文件,详细规范了金融科技创新试点测试项目的准入流程。主要包括七个步骤:❶ 测试项目进行准备。测试项目所属企业需做好前期准备,如制定内部管控机制、应急机制等。❷ 提出申请。测试项目所属企业应当在金融科技创新管理服务平台如实填写并提交《金融科技创新应用声明书》(图7-6)。❸ 监管机构受理审核。监管机构对所提交的材料进行审核,若测试项目通过审核则进行公示,若未通过审核则再回到测试项目准备阶段进行补充。❹ 公示。监管机构针对审核通过的测试项目发布正式的创新应用提供服务公告,公告内容包括正式进入测试的项目名称、种类和项目的《金融科技创新应用声明书》。公示期为5个工作日,在公示期内,测试项目受公众监督,若公众对公示的测试项目有意见,可将意见反映给自律组织,若无意见则测试项目正式进入登记环节。❺ 自律组织根据自己的处理意见对测试项目进行评估,并将相应结论反馈给监管机构进行核实。若测试项目没有通过评估则需恢复到准备阶段,若通过了评估则可进行登记。❻ 项目登记。测试项目在完成公示后需要在管理平台进行登记。❼ 测试项目自声明。完成登记的测试项目需在正式为消费者提供服务前进行自声明,即测试项目所属企业可在其官方网站、App或实体网点等平台进行线上或线下声明。

拓展阅读

关于金融科技创新应用的公告

尊敬的客户:

　　根据中国人民银行金融科技创新监管试点工作的有关要求,中国工商银行股份有限公司"基于物联网的物品溯源认证管理与供应链金融"项目作为第一批试点项目,需要在项目试点期间对本项目《金融科技创新应用声明书》进行公告。

　　中国工商银行股份有限公司承诺在本项目开展过程中依法合规经营,严格遵守相关法律法规及监管部门规定。

　　项目咨询请致信联系人邮箱:××××@icbc.com.cn。

　　特此公告。

中国工商银行股份有限公司

2020年3月16日

图7-6 "基于物联网的物品溯源认证管理与供应链金融"项目《金融科技创新
应用说明》部分内容

（资料来源：中国工商银行官方网站）

通过分析比较入盒项目公示的申请文件，发现现有项目的申请声明主要包括四个方面：

❶ 项目的基本信息和服务信息，包括项目名称，类型（科技产品或金融服务），申请机构，技术说明，功能简介，服务时间与用户等；

❷ 合法合规性和技术安全评估，包括评估机构，评估时间，有效期限，评估结论等；

❸ 风险防控与补偿措施，包括主要风险点，风控措施，补偿与退出机制，应急预案等；

❹ 投诉响应机制，包括机构投诉和自律投诉多种渠道。

（2）测试阶段。准备工作完成后，一旦试点项目通过审核，监管部门会与测试企业协商详细的运行方案。测试企业需要向监管部门定期汇报测试情况，如果测试企业在测试过程中出现与初期运行方案不一致的违规操作，会被强制退出沙盒测试。测试阶段大体包括以下三个内容：信息披露与交流、豁免与设定、中期变更。

首先，信息披露内容包括沙盒运行过程中具体运行数据、测试时间、测试被取消等信息；在运作过程中的信息交流方面，沙盒主管部门与受测主体之间的交流主要有日常监测数据、既定测试计划的定期报告以及出现特殊情况的说明与退出等。其次，在豁免方式的设定上，沙盒主管部门应根据受测主体所提交的监管豁免诉求，结合其具体权限、当前政策导向和监管精神进行设定。最后，在中期变更方面，基于对金融监管沙盒制度的灵活性、试验结果的完全性与准确性、创新产品或服务的完美性等因素的考量，中期变更制度具有必要性。受测主体可以在一定期限内依照测试的进展情况，向沙盒主管部门提出延长测试时间、增加参与测试的消费者数量等变更申请。沙盒主管部门结合当前测试情况进行考量，并将最终结果进行披露。项目主要面临技术风险、信息安全风险、业务风险、操作风险。一旦预测到风险，受测主体及时提交中期变更申请，能有效保护成果、维护消费者权益，这体现了监管沙盒的灵活性。

（3）**退出阶段**。金融监管沙盒制度的退出模式包括"规则内退出"和"规则外退出"两种。前者是指沙盒主体已经按照测试计划顺利完成测试并达到既定目标，从而退出沙盒，可获得相应的牌照，并可在市场上进行推广；后者指沙盒主体在测试过程中出现了一些特定的情形，沙盒测试提前结束，包括但不限于沙盒主管部门对目前的测试效果不满意、测试期间发现了一些无法及时解决或控制的风险隐患、受测主体违反了豁免规则等。

截至2022年4月底，北京、深圳、重庆三地共有七个金融监管沙盒测试项目通过测试顺利"出箱"，首批"出箱"试点项目地点如表7-15所示。"出箱"意味着试点项目在金融科技创新监管领域中的应用已经成熟，能够逐步进入落地阶段，在具体的业务流程和场景中发挥更大的价值，其中银行参与度达到100%。

上述金融监管沙盒测试项目顺利"出箱"，主要依据《中国金融科技创新监管工具白皮书》《金融科技创新应用测试规范》等规则，由创新应用测试机构提出测试结束申请，完成全面评价，可对外推广应用。我国金融监管沙盒测试项目"出盒"测评流程如图7-7所示。

表7-15 "出箱"试点项目一览（截至2022年4月）

地点	名 称	参 与 机 构
北京	基于物联网的物品溯源认证管理与供应链金融	中国工商银行股份有限公司
	AIBank Inside产品	中信百信银行股份有限公司
	基于区块链的产业金融服务	中国银行股份有限公司
重庆	支持重庆地方方言的智能银行服务	重庆农村商业银行股份有限公司
	基于区块链的数字函证平台	中国互联网金融协会 厦门银行股份有限公司 重庆富民银行股份有限公司 博雅正链（北京）科技有限公司
	"磐石"智能风控产品	度小满（重庆）科技有限公司 中国光大银行股份有限公司重庆分行
深圳	百行征信信用普惠服务	百行征信有限公司

（资料来源：中国人民银行，零壹智库）

测试评价维度：
- 创新价值
- 服务质量
- 用户满意度
- 业务连续性保障
- 合法合规
- 交易安全
- 数据安全
- 风险防控

评估标准：
- 是否严格履行金融科技创新应用声明书相关承诺
- 是否惠民利企
- 是否满足监管

| 自测自评 | 审计 | 专家论证 | 结果确认 |

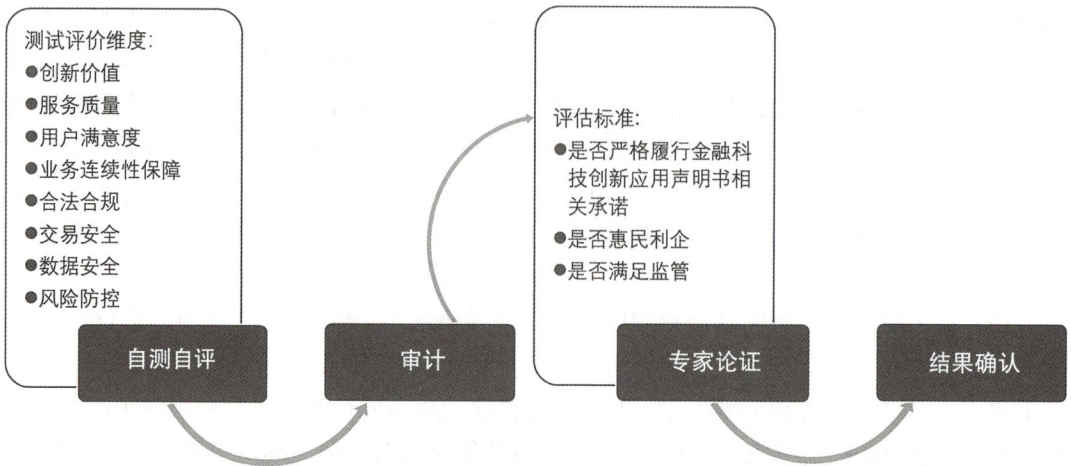

图7-7 我国金融监管沙盒测试项目"出盒"测评流程

拓展阅读

基于物联网的物品溯源认证管理与供应链金融，中国版监管沙盒首批出盒

包括"基于物联网的物品溯源认证管理与供应链金融"在内的三项首批宣布完成金融科技创新监管工具创新应用测试项目的诞生，标志着北京金融科技创新监管试点完成对创新监管工具的全流程闭环测试，我国金融科技监管框架落地实施初见成效。

根据工商银行提交的《金融科技创新应用声明书》，该项目主要是基于物联网技术采集产品的生产制造、质检、库存、物流、销售等全生命周期特征数据，记录在区块链上，并接入工商银行物联网服务平台及企业智能管理系统，实现产品全链条质量管控与信息透明。

从工商银行公开公布项目信息可以看出，"基于物联网的物品溯源认证管理与供应链金融"项目主要是通过与企业达成合作，建设生产规范、质量保证、品质分级、产品可全程追溯、资金可全程监控的产品产业链，并借助工商银行融e购电商平台，为客户提供网上交易服务，实现其产品和融e购资源的有机结合。

由于工商银行拥有6亿个人客户的服务网络，所以可以为客户实现不同品质等级产品的直通式、精准式营销。同时，工商银行为供应链企业提供供应链贷款、支付结算、费用结算等综合金融服务。而在建立产品全流程、全生命周期的管理和追溯中，工商银行在不同模块中都采用物联网及其相关技术来实现，具体包括：

（1）产量的精准锁定。利用卫星和物联网技术实时采集相关数据，通过图像解析和数据分析算法，实现生产环境监测，分析计算出产量、制作产品的数量并给予数据支撑。产量精准锁定，对进行溯源非常有必要，大量产品尤其是优质农产品产能有限，市场上可能会出现大量仿冒品，产量锁定可以实现初步预警。

（2）防伪溯源机制。建立防伪及质量安全跟踪与追溯体系，为每个产品粘贴特定标识，建立唯一"电子身份证"，把产品的生产地、生产日期、生产批次号等信息与特定标识进行绑定，存储在防伪溯源管理系统中。在售后防伪环节，消费者利用带有NFC功能的手机查询产品的真伪，以提高服务体验。同时通过与消费者线上交互，达到移动营销的效果，实现O2O电子商务交易。

（3）生产企业的全链条质量控制。平台公司使用卫星和物联网技术进行全产业链的监督管理，对个人—生产企业—仓储管理—物流运输—销售商全链条进行管理监督。

在创新金融产品方面，工商银行提出，该项目运用"物联网＋区块链"技术提供物品溯源认证服务，将传统的支付、融资等银行金融服务与企业上下游、商品产销全链条结合起来，将供应链金融服务融合到商品产销场景中，方便企业及个人客户自主选用，提供随时、随身、有温度的金融服务，打造产业生态圈。

从物联网行业角度来看，"基于物联网的物品溯源认证管理与供应链金融"项目实现并不难，相关的物联网技术和方案在多年前均有多种现成或成熟的选择。但是，金融业对于风险防控要求非常高，作为借助物联网技术的金融产品创新，必须将风控提升到一定高度，大范围推广商用前需要做好风险评估。金融科技创新监管试点项目申报中，监管部门就要求在技术安全、风险补偿、退出机制、应急预案等方面有详细的方案，本次测试通过，也意味着该项目风控要求通过了监管部门评估。工商银行已经在普洱茶、虫草等领域实现了小范围商用。作为"宇宙第一行"，工行银行在物联网金融方面的创新和实践，无疑能够形成明显的示范效应。而率先通过中国版金融科技监管沙盒测试，为其大规模推动商用创造了条件。

（资料来源：智次方）

4. 我国金融科技"监管沙盒"的应用特点

（1）**监管框架日趋成熟完善，市场主体充分释放创新活力**。试点工作引入"弹性边界"和"刚性底线"的监管方式，实现监管模式从被动监督向主动服务转变。以中国人民银行重庆营业管理部为例，坚持"征集常态化、管理动态化、服务精细化"的寓管于服模式。在总行统一打造的"四道防线"框架下，牵头在国内率先制定《重庆市金融科技协调工作机制》，与重庆银保监局、证监局、地方金融监管总局等多方协作，构建起"一个机制、四道防线"的多层次创新监管体系，实现对金融科技创新分业监管、功能监管的有机结合。同时，在市场主体与金融监管部门之间搭建高效沟通桥梁，协调政府部门出台金融科技创新的财政、产业扶持政策，吸引了一批头部科技企业、行业组织、跨国公司参与试点申请和金融科技企业落户。金融机构、科技企业、监管机构、政府部门积极参与金融科技创新试点，形成了良好的金融科技创新生态。

（2）**各试点项目因地制宜，立足区域特点服务"双循环"。**新发展格局试点工作紧扣"六稳""六保"要求，积极支撑国家重大发展战略，服务"双循环"新发展格局。深圳获批首个信用服务试点项目，推动粤港澳大湾区生产要素融合。上海聚焦破除中小微企业金融服务"数据孤岛"，构建长三角区域一体化。北京和雄安项目主要集中在各类金融服务产品和区块链应用，围绕支撑京津冀协同发展。成渝项目致力地区特色金融服务，融合推进成渝双城经济圈建设。重庆通过金融科技创新应用赋能"三农"建设，开发支持重庆地方方言的智能银行服务、数字化移动银行服务、基于多方学习的涉农信贷服务等特色项目，提升金融科技应用的普惠性。

（3）**赋能小微金融服务"降本增效"，助力破解小微企业融资困境。**小微企业金融服务既是传统金融行业服务实体经济的薄弱环节，也是中国版监管沙盒试点项目的重要应用场景。随着金融科技创新监管试点的推进，各地均有探索应用数字技术破解小微企业融资困境的项目落地并已在赋能小微金融"降本增效"，破解小微企业融资难、融资贵问题方面发挥了积极的作用。例如，上海首批试点项目"基于区块链的小微企业在线融资服务"项目，运用区块链实现小微企业多种在线融资场景全量数据上链存证和多方共享，降低融资成本和风险；运用开放银行API技术，扩大服务覆盖面，提升小微企业融资效率。纳入金融科技创新监管试点的小微金融项目具体如表7-16所示。

表7-16　纳入金融科技创新监管试点的小微金融项目示例

试点地区	项　目　名　称	核心底层技术
北京	普惠小微企业贷产品	大数据、5G、物联网
上海	基于区块链的小微企业在线融资服务	区块链、开放银行API
杭州	"亿亩田"——基于卫星遥感和人工智能技术的智能化农村金融服务	卫星遥感、AI、大数据
成都	基于大数据的辅助风控产品	大数据、AI

拓展阅读

首批六个金融科技"监管沙盒"试点项目覆盖领域：
供应链金融、小微信贷与线上支付

在央行披露的首批六个试点项目公告中（表7-17），展示了每一家的"创新应用说明书及附件"。各试点项目普遍偏向于小微与零售领域的信贷业务。在我国经济结构调整升级的关键时期，融资需求缺口仍然十分庞大，因此通过科技手段来提升放贷效率,符合我国海量用户力求在线化、高效率申请的行为习惯偏好。

表7-17 纳入央行"监管沙盒"的六个金融科技试点项目涉及领域与预期规模目标

应用名称	试点单位	预期规模	生态构建目标
基于物联网的物品溯源认证管理与供应链金融	工商银行	涉及个人客户数超过30万人,年交易笔数超过100万笔、年交易金额超过5 000万元	有效提升工商银行"融e购"电商平台的品牌形象,彰显其"名商、名品、名店"的发展定位,形成覆盖个人、生产企业、贸易企业和政府平台公司的全新金融生态圈
微捷贷产品	农业银行	预计到2020年末,微捷贷贷款客户达到15万户,贷款余额不低于1 000亿元	"微捷贷"产品运用大数据、人工智能、移动互联网等技术,通过构建云评级、云授信和云监控模型,实现对客户的精准画像,打造全流程线上运作的贷款模式,有效实现小微企业融资的快申、快审和快贷
中信银行智令产品	中信银行/中国银联/度小满/携程	预估用户规模1 000万个	建立涵盖商业银行、收单机构、电商企业等的新型数字化金融服务模式,通过"智慧令牌",实现统一绑卡、集中管理、场景共享
AIBank Inside 产品	百信银行	可供上百家网上平台以及第三方平台参与,预计发展C端用户规模近2 000万个	基于API技术的AI BANK Inside产品,开放金融服务,深度赋能生态合作伙伴。各场景方均可获得"即插即用"金融服务,实现服务提供者、消费者、场景方、第三方应用开发者多方共生的生态圈
快审快贷产品	宁波银行	预计2020年全年快审快贷可新增授信额度25亿元,新增提款38亿元	通过线上线下不同渠道,全面推出企业版和个人版,实现小微企业和小微企业主均可快速申请抵押贷款,实现信贷智能管理
手机POS创新应用	中国银联/小米数科/京东数科	手机POS有助于大幅降低收单机构终端采购和维护成本,可加快推动小微和农村收银市场发展,有望激活现有40亿张银行IC卡的使用	手机POS主要以控件形式为商业银行及支付机构的收单App赋能,并可通过银联开放平台获取。未来支持手机POS终端将达十亿级,可助力商业银行及支付机构快速开展收单业务,惠及广大小微和"三农"商户

(资料来源: 中国人民银行,零壹智库)

由表7-17分析可以看出,5家参与试点项目的银行均将此作为未来盈利增长点,运用金融科技,拓展服务个人用户与小微企业的数量规模,同时保证风险可控。除了信贷业务,涉及线上端移动支付的包括两个试点项目,它们的共同特征在于:第一,通过线上平台或手机端作为载体,探索数字化新型支付模式;第二,两个项目均采取"联合试点"的形式,中国银联同时参与两个项目的开发,由持牌机构与金融科技公司合作实施完成。

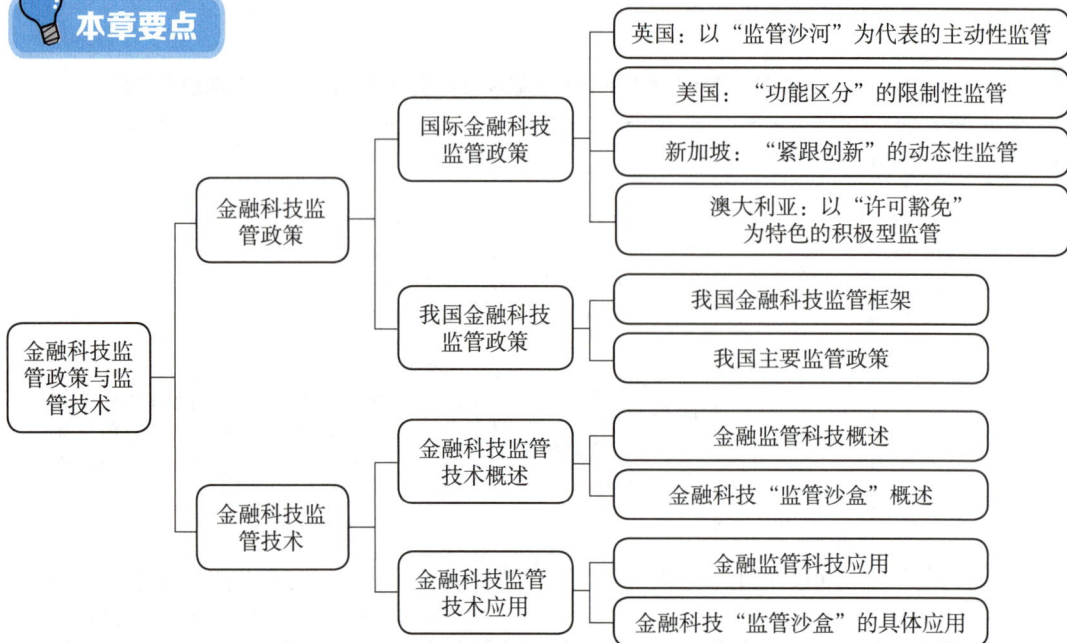

本章要点

```
                                             ┌─ 英国：以"监管沙河"为代表的主动性监管
                                             │
                              ┌─ 国际金融科技 ─┼─ 美国："功能区分"的限制性监管
                              │   监管政策      │
                              │               ├─ 新加坡："紧跟创新"的动态性监管
              ┌─ 金融科技监 ──┤               │
              │   管政策      │               └─ 澳大利亚：以"许可豁免"
              │              │                    为特色的积极型监管
              │              │
              │              └─ 我国金融科技 ─┬─ 我国金融科技监管框架
金融科技监 ──┤                  监管政策      │
管政策与监   │                               └─ 我国主要监管政策
管技术       │
              │              ┌─ 金融科技监管 ─┬─ 金融监管科技概述
              │              │   技术概述      │
              └─ 金融科技监 ──┤               └─ 金融科技"监管沙盒"概述
                  管技术      │
                             └─ 金融科技监管 ─┬─ 金融监管科技应用
                                 技术应用      │
                                             └─ 金融科技"监管沙盒"的具体应用
```

问题讨论

1. 我国金融科技监管所面临的挑战有哪些？

2. 我国金融科技监管的发展趋势如何？

3. 中国人民银行发布的《金融科技发展规划（2022—2025 年）》中提出"强化数字化监管能力建设，对金融科技创新实施穿透式监管"的目标。如何理解金融科技创新与数字化金融监管的关系？

4. 监管沙盒在金融科技监管中的作用是什么？

思考与练习

1. 思考我国金融科技监管所面临的挑战。

2. 试述我国金融科技监管的发展趋势。

3. 中国人民银行发布的《金融科技发展规划（2022—2025 年）》中提出"强化数字化监管能力建设，对金融科技创新实施穿透式监管"的目标。如何理解金融科技创新与数字化金融监管的关系？

4. 谈一谈监管沙盒在金融科技监管中的作用。

主要参考文献

［1］林子雨.大数据技术原理与应用［M］.3版.北京：人民邮电出版社,2021.

［2］何平平,马倚虹,范思媛.大数据金融与征信［M］.2版.北京：清华大学出版社,2022.

［3］郭福春,吴金旺.金融科技概论［M］.北京：高等教育出版社,2021.

［4］中国信息通信研究院.中国金融科技生态白皮书2022［M］.2022.

［5］谷来丰,赵国玉,邓伦胜.智能金融：人工智能在金融科技领域的13大应用场景［M］. 北京：电子工业出版社,2019.

［6］陈耿宣,景欣,李红黎.数字人民币［M］.北京：中国经济出版社,2022.

［7］任仲文.数字货币——领导干部读本［M］.北京：人民日报出版社,2022.

［8］郑红梅,刘全宝.区块链金融［M］.西安：西安交通大学出版社,2021.

［9］李真,袁伟.美国金融科技最新立法监管动态及对我国的启示［J］.金融理论与实践, 2020,（04）：69-76.

［10］谢平,刘海二.金融科技与监管科技［M］.北京：中国金融出版社,2019.

［11］江新月.金融科技未来展望［J］.大众理财顾问,2018,（09）：74-75.

［12］黄震.金融科技在中国的演进路线及展望［J］.广东经济,2019,（02）：46-51.

［13］鞠跃亮.金融科技内涵简析和未来展望［J］.中国新通信,2019,21（20）：242.

［14］孔文佳.科技如何应用于金融监管？［J］.金融市场研究,2022,（09）：127-134.

［15］刘孟飞,奉洁,罗小伟.监管科技：技术驱动型金融监管的理论逻辑与国际实践［J］.深 圳社会科学,2021,4（05）：49-60.

［16］中国信息通信研究院云计算与大数据研究所,人工智能关键技术和应用评测工业和信 息化部重点实验室.金融人工智能研究报告（2022年）［R］.北京：中国信息通信研究 院,2022.

教学资源服务指南

高等教育出版社

感谢您使用本书。为方便教学，我社为教师提供资源下载、样书申请等服务，如贵校已选用本书，您只要关注微信公众号"高职财经教学研究"，或加入下列教师交流QQ群即可免费获得相关服务。

"高职财经教学研究"公众号

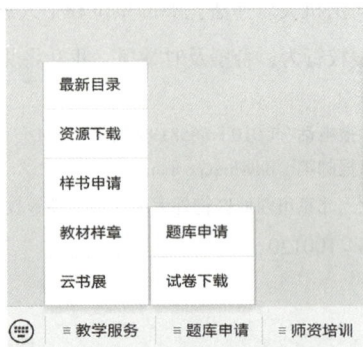

最新目录	
资源下载	
样书申请	
教材样章	题库申请
云书展	试卷下载

≡ 教学服务　　≡ 题库申请　　≡ 师资培训

资源下载： 点击"**教学服务**"—"**资源下载**"，或直接在浏览器中输入网址（http://101.35.126.6/），注册登录后可搜索相应的资源并下载。（建议用电脑浏览器操作）

样书申请： 点击"**教学服务**"—"**样书申请**"，填写相关信息即可申请样书。

样章下载： 点击"**教学服务**"—"**教材样章**"，即可下载在供教材的前言、目录和样章。

题库申请： 点击"**题库申请**"，填写相关信息即可申请题库或下载试卷。

师资培训： 点击"**师资培训**"，获取最新会议信息、直播回放和往期师资培训视频。

联系方式

会计QQ3群：473802328　　会计QQ2群：370279388　　会计QQ1群：554729666

（以上3个会计QQ群，加入任何一个即可获取教学服务，请勿重复加入）

联系电话：（021）56961310　　电子邮箱：3076198581@qq.com

在线试题库及组卷系统

我们研发有十余门课程试题库："基础会计""财务会计""成本计算与管理""财务管理""管理会计""税务会计""税法""税收筹划""审计基础与实务""财务报表分析""EXCEL在财务中的应用""大数据基础与实务""会计信息系统应用""政府会计""内部控制与风险管理"等，平均每个题库近3000题，知识点全覆盖，题型丰富，可自动组卷与批改。如贵校选用了高教社沪版相关课程教材，我们可免费提供给教师每个题库生成的各6套试卷及答案（Word格式难中易三档，索取方式见上述"题库申请"），教师也可与我们联系咨询更多试题库详情。